中央高校基本科研业务费人文社科重点培育项目"中华优秀传统文化与习近平新时代中国特色社会主义思想关系研究"（项目编号：L18JB00020）北京交通大学人才基金项目"中华优秀传统文化与马克思主义中国化研究"（项目编号：L21RC00040）成果

为政以德

《礼记》的政德修养

李效东 著

北京出版集团
北京出版社

图书在版编目（CIP）数据

为政以德 ：《礼记》的政德修养 / 李效东著. —
北京 ：北京出版社，2023.1
ISBN 978-7-200-17834-0

Ⅰ．①为… Ⅱ．①李… Ⅲ．①《礼记》－品德教育－
研究 Ⅳ．①K892.9②D64

中国版本图书馆CIP数据核字(2022)第095387号

为政以德

《礼记》的政德修养
WEIZHENG YI DE

李效东　著

*

北 京 出 版 集 团
北 京 出 版 社 出版

（北京北三环中路6号）
邮政编码：100120

网　　　址：www.bph.com.cn
北 京 出 版 集 团 总 发 行
新 华 书 店 经 销
北京建宏印刷有限公司印刷

*

170毫米×240毫米　23.75印张　400千字
2023年1月第1版　2023年1月第1次印刷
ISBN 978-7-200-17834-0

定价：85.00元

如有印装质量问题，由本社负责调换
质量监督电话：010-58572393

目录

导言 ·· 1

第一章 "政教之得失" ······································· 1

一、"与天地参" ·· 3

二、"安上治民" ·· 15

三、"徙善远罪" ·· 22

第二章 "人道政为大" ······································· 31

一、"为礼" ··· 33

二、"为政" ··· 42

三、"敬身" ··· 53

第三章 "礼乐相示" ·· 62

一、"以礼周流" ·· 64

二、"祖洽于众" ·· 71

三、"明于礼乐" ·· 81

第四章 "民之父母" ·· 92

一、"凯弟君子" ·· 94

二、"五起" ……………………………………………………………… 104

三、"三无私" …………………………………………………………… 115

第五章　"坊人之失" ………………………………………………… 130

一、"礼以坊德" ………………………………………………………… 135

二、"刑以坊淫" ………………………………………………………… 148

三、"命以坊欲" ………………………………………………………… 169

第六章　"天下之表" ………………………………………………… 195

一、仁 …………………………………………………………………… 201

二、义 …………………………………………………………………… 229

三、道 …………………………………………………………………… 257

第七章　"为上易事" ………………………………………………… 271

一、"民具尔瞻" ………………………………………………………… 274

二、"好是正直" ………………………………………………………… 291

三、"民立而正" ………………………………………………………… 304

第八章　"有道德者所行" …………………………………………… 316

一、儒者 ………………………………………………………………… 319

二、立身 ………………………………………………………………… 327

三、处世 ………………………………………………………………… 337

导　言

　　道德教育为何重要?《周易》说："有天地然后有万物，有万物然后有男女，有男女然后有夫妇，有夫妇然后有父子，有父子然后有君臣，有君臣然后有上下，有上下然后礼义有所错"[①]；"天尊地卑，乾坤定矣。卑高以陈，贵贱位矣"[②]。这样的话好像无可辩驳地论证了三纲五常是天理，违背三纲五常就是违背天理。人们如果相信这样的话，就不敢去追求平等、独立、自由。法国启蒙思想家卢梭在《社会契约论》开篇题旨中就说"人是生而自由的"[③]。英国资产阶级启蒙思想家霍布斯在《利维坦》中则提出"天赋人权"，那就是："每一个人按照自己所愿意的方式运用自己的力量保全自己"[④]。正是西方资产阶级启蒙思想，让中国封建思想中的"常道"变为"无道"、"大德"变为"缺德"。所以人类文明进步的飞跃，始于道德教育的革命。

　　1916年2月，新文化运动的旗手陈独秀在其主编的《青年杂志》第1卷第6号上发表《吾人最后之觉悟》一文，认为以"三纲五常"为核心的儒家纲常伦理，维护了别尊卑、明贵贱的阶级制度；以"自由、平等、独立"为核心的西方政治道德，维护了法律上权利平等、经济上独立生产。共和立宪制与纲常阶级制为绝对不可相容之物，所以要建立共和国就必须彻底抛弃儒家伦理道德。因此，他认为伦理的觉悟，是中国人继学术、政治觉悟的最后觉悟。

---

① 杨天才，张善文.译注.周易[M].北京：中华书局，2011：675.
② 杨天才，张善文.译注.周易[M].北京：中华书局，2011：561.
③ （法）卢梭，著.社会契约论[M].北京：商务印书馆，1980：8.
④ （英）霍布斯，著.利维坦[M].北京：商务印书馆，1985：97.

伦理思想，影响于政治，各国皆然，吾华尤甚。儒者三纲之说，为吾伦理政治之大原，共贯同条，莫可偏废。三纲之根本义，阶级制度是也。所谓名教，所谓礼教，皆以拥护此别尊卑、明贵贱之制度者也。近世西洋之道德政治，乃以自由、平等、独立之说为大原，与阶级制度极端相反。此东西文明之一大分水岭也。

吾人果欲于政治上采用共和立宪制，复欲于伦理上保守纲常阶级制，以收新旧调和之效，自家冲撞，此绝对不可能之事。盖共和立宪制，以独立、平等、自由为原则，与纲常阶级制为绝对不可相容之物，存其一必废其一。倘于政治否认专制，于家族社会仍保守旧有之特权，则法律上权利平等、经济上独立生产之原则，破坏无余，焉有并行之余地？

自西洋文明输入吾国，最初促吾人之觉悟者为学术，相形见绌，举国所知矣；其次为政治，年来政象所证明，已有不克守缺抱残之势。继今以往，国人所怀疑莫决者，当为伦理问题。此而不能觉悟，则前之所谓觉悟者，非彻底之觉悟，盖犹在惝恍迷离之境。吾敢断言曰，伦理的觉悟，为吾人最后觉悟之最后觉悟。①

1917年8月23日，还是湖南第一师范学校学生的毛泽东，在致黎锦熙老师的信中也提出要改造哲学、伦理学，也就是要从根本上变换中国人的思想。思想主导人的心智，道德规范人的行为。中国的思想太久而道德太坏，体现为伪而不真、虚而不实，不切于实际生活。但毛泽东没有像陈独秀一样赞赏西方思想道德，反而认为西方思想也应与东方思想同时改造。

当今之世，宜有大气量人，从哲学、伦理学入手，改造哲学，改造伦理学，根本上变换全国之思想。此如大纛一张，万夫走集；雷电一震，阴曀皆开，则沛乎不可御矣！

自昔无知识，近顷略阅书报，将中外事态略为比较，觉吾国人积弊甚

---

① 陈崧，编.五四前后东西文化问题论战文选（增订本）[B].北京：中国社会科学出版社，中国社会科学出版社，1989：21—22.

深，思想太旧，道德太坏。夫思想主人之心，道德范人之行，二者不洁，遍地皆污。盖二者之势力，无在不为所弥漫也。思想道德必真必实。吾国思想与道德，可以伪而不真、虚而不实之两言括之，五千年流传到今，种根甚深，结蒂甚固，非有大力不易摧陷廓清。怀中先生言，日本某君以东方思想均不切于实际生活。诚哉其言！吾意即西方思想亦未必尽是，几多之部分，亦应与东方思想同时改造也。[①]

在科学技术和社会昌明的今天，我们几乎难以理解当时改造哲学、伦理学或思想道德的呼声。但是，历史已经充分证明，伦理的觉悟在当时确实是最后的觉悟，思想道德的改造在当时确实是最根本的改造。五四新文化运动的伟大历史意义，就是开启了中国的伦理觉悟和思想道德改造，中国人从此成了自觉与时代同行的现代人。当然，历史也充分证明，毛泽东的西方思想应与东方思想同时改造的观点是对的，无产阶级革命的爆发和社会主义国家的诞生让西方思想发生巨大的变革！中国没有完全接受西方的独立、平等、自由思想，也没有完全接受片面强调集中、纪律、统一的苏联模式社会主义。1957年7月，毛泽东在《一九五七年夏季的形势》一文中提出：

我们的目标，是想造成一个又有集中又有民主，又有纪律又有自由，又有统一意志、又有个人心情舒畅、生动活泼，那样一种政治局面，以利于社会主义革命和社会主义建设，较易于克服困难，较快地建设我国的现代工业和现代农业，党和国家较为巩固，较为能够经受风险。

这段话不仅反映了毛泽东试图超越苏联模式社会主义和美国模式资本主义代表的政治道德，也仿佛回应了青年毛泽东说的"吾国思想与道德，可以伪而不真、虚而不实之两言之"，强调讲思想道德就是要"切于实际生活"。"不切于实际生活"的思想道德，随时随地都与实际生活相矛盾，体现了思想落伍和道德败坏。这种情况在我国清末民初体现得相当彻底，比如一边强调"天子一言九鼎"，一边则君主权

---

① 中共中央文献研究室，中共湖南省委《毛泽东早期文稿》编辑组，编.毛泽东早期文稿[M].长沙：湖南人民出版社，2008：73—74.

威丧失殆尽；一边强调"天下大一统"，一边惨遭鲸吞蚕食。在这种情况下，思想道德就完全不能起到指引前进道路的作用，它已经到了需要彻底改造的时候了。现在西方思想道德也面临同样的困境，民主、自由、人权每天都和实际生活相冲突。在国内，"民主"就是"攻占国会大厦"，"自由"意味着"不自由，毋宁新冠"，"人权"就是"黑人的命也是命"；在国际上，"民主"就是为别国人民作主，"自由"就是自由打压竞争对手，"人权"就是指责别国侵犯人权。攻占国会大厦的人及其组织者、支持者显然完全不相信美国民主了，支持和组织打压华为的人显然完全不相信自由竞争了，歧视和攻击黑人、亚裔的人及其默许者则显然完全不相信人权了。这就说明美国的思想道德已经崩溃了，美国人已经迷失前进道路了，像一个醉汉一样跌跌撞撞走路，撒酒疯般地肆无忌惮攻击他人。

中国古人说："天命之谓性，率性之谓道，修道之谓教。"（《中庸》）世界发展存在着客观规律性，遵循这些客观规律就是当行之道，教育就是教人修正自己以符合当行之道。思想道德改造或教育之所以重要就是因为"天命之谓性，率性之谓道"，也就是世界存在着不可违背的客观规律，人类想要生存发展就必须认识和遵循这些客观规律。"思想主人之心，道德范人之行"，思想落伍、道德败坏就是思想和行为都是错的，就像南辕北辙永远不会到达目的地，就像螳臂挡车只能自取灭亡。

2014年5月4日，习近平总书记在北京大学师生座谈会上的讲话中特别强调"一个民族、一个国家，必须知道自己是谁，是从哪里来的，要到哪里去"，这就是道德教育要解决的根本问题，也就是核心价值观问题。

　　中华文明绵延数千年，有其独特的价值体系。中华优秀传统文化已经成为中华民族的基因，植根在中国人内心，潜移默化影响着中国人的思想方式和行为方式。今天，我们提倡和弘扬社会主义核心价值观，必须从中汲取丰富营养，否则就不会有生命力和影响力。比如，中华文化强调"民惟邦本""天人合一""和而不同"，强调"天行健，君子以自强不息""大道之行也，天下为公"；强调"天下兴亡，匹夫有责"，主张以德治国、以文化人；强调"君子喻于义""君子坦荡荡""君子义以为质"；强调"言必信，行必果""人而无信，不知其可也"；强调"德不孤，必有邻""仁者爱人""与人为善""己所不欲，勿施于人""出入相友，守望相助""老吾老以及人之老，幼吾幼以及人之幼""扶贫济困""不患寡而患不均"，等等。像这样的思想和理念，不论过去还是现在，都有其鲜明的民族特色，都有其永不褪色的时代价值。这些思想和理念，既随着时间推移和时代变迁而不断与时俱进，又有其自身的连续性和稳定性。我们生而为中国人，最根本的是我们有中国人的独特精神世界，有百姓日用而不觉的价值观。我们提倡的社会主义核心价值观，就充分体现了对中华优秀传统文化的传承和升华。

价值观是人类在认识、改造自然和社会的过程中产生与发挥作用的。不同民族、不同国家由于其自然条件和发展历程不同，产生和形成的核心价值观也各有特点。一个民族、一个国家的核心价值观必须同这个民族、这个国家的历史文化相契合，同这个民族、这个国家的人民正在进行的奋斗相结合，同这个民族、这个国家需要解决的时代问题相适应。世界上没有两片完全相同的树叶。一个民族、一个国家，必须知道自己是谁，是从哪里来的，要到哪里去，想明白了、想对了，就要坚定不移朝着目标前进。①

本书主要目的就是挖掘中华优秀传统文化的宝贵资源，服务于弘扬社会主义核心价值观和思想政治教育。选取《礼记》八篇文章，进行夹叙夹议的解读阐释，分为上下两篇。上篇选取了《经解》《哀公问》《仲尼燕居》《孔子闲居》四篇。《经解》主要讲《诗》《书》《乐》《易》《礼》《春秋》等"六经"（或"六艺"）的政教得失，它提醒我们思想道德教育主要依靠经典教育来达到，《诗》《书》《乐》《易》《礼》《春秋》教育出来的人，和《圣经》《理想国》《君主论》《进化论》《国富论》教育出来的人，其价值观和伦理道德完全不同。当然，《诗》《书》《乐》《易》《礼》《春秋》也有弊端，今天挖掘中华优秀传统文化道德教育资源必须注意其弊病。"经解"的是道德教育的载体，而道德教育最核心的观点是"德配天地"，也就是以天地运行之道做参考进行道德评判。《哀公问》具体是说"问礼"和"问政"，用哀公问、孔子答的形式，论述了中国古代的"礼教"和"政教"，其中核心要义是"人道政为大"，也就是说政治清明还是腐败，决定社会道德风气。《仲尼燕居》则以孔子与学生子张、子贡、言游闲谈的形式，阐述了儒家"礼教"的具体实施。其中最主要的是"礼乐相示"，也就是人们彼此展示自己"乐节礼乐"，以遵守礼乐制度为乐。《孔子闲居》以孔子与

---

① 习近平.习近平谈治国理政[M].北京：外文出版社，2014：170—171.

学生子夏问答的形式，阐述了统治者作"民之父母"的"政教"思想。下篇选了《礼记》之《坊记》《表记》《缁衣》《儒行》四篇。"《隋书·音乐志》引梁朝沈约之言，认为本篇（《缁衣》）与《坊记》《中庸》《表记》四篇都取自已亡佚的《子思子》一书；任铭善《礼记目录后案》则认为本篇是《表记》的下篇，而与《坊记》三篇出于一人之手。"①从行文来看，《坊记》《表记》《缁衣》《儒行》都是类似《论语》的语录体，《中庸》则是平铺直叙；从内容来看，《坊记》《表记》《缁衣》《儒行》讨论的是道德规范，《中庸》则是思想方法。《中庸》与《大学》《论语》《孟子》合称"四书"，本人已经出版《和合共生：〈中庸〉的思想方法》②和《人间正道：〈大学〉的人生教育》③两本书。因此，本书选取行文和内容相对一致的《坊记》《表记》《缁衣》《儒行》四篇，从防范、表率、身体和力行四个方面阐述中国古人的道德修养。大致来说，可以把上篇理解为"体"，下篇理解为"用"；上篇为"知"，下篇为"行"；或者用今天的话说，上篇主要是"理论"，下篇主要是"实践"。

人们普遍赞同道德教育的重要性，但对于我们需要的是什么样的道德教育、怎样进行道德教育，却总是众说纷纭。本书所选篇目能为我们提供很好的启发，比如《经解》讲的"经典教育"，这是不同民族道德教育的最主要载体。比如《坊记》专门讲怎么防微杜渐，比如《儒行》专门讲士人或知识分子的道德修养，这样的专门篇章在瀚如烟海的古典文献中绝无仅有，在今天的学术著作中也难得一见。本人作为马克思主义学院思想政治理论课教师，从事思想政治理论课教育20年，确实没有见过类似这些篇目的专论。因此，斗胆出来做一些抛砖引玉的工作。当然，这也是本来长期孜孜以求的研究工作，在此之前本人已经完成《学以成人：〈学记〉的教育智慧》、《和合共生：〈中庸〉的思想方法》和《人间正道：〈大学〉的人生教育》，它们都是对《礼记》篇章的专门研究。本人坚信《礼记》就是中国古代思想政治教育的集大成之作，所以决心对《礼记》其他篇章继续研究，期待有更多同行与我同行。

---

① 胡平生，张萌，译注.礼记（下）[B].北京：中华书局，2017：1071.
② 李效东.和合共生：《中庸》的思想方法[M].北京：北京出版社，2022.
③ 李效东.人间正道：《大学》的人生教育[M].北京：北京出版社，2022.

第一章
"政教之得失"

孔子曰："入其国，其教可知也。其为人也，温柔敦厚，《诗》教也；疏通知远，《书》教也；广博易良，《乐》教也；洁静精微，《易》教也；恭俭庄敬，《礼》教也；属辞比事，《春秋》教也。故《诗》之失，愚；《书》之失，诬；《乐》之失，奢；《易》之失，贼；《礼》之失，烦；《春秋》之失，乱。其为人也，温柔敦厚而不愚，则深于《诗》者也；疏通知远而不诬，则深于《书》者也；广博易良而不奢，则深于《乐》者也；洁静精微而不贼，则深于《易》者也；恭俭庄敬而不烦，则深于《礼》者也；属辞比事而不乱，则深于《春秋》者也。"

天子者，与天地参，故德配天地，兼利万物，与日月并明，明照四海而不遗微小。其在朝廷，则道仁圣礼义之序；燕处，则听《雅》《颂》之音；行步，则有环佩之声；升车，则有鸾、和之音。居处有礼，进退有度，百官得其宜，万事得其序。诗云："淑人君子，其仪不忒。其仪不忒，正是四国。"此之谓也。发号出令而民说，谓之和；上下相亲，谓之仁；民不求其所欲而得之，谓之信；除去天地之害，谓之义。义与信，和与仁，霸王之器也。有治民之意而无其器，则不成。

礼之于正国也，犹衡之于轻重也，绳墨之于曲直也，规矩之于方圆也。故衡诚悬，不可欺以轻重；绳墨诚陈，不可欺以曲直；规矩诚设，不可欺以方圆；君子审礼，不可诬以奸诈。是故隆礼由礼，谓之有方之士；不隆礼，不由礼，谓之无方之民。敬让之道也，故以奉宗庙则敬，以入朝廷则贵贱有位，以处室家则父子亲、兄弟和，以处乡里则长幼有序。孔子曰："安上治民，莫善于礼。"此之谓也。

故朝觐之礼，所以明君臣之义也；聘问之礼，所以使诸侯相尊敬也；丧祭之礼，所以明臣子之恩也；乡饮酒之礼，所以明长幼之序也；昏姻之礼，所以明男女之别也。夫礼，禁乱之所由生，犹坊止水之所自来也。故以旧坊为无所用而坏之者，必有水败；以旧礼为无所用而去之者，必有乱患。故昏姻之礼废，则夫妇之道苦，而淫辟之罪多矣；乡饮酒之礼废，则长幼之序失，而争斗之狱繁矣；丧祭之礼废，则臣子之恩薄，而倍死忘生者众矣；聘觐之礼废，则君臣之位失，诸侯之行恶，而倍畔侵陵之败起矣。故礼之教化也微，其止邪也于未形，使人日徙善远罪而不自知也，是以先王隆之也。易曰："君子慎始。差若毫厘，谬以千里。"此之谓也。

"入其国，其教可知也"，大概出国访问或旅游的人都有同感。比如过去的人坐船来到美国，首先看到的就是自由女神像，说明这个国家以自由教育国民，其国民也给人自由随意的感觉，这种感觉即使今天坐飞机去的人也会有。毛泽东在读苏联《政治经济学教科书》的谈话中指出："我们要教育人民，不是为了个人，而是为了集体，为了后代，为了社会前途而努力奋斗。"来到中国的人大概也会感觉到，中国人不似美国人那么个性鲜明，比较注重家庭和子女，比较注重集体和未来，个人享乐相对较少，这当然也是国家教育的结果。中国自古以来就特别注重"政教"，大致相当于我们今天重视"思想政治教育"。古今中外的教育都有鲜明的价值取向，正是教育所传播的核心价值观塑造了国民道德品行。本章内容原为《礼记·经解》篇内容，郑玄认为"经解者，以其记六艺政教得失"[①]，孔颖达认为"此篇分析六经体教不同"[②]，都认为是讲《诗》《书》《乐》《易》《礼》《春秋》的思想政治教育作用。接受《诗》《书》《乐》《易》《礼》《春秋》教育的人，与接受《理想国》《利维坦》《论自由》《社会契约论》《国富论》《联邦党人文集》的人，会有完全不同的思想道德修养。西方大学

---

① （汉）郑玄，注．王锷，点校．礼记注（下册）[B]．北京：中华书局，2021：635.
② （唐）孔颖达，撰．礼记正义（下册）[B]．北京：北京大学出版社，2014：1344.

一贯重视"通识教育"，其中最核心的内容就是"古典教育"，这其实就是西方的思想政治教育。中国目前的思想政治教育着重于"马克思主义基本原理同中国具体实际相结合""把马克思主义基本原理同中华优秀传统文化相结合"，必须加强"六艺"或"六经"教育，也唯有如此才能更广泛地形成共同的价值认同。当然，道德教育和价值认同光靠教育还不够，更需要领导者身体力行的示范，还需要在日常生活中不断地实践。本章开头第一段直接讲"六艺"或"六经"的政教作用，其余内容是讲执政者德高望重的示范作用和规矩礼仪的规范作用。教育、示范与规范，相当于言传、身教与约束，或者传道、授业与解惑，类似依法治国的立法、执法和司法，共同构建以德治国的基本方略。

一、"与天地参"

子曰："为政以德，譬如北辰，居其所而众星共之。"（《论语·为政》）治国理政如果依靠道德感召力，就会像北极星安处其位而众星辰拱卫一样。"大学之道，在明明德，在亲民，在止于至善"，为政者如果能像北极星一样为人民明示前进方向，就会受到人民的亲近，最终形成众星拱北辰的"至善"境界。《史记·天官书》有言："五星分天之中，积于东方，中国利；积于西方，外国用兵者利。五星皆从辰星而聚于一舍，其所舍之国可以法致天下。"中国历来推崇的治理国家的理想状况就像众星拱北辰，认为这样的治理是可供效法的善治。在革命战争的年代，"抬头望见北斗星，心中想念毛泽东"，唱出了中国人民渴望毛泽东领导人民实现解放和团结的心声；新中国成立后，国旗最终被确定为四颗小星环拱大星的五星红旗。当然，执政者即便有美好品德，也不是每个人都能了解和学习的。只有把现实生活中的"德"提升为"艺"，进而用来教育民众才能形成国家之"风"。用什么样的"德"来教育民众，最终就会形成什么样的"风"。

1. "其教可知"

孔子曰："入其国，其教可知也。其为人也，温柔敦厚，《诗》教也；疏通知远，《书》教也；广博易良，《乐》教也；洁静精微，《易》教也；恭俭庄敬，《礼》教也；属辞比事，《春秋》教也。"孔子认为，进入一个国家，其教化也就可以感知了。如果那里的人们给人温柔敦厚的感觉，那是受了《诗》教的结果；如果那里的人们给人世事洞明的感觉，那是受了《书》教的结果；如果那里的人们给人旷达平和的感觉，那是受了《乐》教的结果；如果那里的人们给人镇静严谨的感觉，那是受了《易》教的结果；如果那里的人们给人恭俭庄敬的感觉，那是受了《礼》教的结果；如果那里的人们给人褒贬分明的感觉，那是受了《春秋》教育的结果。下文孔颖达对此进行了详尽的解说，本书为了行文简洁，对于现代人能理解的"温柔敦厚"和"恭俭庄敬"不作解释，其余只以相似词语替换。

"入其国，其教可知也"者，言人君以六经之道各随其民教之，民从上教各从六经之性，观民风俗则知其教，故云"其教可知也"。"温柔敦厚，《诗》教也"者，温谓颜色温润，柔谓情性和柔，诗依违讽谏，不指切事情，故言温柔敦厚是诗教也。"疏通知远，《书》教也"者，《书》录帝王言语，举其大纲，事非繁密，是疏通；上知帝皇之世，是知远也。"广博易良，《乐》教也"者，乐以和通为体，无所不用，是广博；简易良善，使人教化，是易良。"洁静精微，《易》教也"者，《易》之于人，正则获吉，邪则获凶，不为淫滥，是洁静；穷理尽性，言入秋毫，是精微。"恭俭庄敬，《礼》教也"者，礼以恭逊节俭、齐庄敬慎为本，若人能恭敬节俭，是礼之教也。"属辞比事，《春秋》教也"者，属，合也；比，近也；《春秋》聚合会同之词是属辞，比次褒贬之事是比事也。凡人君行此等六经之教以化于下，在下染习其教还有六经之性，故云《诗》教、《书》教之等。[①]

《诗》《书》《乐》《易》《礼》《春秋》，是中国古代道德教化的"六艺"，最终也成为中国古代教育的"五经"，其中"乐"是配合"诗"的音乐。《诗》是文学的代表，《书》是政治学的代表，《乐》是音乐学的代表，《易》是哲学的代表，《礼》是伦理学的代表，《春秋》是历史学的代表。"德行：颜渊，闵子骞，冉伯牛，仲弓。言语：宰我，子贡。政事：冉有，季路。文学：子游，子夏。"（《论语·先进》）这是说孔子

---

① （唐）孔颖达，撰.礼记正义（下册）[B].北京：北京大学出版社，2014：1344.

的弟子各有所长，德行好的有颜渊、闵子骞、冉伯牛、仲弓，他们大概是《礼》《易》《诗》《乐》都学得好；善于辞令的有宰我、子贡，他们大概是《诗》学得好；通晓政事的有冉有、季路，他们大概是《尚书》学得好；熟悉古代文献的有子游、子夏，他们大概是《春秋》学得好。我们今天也喜欢说各国人具有不同的特性，其中也包含不同文化塑造道德品质的意思，比如说德国人清高严谨是因为德国是哲学、音乐的王国，法国人热情浪漫是因为文学、艺术的感染，英美人自由任性且精明强干是政治经济学教育的结果，以色列人聪明坚韧是宗教教化的结果。"一方水土养育一方人"，说的是自然环境塑造人的性情，但人也是"文以化之"的结果。

　　"故《诗》之失，愚；《书》之失，诬；《乐》之失，奢；《易》之失，贼；《礼》之失，烦；《春秋》之失，乱。"所以《诗》教可能使人愚顽懒散，《书》教可能使人惑世诬民，《乐》教可能使人骄奢淫逸，《易》教可能使人欺世盗名，《礼》教可能使人行事烦琐，《春秋》教可能使人犯上作乱。郑玄说："失，谓不能节其教者也。《诗》敦厚近愚；《书》知远近诬；《易》精微爱恶相攻，远近相取，则不能容人，近于伤害；《春秋》习战争之事，近乱。"[1]孔颖达说："故《诗》之失在愚者，《诗》主敦厚，若不节之，失在于愚；《书》之失诬者，《书》广知久远，若不节制，则失之在于诬；《乐》之失奢者，《乐》主广博和易，若不节制，则失之在奢；《易》之失贼者，《易》主洁静严正，远近相取，爱恶相攻，若不节制，则失之在于贼害；《礼》之失烦者，《礼》主文物恭俭庄敬，若不能节制，则失在于烦苛；《春秋》之失乱者，《春秋》习战争之事，若不能节制，失在乱。此皆谓人君用之教下，不能可否相济、节制合宜，所以致此失也。"[2]意思都是说"过度强调而不能节制平衡各种教化功能，便会有所缺失"[3]。凡事有得必有失，《诗》教使人温柔敦厚但也很可能胸无大志而近乎愚钝懒散；《书》教使人世事洞明但也很可能因妄自尊大而惑世诬民；《易》教人精微爱恶互相对立，远近彼此需要取舍，因此容易形成黑白对立、非此即彼的思维，以致不能包容他人、倾向伤害他人；《春秋》教人熟悉战争事宜，很容易导致作乱之心。"无才可去补苍天，枉入红尘若许年"的宝玉，因为不喜欢读圣贤书而只喜欢诗词戏曲而使之愚顽懒散。与之相反，有些人读书完全是为了升官发财，最瞧不起贾宝玉这样的性情中人，但

① （汉）郑玄，注.王锷，点校.礼记注（下册）[B].北京：中华书局，2021：635—636.
② （唐）孔颖达，撰.礼记正义（下册）[B].北京：北京大学出版社，2014：1344.
③ 胡平生，张萌，译注.礼记（下）[B].北京：中华书局，2017：952.

这种世事洞明皆学问其实不过是惑世诬民。昏君沉迷于声色，当然要误国殃民。阴阳纵横家大概都熟悉易数，但他们的学问就是算计他人以获益。儒家最为重视礼乐治国，但其繁文缛节为墨家痛批。虽说"孔子成《春秋》而乱臣贼子惧"，但是，"《春秋》，天子之事也。是故孔子曰：'知我者其惟《春秋》乎！罪我者其惟《春秋》乎！'"（《孟子·滕文公下》）孔子作《春秋》是以微言大义褒贬人物以警示乱臣贼子，但这是天子治理天下的大事，所以孔子说："要真正了解我，唯有看《春秋》；如果要加罪于我，只需依据《春秋》。"大概《春秋》看多了，就会觉得自己比天子更能治理天下吧，这就是物极必反的道理。"柴也愚，参也鲁，师也辟，由也喭。"（《论语·先进》）孔子的学生各有所长也各有所失：高柴愚钝，曾参憨厚，颛孙师偏激，仲由鲁莽。当然，他们的"失"并非"愚蠢笨拙"或"顽固不化"，而是"刚毅木讷"或"大智若愚"。

"其为人也，温柔敦厚而不愚，则深于《诗》者也；疏通知远而不诬，则深于《书》者也；广博易良而不奢，则深于《乐》者也；洁静精微而不贼，则深于《易》者也；恭俭庄敬而不烦，则深于《礼》者也；属辞比事而不乱，则深于《春秋》者也。"如果一个国家的民众，温柔敦厚但又不愚顽懒散就是深得《诗》教真谛，世事洞明但又不惑世诬民就是深得《书》教真谛，旷达平易但又不骄奢淫逸就是深得《乐》教真谛；镇静严谨但又不阴险狡诈就是深得《易》教真谛；恭俭庄敬但又不陷入繁文缛节就是深得《礼》教真谛；褒贬分明但又不犯上作乱就是深得《春秋》的教育真谛。郑玄认为，"言深者，既能以教，又防以失"①，所谓"深"就是既能用六经教育人又能防止各自弊病。孔颖达说："以《诗》化民，虽用敦厚，能以义节之，欲使民虽敦厚不至于愚，则是在上深达于《诗》之义理，能以《诗》教民也，故云深于《诗》者也。以下诸经，义皆放此。"②比如用《诗》教化民众，虽然利用《诗》教使人朴实敦厚，但又能以礼义来节制平衡，目的就是要使人们虽然朴实敦厚但绝不冥顽愚钝，这才是深入通达《诗》教的义理，才能用《诗》教化民众，这就是"深于《诗》者也"。

① （汉）郑玄，注.王锷，点校.礼记注（下册）[B].北京：中华书局，2021：636.
② （唐）孔颖达，撰.礼记正义（下册）[B].北京：北京大学出版社，2014：1344.

六经之教善矣，然务温柔敦厚而溺其志，则失于自用矣，故《诗》之失，愚；务疏通知远而趋于事，则失于无实矣，故《书》之失，诬；务广博易良而徇其情，则失于好大矣，故《乐》之失，奢；务洁静精微而蔽于道，则失于毁则矣，故《易》之失，贼；务恭俭庄敬而亡其体，则失于过当矣，故《礼》之失，烦；务属辞比事而作其法，则失于犯上矣，故《春秋》之失，乱。夫六经之教，先王所以载道也，其教岂有失哉？由其所得有深浅之异耳。

淳厚者未必深察情伪，故失之愚；通达者未必笃确诚实，故失之诬；宽博者未必严立绳检，故失之奢。沉潜思索，多自耗蠹，且或害道，故失之贼；品节未明，德性未定，无以饰貌正行，故失之烦；弄笔褒贬，易紊是非，必致启衅召乱，故失之乱。惟得之深养之固有，以见天地之纯全。古人之大体，而安有所谓失哉？[①]

子曰："攻乎异端，斯害也已！"（《论语·为政》）专攻一个极端，那样损害就必不可免！虽然，"温柔敦厚""疏通知远""广博易良""洁静精微""恭俭庄敬""属辞比事"都属于美德，但是，如果攻其一点不及其余，不懂得多方平衡，就可能产生"愚""诬""奢""贼""烦""乱"之"失"。仲尼曰："君子中庸，小人反中庸。君子之中庸也，君子而时中；小人之中庸也，小人而无忌惮也。"（《中庸》）道德品行高尚的君子遵循中庸之道，道德品行低下的小人违反中庸之道，君子的中庸就是时时刻刻都适得其宜而无过不及，小人自以为也是适得其宜却无所忌惮。子贡问："师与商也，孰贤？"子曰："师也过，商也不及。"曰："然则师愈与？"子曰："过犹不及。"（《论语·先进》）子贡问孔子颛孙师（即子张）与卜商（即子夏）谁更优秀？孔子认为颛孙师做事经常有些过头，卜商则经常有所不足；子贡以为这意味着颛孙师更强一些，孔子告诉他过头与不足同样不好。老子说过，"天下皆知美之为美，斯恶已。皆知善之为善，斯不善已"；列宁说过，"真理只要向前一步，哪怕是一小步，就会成为谬误"。真、善、美都要适得其宜，过头或不够就会成为假、恶、丑。

"大学之道，在明明德，在亲民，在止于至善。"（《大学》）"明德"并不是"不

---

① （元）陈澔，注. 金晓东，校点. 礼记[B]. 上海：上海古籍出版社，2016：564.

言自明"的，而是需要人们去"探明"的，这就是所谓的"在明明德"；事实说明人们对"明德"很难有共同的标准，但人们可以共同探讨评判美德的方法，这就是"大学之道，在明明德"。中国人探究"明德"的"大学之道"就是"中庸之道"，也就是朱熹说的"中者，不偏不倚、无过不及之名。庸，平常也"①。有些人以为"至善"就是"极致"，比如"亲民"就要消灭一切差别，但在儒家看来，"物之不齐，物之情也"（《孟子·滕文公上》），事物千差万别，这是事物的自然规律，所以儒家不求"齐物"，只追求"适当的差别"。子曰："中庸其至矣乎！民鲜能久矣。"（《中庸》）在儒家看来，体现为"适当"的"中庸"才是"至善"，正是这个"适当"很难始终如一地做到。

近代以来，西方把民主、自由、人权看作"普适价值"，"攻乎异端，斯害也已"，这种片面的道德诉求和价值追求导致了政治动荡、社会分裂和环境破坏。毛泽东在《关于正确处理人民内部矛盾的问题》的讲话中明确指出："在人民内部，民主是对集中而言，自由是对纪律而言。这些都是一个统一体的两个矛盾着的侧面，它们是矛盾的，又是统一的，我们不应当片面地强调某一个侧面而否定另一个侧面。在人民内部，不可以没有自由，也不可以没有纪律；不可以没有民主，也不可以没有集中。这种民主和集中的统一，自由和纪律的统一，就是我们的民主集中制。在这个制度下，人民享受着广泛的民主和自由；同时又必须用社会主义的纪律约束自己。"②毛泽东在《一九五七年夏季的形势》一文明确提出："我们的目标，是想造成一个又有集中又有民主，又有纪律又有自由，又有统一意志、又有个人心情舒畅、生动活泼，那样一种政治局面，以利于社会主义革命和社会主义建设，较易于克服困难，较快地建设我国的现代工业和现代农业，党和国家较为巩固，较为能够经受风险。"③毛泽东关于民主和集中、自由和纪律统一的思想，既体现了他熟练掌握马克思主义的唯物辩证法，也体现了他"深于"诗、书、乐、易、礼、春秋等"六艺"，是马克思主义基本原理同中华优秀传统文化相结合的伟大创新。

当前的思想政治教育，大致可以说是专注于《书》教，讲的都是领导人讲的大

---

① （宋）朱熹.四书章句集注[B].北京：中华书局，2016：17.

② 毛泽东.毛泽东文集（第7卷）[M].北京：人民出版社，1999：209.

③ 中共中央文献研究室，编.建国以来重要文献选编（第十册）[M].北京：中央文献出版社，1994：485.

道理。讲得好可以使人"疏通知远"，讲不好很可能有"书之失诬"，也就是使人不论大事小事都"上纲上线"，喜欢拿"大帽子"吓唬人、给人乱贴"政治标签"，甚至不仅给人"戴帽子"，还对人"打棍子"。子曰："兴于《诗》，立于礼，成于乐。"（《论语·泰伯》）道德风化兴起于学《诗》，确立于学《礼》，完成于学《乐》。子曰："志于道，据于德，依于仁，游于艺。"（《论语·述而》）以道为志向，以德为根据，以仁为依靠，而游憩于六艺之中。古人给我们的最大启发是要把思想政治教育融入"通识教育"，诗、书、乐、易、礼、春秋六经，礼、乐、射、御、书、数六艺，相互协调相互促进，在和风细雨中滋养化育。

2. "其仪不忒"

"天子者，与天地参，故德配天地，兼利万物，与日月并明，明照四海而不遗微小。"天子与天、地"三位一体"，所以天子的品德应该与天地大德相匹配，也应兼有类似天地和合化育万物的功德，也就是德行与日月同辉，普照天下而不遗毫末。《易经》说："夫大人者，与天地合其德，与日月合其明，与四时合其序。"（《易经·文言》）；《中庸》说："能尽物之性，则可以赞天地之化育；可以赞天地之化育，则可以与天地参矣。"（《中庸》）这些说法都强调美德以天地作为最高参照，人类应该赞助天地化育生养万物。"与天地参"的"参"是"三"的意思，相当于天、天子、地构成类似基督教说的"三位一体"。虽然《礼记·经解》此处只讲了"天子"，但《易经》和《中庸》都没限定于天子，主要看的是个人的道德修养。后来更流行的是"天地君亲师"一起说，这意味着不仅是君主还有父母和教师，都被看作类似天地一样要感恩戴德。但是，与此同时，"天地君亲师"的说法也意味着君主、父母和教师要"德配天地"。所谓"三才者，天地人"，按照儒家"下学而上达""人皆可以为圣"的教导，其实每个人都是天地化生之物，都"与天地参"、都可以"赞天地之化育"、都应该"德配天地"。每个人"赞天地之化育"做得越好，也就越能说是"德配天地"，也就是越完美地"与天地参"。

"与天地参，故德配天地，兼利万物，与日月并明，明照四海而不遗微小"，其实就是中国古人对道德的最高赞美。"大哉，圣人之道！洋洋乎！发育万物，峻极于天。优优大哉！礼仪三百，威仪三千，待其人而后行。"（《中庸》）伟大啊，圣人的道行！洋洋洒洒！生发滋养天下万物，高远广博有如苍天。优雅大度！教养百姓千家以文明礼仪，只待贤能者付诸实行。"仲尼祖述《尧》《舜》，宪章《文》《武》；上律天时，下袭水土。辟如天地之无不持载，无不覆帱，辟如四时之错行，如日月之代明。万物并育而不相害，道并行而不相悖，小德川流，大德敦化，此天地之所以为大也。"（《中庸》）孔子总结了人类社会发展的历史规律，主要是尧舜禹汤文武治理天下的成功经验，与此同时，他也同样注重自然规律，强调遵循天时依据地利。他认为人类美德应该像天地那样无不覆盖无不承载，像四季那样变换轮回或日月那样交替照明，滋养天地万物和合共生而不相危害，各行其道而不相冲突。小德就像百川争流到海，大德就像天地化育万物，这就是天地最大的原因。天子如果能够参照天地来修养自己的品德，他的品德就可以称为匹配天地大德，具体体现为"舟车所至，人力所通，天之所覆，地之所载，日月所照，霜露所队，凡有血气者，莫不尊亲，故曰配天"（《中庸》），舟车所能到达或人力所能交通、上天所覆盖或大地所承载、日月所照明或霜露所降落的任何地方，但凡有血脉气息的生物，没有不尊敬和亲爱他的，这就叫作德配天地。

"其在朝廷，则道仁圣礼义之序；燕处，则听《雅》《颂》之音；行步，则有环佩之声；升车，则有鸾、和之音。居处有礼，进退有度，百官得其宜，万事得其序。诗云：'淑人君子，其仪不忒。其仪不忒，正是四国。'此之谓也。"天子在朝廷处理政事，就要引导臣子遵循先贤往圣形成的礼义秩序；回到后宫闲居，就欣赏《雅》《颂》谱写的音乐；在宫中信步行走，身上佩戴的环玉发出声音提醒自己行得方正；登车出宫远行，车衡上的銮铃与车轼上的和铃互相应和仿佛鸾凤和鸣。天子作为"君临天下"的人，一言一行都有示范效应，所以尤其要谨言慎行。唯有君主闲居独处有礼节，临朝退朝有制度，百官才能各得其宜，诸事才能有条不紊。《诗经》说："贤良君子，礼仪文明。仪态端庄，天下样板。"说的就是道德品行高尚的君子，要注意言行举止符合道德规范。子曰："非礼勿视，非礼勿听，非礼勿言，非礼勿动。"（《论语·颜渊》）不符合礼义的东西不看，不符合礼义的音乐不听，不符合礼义的话不说，不符合礼义的事情不做。不仅要谨记圣人的教导，而且还要通过服饰时时警醒自己。郑玄《礼记注》说："环佩，佩环佩玉也，所以为行节也""环取其无穷止，玉则比德焉"；"鸾、和，皆铃也，所以为车行节也"①。君主日常生活佩戴环扣玉坠，

---

① （汉）郑玄，注.王锷，点校.礼记注（下册）[B].北京：中华书局，2021：636.

是用来提醒自己言行要符合礼节，环扣取其循环没有止境之意，玉则是比喻温厚纯洁的品德，鸾和之铃声提醒君主车行天下要协和万邦。

"天子"是"天必命之以为亿兆之君师，使之治而教之"；"而其所以为教，则又皆本之人君躬行心得之余"[1]。"天子"是因为"德配天地"而被"天"命令为天下人的君主和老师，由他来治理国家和教育人民；他所用来教导人民的美德，又都是天子自己立身行道的心得而已。因此，那时候"言传"和"身教"是统一的，君主和教师是合一的。"及周之衰，贤圣之君不作，学校之政不修，教化陵夷，风俗颓败。时则有若孔子之圣，而不得君师之位以行其政教，于是独取先王之法，诵而传之以诏后世。"[2]到周朝衰落之后，贤能圣明的君主不再出现，学校政治教育荒废了，道德教化由盛而衰，世风日下伦理败坏。当时有像孔子这样的圣人，却不能获得君主和教师的职位来施行政教，于是就精选古代君王治国理政的成功之法，诵咏和传授给弟子以昭告后世君主。也就是说从孔子开始君主和教师才分别开来，孔子成为专门传授从尧舜禹到汤文武治国理政成功经验的"国师"。据《史记·孔子世家》载："孔子之时，周室微而礼乐废，诗书缺。追迹三代之礼，序书传，上纪唐虞之际，下至秦缪，编次其事""故书传、礼记自孔氏"；"古者诗三千余篇，及至孔子，去其重，取可施于礼义""三百五篇孔子皆弦歌之，以求合韶武雅颂之音。礼乐自此可得而述，以备王道，成六艺"；"孔子晚而喜《易》，序《彖》《系》《象》《说卦》《文言》""孔子以诗书礼乐教，弟子盖三千焉，身通六艺者七十有二人"。由此可见，"六艺"是先王治国理政历史经验的总结，应该是"古已有之"的历史文献，孔子对它们进行编辑整理，最终成为古代教育教学的基本教材。"自天子王侯，中国言六艺者折中于夫子，可谓至圣矣"，从天子王侯算起，华夏中原各国但凡讲习六经者，都折服于孔夫子确定的标准，孔子由此可说是至高无上的圣人了。孟子曰："君子之所以教者五：有如时雨化之者，有成德者，有达财者，有答问者，有私淑艾者。此五者，君子之所以教也。"（《孟子·尽心上》）有如春风化雨的教就是亲聆教导，"私淑艾"，指的是"人或不能及门受业，但闻君子之道于人，而窃以善治其身"，也就是不能亲聆教诲但听闻其言论事迹后私自认以为师，这是教育的两种方式方法；成德、达财、答问属于传道、授业、解惑的教育内容。孟子对于自称是孔子的"私淑"弟子，主

① （宋）朱熹.四书章句集注[B].北京：中华书局，2016：1.
② （宋）朱熹.四书章句集注[B].北京：中华书局，2016：2.

要就是继承孔子的"言传"。孟子说："以力服人者，非心服也，力不赡也；以德服人者，中心悦而诚服也，如七十子之服孔子也。"（《孟子·公孙丑上》）依靠暴力威胁让人服从，别人并不是真心服从，他只是力不从心而已；靠道德号召力让人服从，那是心怀喜悦的真诚服从，就像七十个最优秀的学生佩服孔子。按照儒家的政治理想，像孔子这种品德高尚的人应该成为君王，所以汉朝的王充在《论衡·定贤》中说"孔子不王，素王之业在《春秋》"。所以孔子被称为"素王"。晋代的葛洪在《抱朴子·博喻》中则进一步说"是以能立素王之业者，不必东鲁之丘"，意思是只要能"与天地参，德配天地"，人人都可以成为万世流芳的"素王"。

"与天地参，德配天地"，在今天可以解释为参考天地运行法则，使自己的道德品行与天地运行法则一致。中国人坚持"与天地参，德配天地"的原则，却形成了"兼利万物"的价值追求和道德准则。达尔文《进化论》提出的"物竞天择，适者生存"，最终成为论证近代西方"自由竞争"价值观和道德准则的依据。核心价值和道德准则的不同，其实源于观察世界的视角不同。"物竞天择，适者生存"是从个体角度看，所以看到"小德川流"或者"万类霜天竞自由"；"与天地参，德配天地"是从总体角度看，所以看到"大德敦化"或"问苍茫大地，谁主沉浮"。"小德川流"或者"万类霜天竞自由"大致可称作"霸道"，"大德川流"或"万类霜天竞自由"就是"王道"。

3. "霸王之器"

"发号出令而民说，谓之和；上下相亲，谓之仁；民不求其所欲而得之，谓之信；除去天地之害，谓之义。"国家发出的号令让民众喜悦就是"和"，执政者和民众上下级彼此相亲就是"仁"，民心所向的事不等提出明确诉求就办就是"信"，除去天地之间所有残害民众的事物就是"义"。2019年4月1日，日本内阁官房长官菅义伟宣布"令和"被选为日本新年号；2019年4月3日，日本外务省向外国媒体公布"令和"官方英文翻译为"Beautiful Harmony"。政府的号令能使人民喜悦，就是"政通人和"。这年暴发的新型冠状病毒肺炎（Corona Virus Disease 2019，COVID-19），是全人类共同面临的一场大灾难，也是检验世界各国民众对政府政策的认同、对政治人物的喜爱、对政府机构的信任和对政治正义的尊重。中国人民积极响应党和政府的号召，各地医务人员、医疗物资、生活物资等迅速向疫区集中；中国政府虽然实行了最为严格的管控措施，但是，中国人民普遍主动遵守政府管控要求；民众渴望的免费检测、免费救治、免费物资等，还没有人提出来就已经由政府落实；中国政府把全体人民生命健康放在第一位，最大限度地避免了新冠的死亡威胁。但也有些国家迟迟没有出台管控措施，后来出台的措施也遭到民众抗议，疫情失控后民众得不到及时医治，最终导致大量老人、穷人失去生命。

"义与信，和与仁，霸王之器也。有治民之意而无其器，则不成。"政府坚持正义并因此获得信任，政令受到民众欢迎并且形成良好的官民关系，可以说是称霸为王的器具。想要治理天下百姓却没有器具，就不会成功。

老子说："兵者不祥之器，非君子之器。"如果说穷兵黩武是战争的不祥之兆，那么坚持仁义诚信则是天下和平的保障，完全可以说"义与信，和与仁，君子之器也"。有种观点认为，"论义、信、和、仁之道，而以王霸并言之，岂孔子之言"[1]。这个观点大概认为"霸"必定就是不义无信，也谈不上和与仁，所以不可能是孔子的话。这句话确实可能不是孔子说的，但其实还是符合孔子的看法。子曰："桓公九合诸侯，不以兵车，管仲之力也。如其仁！如其仁！"（《论语·宪问》）齐桓公是春秋五霸之一，实现了诸侯九次会盟罢兵息战，其中管仲对桓公的协助力量很重要，所以孔子赞赏管仲做到那样就是仁。据《史记·孔子世家》记载，在外交领域，孔子认同"有文事者必有武备，有武事者必有文备"，所以并非片面地强调王道而反对霸道。在内政方面，孔子曾为大司寇、堕三都、诛鲁大夫乱政者少正卯，孔子也不反对必要的严刑峻法。

　　其后定公以孔子为中都宰，一年，四方皆则之。由中都宰为司空，由司空为大司寇。

　　定公十年春，及齐平。夏，齐大夫黎鉏言于景公曰："鲁用孔丘，其势危齐。"乃使使告鲁为好会，会于夹谷。鲁定公且以乘车好往。孔子摄相事，曰："臣闻有文事者必有武备，有武事者必有文备。古者诸侯出疆，必具官以从。请具左右司马。"定公曰："诺。"具左右司马。会齐侯夹谷，为坛位，土阶三等，以会遇之礼相见，揖让而登。献酬之礼毕，齐有司趋而进曰："请奏四方之乐。"景公曰："诺。"

---

① （元）陈澔，注.金晓东，校点.礼记[B].上海：上海古籍出版社，2016：565.

于是旄旌羽袚矛戟剑拨鼓噪而至。孔子趋而进，历阶而登，不尽一等，举袂而言曰："吾两君为好会，夷狄之乐何为于此！请命有司！"有司却之，不去，则左右视晏子与景公。景公心怍，麾而去之。有顷，齐有司趋而进曰："请奏宫中之乐。"景公曰："诺。"优倡侏儒为戏而前。孔子趋而进，历阶而登，不尽一等，曰："匹夫而营惑诸侯者罪当诛！请命有司！"有司加法焉，手足异处。景公惧而动，知义不若，归而大恐，告其群臣曰："鲁以君子之道辅其君，而子独以夷狄之道教寡人，使得罪于鲁君，为之奈何？"有司进对曰："君子有过则谢以质，小人有过则谢以文。君若悼之，则谢以质。"于是齐侯乃归所侵鲁之郓、汶阳、龟阴之田以谢过。

定公十三年夏，孔子言于定公曰："臣无藏甲，大夫毋百雉之城。"使仲由为季氏宰，将堕三都。于是叔孙氏先堕郈。季氏将堕费，公山不狃、叔孙辄率费人袭鲁。公与三子入于季氏之宫，登武子之台。费人攻之，弗克，入及公侧。孔子命申句须、乐颀下伐之，费人北。国人追之，败诸姑蔑。二子奔齐，遂堕费。将堕成，公敛处父谓孟孙曰："堕成，齐人必至于北门。且成，孟氏之保郫，无成是无孟氏也。我将弗堕。"十二月，公围成，弗克。

定公十四年，孔子年五十六，由大司寇行摄相事，有喜色。门人曰："闻君子祸至不惧，福至不喜。"孔子曰："有是言也。不曰'乐其以贵下人'乎？"于是诛鲁大夫乱政者少正卯。与闻国政三月，粥羔豚者弗饰贾；男女行者别于涂；涂不拾遗；四方之客至乎邑者不求有司，皆予之以归。

《孔子世家·刑政》篇孔子曰："圣人之治化也，必刑政相参焉。太上以德教民，而以礼齐之。其次以政焉导民，以刑禁之。刑，不刑也。化之弗变，导之弗从，伤义以败俗，于是乎用刑矣。颛五刑必即天伦。行刑罚则轻无赦，刑侀也，侀成也，壹成而不可更，故君子尽心焉。"意思是说圣人治理教化民众，必须是刑罚和政令相互配合使用。最好是用道德来教化民众，并用礼来统一思想。退而求其次，是用政令来教导民众。制定刑罚的目的，是为了不用刑罚。施加教化不改变，经过教导不听从，伤天害理又败坏风俗，对于这样的人就只好用刑罚来惩处。

霸道与王道、德治与法治既相反又相成，既是对立的也是统一的。儒家既不反对法治也不反对战争，儒家只是反对依靠严刑峻法治理国家而不讲仁爱，反对穷兵黩武而不讲正义的战争。儒家对于类似"一夫纣"是要诛杀的，对于不正义的侵略是要征伐的。延安整风时期，为了统一全党的思想，毛泽东在中央政治局扩大会议上指出："路线是'王道'，纪律是'霸道'，这两者都不可少。"

二、"安上治民"

子曰："道之以政，齐之以刑，民免而无耻；道之以德，齐之以礼，有耻且格。"（《论语·为政》）光靠政令来治国理政，光靠刑律来管理百姓，百姓想方设法避免政令法律惩罚而不觉得可耻；依靠道德力量号召百姓，利用礼义礼节规范百姓，百姓就会心有廉耻而行有依归。以德治国并不是对依法治国的根本否定，而是试图弥补依法治国存在的缺陷。

1. "礼之于正国"

"礼之于正国也，犹衡之于轻重也，绳墨之于曲直也，规矩之于方圆也。故衡诚县，不可欺以轻重；绳墨诚陈，不可欺以曲直；规矩诚设，不可欺以方圆；君子审礼，不可诬以奸诈。"礼对于治理国家来说，就像用秤来衡量物品轻重，用墨线来确定弯曲平直，用圆规曲尺画出圆形方形。所以，秤杆上精准地悬挂秤砣，轻重几何就一目了然；墨线拉直了弹一下，弯曲还是平直就一目了然；圆规和曲尺设定稳固，画圆画方也就一目了然；君主审定了礼义，是奸是诈一目了然。"衡，称也。县，谓锤也。陈，设，谓弹画也。诚，犹审也，或作'成'"[①]；"若称衡详审县锤，则轻重必正"；"若绳墨审能陈列，则曲直必当"；"若规矩详审置设，则方圆必得"；"若能审详于礼，则奸诈自露不可诬罔也"[②]。用过秤或天平的人当然知道，秤砣或砝码要放置精准，才能准确称出重量；木工当然都知道，墨线要固定拉直，才能弹出直线；用曲尺和圆规的学生都知道，要把尺子和圆规固定好了，才能画出方形或圆形，用礼来

---

① （汉）郑玄，注.王锷，点校.礼记注（下册）[B].北京：中华书局，2021：637.

② （唐）孔颖达，撰.礼记正义（下册）[B].北京：北京大学出版社，2014：1347.

治国就要审定礼义、确定礼仪、制定礼制，如此也就有了判定轻重缓急、是非曲直、方正圆滑的标准。

礼对于治理国家，就像"天地之间有杆秤，那秤砣就是老百姓"；就像木工弹出直线的绳墨，抑或传输电力的高压电线，但也不能没有"接地气"的地线；就像"没有规矩不成方圆"，但不论方还是圆都要"以人民为中心"。礼之所以能"正国"，就因为"礼治"的本质就是"仁政"。《孟子·离娄上》云：

> 离娄之明，公输子之巧，不以规矩，不能成方圆；师旷之聪，不以六律，不能正五音；尧舜之道，不以仁政，不能平治天下。今有仁心仁闻，而民不被其泽，不可法于后世者，不行先王之道也。故曰：徒善不足以为政，徒法不能以自行。诗云："不愆不忘，率由旧章。"遵先王之法而过者，未之有也。圣人既竭目力焉，继之以规矩准绳，以为方员平直，不可胜用也。既竭耳力焉，继之以六律，正五音，不可胜用也。既竭心思焉，继之以不忍人之政，而仁覆天下矣。故曰：为高必因丘陵，为下必因川泽。为政不因先王之道，可谓智乎？是以惟仁者宜在高位。不仁而在高位，是播其恶于众也。上无道揆也，下无法守也；朝不信道，工不信度；君子犯义，小人犯刑；国之所存者，幸也。故曰：城郭不完，兵甲不多，非国之灾也；田野不辟，货财不聚，非国之害也；上无礼，下无学，贼民兴，丧无日矣。诗云："天之方蹶，无然泄泄。"泄泄犹沓沓也。事君无义，进退无礼，言则非先王之道者，犹沓沓也。故曰：责难于君谓之恭，陈善闭邪谓之敬，吾君不能谓之贼。

孟子上面这段话的中心意思就是"上无礼，下无学，贼民兴，丧无日矣"，他强调的就是"礼之于正国"的重要性。所谓"徒善不足以为政。徒法不能以自行"，一个国家多数民众总是善良的，这个国家可能也有完备的法治体系，但如果没有"礼"就"丧无日矣"。借用斯密的《道德情操论》来说，"礼"就是道德背后的"情操"；借用孟德斯鸠《论法的精神》来说，"礼"就是法律背后的"精神"。没有人会赤裸裸地否定道德，很少有人会觉得自己不道德。但是，发生在别国的占领国会就是"美丽风景线"，发生在本国的就是"暴乱"，这样的"双标"就是"礼坏"。面对处于精神狂乱之中的"坏人"，不是试图使他镇静下来，而是威慑他以使他更加狂乱并杀死他，在法律上找不到罪证，但法律的精神被破坏了，这就是"礼坏"。"礼坏"的结果必定是"乐崩"，因为没有人真正相信道德和法律了。"民主、自由、法治、人权"本来可以带给人民幸福，但人民发现它们用在外国人身上不过是幌子的时候，他们就知道用到自己身上也不会真实。所以，民主、自由、法治、人权，最初是攻击外国人的工具，最终成为国内政治斗争的工具。

"礼之于正国也"，就在于"礼"本身要"正"，就像秤杆上的秤砣要放准了，绳墨要固定拉直了，尺子圆规不能松动走形。《曲礼》说："夫礼者，所以定亲疏，决嫌疑，别同异，明是非也。礼不妄说，人不辞费。礼不逾节，不侵侮，不好狎。修身践言，谓之善行。行修言道，礼之质也。礼闻取于人，不闻取人。礼闻来学，不闻往教。"[①]礼是要用来确定亲疏，决定嫌疑，区别同异，明辨是非的。礼不是为了讨人喜欢，但也不会费尽口舌向人推销。礼不能超过节度要求人，不能用来侵犯侮辱人，不能因为喜好就没有尊敬。行为要符合自己言说的道德，这就是礼的本质要求。礼听说过被人所取法的，没听说过强求于人的。礼听说过吸引人过来学的，没有听说过妄自尊大去教训人的。现代西方的"礼"就是民主、自由、法治、人权，如果之所以不能"正国"，就是因为西方政客总是自欺欺人地在秤砣、绳墨、规矩上做手脚，贬低别人抬高自己，抹黑别人美化自己，也就是不能"隆礼由礼"。

2. "隆礼由礼"

"是故隆礼由礼，谓之有方之士；不隆礼，不由礼，谓之无方之民。"所以，推崇礼并且遵循礼，就是行有依归的正人君子；不尊崇礼并且不遵循礼，就是行无依归的懒散小民。陈澔引方氏曰："隆，言隆之而高。由，言由乎其中。隆礼所以极高明，由礼所以道中庸；极高明所以立本，道中庸所以趋时。立本趋时虽若不同，要之不离于道而已，故'谓之有方之士'也。道无方也，体之于礼则为有方，此以礼为主，故谓之方焉。士志于道，故于有方曰士；民无常心，故于无方曰民。"[②]隆就是

---

① （元）陈澔，注.金晓东，校点.礼记[B].上海：上海古籍出版社，2016：3.

② （元）陈澔，注.金晓东，校点.礼记[B].上海：上海古籍出版社，2016：566.

推崇而使之崇高，由就是说把它作为标准遵循。推崇礼就确立了崇高的理想，遵循礼所以能保持中正；确立崇高理想才有立身之本，保持中正就能因时而变。确立根本和因时而变虽然看起来不同，但说到底就是不偏离人间正道，这就是所谓的行有规依。道本身其实无所谓归依，但有形物体遵循礼就是有归依，当主要讲礼的时候就是要讨论归依。士人是所谓有志于道的人，所以称士为"有方之士"；民众通常无恒心，所以称民为"无方之民"。郑玄说："方，犹道也。《春秋传》曰：'教之以义方。'"①"方"大致相当于"道"，就像《春秋传》说的"用正义之道教育人"。当号称公平的选举被认为不公平，当自由的选举导致民众攻占国会，这些民众就已经成为"无方之民"。他们其实迷失了方向，他们认为民主自由就是弄虚作假。"有方之士"当然会为此非常焦虑，因为他们知道"无方之民"将如下文所言"必有乱患"。

"隆礼由礼"，就是要真正推崇礼义，要真正遵循礼义，这样的执政者是"有方之士"，有理想信念或道德情操的人；如果执政者并非真正推崇礼义，也并非真正遵循礼义，只是把礼义当作幌子，导致的结果是"无方之民"，也就是民众迷失方向。

2014年5月4日，习近平总书记在北京大学师生座谈会上的讲话，强调青年要自觉践行社会主义核心价值观，大致相当于"隆礼由礼"，当然这是社会主义的"礼"。

人类社会发展的历史表明，对一个民族、一个国家来说，最持久、最深层的力量是全社会共同认可的核心价值观。核心价值观，承载着一个民族、一个国家的精神追求，体现着一个社会评判是非曲直的价值标准。

古人说："大学之道，在明明德，在亲民，在止于至善。"核心价值观，其实就是一种德，既是个人的德，也是一种大德，就是国家的德、社会的德。国无德不兴，人无德不立。如果一个民族、一个国家没有共同的核心价值观，莫衷一是，行无依归，那这个民族、这个国家就无法前进。这样的情形，在我国历史上，在当今世界上，都屡见不鲜。

我国是一个有着13亿多人口、56个民族的大国，确立反映全国

---

① （汉）郑玄，注．王锷，点校．礼记注（下册）[B].北京：中华书局，2021：637.

各族人民共同认同的价值观"最大公约数",使全体人民同心同德、团结奋进,关乎国家前途命运,关乎人民幸福安康。

每个时代都有每个时代的精神,每个时代都有每个时代的价值观念。国有四维,礼义廉耻,"四维不张,国乃灭亡。"这是中国先人对当时核心价值观的认识。在当代中国,我们的民族、我们的国家应该坚守什么样的核心价值观?这个问题,是一个理论问题,也是一个实践问题。经过反复征求意见,综合各方面认识,我们提出要倡导富强、民主、文明、和谐,倡导自由、平等、公正、法治,倡导爱国、敬业、诚信、友善,积极培育和践行社会主义核心价值观。富强、民主、文明、和谐是国家层面的价值要求,自由、平等、公正、法治是社会层面的价值要求,爱国、敬业、诚信、友善是公民层面的价值要求。这个概括,实际上回答了我们要建设什么样的国家、建设什么样的社会、培育什么样的公民的重大问题。

中国古代历来讲格物致知、诚意正心、修身齐家、治国平天下。从某种角度看,格物致知、诚意正心、修身是个人层面的要求,齐家是社会层面的要求,治国平天下是国家层面的要求。我们提出的社会主义核心价值观,把涉及国家、社会、公民的价值要求融为一体,既体现了社会主义本质要求,继承了中华优秀传统文化,也吸收了世界文明有益成果,体现了时代精神。

富强、民主、文明、和谐,自由、平等、公正、法治,爱国、敬业、诚信、友善,传承着中国优秀传统文化的基因,寄托着近代以来中国人民上下求索、历经千辛万苦确立的理想和信念,也承载着我们每个人的美好愿景。我们要在全社会牢固树立社会主义核心价值观,全体人民一起努力,通过持之以恒的奋斗,把我们的国家建设得更加富强、更加民主、更加文明、更加和谐、更加美丽,让中华民族以更加自信、更加自强的姿态屹立于世界民族之林。[1]

---

① 习近平.习近平谈治国理政[M].北京:外文出版社,2014:168—169.

"核心价值观，其实就是一种德，既是个人的德，也是一种大德，就是国家的德、社会的德"，"有方之士"就是有崇高理想、坚定信念、高尚道德的仁人志士，他们依靠崇高理想、坚定信念、高尚道德带动"无方之民"奋勇前进，就是"隆礼由礼"的"礼治"。这种由于民众对领导者尊敬形成的治国之道，就是下文要说的"敬让之道"。

3．"敬让之道"

"敬让之道也，故以奉宗庙则敬，以入朝廷则贵贱有位，以处室家则父子亲、兄弟和，以处乡里则长幼有序。孔子曰：'安上治民，莫善于礼。'此之谓也。"礼说到底就是尊敬和谦让的道德，所以，在宗庙中以礼侍奉先辈就形成敬意，入朝廷依礼做事就能区分贵贱地位，在家庭中以礼相待就能使父子相亲、兄弟和睦，在乡里中以礼相处则长幼尊卑有序。所以孔子说："要安定君位治理民众，没有比礼更好的了。"《曲礼》有言"夫礼者，自卑而尊人"，说的就是礼是"敬让之道"；据此又言"道德仁义，非礼不成。教训正俗，非礼不备。分争辨讼，非礼不决。君臣上下，父子兄弟，非礼不定。宦学事师，非礼不亲。班朝治军，莅官行法，非礼威严不行。祷祠祭祀，供给鬼神，非礼不诚不庄。是以君子恭敬撙节退让以明礼"，详细解释了礼在家庭、社会、国家治理中的功能。

子曰："能以礼让为国乎？何有？不能以礼让为国，如礼何？"（《论语·里仁》）能用礼让的原则来治理国家吗？礼治还有什么困难吗？如果不能用礼让的原则来治理国家，那礼又有多少价值呢？孔子这句话的言外之意，礼绝不仅仅是日常生活中的礼让而已，最主要的是依据礼的原则来修身、齐家、治国、平天下。子曰："礼之用，和为贵。先王之道斯为美，小大由之。有所不行，知和而和，不以礼节之，亦不可行也。"（《论语·学而》）礼的运用，以实现和谐为可贵。先王治国，就以此为美，大小事情都这样。有行不通的时候，一味地为和谐而和谐，不用礼仪来节制，也是不可行的。这就是所谓的"敬让之道"，也就是说，"让"是出于尊敬和礼貌的谦让，而不是没有原则的忍让。

"敬让之道"，最好的体现是孟子说的"昔者大王居邠，狄人侵之。事之以皮币，不得免焉；事之以犬马，不得免焉；事之以珠玉，不得免焉。乃属其耆老而告之曰：'狄人之所欲者，吾土地也。吾闻之也：君子不以其所以养人者害人。二三子何患乎无君？我将去之。'去邠，逾梁山，邑于岐山之下居焉。邠人曰：'仁人也，不可失也。'从之者如归市。"（《孟子·梁惠王下》）过去大王公刘居于豳地，狄人不断进犯他的土地。送给他们兽皮丝绸，免不了受侵；送给他们良马名犬，同样免不了受侵；送给他们珍珠美玉，还是免不了受侵。于是召集那里的老人并告诉他们说："狄人所想要得到的，是我们的土地。我曾听说：君子不因为用来供养人的东西而去残害人。你们何必担心没君主呢？我将离开这里！"离开豳地，翻越梁山，在岐山脚下筑城定居下来。豳地老百姓说："这是仁爱之人啊，我们不能失去他。"跟随他去的人就像赶集一样。

"敬让之道"就是为民众谋利益的仁道，与它相反的是争权夺利的霸道。1945年10月17日，毛泽东从重庆回到延安以后，在延安干部会议上作《关于重庆谈判》的报告，讲到对国民党的退让就很能体现"敬让之道"或"礼让为国"。

有些同志问，为什么要让出八个解放区？让出这八块地方非常可惜，但是以让出为好。为什么可惜？因为这是人民用血汗创造出来的、艰苦地建设起来的解放区。所以在让出的地方，必须和当地的人民解释清楚，要作妥善的处置。为什么要让出呢？因为国民党不安心。人家要回南京，南方的一些解放区，在他的床旁边，或者在他的过道上，我们在那里，人家就是不能安心睡觉，所以无论如何也要来争。在这一点上我们采取让步，就有利于击破国民党的内战阴谋，取得国内外广大中间分子的同情。现在全国所有的宣传机关，除了新华社，都控制在国民党手里。它们都是谣言制造厂。这一次谈判，它们造谣说：共产党就是要地盘，不肯让步。我们的方针是保护人民的基本利益。在不损害人民基本利益的原则下，容许作一些让步，用这些让步去换得全国人民需要的和平和民主。我们过去和蒋介石办交涉，也作过让步，并且比现在的还大。在一九三七年，为了实现全国抗战，我们自动取消了工农革命政府的名称，红军也改名为国民革命军，还把没收地主土地改为减租减息。这一次，我们在南方让出若干地区，就在全国人民和全世界人民面前，使国民党的谣言完全破产。军队的问题也是这样。国民党宣传说，共产党就是争枪杆子。我们说，准备让步。我们先提出把我们的军队由现在的数目缩编成四十八个师。国民党的军队是二百六十三个师，我们占六分之一。后来我们又提出缩编到四十三个师，占七分之一。国民党说，他们的军队要缩编到一百二十个师。我们说，照比例减下来，我们的军队可以缩编到二十四个师，还可以少到二十个师，还是占七分之一。国民党军队官多兵少，一个师不到六千人。照他们的编法，我们一百二十万人的军队，就可以编二百个师。但是我们不这样做。这样一来，他们无话可说，一切谣言都破产了。[①]

很显然，"敬让之道"的"敬"主要是对人民的敬畏，"让"是对反动派的策略性退让。而且，这里的"让"是"礼让"，是"不损害人民基本利益的原则下"的"让"，是为了"换得全国人民需要的和平和民主"的"让"。人们的思维通常都是"针锋相对""寸步不让"，但如果策略得当，"让一步海阔天空"。即便在今天的国际交往中，也可以考虑。

三、"徙善远罪"

季康子问政于孔子曰："如杀无道，以就有道，何如？"孔子对曰："子为政，焉用杀？子欲善而民善矣。君子之德风，小人之德草。草上之风，必偃。"（《论语·颜渊》）季康子问孔子，治国理政是否可以杀掉违背道德的人来成就坚持道德的人，孔子告诫他治国理政不能总想着用杀戮的办法，执政者真心实行善治百姓就会好起来；执政者的品德就像是风，民众的品德就像是草，草上刮过的风必定会使草随风而倒。一个国家的世道人心其实是由政治教化形成的，依靠暴力战争强大起来的国家，其国民必然养成喜好打打杀杀的性格，也必然随时准备用暴力战争解决面临的问题。依靠文明礼仪强大起来的国家，其国民必然养成了忍辱负重的性格，也必然指望文明礼让能解决面临的问题。

---

① 毛泽东.毛泽东选集（第4卷）[M].北京：人民出版社，1991：1159—1161.

1. "禁乱之所由生"

"故朝觐之礼，所以明君臣之义也；聘问之礼，所以使诸侯相尊敬也；丧祭之礼，所以明臣子之恩也；乡饮酒之礼，所以明长幼之序也；昏姻之礼，所以明男女之别也。"所以，制定朝觐之礼，是要用来明确君臣之间的道义；聘问之礼，是要用来使诸侯互相尊敬；丧祭之礼，是要用来明确臣民子女对君父的恩情；乡饮酒之礼，是要用来明确年长年幼的秩序；婚姻之礼，是要用来明确男女之间的区别。郑玄说："春见曰朝，小聘曰问，其篇今亡。昏姻，谓嫁取也。婿曰昏，妻曰姻。"[①]春天觐见叫作朝，小聘叫作问，朝觐和聘问篇在《礼记》中已经散失了。婚姻就是嫁娶的意思，对夫婿来说是婚，对妻子来说是姻。《礼记》中有《昏义》《乡饮酒》《射义》《燕义》《聘义》篇。

陈澔注《礼记·聘义》引吕氏曰："天子之与诸侯，诸侯之与邻国，皆有朝礼，有聘礼。朝则相见，聘则相问也。朝、宗、觐、遇、会、同皆朝也。存、頫、省、聘、问，皆聘也"；"故聘礼有天子所以抚诸侯者"，"有诸侯所以事天子者"，"有邻国交修其好者"[②]。由此可见，朝觐之礼和聘问之礼，都是规范政治关系的礼。"天子适诸侯曰巡狩，诸侯朝于天子曰述职。春省耕而补不足，秋省敛而助不给。入其疆，土地辟，田野治，养老尊贤，俊杰在位，则有庆，庆以地。入其疆，土地荒芜，遗老失贤，掊克在位，则有让。一不朝，则贬其爵；再不朝，则削其地；三不朝，则六师移之。"（《孟子·告子下》）天子巡察诸侯国叫巡狩，诸侯朝见天子叫述职。春天巡察耕种的情况以补充耕种不足；秋天巡察收获的情况以救助给养不足。进入诸侯国疆界，发现土地已经开辟，田里耕种良好，老人得到赡养、贤人得到尊敬，才能杰出的人有合适的任职，那就有赏赐，赏赐更多的土地。如果进入一国疆界，发现土地已经荒废，老人遭遗弃、贤者已隐退，搜刮钱财的人在位掌权，那么就有责罚。诸侯国君一次不朝见天子降低爵位，两次不朝见天子削减土地，三次不朝见天子就把军队开过去移除其封爵。由此可见，诸侯国尽管有很大的自主权和继承权，但也不是独立王国，绝对不允许搞"封建割据"。

---

① （汉）郑玄，注.王锷，点校.礼记注（下册）[B].北京：中华书局，2021：638.
② （元）陈澔，注.金晓东，校点.礼记[B].上海：上海古籍出版社，2016：695.

　　"丧祭之礼"在《礼记》全书中占据了最大的篇幅，《檀弓》（上下）、《曾子问》、《郊特性》、《明堂位》、《丧服小记》、《大传》、《丧大祭》、《祭法》、《祭义》、《祭统》、《问丧》、《服问》、《间传》、《三年问》、《丧服四制》等篇都是讲"丧祭之礼"，由此可见古人对丧葬和祭祀的重视。用《丧服四制》的话说："凡礼之大体，体天地，法四时，则阴阳，顺人情，故谓之礼。訾之者，是不知礼之所由生也。夫礼吉凶异道，不得相干，取之阴阳也。丧有四制，变而从宜，取之四时也。有恩，有理，有节，有权，取之人情也。恩者，仁也；理者，义也；节者，礼也；权者，知也。仁、义、礼、知，人道具矣。"①

　　"乡饮酒之礼"，在《礼记》中有《乡饮酒义》篇。陈澔引吕氏曰："乡饮酒者，乡人以时会聚饮酒之礼也。因饮酒而射，则谓之乡射。郑氏谓三年大比，兴贤者能者，乡老及乡大夫率其吏与其众以礼宾之，则是礼也，三年乃一行。诸侯之卿大夫贡士于其君，盖亦如此。党正每岁国索鬼神而祭祀，则以礼属民而饮酒于序。但此礼略而不载，则党正因蜡饮酒，亦此礼也。先儒谓乡饮有四：一则三年宾贤能，二则乡大夫饮国中贤者，三则州长习射，四则党正蜡祭。然乡人凡有会聚，当行此礼，恐不特四事也。《论语》：'乡人饮酒，杖者出，斯出也。'亦指乡人而言之。"②乡饮酒礼是乡人按时聚会宴饮之礼，如果饮酒之外还有比赛射箭，也叫乡射。该礼大概三年隆重举行一次，主要目的是发现和举荐人才。所以，诸侯国的卿大夫举荐士人于君主，大概也以类似的方式进行。此外，也包括祭祀鬼神和岁末蜡祭，祭祀完成后按照长幼秩序进行的饮酒。据《周礼·地方司徒》，地方各级行政乡、州、党、族、闾、比机构，设"乡老，二乡则公一人。乡大夫，每乡卿一人。州长，每州中大夫一人。党正，每党下大夫一人。族师，每族上士一人。闾胥，每闾中士一人。比长，五家下士一人"③。由此可见，乡饮酒之礼大概是各级地方政府举行的礼，主要是为了"选贤与能，讲信修睦。故人不独亲其亲，不独子其子，使老有所终，壮有所用，幼有所长，矜、寡、孤、独、废疾者皆有所养，男有分，女有归"，归根结底是为了体现"大道之行也，天下为公"。乡饮酒之礼，可以说是中国古代的"家国情怀"教育，使人心凝聚为"天下一家，中国一人"。

---

① （元）陈澔，注.金晓东，校点.礼记[B].上海：上海古籍出版社，2016：702.

② （元）陈澔，注.金晓东，校点.礼记[B].上海：上海古籍出版社，2016：677.

③ 杨天宇，译注.周礼译注[B].上海：上海古籍出版社，2016：172—173.

《礼记·昏义》篇引孔颖达疏曰:"谓之昏者,娶妻之礼,以昏为期,因名焉。必以昏者,取阳往阴来之义。"又引吕氏曰:"物不可苟合而已,故受之以贲。天下之情,不合则不成,而其所以合也,敬则克终,苟则易离,必受之以致饰者,所以敬而不苟也。昏礼者,其受贲之义乎?"[①]篇名称"昏",所以是娶妻之礼,以结婚为期许,因此名为"昏义"。之所以一定要强调"昏",取的是男方去迎接女方来家的含义。吕大临说:"万物不可苟且相合,所以设贲卦形容贵宾驾临。天下的常情是,不相合不成眷属,而男女交合,如果心存敬爱就能够善终,如果苟且偷合则容易离散,必定要设定婚礼来美饰,就是为了敬爱而不苟合。婚礼,就是迎接贵人的含义吗?"我们买一件心爱的珍贵物品,开箱的时候也是充满仪式感。一个单位引进高端人才,也是要举行仪式隆重接待。婚礼的意思无非是说妻子和丈夫是彼此最心爱的人,甚至觉得双方的结合是神圣的"天作之合",因此也是绝对不敢背叛而必须白头到老的"绝配"。当然,现在有些人双方预先进行婚前财产登记,随时准备分道扬镳,那大概是决心要与"昏义"作对的"苟合"时尚吧。

"夫礼,禁乱之所由生,犹坊止水之所自来也。故以旧坊为无所用而坏之者,必有水败;以旧礼为无所用而去之者,必有乱患。"礼就是禁绝动乱产生的根源,就像防止水不受控制地奔涌而来。因此,如果认为旧有的堤防没有用了就毁坏它,必定会有水害要发生;以为传统的礼义没有用而放弃它,必定会有动乱的祸患。

今天,在我们社会主义国家,一切权力属于人民,当然不需要"朝觐之礼",但是,中央和地方、组织和个人之间也不能无"礼",否则"必有乱患"。早在革命年代,中国共产党人就认识到,这种"乱患"真是如自毁堤防,几乎能使革命队伍陷入灭顶之灾。张国焘在长征途中分裂党和红军造成的严重后果,就是一次极为深刻的历史教训。所以,1938年10月14日,毛泽东在中国共产党扩大的六届六中全会上的政治报告中提出"必须重申党的纪律:(一)个人服从组织;(二)少数服从多数;(三)下级服从上级;(四)全党服从中央。谁破坏了这些纪律,谁就破坏了党的统一。"[②]毛泽东同志在党的七大预备会议上指出:"要知道,一个队伍经常是不大整齐的,所以就要常常喊看齐,向左看齐,向右看齐,向中看齐。我们要向中央基准看

---

① (元)陈澔,注.金晓东,校点.礼记[B].上海:上海古籍出版社,2016:672.

② 毛泽东.毛泽东选集(第2卷)[M].北京:人民出版社,1991:528.

齐，向大会基准看齐。看齐是原则，有偏差是实际生活，有了偏差，就喊看齐。"习近平在庆祝中国共产党成立95周年大会上的讲话强调，"全党同志要增强政治意识、大局意识、核心意识、看齐意识，切实做到对党忠诚、为党分忧、为党担责、为党尽责"。党的十八届六中全会通过的《关于新形势下党内政治生活的若干准则》明确强调，全党必须牢固树立政治意识、大局意识、核心意识、看齐意识，自觉在思想上政治上行动上同党中央保持高度一致。总书记强调："一个国家、一个政党，领导核心至关重要。全党必须牢固树立政治意识、大局意识、核心意识、看齐意识，自觉在思想上政治上行动上同党中央保持高度一致。党的各级组织、全体党员特别是高级干部都要向党中央看齐，向党的理论和路线方针政策看齐，向党中央决策部署看齐，做到党中央提倡的坚决响应，党中央决定的坚决执行，党中央禁止的坚决不做。""四个意识"是中国共产党人的政治之"礼"，是党和人民利益的根本保证。

2. "礼废"

"故昏姻之礼废，则夫妇之道苦，而淫辟之罪多矣；乡饮酒之礼废，则长幼之序失，而争斗之狱繁矣；丧祭之礼废，则臣子之恩薄，而倍死忘生者众矣；聘觐之礼废，则君臣之位失，诸侯之行恶，而倍畔侵陵之败起矣。"如果结婚联姻的礼节荒废了，那么夫妻就会陷入无所适从之苦，淫荡出轨的罪恶也就多了；乡饮酒的礼节荒废了，那么尊老爱幼的秩序也就散失了，争吵打斗的官司也就多了；丧葬祭祀的礼节荒废了，那么君臣父子的恩情也就浅薄了，背叛先辈忘却生养的事也就多了；聘问和觐见的礼节荒废了，那么君臣职位差别就没有了，诸侯敢于恃强行恶，诸侯背叛天子或彼此侵略的败乱就兴起了。中国古人认识到，"君臣之乱，生于无义，故以朝觐之礼禁之；诸侯之乱，生于不和，故以聘问之礼禁之；臣子之乱，生于无恩，故以丧祭之礼禁之。以至乡饮之施于长幼，婚姻之施于男女，其义亦若是而已。"①大臣背叛君主而产生的混乱是由于没有正义的缘故，所以制定了大臣定期入朝觐见君主的礼来禁止大臣作乱；诸侯彼此争战的混乱是由于彼此不和，所以制定了诸侯之间的聘问之礼来禁止战争；臣民和儿子犯上作乱是因为不懂得感恩，所以制定了丧

---

① （元）陈澔，注.金晓东，校点.礼记[B].上海：上海古籍出版社，2016：566—567.

葬祭祀之礼来禁止叛逆。其他像乡饮酒礼是用来规范长幼关系的礼，婚礼是用来规范男女关系的礼，这些礼的要义也都差不多。

《周易·系辞》说的"天尊地卑，乾坤定矣""卑高以陈，贵贱位矣""乾道成男，坤道成女"，被很多人指责为论证"男尊女卑"，但它其实要论证的是自然存在的"社会分工"。古人婚礼的要义是"男女有别"，所以有夫道妇道之别，通常是"夫唱妇随"。现代社会最大的不同是强调"男女平等"，所以也就不能有夫道妇道之别，这样就难免"唱对台戏"。女王的丈夫也想当国王，总统的太太也要竞选总统，这样的婚姻怎么能和睦呢？国家元首的婚姻如此，普通民众的婚姻也是这个道理，而且越是做大事越是需要分工合作。今天看来，"男主外女主内"或者"女主外男主内"是不可避免的，有能力治国平天下却被家庭拖累，连养家糊口的本事也没有还非要出去打拼，这是夫妻不和家庭破裂的主要原因。"道也者，不可须臾离也，可离非道也。"（《中庸》）真正的人间正道肯定是一刻也不能偏离的，如果可以偏离的就不是当行之道。天体偏离轨道就会发生碰撞，火车脱离轨道就会翻车，男女夫妇也有当行之道。"天作孽，犹可违；自作孽，不可逭。"（《尚书·太甲》）夫妻相处之道属于私德，没有任何人可以强制要求，是比翼双飞还是双双躺平，是分道扬镳还是相依相伴，都任由个人自己选择。彩礼、婚礼都还有，很多时候还很隆重，但不论当事人还是婚庆公司，其实都不清楚表达的含义。所谓"始乱终弃"，从婚前性行为混乱，到婚后夫妻相处混乱，最终必然是意乱情迷，甚至义断情绝。

君臣关系如今在大多数国家都不存在了，但是，中央和地方关系或者联邦和州的关系，地方和地方关系，却是任何国家都还要面对的问题。这种关系光靠法律是否能处理好呢？我们在新冠肺炎疫情防控中，看到某些国家的总统和州长互相指责，看到各州之间彼此以邻为壑，深感光靠法律可能还存在很多不足。中国人一贯的观念是中央要有权威，地方要一方有难八方支援，这是中国打赢新冠肺炎疫情的根本之道。习近平总书记指出："如果党中央没有权威，党的理论和路线方针政策可以随意不执行，大家各自为政、各行其是，想干什么就干什么，想不干什么就不干什么，党就会变成一盘散沙，就会成为自行其是的'私人俱乐部'，党的领导就会成为一句空话。"说到底，礼是用来引导社会关系和规范社会交往的道德伦理，也包括论证其之所以如此的思想理论，属于社会意识形态的范畴。很显然，在现代社会中，法律起主导作用，礼即便没有完全废弃，也荒废至若存若亡了。从最基本的婚礼来说，礼仪还存在但礼义已经很渺茫了。

3. "礼之教化"

"故礼之教化也微，其止邪也于未形，使人日徙善远罪而不自知也，是以先王隆之也。易曰：'君子慎始。差若毫厘，谬以千里。'此之谓也。"所以说，礼的教导化育作用如微风拂面，让邪念停止于未形成之际，使人日益离恶向善而不自觉，因此过去的君王特别推崇礼教。就像《易经》说的，"君子一定要慎重对待起始，起始阶段的毫厘之差，最终会酿成千里之误"。这句话要强调的是礼的教化是根本性，是形成社会风尚的大本大源。所谓"礼坏乐崩"，那是社会伦理道德从根本上的败坏。北宋理学大家张载所谓"为天地立心，为生民立命，为往圣继绝学，为万世开太平"，就是要为世道人心"正本清源"。

1917年8月23日，尚在湖南第一师范学校上学的毛泽东给在北京的老师黎锦熙写信，其中谈到救治中国亟须"从哲学、伦理学入手，改造哲学，改造伦理学，根本上变换全国之思想"，基本意思其实也就是要革新"礼之教化"。他认为哲学、伦理学（"礼"大致可以归入这些学科）是"大本大源"，唯有从"大本大源"入手才能有"一干竖立、枝叶扶疏之妙"。所谓从"大本大源"入手就是要"动天下之心"，当时的最大问题就是"不知天下应以何道而后能动"。袁世凯复辟帝制固然不能使中国人动心，但孙中山提倡民主革命其实也不能使中国人动心，康有为的维新思想同样没有真正打动人心，反倒是曾国藩镇压洪秀全领导的太平天国运动曾一度打动人心。毛泽东其实已经清楚地感觉到了，以袁世凯为代表的旧的封建礼教已经无力回天，但西方资产阶级改良主义或民主革命也不足以使中国改天换地；"愚于近人，独服曾文正"，固然在"观其收拾洪杨一役，完满无缺"，更在曾国藩懂得以维护"礼教"名义收拢人心，尤其是知识分子的心。

今之天下纷纷，就一面言，本为变革应有事情；就他面言，今之纷纷，毋亦诸人本身本领之不足，无术以救天下之难，徒以肤末之见治其偏而不足者，猥曰吾有以治天下之全邪！此无他，无内省之明，无外观之识而已矣。己之本领何在，此应自知也。以樽栌之材，欲为栋梁之任，其胸中茫然无有，徒欲学古代奸雄意气之为，以手腕智计为牢笼一世之具，此如秋潦无源，浮萍无根，如何能久？今之论人者，称袁世凯、孙文、康有为而叁。孙、袁吾不论，独康似略有本源矣。然细观之，其本源究不能指其实在何处，徒为华言炫听，并无一干竖立、枝叶扶疏之妙。愚意所谓本源者，倡学而已矣。惟学如基础，今人无学，故基础不厚，时惧倾圮。愚于近人，独服曾文正，观其收拾洪杨一役，完满无缺。使以今人易其位，其能如彼之完满乎？天下亦大矣，社会之组织极复杂，而又有数千年之历史，民智污塞，开通为难。欲动天下者，当动天下之心，而不徒在显见之迹。动其心者，当具有大本大源。今日变法，俱从枝节入手，如议会、宪法、总统、内阁、军事、实业、教育，一切皆枝节也。枝节亦不可少，惟此等枝节，必有本源。本源未得，则此等枝节为赘疣，为不贯气，为支离灭裂，幸则与本源略近，不幸则背道而驰。夫以与本源背道而驰者而以之为临民制治之具，几何不谬种流传，陷一世一国于败亡哉？而岂有毫末之富强幸福可言哉？夫本源者，宇宙之真理。天下之生民，各为宇宙之一体，即宇宙之真理，各具于人人之心中，虽有偏全之不同，而总有几分之存在。今吾以大本大源为号召，天下之心其有不动者乎？天下之心皆动，天下之事有不能为者乎？天下之事可为，国家有不富强幸福者乎？然今之天下则纷纷矣！推其原因，一在如前之所云，无内省之明；一则不知天下应以何道而后能动，乃无外观之识也。故愚以为，当今之世，宜有大气量人，从哲学、伦理学入手，改造哲学，改造伦理学，根本上变换全国之思想。此如大纛一张，万夫走集；雷电一震，阴曀皆开，则沛乎不可御矣！①

虽然1917年的毛泽东还没有找到能动中国人之心的大本大源，但他已经很清楚中国需要思想理论和伦理道德的革新。新文化运动可以说就是中国"文艺复兴"运动，实现思想理论和伦理道德的革新。正是在那个时候，"中国人找到了马克思列宁主义这个放之四海而皆准的普遍真理，中国的面目就起了变化了"②。毛泽东曾说：

① 中共中央文献研究室，中共湖南省委《毛泽东早期文稿》编辑组，编.毛泽东早期文稿[M].长沙：湖南人民出版社，2008：72—73.
② 毛泽东.毛泽东选集（第4卷）[M].北京：人民出版社，1991：1470.

"革命党是群众的向导，在革命中未有革命党领错了路而革命不失败的。"① 美国哈佛大学教授费正清曾说："国民党的最终命运早在孙中山在世时就已经注定了，因为他未能让北大师生相信三民主义可以给他们智识上的指引。"② 《庄子·内篇·人间世》则说"其作始也简，其将毕也必巨"，也就是说如果思想理论是正确的，即便兴作之初看起来简陋不堪，但发展到最终却必定硕大无朋。2017年10月31日，习近平在瞻仰中共一大会址、嘉兴南湖红船后发表讲话指出，"上海党的一大会址、嘉兴南湖红船是我们党梦想起航的地方。我们党从这里诞生，从这里出征，从这里走向全国执政。这里是我们党的根脉"，"其作始也简，其将毕也必巨"③。

"礼之教化也微，其止邪也于未形，使人日徙善远罪而不自知"，告诉我们意识形态工作和思想政治教育，做得好有如"好雨知时节，当春乃发生。随风潜入夜，润物细无声"；做得不好，就会"差若毫厘，谬以千里"。抓好意识形态工作和办好思想政治教育的关键就是要"知天下应以何道而后能动"，"以大本大源为号召，天下之心其有不动者乎？天下之心皆动，天下之事有不能为者乎？天下之事可为，国家有不富强幸福者乎？"

---

① 毛泽东.毛泽东选集（第1卷）[M].北京：人民出版社，1991：3.

② （美）费正清，邓嗣禹，著.陈少卿，译.冲击与回应：从历史文献看近代中国[M].北京：民主与建设出版社，2019：356—357.

③ 习近平.习近平谈治国理政（第3卷）[M].北京：外文出版社，2020：498.

第二章
"人道政为大"

哀公问于孔子曰："大礼何如？君子之言礼，何其尊也？"孔子曰："丘也小人，不足以知礼。"君曰："否！吾子言之也。"孔子曰："丘闻之，民之所由生，礼为大。非礼无以节事天地之神也，非礼无以辨君臣、上下、长幼之位也，非礼无以别男女、父子、兄弟之亲，昏姻疏数之交也。君子以此之为尊敬然。然后以其所能教百姓，不废其会节。有成事，然后治其雕镂、文章、黼黻以嗣。其顺之，然后言其丧筭，备其鼎俎，设其豕腊，修其宗庙，岁时以敬祭祀，以序宗族。即安其居节，丑其衣服，卑其宫室，车不雕几，器不刻镂，食不贰味，以与民同利。昔之君子之行礼者如此。"公曰："今之君子胡莫行之也？"孔子曰："今之君子好实无厌，淫德不倦，荒怠傲慢，固民是尽。午其众以伐有道，求得当欲不以其所。昔之用民者由前，今之用民者由后，今之君子莫为礼也。"

孔子侍坐于哀公，哀公曰："敢问人道谁为大？"孔子愀然作色而对曰："君之及此言也，百姓之德也。固臣敢无辞而对：人道政为大。"公曰："敢问何谓为政？"孔子对曰："政者，正也。君为正，则百姓从政矣。君之所为，百姓之所从也。君所不为，百姓何从？"公曰："敢问为政如之何？"孔子对曰："夫妇别，父子亲，君臣严。三者正，则庶物从之矣。"公曰："寡人虽无似也，愿闻所以行三言之道，可得闻乎？"孔子对曰："古之为政，爱人为大。所以治爱人，礼为大。所以治礼，敬为大。敬之至矣，大昏为大。大昏至矣！大昏既至，冕而亲迎，亲之也。亲之也者，亲之也。是故君子兴敬为亲，舍敬是遗亲也。弗爱不亲，弗敬不正。爱与敬，其政之本与！"公曰："寡人愿有言然。冕而亲迎，不已重乎？"孔子愀然作色而对曰："合二姓之好，以继先圣之后，以为天地宗庙社稷之主，君何谓已重乎？"公曰："寡人固。不固，焉得闻此言也？寡人欲问，不得其辞，请少进。"孔子曰："天地不合，万物不生。大昏，万世之嗣也，君何谓已重？"孔子遂言曰："内以治宗庙之礼，足以配天地之神明；出以治直言之礼，足以立上下之敬。物耻，足以振之；国耻，足以兴之。为政先礼，礼，其政之本与！"孔子遂言曰："昔三代明王之政，必敬其妻子也，有道。妻也者，亲之主也，敢不敬与？子也者，亲之后也，敢不敬与？君子无不敬也，敬身为大。身也者，亲之枝也，敢不敬与？不能敬其身，是伤其亲。伤其亲，是伤其本。伤其本，枝从而亡。三者，百姓之象也。身以及身，子以及子，妃以及妃，君行此三者，则忾乎天下矣，大王之道也。如此，国家顺矣。"

公曰："敢问何谓敬身？"孔子对曰："君子过言则民作辞，过动则民作则。君子言不过辞，动不过则，百姓不命而敬恭，如是，则能敬其身，能敬其身，则能成其亲矣。"公曰："敢问何谓成亲？"孔子对曰："君子也者，人之成名也。百姓归之名，谓之君子之子。是使其亲为君子也，是为成其亲之名也已。"孔子遂言曰："古之为政，爱人为大。不能爱人，不能有其身。不能有其身，不能安土。不能安土，不能乐天。不能乐天，不能成其身。"公曰："敢问何谓成身？"孔子对曰："不过乎物。"公曰："敢问君子何贵乎天道也？"孔子对曰："贵其不已。如日月东西相从而不已也，是天道也。不闭其久，是天道也。无为而物成，是天道也。已成而明，是天道也。"公曰："寡人蠢愚、冥烦，子志之心也！"孔子蹴然辟席而对曰："仁人不过乎物，孝子不过乎物。是故，仁人之事亲也如事天，事天如事亲。是故孝子成身。"公曰："寡人既闻此言也，无如后罪何？"孔子对曰："君之及此言也，是臣之福也。"

一个国家的道德水准，其实是由这个国家的政治决定的，政治腐败必将伴随着道德堕落，这就是中国人常说的"上梁不正下梁歪"。本章主要讲"不拘小节"的"大礼"，也就是上一章毛泽东所说的"大本大源"。子曰："礼云礼云，玉帛云乎哉？乐云乐云，钟鼓云乎哉？"（《论语·阳货》）礼呀礼呀，说的是玉器丝帛吗？乐呀乐呀，说的是钟鼓等乐器吗？当然不是，这些都只是表现礼乐的载体。《乐记》说："乐者，非谓黄钟、大吕、玄歌、干扬也，乐之末节也，故童者舞之。铺筵席，陈尊俎，列笾豆，以升降为礼者，礼之末节，故有司掌之。"乐不只是黄钟、大吕、玄歌、干扬，乐器、乐理、乐曲、乐舞等只是表现形式而已，这些都是乐的细枝末节，所以儿童能参加乐舞；布置筵席、陈设器物、摆放食物，升降敬让表示礼貌，这些都是礼的细枝末节，所以让司礼主持。"人道政为大"，说的就是处理人类事务的根本之道首在治国理政，"国治而后天下平"（《大学》）。"古之为政者，爱人为大。所以治爱人，礼为大"，治国理政又首在有爱人者仁心，而真正懂得爱人又首在明礼。也就是说关爱民众是执政者必备的政德，但是，关爱民众必须靠道德仁义而不是靠小恩小惠。本章为《礼记·哀公问》篇内容，"郑目录云：名曰'哀公问'者，善其问礼，著谥以显之也"；"但此篇哀公所问凡有二事：一者问礼，二者问政；问礼在前，问政在后"[①]。全文通过鲁哀公和孔子的问答，赞扬了鲁哀公询问礼的仁心，充分阐释了礼治的重要性；哀公所问其实包括"为礼"和"为政"两件事，合而言之正是"礼治"之事。第三部分"敬身"实为身体力行"礼治"。

一、"为礼"

"大礼何如？"这是问礼的功用是什么？为何尊贵？属于"知"的范畴。"昔之君子之行礼者如此"，是讲古代的君子是如何遵行礼的，属于"行"的范畴。"今之君子胡莫行之也？"是讨论礼为何不得而行？这是"为礼"的"知"和"行"。

1. "大礼何如"

哀公问于孔子曰："大礼何如？君子之言礼，何其尊也？"鲁哀公问孔子说："大

---

① （唐）孔颖达，撰.礼记正义（下册）[B].北京：北京大学出版社，2014：1350.

礼为什么那么重要？君子讲到礼，为什么那么尊崇呢？《礼记正义》疏曰：" '大礼何如' 者，以礼之所用其事广大，包含处广，故云大礼；'君子之言礼，何其尊也' 者，哀公问夫子云，贤人君子言说，礼之事重，此礼何事可尊，问其所尊之事意。"① 因为礼所能运用的事非常广泛，礼所包含的内容也极其广博，所以称作"大礼"。贤人君子论言说事，总是把礼放在很重要的位置，礼到底有什么值得尊崇的，也就是"崇礼"到底尊崇什么？陈澔则说："大礼，谓礼之大者。何其尊，言称扬之甚。"② 也就是说"大礼"是指礼相对于"小节"而言的"大义"，"何其尊"说的是高度称颂赞扬的是什么？我们可以把这两个解释结合起来理解，一方面，礼可以运用到各种事上，事事都要讲究礼，而礼包括礼义、礼节、礼制等诸多内容；另一方面，礼有大义和小节，有时候可以"不拘小节"，但有时候又是"细节决定成败"。我们今天的人大概也想要问：礼到底指的是什么？礼到底有什么重要性？

孔子曰："丘也小人，不足以知礼。"君曰："否！吾子言之也。"孔子表示自己是个小人物，还没有达到全面认识礼，这是"谦不答也"③。"孔子既辞以不堪足以识知于礼"，"哀公止其谦让"，"但言说之"④。孔子这里自称"小人"绝不似清朝臣子自称"奴才"，说"不足以知礼"也不是"非天子不以礼"（《中庸》），孔子是故作谦虚而不回答，所以哀公请孔子不要谦让，但说无妨。《史记·孔子世家》说："孔子为儿嬉戏，常陈俎豆，设礼容""年少好礼""适周问礼，盖见老子"。孔子在少儿嬉戏时，就经常摆放祭品，教人行礼仪容，这就是所谓的年少好礼；后来又去了周都学习，大概见了老子。这说明孔子绝非"不足以知礼"，而且"君子之言礼"确实是普遍现象。但也正因为重视，所以绝不轻言。"礼不妄说，人不辞费"；"礼闻来学，不闻往教"（《礼记·曲礼》），礼不轻言妄说以取悦人，也不枉费口舌以劝说人；礼只听说过来像老师求学的，没听说过去向学生说教的。孟子曰："教亦多术矣，予不屑之教诲也者，是亦教诲之而已矣。"（《孟子·告子下》）教育也有多种多样的方法，有时候我不愿意去教诲人，这也是教诲他的方法啊。孟子曰："说大人，则藐之，勿视其巍巍然。堂高数仞，榱题数尺，我得志弗为也；食前方丈，侍妾数百人，我得

① （唐）孔颖达，撰.礼记正义（下册）[B].北京：北京大学出版社，2014：1352.
② （元）陈澔，注.金晓东，校点.礼记[B].上海：上海古籍出版社，2016：568.
③ （汉）郑玄，注.王锷，点校.礼记注（下册）[B].北京：中华书局，2021：639.
④ （唐）孔颖达，撰.礼记正义（下册）[B].北京：北京大学出版社，2014：1352.

志弗为也；般乐饮酒，驱骋田猎，后车千乘，我得志弗为也。在彼者，皆我所不为也；在我者，皆古之制也，吾何畏彼哉？"（《孟子·尽心下》）孟子甚至认为游说君王诸侯时要藐视他们，不要把他们的显赫地位放在眼里。殿堂高两三丈，屋檐好几重，如果我得志，并不屑于这些；哪怕他佳肴满桌，侍奉的姬妾好几百，如果我得志，并不屑于这些；哪怕他饮酒作乐，驰驱打猎，随从车辆成百上千，如果我得志，并不屑于这些。他所拥有的，都是我不屑于有的；我所希望的，是古代的礼乐制度。我为什么要怕他呢？当然，孟子这里说的是没有君臣之义的"游说"，孔子答鲁哀公问是需要行君臣之义的。

孔子曰："丘闻之，民之所由生，礼为大。非礼无以节事天地之神也，非礼无以辨君臣、上下、长幼之位也，非礼无以别男女、父子、兄弟之亲，昏姻疏数之交也。君子以此之为尊敬然。"在鲁哀公再次要求下，孔子谦逊地回复说自己曾听闻过，民众生活所依赖的东西中，礼是最重要的。没有礼就不能适当地侍奉天地鬼神，没有礼就不能合理地辨别君臣、上下、长幼的地位，没有礼就不能区别男女、父子、兄弟的亲情，也不能规范娶妻嫁女亲疏远近的交往。君子就是因为礼是最基本的伦理道德而崇敬它。齐景公问政于孔子，孔子对曰："君君，臣臣，父父，子子。"公曰："善哉！信如君不君，臣不臣，父不父，子不子，虽有粟，吾得而食诸？"（《论语·颜渊》）齐景公向孔子询问政事。孔子回答说："国君要像国君，臣子要像臣子，父亲要像父亲，儿子要像儿子。"景公说："说得好啊！倘若国君不像国君，臣子不像臣子，父亲不像父亲，儿子不像儿子，即使有粮食，我能够得到奉养吗？"孟子与陈相的答问中则说"或劳心，或劳力；劳心者治人，劳力者治于人；治于人者食人，治人者食于人：天下之通义也。"（《孟子·滕文公上》）君君、臣臣、父父、子子就是"礼治"的秩序目标，如果没有礼国君固然不得奉养，民众也同样不得安生；但是，"礼"说到底是要使人认识"天下之通义"，从而实现人与人彼此"相生"。

大礼何如？《礼记·丧服四制》篇说："凡礼之大体，体天地，法四时，则阴阳，顺人情。故谓之礼。訾之者，是不知礼之所由生也"，各种礼，从大本大源来说都来自天地运行规律，效法春夏秋冬四季变换，遵循阴阳相反相合的原则，顺应人类普遍的思想感情，合乎情理所以称为礼。诋毁礼的人，是根本不知道礼形成的缘由。礼，从根本上说，就是道德上"合理性"，用西方的话语说则是"合法性"或"正义性"。政权遭遇"合法性"危机，政治就难以为继。《汉书·陆贾传》讲：陆生时时前说称《诗》《书》，帝骂之曰："乃公居马上而得之，安事《诗》《书》！"陆生曰："居马上得之，宁可以马上治之乎？且汤、武逆取而以顺守之，文武并用，长久之术也。昔者吴王夫差、智伯、秦始皇，皆以极武而亡。乡使秦已并天下，行仁义，法先圣，陛下安得而有之！"帝有惭色，曰："试为我著秦所以失天下、吾所以得之者及古成败之国。"马上可以打天下，但只有礼才能治天下，所谓"以顺守之""长久之术""行仁义"，都是"大礼"的功用。"大礼"讲的是礼相对于"小节"的"大义"，或者说相对于"具体"的"大体"。接下来，具体讲"礼治"的施行，也就是"行礼"。

2. "行礼"

"然后以其所能教百姓，不废其会节。有成事，然后治其雕镂、文章、黼黻以嗣。其顺之，然后言其丧箅，备其鼎俎，设其豕腊，修其宗庙，岁时以敬祭祀，以序宗族。即安其居节，丑其衣服，卑其宫室，车不雕几，器不刻镂，食不贰味，以与民同利。昔之君子之行礼者如此。"君主认识礼的重要作用之后，还要尽力发挥礼的功用教导百姓，使他们不荒废对礼义气节的热爱，这就是政治生活中的"礼教"，也就是"政教"或政治意识形态。礼教有了成效，然后继之以雕刻图案、文辞徽章、衣冠服饰等标志的规定，这是社会生活的"礼制"，也就是社会礼仪。通过礼制理顺了政治和社会关系，然后再明确丧葬之礼数，筹备鼎俎之类的祭器，摆设生猪干肉之类的祭品，修建供奉祖宗之用的宗庙，每年按时虔诚祭祀先祖，以此明确家族中长幼尊卑秩序，这是家庭生活中的"礼节"。说到底，治国安邦的君主自身要身心安居于仁义，衣服穿得得体，宫室体现庄重，马车不务雕琢，器具不做镂刻，食物不求奇味，以此与民利益一致。往昔的君主遵行礼义就是这样做的。

"然后以其所能教百姓，不废其会节"，这里第一个的"其"，从上下文来看似应为"礼"，因为上文说的都是礼的"节""辨""别"功能，"以其所能教百姓"也就是发挥礼的"节""辨""别"功能教育百姓，亦即实行礼的教化；"会节"则似乎可以理解为类似《中庸》说的"中节"，也就是符合礼节。郑玄注说："君子以其所能于礼教百姓，使其不废此上事之期节。"[1]第一个"其"是指君主，第二个"其"好像同于"期"，或者"节"的意思是"期节"。孔颖达疏则说："人君既知所生由礼，故尊

---

① （汉）郑玄，注.王锷，点校.礼记注（下册）[B].北京：中华书局，2021：639—640.

而学之，学之既能，回持此能以教百姓"；"会由期也，期节，谓天地、君臣、男女之期也"①。孔颖达完全忠实于郑玄的注释，并加上"会由期也"使"会节"的意思确定为"期节"。陈澔注说："礼本天秩，圣人因人情而为之节文，非强之以甚高难行之事也，故曰：'以其所能教百姓。'会节，谓行礼之期节，如葬祭有葬祭之时，冠昏有冠昏之时，不可废也"②。陈澔注释中添加的"礼本天秩"和"为之节文"，就是《中庸》中"天下之大本"和"发而皆中节"的含义，但也明确了"会节"的意思就是"行礼之期节"。综合起来，解释为君主在理解礼的重要作用之后，充分发挥起作用，用以教育百姓，让百姓不废弃其礼义气节修养。包含但减弱了"行礼之期节"的意思，并非无中生有而只是突出强调"发而皆中节"的意思。"礼"在当今时代最重要的不是祭天、觐见之类的礼节，而是教人认识人类社会发展的规律，并且据此培养正义气节。

"有成事，然后治其雕镂、文章、黼黻以嗣"，似可理解为实行"礼教"有所成就，然后规定"礼制"以延续"礼教"，这是从实践到制度化的过程。郑玄注说："上事行于民有成功，乃后续以治文饰，以为尊卑之差"③；孔颖达疏说："有成事者，谓有上三事行于民有成功之事"，也就是"事天地、辨君臣、别仁义等之事"；"既有在上诸事，然后圣人能治理其雕镂、文章、黼黻以嗣续其事，使每事有尊卑上下文采之异"④，陈澔则说："有成事，谓诹日而得卜筮之吉，事可成也。雕镂，祭器之饰。文章、黼黻，祭服之饰。嗣者，传续不绝之义。此器服常存，则此礼必不泯绝矣"⑤。"成事"应该是"以其所能教百姓"之事取得成功，也就是事天地、辨君臣、别仁义等之事"有所成"，"得卜筮之吉，事可成"之说与上下文不太通顺。"治其雕镂、文章、黼黻"，就是对表明不同社会地位的符号、标志、服饰等进行规定，这其实是对"以其所能教百姓"的继续，也就是从"礼义"到"礼制"的进一步具体化。比如，"邦君树塞门，管氏亦树塞门；邦君为两君之好，有反坫，管氏亦有反坫。管氏而知礼，孰不知礼?"(《论语·八佾》)就是僭越礼制。今天有些地方政府领导人喜欢

① （唐）孔颖达，撰.礼记正义（下册）[B].北京：北京大学出版社，2014：1352.

② （元）陈澔，注.金晓东，校点.礼记[B].上海：上海古籍出版社，2016：569.

③ （汉）郑玄，注.王锷，点校.礼记注（下册）[B].北京：中华书局，2021：639—640.

④ （唐）孔颖达，撰.礼记正义（下册）[B].北京：北京大学出版社，2014：1352.

⑤ （元）陈澔，注.金晓东，校点.礼记[B].上海：上海古籍出版社，2016：568—569.

张扬，待人接物要求"高规格"；有些有钱人喜欢排场，把自己的衣食住行搞得像国王。当地经济状况就是好，或者生意成功就是有钱，好张扬、讲排场有什么不对吗？从经济能力上说好像不是问题，但从礼上说就大有问题。下级官员或富裕商人表现得比国家元首还显耀，破坏了尊卑秩序，就像破坏了房屋上梁和下梁的结构关系，就像一个瓶子看不出哪里是开口哪里是底座。美国自称是民主、自由、人权的"灯塔"，但是，美国总统走到哪里都是最隆重、最高规格的接待安排，特朗普尽管很有钱，一旦不是美国总统就没有那样的礼遇。特朗普大厦可以比白宫更豪华，但绝对不可以把美国国徽雕镂到大厦器具上；特朗普可以在自己家雇用身怀绝技的保镖，但他们绝对不可以穿白宫侍卫的制服。理解礼义的人自然就理解礼制，这是天经地义的事。

"其顺之"的"顺"其实就是"顺义"，也就是能理解、接受和顺从礼义，当然也就能理解、接受和顺从礼制，然后就能更进一步谈论"礼节"。"然后言其丧算，备其鼎俎，设其豕腊，修其宗庙，岁时以敬祭祀，以序宗族。即安其居节，丑其衣服，卑其宫室，车不雕几，器不刻镂，食不贰味，以与民同利"，谈到的礼节包括丧葬祭祀礼节和衣食住行礼节两个大方面。丧葬祭祀礼节的功用是"以序宗族"，也就是明确宗族中的尊老爱幼。衣食住行礼节要"以与民同利"，也就是君主与民众利益共享。"以序宗族"和"即安其居"之间的标点符号，王锷点校郑玄注本用句号，金晓东点校陈澔注本用逗号，本书赞同王锷用句号，类似分号表示并列关系。"即安其居节，丑其衣服"，郑玄注说："君子既尊礼，民以为顺，乃后语以丧葬之礼，就安居其处，正其衣服，教以节俭，与之同利者，上下具足也"[①]。孔颖达疏说："'其顺之'者，谓其民也，君既尊敬于礼，故民得教而有姓顺从之。'然后言其丧算'者，'言'，犹示语也；'算'，数也；民既从顺，然后示语其丧纪节数以教之也。'设其豕腊'者，谓丧中之奠有豕有腊也，前示服数，后设丧奠之礼也。'修其宗庙，岁时以敬祭祀'者，谓除服之后，又教为之宗庙，以鬼享之。'以序宗族'者，又教祭祀末，留同姓宴饮，序会宗族也。'即安其居'者，'即'，就也；就安其居，谓随其风俗、山川、溪谷之异而安之，不使山者居川、渚者居中原是也。'节丑其衣服'者，'节'，正也；'丑'，类也；正其民衣服，使得其类也，衣服异宜器械异制是也。'卑其宫室'者，制使有度，不峻宇雕墙也。'车不雕几'者，'几'谓沂鄂也，谓不雕镂使有沂鄂

---

① （汉）郑玄，注. 王锷，点校. 礼记注（下册）[B]. 北京：中华书局，2021：639—640.

也。'器不刻镂'者，常用之器不用采饰。'食不贰味'者，谓不副贰肴膳也。'以与民同利'者，非唯教民如此，而君亦不奢饰，但与百姓同其利润也。"①陈澔说："顺之，谓上下皆无违心也。言，犹明也。丧算，五服岁月之数，殡葬久近之期也。即安其居者，随其所处而安之也。节，俭也。丑，犹恶也。雕几，见《郊特性》。器，养器也。自奉如此其薄者，盖欲不伤财，不害民，而与民同其利也"②。"其顺之"，郑玄和孔颖达都认为是其民顺之，陈澔的解释是上下都顺，大概可以理解为君主行其礼教使上下顺之。"即安其居节，丑其衣服"，郑玄的注释与《大戴礼记·哀公问于孔子》作"则安其居处，丑其衣服"一致，而孔颖达则是把"节"字放后面作"节丑"，陈澔的注释也一样。本书赞同王锷点校本郑玄《礼记注》，也就是把"节"放在前面。

"昔之君子之行礼者如此"，过去的国君士子遵行礼就是这么做的，也就是从"知礼义"到"行礼教""遵礼制""守礼节"。由此也可以明确，"言其丧算，备其鼎俎，设其豕腊，修其宗庙，岁时以敬祭祀，以序宗族。即安其居节，丑其衣服，卑其宫室，车不雕几，器不刻镂，食不贰味，以与民同利"的"其"是"君子"而不是"民"，否则也就谈不上"以与民同利"。孔颖达对"其"的礼节表达并不一致，"其顺之，然后言其丧算，备其鼎俎，设其豕腊，修其宗庙，岁时以敬祭祀，以序宗族，即安其居节，丑其衣服"中"其"指的都是"民"，"卑其宫室，车不雕几，器不刻镂，食不贰味"指的都是"君"，做这种"中转"是有问题的。尤其是"即安其居节"或"则安其居处"，本书认为是"君"自身"处仁"或"居仁"。子曰："里仁为美。择不处仁，焉得知？"（《论语·里仁》），以及孟子说的"居仁由义，大人之事备矣"（《孟子·尽心上》），理解为身心安于仁义。至此也可以明确，"行礼"说到底就是"行仁义"。

3. "莫行之"或"莫为礼"

公曰："今之君子胡莫行之也？"孔子曰："今之君子好实无厌，淫德不倦，荒怠傲慢，固民是尽。午其众以伐有道，求得当欲不以其所。昔之用民者由前，今之用

---

① （唐）孔颖达，撰.礼记正义（下册）[B].北京：北京大学出版社，2014：1352.

② （元）陈澔，注.金晓东，校点.礼记[B].上海：上海古籍出版社，2016：569.

民者由后,今之君子莫为礼也。"哀公想知道当今的君主为什么不实行礼治,孔子回答说因为当今的君主贪好实利而不知满足,纵情作乐而不知疲倦,荒淫懈怠而不觉傲慢,压榨民众而竭尽无穷。忤逆民众意愿而侵伐有道之国,务求欲望满足而不管违背道义与否。过去教导民众都是按照前面说的去做,现在教导民众却是按照后面说的去做,所以说,现在的君主不实行礼治。

郑玄注说:"实,犹富也。淫,放也。固,犹故也。午其众,逆其族类也。当,犹称也。所,犹道也。由前,用上所言;由后,用下所言。"①"实"相当于财富,"淫"的意思是放纵,"固"就是因此之故,"午其众"就是违背同族意愿,"当"就是要称心如意,"所"相当于"道"。"由前"就是运用前面所言之道,"由后"就是运用后面所言之道。孔颖达疏说:"孔子曰'今之君子好实无厌'者,实,谓财货充实,言今之君子性行贪婪,好此财货无知厌足。'固民是尽'者,固,故也。尽,谓竭尽,言不恤于下,故使人之财力于是尽竭。'午其众以伐有道'者,'午',忤也,忤,违逆也,言专意自纵,不顺众心,是违逆其众族类也;守道者被害,是以'伐有道'也。'求得当欲不以其所'者,'当',称也;'所',道也,言不以其道而侵民,求其所得必须称己所欲,不用其养民之道。'今之君子莫为礼也'者,言古之君子用前经所言以化民,今之君子用后经所言以害下,故今之君子无能为先世君子之礼也。"②这最后一句的解释感觉有所不足,今之君子其实不只是不能实行先世君子之礼,时过境迁可能也不适合实行先世之礼,真实的情况是今世君子再相信"礼让为国"。陈澔注说:"实,财货也。淫德,放荡之行也。固,如固获之固,言取之力也。尽,谓竭其所者也。午,与迕同。午其众,违逆众心也。……由前,由古之道。由后,由今之道。"③陈澔以"道"代替"礼"确有其妙处,指明了古今不同道,但不见了"礼"也是个缺陷。

"今之君子莫为礼也",道出了当时"礼坏乐崩"的现实,也就是周礼在春秋战国时期已经被破坏了,诸侯治国理政大概普遍崇尚"法治"。同样,我们今天的人也不相信礼治,孔子把原因说得很透彻,那就是今天的人重实利而轻仁义。《孟子·梁惠王上》则更明确地指出了当时"后义而先利,不夺不餍"的现实。

---

① (汉)郑玄,注.王锷,点校.礼记注(下册)[B].北京:中华书局,2021:640.

② (唐)孔颖达,撰.礼记正义(下册)[B].北京:北京大学出版社,2014:1352.

③ (元)陈澔,注.金晓东,校点.礼记[B].上海:上海古籍出版社,2016:569.

孟子见梁惠王。王曰："叟不远千里而来，亦将有以利吾国乎。"

孟子对曰："王何必曰利，亦有仁义而已矣。王曰'何以利吾国'，大夫曰'何以利吾家'，士庶人曰'何以利吾身'。上下交征利而国危矣。万乘之国弑其君者，必千乘之家；千乘之国弑其君者，必百乘之家。万取千矣，千取百焉，不为不多矣。苟为后义而先利，不夺不餍。未有仁而遗其亲者也，未有义而后其君者也。王亦曰仁义而已矣，何必曰利。"

"好实无厌"，体现在"王曰'何以利吾国'，大夫曰'何以利吾家'，士庶人曰'何以利吾身'"，就是"上下交征利"。也就是说，整个社会从君主、诸侯到士人、庶民，每个人凡事都只问能给自己带来什么利益，也就是以利益作为社会交往的最高准则。子曰："放于利而行，多怨。"（《论语·里仁》）孔子认为，依据实利原则为人处世，必定导致很多怨愤。因为人人都奉行"利益最大化"的原则，所以"万乘之国弑其君者，必千乘之家；千乘之国弑其君者，必百乘之家"，诸侯想要取代国家、大夫想要取代诸侯是必然的逻辑，为此必定要采取弑杀国君的手段。"万取千矣，千取百焉，不为不多矣"，按说诸侯兵车千辆相对于天子万辆、士大夫兵车百辆相对于诸侯国君千辆，不能说不多了。但是，按照"利益最大化"原则，必然逻辑就是"不夺不餍"，诸侯不把天子权位篡夺了、士大夫不把诸侯国君权位篡夺了，那是绝对不会满足。孟子并非顽固维护统治阶级的利益，齐宣王问曰："汤放桀，武王伐纣，有诸？"孟子对曰："于传有之。"曰："臣弑其君，可乎？"曰："贼仁者谓之贼，贼义者谓之残，残贼之人谓之一夫。闻诛一夫纣矣，未闻弑君也。"（《孟子·梁惠王下》）当齐宣王问商汤放逐夏桀、周武王讨伐纣王是否真有其事，孟子淡淡地回答他说传记确有记载。当齐宣王质疑这是臣子杀害国君的叛逆时，孟子明确告诉他，伤害仁的叫贼，败坏义的叫残，损害仁义的人叫作独夫；只听人说周武王诛杀了独夫纣，没有听人说他弑杀了自己的国君。"未有仁而遗其亲者也，未有义而后其君者也"，"仁义"固然是为了维护统治阶级的利益，但是，仁义也是对统治阶级的要求，违背仁义的统治者就是可以诛杀的独夫！也就是说汤武革命，是完全符合礼的正义之举！

"苟为后义而先利，不夺不餍"，这就是统治者应该"行礼"的根本原因。反过来说，"行礼"不过是"先义而后利"而已。"王亦曰仁义而已矣，何必曰利"，王者

若能把仁义放在第一位，则功利不必言说而自然产生，这就是"礼让为国"的理想！

二、"为政"

上文哀公问"大礼何如"，也就是礼的重大意义。接下来问"人道谁为大"，孔子明确回答"人道政为大"，而没有说"人道礼为大"。不过，"古之为政，爱人为大。所以治爱人，礼为大"，也就是说为政以关爱人民的仁德为最重大，而要真正懂得关爱人民最重要的又是礼。"徒善不足以为政，徒法不能以自行"（《孟子·离娄上》），"礼让为国"是"德治"和"法治"的统一。

1."政者，正也"

孔子侍坐于哀公，哀公曰："敢问人道谁为大？"孔子愀然作色而对曰："君之及此言也，百姓之德也。固臣敢无辞而对：人道政为大。"孔子坐在哀公身边接受咨询，当哀公问："请问治人之道，什么最重大？"孔子肃然起敬地回答说："国君能够问及这个问题，真是百姓的福气啊！臣虽固陋但岂敢不斗胆对答：治人之道以为政最大。"

孔颖达疏说："孔子侍坐于哀公者，谓哀公命孔子坐而侍之，因问以为政之事，自此以下终篇末，皆坐时言也。此言侍坐，则以前问者非侍坐时也，当立而与之言也。百姓之德也者，德谓恩德，谓福庆之事，言君今问此人道之大，欲忧恤于下，是百姓受其福庆。"[①]从哀公询问时用"敢问"，可推断哀公对于孔子非常尊敬，也只有这种态度才是真心咨询，才是真正仁爱。《学记》说："师也者，所以学为君也"；"凡学之道，严师为难。师严然后道尊，道尊然后民知敬学。是故君之所以不臣于其臣者二：当其为尸，则弗臣；当其为师，则弗臣也。大学之礼，虽诏于天子无北面，所以尊师也"，教师是供学习成为君主的，所以教学的成功之道，确立老师的尊严是最难的。老师有尊严才能使所讲之道受尊崇，所讲之道受尊崇才会让民众知道敬爱学习。所以君主不以臣子看待他的臣子的情况有两种：当臣子充当祭祀先祖时，不

---

① （唐）孔颖达，撰.礼记正义（下册）[M].北京：北京大学出版社，2014：1355.

把他当作臣子看待；当臣子担任老师供咨询时，也不把他当臣下看待。按照大学的礼节，老师即便是受天子诏令去的，也不必以臣下之礼见，这就是为了尊敬老师。今天的思想政治教育根本任务是培养社会主义接班人，但在教育方式方法上就像老奶奶追着孙子喂饭一样去"说教"，这使得思想政治理论课教师成为最没有"尊严"的教师，思想政治理论课被认为是最没有含金量的"水课"。孔孟都很清楚教育之道，为了"传道"真正有效就得维护"师道尊严"。

"人道政为大"，意味着"徒善不足以为政，徒法不能以自行"（《孟子·离娄上》），这是儒家区别于道法墨诸家及佛家的根本观点。子产听郑国之政，以其乘舆济人于溱洧。孟子曰："惠而不知为政。岁十一月徒杠成，十二月舆梁成，民未病涉也。君子平其政，行辟人可也。焉得人人而济之？故为政者，每人而悦之，日亦不足矣。"（《孟子·离娄下》）子产主持郑国政事，用自己乘坐的车帮助人穿过溱水和洧水。孟子对他的评论是：好施小恩小惠却不懂治国理政。如果能在十一月修成走人的桥，十二月修成行车的桥，百姓就不会为过河发愁了。君子只要能平治国政，外出时鸣锣开道都可以，哪能一个个地载人过河呢？所以说治国理政者，如果想一个个地去讨好人，日理万机也不足够。"上善若水"当然都很崇高，但在儒家看来光靠"菩萨心肠"不足以"普度众生"，所以说"徒善不足以为政"。商鞅在秦国依靠严刑峻法来治理国家，虽然治理效果非常明显，甚至为秦灭六国打下了基础，但事实也说明这种治国方略并不长久，不仅商鞅本人死于非命，而且秦朝也短命而亡，所以说"徒法不能以自行"。儒家对于法家所增加的办法是"道之以政"，对于道家所增加的办法是"齐之以礼"。子曰："道之以政，齐之以刑，民免而无耻；道之以德，齐之以礼，有耻且格。"（《论语·为政》）孔子治国也是要"齐之以刑"的，但是刑罚只是为人们画出底线；如果能够"道之以政"，大多数人终生也不会触犯刑律。所谓"道之以政"，就是要用崇高的政治理想引导人，而不是一味地靠严刑峻法恐吓人。所以"齐之以礼"，就是美德需要在遵循礼仪制度中得到落实，而不是一味地依靠良心发现。

"人道政为大"，用今天的话说，就是解决人类的问题，最重要的是让人民在政治上觉醒，做一个政治上的明白人。毛泽东曾说："主义譬如一面旗子，旗子立起了，大家才有所指望，才知所趋赴。"同时，在《渔家傲·反第一次大"围剿"》又吟出："唤起工农千百万，同心干。"其中蕴含的核心要义就是"人道政为大"。

公曰："敢问何谓为政？"孔子对曰："政者，正也。君为正，则百姓从政矣。君

之所为，百姓之所从也。君所不为，百姓何从？"哀公又问为政的具体含义，孔子作了在中国政治思想史中最经典的回答："政"的意思就是"正"，"为政"就是"为正"；君主为民众做出正确的表率，民众跟从君主做正确的事就是政治。君主做出什么样的示范，民众就跟从什么样的榜样。君主所不做的事，百姓从哪里去学呢？季康子问政于孔子。孔子对曰："政者，正也。子帅以正，孰敢不正？"（《论语·颜渊》）季康子向孔子请教为政的时候，孔子也说政的意思就是正，执政者做出的表率是正直，谁还敢不正直呢？子曰："苟正其身矣，于从政乎何有？不能正其身，如正人何？"（《论语·子路》）孔子说："果真能端正自身，从政又有什么难的呢？如果不能端正自身，又怎能纠正别人呢？"子曰："其身正，不令而行；其身不正，虽令不从。"（《论语·子路》）如果执政者立身行事端正，即便没有政令也能政通人和；如果执政者立身行事不端正，就是发布了命令也没有人会听从。《大学》则举例说："尧舜率天下以仁，而民从之；桀纣率天下以暴，而民从之。其所令反其所好，而民不从。"唐尧、虞舜为天下人做出了仁义的表率，天下百姓就跟着行仁义；夏桀、商纣为天下人做了残暴的表率，天下百姓就跟着搞暴力。君王所发布的政令如果与他平日的嗜好相反，百姓是不会跟从的。所谓"上梁不正下梁歪"，政治上层建筑的损毁从来都是从君主自身开始的。从乱到治则被称作"拨乱反正"，为此需要"正本清源"。

"人道政为大"，"政者，正也"，集中地体现在对待做官的态度上。子路曰："不仕无义。长幼之节，不可废也；君臣之义，如之何其废之？欲洁其身，而乱大伦。君子之仕也，行其义也。道之不行，已知之矣。"（《论语·微子》）子路认为士人不出来做官是不义的。就像长幼之间的礼节不可以废弃，君臣之间的道义又怎么可以废弃呢？隐士为保持自身纯洁搞乱伦理大义。君子出来做官是为了履行士人所应当承担的义务，即便明知政治理想难以实行也义无反顾。孟子甚至强调"士之失位也，犹诸侯之失国家也"，但与此同时，又强调"不由其道而往者，与钻穴隙之类也"（《孟子·滕文公下》）。

> 周霄问曰："古之君子仕乎？"
>
> 孟子曰："仕。《传》曰：'孔子三月无君，则皇皇如也，出疆必载质。'公明仪曰：'古之人三月无君，则吊。'"
>
> "三月无君则吊，不以急乎？"
>
> 曰："士之失位也，犹诸侯之失国家也。《礼》曰：'诸侯耕助，以

供粢盛；夫人蚕缫，以为衣服。牺牲不成，粢盛不洁；衣服不备，不敢以祭。惟士无田，则亦不祭。'牲杀、器皿、衣服不备，不敢以祭，则不敢以宴，亦不足吊乎？"

"出疆必载质，何也？"

曰："士之仕也，犹农夫之耕也；农夫岂为出疆舍其耒耜哉？"

曰："晋国亦仕国也，未尝闻仕如此其急。仕如此其急也，君子之难仕，何也？"

曰："丈夫生而愿为之有室，女子生而愿为之有家；父母之心，人皆有之。不待父母之命、媒妁之言，钻穴隙相窥，逾墙相从，则父母国人皆贱之。古之人未尝不欲仕也，又恶不由其道。不由其道而往者，与钻穴隙之类也。"

　　孟子认为真君子都应该是非常看重为政做官的，据《传》说，孔子接连几个月没有君主任用就会惶惶不安，离开一个国家必定要带着见面礼准备见其他国君；公明仪也说过，古代的人一连几个月没有君主任用，别人就要去哀悼他了。几个月没有君主任用就惶惶不安，这是不是太急迫地想要攀附权贵了？孟子认为，士人所学就是为了治国理政，所以士人失掉官位就好像诸侯失去国家。《礼》说：诸侯亲自耕种籍田，是为了虔诚地供奉祭品；夫人亲自养蚕缫丝，是为了虔诚地供奉准备祭服。牛羊不肥壮，祭品不洁净，祭服不齐备，就不敢祭祀。士若不为政就像没有田地，因此也不能祭祀祖先。一个人因为牛羊、祭具、祭服筹备不了，以致不能祭祀先祖，当然也不能举行宴会，这难道不应该哀悼他吗？离开国界一定要带上见面礼，就是为了让自己学以致用。孟子认为，士人做官为政就好像农民拿农具耕田，农民不会因为穿越国境而丢弃农具，士人不会因为一个国君不任用就不再谋求其他国君任用。农人不能长期不种田，士人也不能长期不为政，但君子却不会轻易做官。这就像父母生下男孩总希望他拥有妻室，生下女孩总希望她嫁人成家，这种父母之心人人都有。但是，不待父母提亲，不经过媒人介绍，挖墙打洞互相窥望，翻墙约会以身相从，父母众人都会轻视。古代的人何尝不想做官，只是厌恶不合乎礼义的求官之道。不合乎礼义的求官之道，就像钻墙打洞委身相从。

　　儒家从政为官的态度仍然值得今天的人借鉴。儒家认为官职所赋予的权力是"公器"，士人为官就是为了运用"公器"为公众服务。士人没有自己的封国就像没

有自己的田地，他获得官职就像农夫一样，唯有如此才能施展自己的才能。我们今天由国家供养的知识分子，也应该有这种责任意识。不要以为不在乎从政为官就是洁身自好，这种清高恰恰便宜了那些钻营投机的奸人。知识分子理所当然要以天下为己任，甚至要敢于争取和维护政治权力和权利。但是，正直的知识分子绝不应该为了当官四处钻营委身于人，从政为官不是私相授受以身相许的通奸偷情，而是堂堂正正献身公益的正义事业。

2. "古之为政，爱人为大"

公曰："敢问为政如之何？"孔子对曰："夫妇别，父子亲，君臣严。三者正，则庶物从之矣。"为政具体要做什么事呢？最主要的是处理好夫妇、父子、君臣三者关系，也就是做到夫妇有别、父子相亲、君臣严正，这三大关系端正了，其他事情则随之端正。《易经·系辞传下》说："天地氤氲，万物化醇；男女构精，万物化生。"天地最初一片混沌，万物就在这洪荒中醇化；阴阳交和授受精华，万物最终化育生成。《易经·序卦》说："有天地然后有万物，有万物然后有男女，有男女然后有夫妇，有夫妇然后有父子，有父子然后有君臣，有君臣然后有上下，有上下然后礼义有所错。"先有天地交合然后才有万物化生，有了万物化生然后才有男女之别，有了男女之别然后才有夫妇之合，有了夫妇之合然后才有父子关系，有了父子关系然后才有君臣关系，有了君臣关系然后才有上下关系，有了上下关系然后礼义就有所交错。所以，自然界的万物以天地和合为开端，人类社会以夫妇交媾为开端。但是，就像阴阳之分开辟鸿蒙，男女之别才开辟人类。先有男女之别才有男女相爱，先有夫妇交合才有父子相亲，而君臣之义只是父子相亲的延续。所以，古人把夫妇别、父子亲、君臣严看作人伦之大端，尤其是夫妇有别就像天地开辟是一切人类社会关系的开始。如果不懂得男女有别的道理，人类就像天地不分重归混沌。

公曰："寡人虽无似也，愿闻所以行三言之道，可得闻乎？"孔子对曰："古之为政，爱人为大。所以治爱人，礼为大。所以治礼，敬为大。敬之至矣，大昏为大。大昏至矣！大昏既至，冕而亲迎，亲之也。亲之也者，亲之也。是故君子兴敬为亲，舍敬是遗亲也。弗爱不亲，弗敬不正。爱与敬，其政之本与！"哀公谦逊地说自己虽然不像贤人一样圣明，但很愿意听一听做好这三件事的办法。孔子进一步解释说，古人讲到为政治人，以仁爱人民最为重大。而要做到仁爱人民，遵礼最为重大。要做到遵礼，尊敬最为重大。尊敬如果要追根溯源，以尊敬婚姻最为重大。婚姻是至关重要的事！大婚的日子到了，要戴着礼帽亲自去迎娶，这是表示亲爱她的意思。所谓亲爱她，就是把她当作母亲尊敬。所以君子以尊敬为亲，放弃尊敬就是遗弃亲情。没有爱欲也就不会相亲，但没有尊敬也就没有纯正的爱。仁爱与尊敬，大概就是为政的根本问题吧！

郑玄认为："大昏，国君取礼也。至矣，言至大也。兴敬为亲，言相敬则亲。"之所以称作"大昏"是因为这里说的是国君娶妻之礼，之所以说"至矣"是说婚礼是最重大的礼，"兴敬为亲"是说夫妇相敬才能相亲相爱。孔颖达疏说："'无似'犹言不肖也，肖亦似也，哀公谦退言己愚蔽，无能似类贤人也"；"人为国本，是以为政之道爱养民人为大"；"人有礼则生，所以治理爱人非礼不可"；"礼以敬为主，故欲治礼者则先须敬"；"敬有大小，若敬至极之中，大昏为大，大昏谓天子诸侯之昏也"；"大昏是敬中至极也"；"大昏既是至极，故国君虽尊而服其冕以自迎也，所以自迎者欲亲此妇也"；"所以亲此妇人，欲使亦亲己也"；"君子冕而亲迎兴起敬心，为欲相亲也"；"若不冕而亲迎则是舍去敬心，是遗弃相亲之道也"；"若夫不爱重，不自亲迎，则夫妇之情不相亲爱矣"；"若夫不冕服亲迎是不敬于妇，则室家之道不正矣"；"'爱'，谓亲爱，则仁也；'敬'，谓尊敬，则义也，是仁义为政教之本也"。陈澔注《礼记》引用方氏曰："夫妇有内外之位，故曰别；父子有慈孝之恩，故曰亲；君臣有上下之分，故曰严。《易》曰：'有夫妇，然后有父子；有父子，然后有君臣。'故先后之序如此。三者之正，一以夫妇为之本，故后言'大昏为大也'。政在养人，故古之为政，爱人为大。然而爱之无节，则墨氏之兼爱矣，安能无乱乎？故曰：'所以治爱人礼为大。'礼止于敬而已，故曰：'所以治礼，敬为大。'礼以敬为主，而大昏又为至焉，故曰：'敬之至矣，大昏为大。'大昏既为之至，故虽天子诸侯之尊，亦必冕而亲迎也。已亲其人，乃所以使人之亲己而已，故曰：'亲之也者，亲之也。'冕而亲迎，可谓敬矣，故曰：'兴敬为亲，舍敬是遗亲也。'弗爱则无以相合，而其情疏，故曰：'弗爱不亲。'弗敬则无以相别，而其情亵，故曰：'弗敬不正。'爱敬之道，其始本于闺门之内，及扩而充之，其爱至于不敢恶于人，其敬至于不敢慢于人，而德教加于百姓，刑于四海，故曰：'爱与敬，其政之本与。'"[①]这里都着重强调，即

---

① （元）陈澔，注.金晓东，校点.礼记[B].上海：上海古籍出版社，2016：570—571.

便尊为国君也要尊敬他人，只有互相尊敬才有相亲相爱。国君并不会自动获得敬爱，即便是妻子也可能只是贪慕君主权势。妻子尚且如此，民众又何须多言。政教说到根本，就是以爱和敬教人。我们今天提到的思想政治教育，没有明确要教给人什么。或许，"爱与敬，其政之本与"，值得我们借鉴。

"爱与敬，其政之本与"，婚礼又是"爱与敬"的集中体现，所以《礼记·昏义》说"昏礼者，礼之本"，也就是说真正做到"爱与敬"要从婚礼开始。做到了夫妻之间的"爱与敬"才能做到对其他人的"爱与敬"，而这正是为政治国的根本之道。

> 是以昏礼纳采、问名、纳吉、纳征、请期，皆主人筵几于庙，而拜迎于门外。入，揖让而升，听命于庙，所以敬慎重正，昏礼也。
>
> 父亲醮子而命之迎，男先于女也。子承命以迎，主人筵几于庙，而拜迎于门外。婿执雁入，揖让升堂，再拜奠雁，盖亲受之于父母也。降，出御妇车，而婿授绥，御轮三周，先俟于门外。妇至，婿揖妇以入。共牢而食，合卺而酳，所以合体、同尊卑以亲之也。
>
> 敬慎重正而后亲之，礼之大体，而所以成男女之别，而立夫妇之义也。男女有别，而后夫妇有义；夫妇有义，而后父子有亲；父子有亲，而后君臣有正。故曰："昏礼者，礼之本也。"
>
> 夫礼始于冠，本于昏，重于丧祭，尊于朝聘，和于射乡。此礼之大体也。

古代的婚礼包括男家向女家送一点小礼物（一只雁）表示求亲意向的纳采、男家问清楚女子的姓氏以便回家占卜吉凶的问名、在祖庙卜得吉兆以后到女家报喜的纳吉、相当于宣告订婚而送聘礼的纳征、择定完婚吉日并向女家征求同意的请期、男子亲迎女子的迎亲六个步骤[①]。每次男方的使者到来时，女方家长都要在宗庙铺设筵几，然后拜迎使者于门外。进入庙门，作揖谦让后升阶登堂，在庙堂上听取男方通报信息，以此表示对婚礼的敬慎和郑重。迎亲那天，父亲为儿子斟酒，喝完就命他去迎亲，这表示男方主动迎娶女方。儿子奉父命前去迎娶，女方父母先在祖庙里

---

① 王力，主编.中国古代文化常识[M].北京：北京联合出版公司，2014：145.

铺筵设几，然后到庙门外拜迎婿。婿执大雁进入祖庙，作揖谦让而后升阶登堂，婿行两次跪拜礼后把雁留在地上，这表示亲自从新妇父母手里接受新妇。下堂出门，婿控制稳当为新妇准备的车，将登车绳送到新妇手中，驾着车让车轮滚三圈，就先行于前等候在自家门外。新妇到达，婿向妇作揖请她一同进门，共聚一室食用祭祀牲肉，共饮一瓠所盛之酒，这表示夫妇一体、不分尊卑，以此相亲相爱。通过敬慎郑重的婚礼，表达夫妇相亲，这是婚礼的基本要义，由此也确定了男女之别，确立了夫妇所当遵循的道义。只有先明确男女有别，才能确立夫妇所当遵循的道义；确立了夫妇应当遵循的道义，才会有父子相亲的恩情；父慈子孝恩情确立了，君臣关系也就能摆正了。所以说，婚礼是各种礼的根本。在各种礼中，冠礼是礼的开始，婚礼是礼的根本，丧礼、祭礼最为隆重，朝礼、聘礼最为尊贵，乡射最重和睦。这就是礼的大体情况。

现代社会很多人推崇"爱情至上"，顶多算知道"弗爱不亲"，但恰恰忘了"弗敬不正"，使自己的爱情沦为动物的"性欲冲动"。"性欲冲动"随时都可能发生，所以，"弗爱不亲"常常体现为"见异思迁"。"弗敬不正"道出了爱情的真谛，那就是发自内心的敬爱，唯有这样的爱情才是灵魂的归属。真正懂得爱情的人不会靠性感来拴住爱人的性欲，而是依靠人格魅力实现彼此互敬互爱。

3. "礼，其政之本与"

公曰："寡人愿有言然。冕而亲迎，不已重乎？"孔子愀然作色而对曰："合二姓之好，以继先圣之后，以为天地宗庙社稷之主，君何谓已重乎？"哀公说自己有句话想说一下，国君穿着祭服亲自去迎娶，这不是过于隆重了吗？孔子听了大为惊异，脸色都变了。回复道，联结两姓姻亲之好的夫妇，将延续先祖的血脉，共同做天地、宗庙、社稷祭祀之主，君上怎么会认为亲自迎娶过于隆重呢？

孔颖达疏说："冕，则祭服；已，犹大也"，意思是说君主身着祭服亲迎太隆重了；《春秋公羊传》说"天子至庶人皆亲迎"，但左氏说"天子至尊无敌，故无亲迎之礼"[①]。或许哀公也正因"天子至尊无敌，故无亲迎之礼"，怀疑诸侯亲迎是否过于

① （唐）孔颖达，撰.礼记正义（下册）[B].北京：北京大学出版社，2014：1356.

隆重。不过,《礼记·昏义》开篇就说:"昏礼者,将合二姓之好,上以事宗庙,而下以继后世也,故君子重之。""合二姓之好"类似于"秦晋之好",正是诸侯国君的联姻。也就是说,诸侯国君的娶妻结婚,其实是两个不同姓的诸侯国君联姻产生的国家和好,这无疑是极其重大的政治事件。"继先圣之后,以为天地宗庙社稷之主",就鲁国来说,"先圣,周公也"①,但其实也适用于其他诸侯国,娶妻就是要继承祖先延续后代,国君和夫人都是要共同主持祭祀的,只不过祭祀天地是成王单独赐封周公的特权。子夏强调的"贤贤易色"(《论语·学而》),主要就是从家族、国家利益考虑的。与之相反的是"爱江山,更爱美人",纣王就是一个典型代表。今天的人普遍认为考虑家族和国家利益就不是"真爱",是家族婚姻、政治婚姻。但我们不妨反问一下:纣王真爱妲己,值得推崇吗?纣王其实并不是"真爱"妲己,他只是好色而已。妲己如果真是狐狸精也无所谓,纣王就像爱一只可爱的狐狸一样爱妲己。今天的女性难道愿意自己被当作可爱的狐狸或小猫、小狗等宠物一样爱吗?"合二姓之好"难道不是对女性的更大尊重吗?"继先圣之后"即便不适用于普通人,但祖先不是圣人就不应该考虑生出的后代吗?让孩子带着先天性疾病或者存在智商残缺,难道不是父母之过吗?"天地之合"即便是幻想,但不是很浪漫吗?今天的人其实根本不知道重视婚姻,顶多是很重视婚礼甚至彩礼而已。人们常说"家和万事兴",但"家和"就是从夫妇开始的,所有的家庭不和归根结底就是夫妻关系不和,至少是夫妻关系不牢固。国家富强、社会和谐从夫妻恩爱、家庭和睦开始,夫妻分离和家庭破裂必然导致政治动荡和社会分裂。匹夫匹妇要有这种"政治觉悟",就需要为政者的"政治教化"。

公曰:"寡人固。不固,焉得闻此言也?寡人欲问,不得其辞,请少进。"孔子曰:"天地不合,万物不生。大昏,万世之嗣也,君何谓已重?"孔子遂言曰:"内以治宗庙之礼,足以配天地之神明;出以治直言之礼,足以立上下之敬。物耻,足以振之;国耻,足以兴之。为政先礼,礼,其政之本与!"哀公听了忙答道,寡人固陋啊,要不是固陋,怎会听闻这些话呢?寡人就是想问个明白,先生可不能辞让啊,请更详细地为我讲解。孔子以类比的方法讲解道,就像天地不合万物不得化生,国君大婚是万世血统的延续,君上如何会觉得太隆重呢?进而又说,君主大婚,对内

---

① (汉)郑玄,注.王锷,点校.礼记注(下册)[B].北京:中华书局,2021:641.

说能用来整治宗庙祭祀之礼，足以匹配天地化育万物的神明之德；对外说能用来推行直言劝谏之礼，足以确立君臣上下的敬爱之情。事物有不能兴作之耻，足以因礼而得以振作；国政内政外交之耻，足以因礼而雪耻兴盛。为政治国以礼为先，礼就是政治的根本！

郑玄说："固不固，言吾由鄙固故也"；"请少进，欲其为言以晓己"；"宗庙之礼，祭宗庙也。夫妇配天地，有日月之象焉"；"直，犹正也。正言，谓出政教也。政教有夫妇之礼焉"；"物，犹事也。事耻，臣耻也。振，犹救也。国耻，君耻也。君臣之行，有可耻者，礼足以救之，足以兴之"[1]。第二个"固"解释为缘故，孔颖达也赞同此解释。"固不固"连读解释为"固陋的缘故"，感觉多了一个"不"字。陈澔的解释是："寡人固，自言其固陋也。不固焉得闻此言者，言若不固陋，则不以此为问，安得闻此言乎"；又引用陆氏曰："物以不振为耻，国以不兴为耻"；且引应氏曰："物耻，谓事物之污陋；国耻，谓国体之卑辱。内外之礼交治，则国家安富尊荣，何耻不伸。是时鲁微弱，哀公欲振而兴之，而不知礼之为急，故夫子以是告之"[2]。陈注应该比较合理，应该也比较畅通。不过，这里的重点是在强调皇族宗庙与江山社稷、君王夫妇与天地日月的对应关系，如此既提出了"家天下"政治合理性的依据，也强调了"家天下"政治合理性的要求。

> 古者天子后立六宫、三夫人、九嫔、二十七世妇、八十一御妻，以听天下之内治，以明章妇顺，故天下内和而家理。天子立六宫、三公、九卿、二十七大夫、八十一元士以听天下之外治，以明章天下之男教，故外和而国治。故曰：天子听男教，后听女顺；天子理阳道，后治阴德；天子听外治，后听内职。教顺成俗，外内和顺，国家理治，此之谓盛德。

儒家把君主婚配与天地交合相类比，君主婚姻出了问题就像天地不合，导致天崩地裂般的政治动乱。自然界的干旱、暴雨、火山、地震、海啸等天地不合毁灭天

---

① （汉）郑玄，注.王锷，点校.礼记注（下册）[B].北京：中华书局，2021：642.
② （元）陈澔，注.金晓东，校点.礼记[B].上海：上海古籍出版社，2016：571.

地万物，政治地震、海啸等大动乱也会让民众普遍受到伤害。君主的婚姻和美带给民众的福利，就像自然界风调雨顺对万物生长有益。政通人和同天地和合是一样的，它们都会使万物各尽其能、各得其所地生长，所以说礼是政治之本。虽然今天的国家元首完全不同于古代的君臣关系，但是，只要"人类在其本性上，也正是一个政治的动物"①，只要家庭是社会的细胞，国家元首的婚姻对政治就必然产生巨大的影响。我国曾出现"踢开党委闹革命""砸烂公检法"等政治混乱，其中无疑也包含着领导者婚姻关系的影响。领导者幸福美满的婚姻不仅对于领导者本人，而且对于整个国家都有巨大的影响，这点古今中外概莫能外。政治动荡造成的结果是"国民经济濒临崩溃""党的形象受到严重损害"；改革开放是政治和社会关系的"拨乱反正"，它也使我国逐步成为"世界工厂"和世界第二大经济体。由此可见，坚持四项基本原则，建设社会主义精神文明，实在是治国之本，它们正是古人所说的"礼"。

孔子遂言曰："昔三代明王之政，必敬其妻子也，有道。妻也者，亲之主也，敢不敬与？子也者，亲之后也，敢不敬与？君子无不敬也，敬身为大。身也者，亲之枝也，敢不敬与？不能敬其身，是伤其亲。伤其亲，是伤其本。伤其本，枝从而亡。三者，百姓之象也。身以及身，子以及子，妃以及妃，君行此三者，则忾乎天下矣，大王之道也。如此，国家顺矣。"孔子进而又以夏商周三代的英明君王汤文武治国理政的历史经验来证明，君主必须要尊敬妻子而不是只看他的妻子，这才是人君之正道。妻子是侍奉父母的主妇，能不尊敬吗？儿子是父母的后人，能不尊敬吗？君子对人没有不尊敬的，但敬重自身是首要的。自己的身体，是父母躯体上长出来的枝叶，能不敬重吗？不敬重自己的身体，就是伤害父母的身体。伤害父母的身体，就是伤害血脉相传的根本，伤害了根本，枝叶随之衰亡。妻子、孩子、自身这三者，正是千家万户百姓的象征。君主要敬重自身延及他人之身，尊敬自己的孩子延及他人的孩子，尊敬自己的妻子延及他人的妻子，君主能做好这三条，则天下心气相通，这是王者之道。果能如此，国家也能顺治了。

婚姻对国君来说是极其重大的事，因为它可能牵涉到两国关系、皇亲国戚、皇子继承等最重大的权力问题，所以把国君的婚姻称作大婚，对国君的婚礼极端重视。国君的婚姻首先是要以敬为爱，彼此相爱是出于彼此相敬。但新婚夫妇其实从未谋

---

① （古希腊）亚里士多德.政治学[M].北京：商务印书馆，1965：7.

面，敬从何而来呢？主要还是对父母的敬爱，尤其是对祖先基业的崇敬。国君娶妻是要共同继承祖先基业并把它发扬光大的，而不能因为娶妻而败掉了祖先留下的基业，这就是"大昏"之"大"，这就是"大昏至矣"，这就是"兴敬为亲"。所以，"兴敬为亲"完全可以理解为处于敬爱妻子是为了父母双亲；"亲之也者，亲之也"，则可理解为亲爱她的意思就是把她当作母亲尊敬。从历史事实来说，很多国君并不爱正宫娘娘，但是出于祖宗基业考虑并不会废弃她，像商纣王那样为了妲己害死皇后，那就是典型的荒淫无度自取灭亡！在这种文化背景下，近代很多普通人也为了父母和子女不轻易抛弃"糟糠之妻"，比如胡适可能就是一个典型代表。

当今时代，人不会认同"家族婚姻"和"政治婚姻"，也不会认同为了父母子女牺牲爱情，其结果当然是个人得到了婚姻自由，但其代价是政治污浊混乱和父母子女受伤害。相比之下，或许还是古代的君王比今人的总统高尚，今人的总统只是比古代的君王更自私而已，他们不像古代的君王那样愿意为国家政治牺牲个人感情。现代总统在感情问题上几乎都是爱妲己不顾亲情、国家和人民的纣王，或者为了自己的权力欲不顾亲情、国家和人民的慈禧。"内无怨女，外无旷夫"（《孟子·梁惠王下》），"人不独亲其亲，不独子其子，使老有所终，壮有所用，幼有所长，矜寡孤独废疾者皆有所养，男有分，女有归"（《礼记·礼运》），今天正在离我们越来越远，"如此，国家顺矣"，也将越来越不可能。可以预见，那些国家元首婚姻家庭混乱的国家将会越来越混乱，因为他们带领国民制造了越来越多破碎的家庭和矜寡孤独废疾者！

三、"敬身"

《礼记正义》说："以前经对哀公为政在于敬身，故此经公问敬身之事，孔子对以敬身之理。"[1]因为前文已经回答了哀公为政之道说到底在于庄敬自重，所以哀公接着问有关庄敬自重的事，孔子这里讲的就是庄敬自重的道理。庄敬自重就是不要让自己道德堕落成为衣冠禽兽，《曲礼》说："鹦鹉能言，不离飞鸟；猩猩能言，不离禽兽。今人而无礼，虽能言，不亦禽兽之心乎？夫惟禽兽无礼，故父子聚麀。是以圣人作，

---

① （唐）孔颖达，撰.礼记正义（下册）[B].北京：北京大学出版社，2014：1358.

为礼以教人，使人以有礼，知自别于禽兽。"鹦鹉也会说话，但终究还是飞鸟；猩猩也会说话，但终究还是禽兽。如果人不懂得礼义，即便能说甜言蜜语，不也是禽兽之心吗？正因为禽兽没有礼节，所以有父子同雌共性。所以圣人出现后，制定礼义教化人，使人从此懂得礼义，知道区别于禽兽。所谓"敬身"，用最简单的话说，就是不要做"衣冠禽兽"，要遵行"文明礼仪"。唐朝由盛而衰固然不能全然怪罪于杨贵妃，但唐玄宗违背礼义霸占儿臣妃子的淫乱，唐代由盛转衰就注定不可避免了。安禄山作为"义子"与杨贵妃是否有淫乱行为并不重要，重要的是安禄山为了杨贵妃背叛和弑杀唐玄宗成了情理之中的事。即便没有安禄山的叛乱，其子寿王李瑁出于夫妻恩爱背叛和弑杀父皇不也是顺理成章吗？

1. "成亲"

公曰："敢问何谓敬身？"孔子对曰："君子过言则民作辞，过动则民作则。君子言不过辞，动不过则，百姓不命而敬恭，如是，则能敬其身，能敬其身，则能成其亲矣。"哀公问孔子什么叫作"敬身"，孔子回复说，君子有过错的话却会被民众当作合理的依据，君子有过错的行为却会被民众当作正确的准则。君子言辞不违背礼义，做事不违背行为准则，百姓不用命令就自然恭敬有礼，果真如此，也就能懂得庄敬自重，懂得庄敬自重就能成就父母名声。以唐玄宗为例来说，正是因为君主用自欺欺人的言辞，做了霸占儿臣妃子的乱伦行为，必然在其子寿王李瑁、义子安禄山心中埋下了叛逆的种子，他们固然知道背叛朝廷是大逆不道的大罪，但他们都从父皇违背礼义的言行中找到了借口，所以他们已经不知道庄敬自重了，最终当然使其父皇声名扫地，国家从此由盛而衰。庄敬自重就是不要让自己道德堕落成为衣冠禽兽，人们对衣冠禽兽必定以暴力相待，唐玄宗遭遇叛乱几乎丧命，杨玉环因众怒难犯而丧命，不正是不知庄敬自重而自取其辱？

公曰："敢问何谓成亲？"孔子对曰："君子也者，人之成名也。百姓归之名，谓之君子之子。是使其亲为君子也，是为成其亲之名也已。"哀公问什么叫作成就父母的名声，孔子回复他，所谓君子就是人成就了好名声，父母也将因此获得好名声，因为人们会把以他父母之子来称呼君子。称君子是他父母的儿子就使父母也成了君子，这就是成就其父母的好名声的意思。《礼记正义》疏说："己若能敬身，则百姓归己善名，谓己为君子之所生之子，是己之修身使其亲有君子之名，是修身成其亲也。"[1]这方面最典型的代表就是舜，他因为孝敬父母被举荐给尧。经历多方考察和锻炼后，最终接受尧禅让帝位。由此不仅成就自己圣人的美名，也使瞽叟成为生养圣人的人。

　　舜父瞽叟盲，而舜母死，瞽叟更娶妻而生象，象傲。瞽叟爱后妻子，常欲杀舜，舜避逃；及有小过，则受罪。顺事父及后母与弟，日以笃谨，匪有解。

　　舜，冀州之人也。舜耕历山，渔雷泽，陶河滨，作什器于寿丘，就时于负夏。舜父瞽叟顽，母嚚，弟象傲，皆欲杀舜。舜顺适不失子道，兄弟孝慈。欲杀，不可得；即求，尝在侧。

　　舜年二十以孝闻。三十而帝尧问可用者，四岳咸荐虞舜，曰可。于是尧乃以二女妻舜以观其内，使九男与处以观其外。舜居妫汭，内行弥谨。尧二女不敢以贵骄事舜亲戚，甚有妇道。尧九男皆益笃。舜耕历山，历山之人皆让畔；渔雷泽，雷泽上人皆让居；陶河滨，河滨器皆不苦窳。一年而所居成聚，二年成邑，三年成都。尧乃赐舜绤衣，与琴，为筑仓廪，予牛羊。瞽叟尚复欲杀之，使舜上涂廪，瞽叟从下纵火焚廪。舜乃以两笠自扞而下，去，得不死。后瞽叟又使舜穿井，舜穿井为匿空旁出。舜既入深，瞽叟与象共下土实井，舜从匿空出，去。瞽叟、象喜，以舜为已死。象曰："本谋者象。"象与其父母分，于是曰："舜妻尧二女，与琴，象取之。牛羊仓廪予父母。"象乃止舜宫居，鼓其琴。舜往见之，象鄂不怿，曰："我思舜正郁陶！"舜曰："然，尔其庶矣！"舜复事瞽叟爱弟弥谨。于是尧乃试舜五典百官，皆治。

2."成身"

　　孔子遂言曰："古之为政，爱人为大。不能爱人，不能有其身。不能有其身，不

---

① （唐）孔颖达，撰.礼记正义（下册）[B].北京：北京大学出版社，2014：1359.

能安土。不能安土，不能乐天。不能乐天，不能成其身。"孔子进而又说，过去为政治国，以仁爱众人为重。如若不能仁爱众人，就不能有人身安全。不能有人身安全，就不能安居故土。不能安居故土，就不能乐天知命。不能乐天知命，就不能获得身心自由。《礼记正义》说："前经对哀公敬身则能成亲，故此经明公更问敬身之事何以成亲，夫子答以成亲之义，遂广明成身之理。"前文回答了哀公敬重自身才能相亲相爱，下文说明了哀公接着问何以敬重自身才能相亲相爱，孔子通过阐释相亲相爱形成的义理，进而广泛地阐发了实现身心自由的道理。

郑玄《礼记注》说："有，犹保也。不能保身者，言人将害之也。不能安土，动移失业也。不能乐天，不知己过而怨天也。"①《礼记正义》疏说："不能泛爱于人，人则害之，故不能保有其身而避其祸害""流移失业是不能安土""身既失业，不知己过所招，乃更是怨天，是不能爱乐于天也""既不能乐天，不自知其罪，将谓天之滥罚，罪恶之事无所不为，是不能成其身"②。陈澔引用方氏曰："不能爱人，则伤之者至矣，故不能有其身。不能有其身，则一身无所容矣，故不能安土。安土，则所居无所择；乐天，则所遭无所怨。俯既无所择，则仰亦无所怨矣。故不能安土，不能乐天。能乐天，则于理无所不顺，成身之道，亦顺其理而已。"③总的意思是说，只有懂得博爱才能不会有人伤害，才能安居乐业而不用流离失所，才能乐天知命而不用怨天尤人，才能行事无过不及从而心安理得、身心自由。

公曰："敢问何谓成身？"孔子对曰："不过乎物。"哀公因此问孔子何为获得身心自由，孔子回复说就是不要违背事物常理。郑玄《礼记注》只简单地说："物，犹事也。"④《礼记正义》疏说："成身之道不过误其事，但万事得中不有过误，则诸事行并善，是所以成身也。"⑤陈澔引应氏曰："物者，实然之理也。性分之内，万物皆备，仁人孝子不过乎物者，即其身之所履，皆在义理之内而不过焉，犹《大学》之'止于仁、止于孝'也。违则过之，止则不过矣。夫物有定理，理有定体，虽圣贤岂能

① （汉）郑玄，注.王锷，点校.礼记注（下册）[B].北京：中华书局，2021：644.

② （唐）孔颖达，撰.礼记正义（下册）[B].北京：北京大学出版社，2014：1359.

③ （元）陈澔，注.金晓东，校点.礼记[B].上海：上海古籍出版社，2016：572.

④ （汉）郑玄，注.王锷，点校.礼记注（下册）[B].北京：中华书局，2021：644.

⑤ （唐）孔颖达，撰.礼记正义（下册）[B].北京：北京大学出版社，2014：1359.

加毫末于此哉！亦尽其当然而止耳。"①陈澔注实际上生动地阐释了儒家的仁义之道，那就是从"泛爱众，而亲仁"出发，到"从心所欲不逾矩"的身心自由。孙希旦引朱子曰："《家语》作'夫其行己也不过乎物，谓之成身。不过乎物，是天道也。'以上下文推之，当从《家语》。"又引周氏谓曰："《诗》云：'天生烝民，有物有则。'孟子曰：'万物皆备于我矣。'则凡在我身者，虽一毫发之微，莫不具性命之理，则求其所以成身者，其能过此乎？"②由此可见，所谓"不过乎物"，就是不违背事物发展的客观规律，所谓"成身"其实就是立身行事符合事物发展的客观规律。

以"不过乎物"解释"成身"，其实就是孔子说的"从心所欲不逾矩"，它表明了儒家认为，只有认识、掌握和运用事物发展客观规律，才能真正实现人的自由或自由全面发展，这是"成己"。《礼记·中庸》："诚者，非自成己而已也，所以成物也。成己，仁也；成物，知也。性之德也，合内外之道也。"

3. "贵乎天道"

公曰："敢问君子何贵乎天道也？"孔子对曰："贵其不已。如日月东西相从而不已也，是天道也。不闭其久，是天道也。无为而物成，是天道也。已成而明，是天道也。"哀公想知道君子为何以遵循天道为贵，孔子回答说主要是因为天道是永恒不变的。像太阳月亮东升西落不停交替，这就是天道。像太阳月亮不会长久隐藏不见，这就是天道。就像太阳月亮无意作为却使万物生成，这就是天道。就像万物已经生成太阳月亮仍旧明照万物，这就是天道。

郑玄注说："已，犹止也。是天道也者，言人君法之，当如是也。日月相从，君臣相会也。不闭其久，通其政教，不可以倦。无为而成，使民不可以烦也。已成而明，照察有功。"③也就是说，"贵其不已"，就是以"天行健，君子以自强不息"最为可贵；说这就是"天道"，意味着君主应该学习这种精神。"日月相从"，就是君臣相会要像日月相从相辅相成。"不闭其久"，就是要以"天行健，君子以自强不息"和"日月相从相辅相成"教育民众，让社会充满活力。"无为而成"就是使用民力不可以

---

① （元）陈澔，注.金晓东，校点.礼记[B].上海：上海古籍出版社，2016：572.

② （清）孙希旦，撰.礼记集解（下）[B].北京：中华书局，1989：1264.

③ （汉）郑玄，注.王锷，点校.礼记注（下册）[B].北京：中华书局，2021：644.

烦扰其本业，"地势坤，君子以厚德载物"，要筑牢承载国家百业兴盛的根基。"已成而明"就是要明察秋毫论功行赏，有如"天道酬勤"。《礼记正义》疏曰："天体无形运行不息如日月，相从而不休已是天道也，人君设法当则上天之道，君臣朝会往来不已也""天开生万物不使闭塞，其能久长是天道也，谓人君施政当则天道，施为政教开通万物而能长久不懈倦也""春生夏长无见化，无所营为而天下治理，故云是天道也""天之生物，已能成就而功之明著是天道，人君当则天道，化民治理而功成大平"①。这个注释突出了追求长治久安、宽柔以教、各尽其能、天下大治的政治理想，大概反映了唐代的核心价值观。陈澔注说："日月相从不已，继明照于四方也。不闭其久，穷则变，变则通也。无为而成，不言而信，不怒而威也。已成而明，为法于天下，可传于后世也"；又引刘氏曰："天道至诚无息，所谓'维天之命，于穆不已'也。君子贵之，纯亦不已焉。然其不已者，一动一静互为其根，如日往则月来，月往则日来，是以不穷其久。无思无营，而万物自然各得其成，及其既成，皆粲然可见也。盖其机缄密运而不已者，虽若难名，而成功则昭著也。无为而成者，不见其为之之迹，而但见有成也。此'唯天为大，唯尧则之，荡荡乎民无能名焉，魏巍乎其有成功也，焕乎其有文章'之谓也"②。陈澔的注释比郑玄的更有古风，基本上重申了尧舜时代无为而治的理想。陈澔的注释最为接近"自由主义"的价值观和社会理想，应该不是反映元明清政治环境宽松，恰恰反映了当时政治极端专制。清人孙希旦只说"天道如此，君子贵之，而其法天也，纯亦不已，笃恭而天下平焉"③，感觉没有自己的独到理解或发挥，或许反映了君臣或君民关系已成主子和奴才。

"天道"是中国古人对政治和道德合理性的称谓，蕴含了理想信念和核心价值观。"敢问君子何贵乎天道"，可以说是关于"人道"的"天问"。从"天道"可以得出"天高地卑，乾坤定矣；卑高以陈，贵贱位矣"，从"天道"也可以得出"天赋人权，主权在民"。"天命"在古代政治和社会生活的重要性，"天赋人权"在近代政治和社会生活中的重要性，真可谓"其至矣乎"。今天很多人觉得那是封建迷信不值得一提，那真是"不知天高地厚"的浅薄见解。毛泽东说的"天若有情天亦老，人间正道是沧桑"，比任何理论都更好地论证了人民革命和新中国政权的道德正义性。当

① （唐）孔颖达，撰.礼记正义（下册）[B].北京：北京大学出版社，2014：1359—1360.
② （元）陈澔，注.金晓东，校点.礼记[B].上海：上海古籍出版社，2016：572—573.
③ （清）孙希旦，撰.礼记集解（下）[B].北京：中华书局，1989：1265.

今西方国家其实每天都还在用"天赋人权"来批评中国，而我们却不能让世界人民甚至本国人民认识到"天理昭昭"，仿佛"天怒人怨"的事更多地发生在中国而不是西方。对高级领导者和知识分子来说，"使命"可以只是历史使命，无须任何超现实意义，但是，对于普通民众来说，"使命"必须类似"天命"才有意义，否则就是不知所言。中国是一个政教分离的国家，民众对于一切事物的"神圣感"主要来自"天"的观念，所以，"天行健，君子以自强不息""人法地，地法天，天法自然""天命不可违""获罪于天，无所祷也""天道酬勤""天地良心""无法无天"等世代相传的观念，正是让思想政治教育真正触及灵魂的"神器"。

公曰："寡人蠢愚、冥烦，子志之心也！"孔子蹴然辟席而对曰："仁人不过乎物，孝子不过乎物。是故，仁人之事亲也如事天，事天如事亲。是故孝子成身。"听了孔子的话，哀公表示自己愚钝不能明理，希望孔子能让自己顿悟铭记。孔子听了肃然起敬而离座对答道，所谓仁爱之人不违背事物内在发展规律，就如孝子不违背效仿天地之道。因此，仁爱之人侍奉父母亲就像侍奉上天，侍奉上天就像侍奉父母亲。所以，孝子必能成为俯仰无愧、身心安泰的人。郑玄《礼记注》说："志，读为'识'。识，知也。冥烦者，言不能明理此事。子之心所知也，欲其要言使易行。"[1]意思是说我愚钝不能理解这个道理，这点你应该心知肚明。陈浩的注释则说："蠢愚，蔽于气质也；冥者，暗于理；烦者，累于事。志，读如字。哀公自言其不能敏悟所教，欲孔子以简切之语，志记于我心。故孔子下文所对，是举其要者言之。"陈澔把"子志之心"理解为请夫子以简切之言帮我志记于心，而不是夫子对我的蠢愚、冥烦心有所知，表达上似乎更为可取。郑玄说："蹴然，敬貌。物，犹事也。事亲事天，孝敬同也。《孝经》曰：'事父孝，故事天明。'举无过事，以孝事亲，是所以成身。"[2]意思是说待人接物道理一样，侍奉父母就像敬畏天命，懂得孝敬父母就懂得天之明命，凡事都没有过错，就像孝敬父母，如此必能成全自身。陈澔引方氏曰："仁人者，主事天言之也；孝子者，主事亲言之也。亲则近而疑其不尊，天则远而疑其难格。徒以近而不尊，则父子之间，或几乎亵矣；徒以远而难格，则天人之际，或几乎绝矣。故事亲如事天者，所以致其尊而不欲其亵也；事天如事亲，所以求其格而不欲其疏

---

① （汉）郑玄，注．王锷，点校．礼记注（下册）[B].北京：中华书局，2021：644.

② （汉）郑玄，注．王锷，点校．礼记注（下册）[B].北京：中华书局，2021：645.

也。"①仁人和孝子，事天与事亲，说的是一个道理。父母亲近在身边就容易产生不尊敬，天悠远渺茫容易觉得难以知晓。如果因为近就不尊敬，那么父子之间，或许就要彼此亵渎；如果因为悠远而觉得难明，那么天人之际，或许就要断绝关联。所以，侍奉父母如侍奉上天，就是要人知道对父母致以尊敬而不敢亵渎；事天如事亲，就是教人探求宇宙奥秘而不愿意对其疏远。陈澔还引石梁王氏曰："仁人之事亲也如事天，事天如事。此两句非圣人不能言。"②这话确实一点也不夸张，若能心领神会自会获益无穷。父母是任何人都不可能选择的，所以父母真就是像天。不论"穷爸爸"还是"富爸爸"，就像不论是艳阳天还是雨雪天，做子女的能够选择吗？不孝敬父母，就像不喜欢雨雪天，只能让自己痛苦。无条件地孝敬自己的父母，不过就像无条件地喜欢各种天气，这样只会给自己带来无尽的好处。当然，就像可以观察和预报天气，甚至可以通过人工手段实现降雨，子女也可以通过自己的努力改变父母，让卑贱粗野的父母变为谦谦君子。怨天尤人的人怪苍天无眼，怪父母无能，怪世人无情，就是不怪自己无耻，只能让自己痛苦。舜可以说是遇到了最不如意的父母，但他以人世间最大的孝敬父母，最终成就了帝王之富贵。子曰："舜其大孝也与！德为圣人，尊为天子，富有四海之内，宗庙飨之，子孙保之。故大德必得其位，必得其禄，必得其名，必得其寿。故天之生物，必因其材而笃焉。故栽者培之，倾者覆之。《诗》曰：'嘉乐君子，宪宪令德。宜民宜人，受禄于天。保佑命之，自天申之。'故大德者必受命。"舜真是大孝啊！品德堪称圣人，地位尊为天子，富甲四海之内，死后有宗庙供奉，子孙也获得保佑。所以说大德者必得高位，必得厚禄，必得盛名，必得长寿。所以说天生万物，必定依据其自身材质而分别对待。那些值得栽培的就栽培，那些自我倾覆的就倾覆它。《诗经》说："谦谦君子有馨香美德，益民益人受天赐福报，保有天命乃天意如此。"所以说大德者必定受天命。

公曰："寡人既闻此言也，无如后罪何？"孔子对曰："君之及此言也，是臣之福也。"哀公表示自己已经了解此中道理，但担心以后仍然还会犯错。孔子高兴地对答道，君上这么说话，真是臣民的福气啊！

郑玄《礼记注》说："既闻此言也者，欲动行也。无奈后日过于事之罪何，为谦

---

① （元）陈澔，注.金晓东，校点.礼记[B].上海：上海古籍出版社，2016：573.
② （元）陈澔，注.金晓东，校点.礼记[B].上海：上海古籍出版社，2016：573.

辞";"善哀公及此言。此言，善言也"①。哀公说"既闻此言"，也就是已经闻知此中
道理，意思是要把它付诸实践。又说无奈日后可能还会有过失，不知道怎样才能避
免罪过，这是哀公表示谦虚的话。孔子赞赏哀公能这么说话，因为担心犯过错的话
是值得赞扬的话。陈澔注不认为是哀公谦虚的话，而是"有意于寡过"②，也就是说哀
公表示自己以后要尽量少犯过错。孙希旦则说："罪犹过也。哀公既闻孔子之言，而
自恐其行不能无过也。孔子言'是臣之福'者，以哀公有志于行而勉之也。"③ "罪"
是过错，意思是说哀公听了孔子的话之后，自己担心日后行事不能保证没有过错。
孔子说"这是臣民的福分"，是看到哀公有意把自己的话付诸实践而勉励他。

① （汉）郑玄，注.王锷，点校.礼记注（下册）[B].北京：中华书局，2021：645.

② （元）陈澔，注.金晓东，校点.礼记[B].上海：上海古籍出版社，2016：573.

③ （清）孙希旦，撰.礼记集解（下）[B].北京：中华书局，1989：1266.

第三章
"礼乐相示"

仲尼燕居，子张、子贡、言游侍，纵言至于礼。子曰："居，女三人者！吾语女礼，使女以礼周流，无不遍也。"子贡越席而对曰："敢问何如？"子曰："敬而不中礼，谓之野；恭而不中礼，谓之给；勇而不中礼，谓之逆。"子曰："给夺慈仁。"子曰："师，尔过，而商也不及。子产，犹众人之母也，能食之，不能教也。"子贡越席而对曰："敢问将何以为此中者也？"子曰："礼乎礼！夫礼，所以制中也。"

子贡退，言游进曰："敢问礼也者，领恶而全好者与？"子曰："然！""然则何如？"子曰："郊社之义，所以仁鬼神也；尝禘之礼，所以仁昭穆也；馈奠之礼，所以仁死丧也；射乡之礼，所以仁乡党也；食飨之礼，所以仁宾客也。"子曰："明乎郊社之义、尝禘之礼，治国其如指诸掌而已乎！是故以之居处有礼，故长幼辨也；以之闺门之内有礼，故三族和也；以之朝廷有礼，故官爵序也；以之田猎有礼，故戎事闲也；以之军旅有礼，故武功成也。是故，宫室得其度，量鼎得其象，味得其时，乐得其节，车得其式，鬼神得其飨，丧纪得其哀，辨说得其党，官得其体，政事得其施，加于身而错于前，凡众之动得其宜。"

子曰："礼者何也？即事之治也。君子有其事，必有其治。治国而无礼，譬犹瞽之无相与！伥伥其何之？譬如终夜有求于幽室之中，非烛何见？若无礼则手足无所措，耳目无所加，进退揖让无所制。是故以之居处，长幼失其别，闺门三族失其和，朝廷官爵失其序，田猎戎事失其策，军旅武功失其制，宫室失其度，量鼎失其象，味失其时，乐失其节，车失其式，鬼神失其飨，丧纪失其哀，辨说失其党，官失其体，政事失其施，加于身而错于前，凡众之动失其宜。如此则无以祖洽于众也。"

子曰："慎听之，女三人者！吾语女，礼犹有九焉，大飨有四焉。苟知此矣，虽在畎亩之中，事之，圣人已。两君相见，揖让而入门，入门而县兴，揖让而升堂，升堂而乐阕，下管象、武，夏、龠序兴，陈其荐俎，序其礼乐，备其百官，如此而后君子知仁焉。行中规，还中矩，和鸾中采齐，客出以雍，彻以振羽，是故君子无物而不在礼矣。入门而金作，示情也。升歌清庙，示德也。下而管象，示事也。是故古之君子，不必亲相与言也，以礼乐相示而已。"

子曰："礼也者，理也。乐也者，节也。君子无理不动，无节不作。不能诗，于礼缪。不能乐，于礼素。薄于德，于礼虚。"子曰："制度在礼，文为在礼，行之，其在人乎？"子贡越席而对曰："敢问：夔其穷与？"子曰："古之人与，古之人也！达于礼而不达于乐，谓之素；达于乐而不达于礼，谓之偏。夫夔，达于乐而不达于礼，是以传此名也，古之人也。"

子张问政。子曰："师乎，前！吾语女乎！君子明于礼乐，举而错之而已。"子张复问。子曰："师，尔以为必铺几筵，升降酌献酬酢，然后谓之礼乎？尔以为必行缀兆，兴羽龠，作钟鼓，然后谓之乐乎？言而履之，礼也。行而乐之，乐也。君子力此二者，以南面而立，夫是以天下太平也。诸侯朝，万物服体，而百官莫敢不承事矣。礼之所兴，众之所治也。礼之所废，众之所乱也。目巧之室，则有奥阼，席则有上下，车则有左右，行则有随，立则有序，古之义也。室而无奥阼，则乱于堂室也。席而无上下，则乱于席上也。车而无左右，则乱于车也。行而无随，则乱于涂也。立而无序，则乱于位也。昔圣帝明王诸侯，辨贵贱长幼远近男女，外内莫敢相逾越，皆由此涂出也。"三子者既得闻此言也于夫子，昭然若发蒙矣。

德国大文豪歌德曾说过："中国人在思想、行为和情感方面几乎和我们一样，使我们很快就感到他们是我们的同类人。只是在他们那里一切都比我们这里更明朗，更纯洁，也更合乎道德。在他们那里，一切都是可以理解的，平易近人的，没有强烈的情欲和飞腾动荡的诗兴"；"他们还有一个特点，人和自然是生活在一起的""许多典故都涉及道德和礼仪""正是这种在一切方面保持严格的节制，使得中国维持几千年之久，而且还会长存下去"①。"夫礼，所以制中也"，礼是用来节制自己以实现中和的；"礼之用，和为贵"，礼的运用以实现中和为可贵。中国是"文明礼仪之邦"，以能用礼仪节制自己实现和平为文明。"克己复礼为仁"，克制自己以回复礼的要求就是仁爱。"克己"与"民主"，"自制"与"自由"，"仁爱"与"人权"，这就是中西方价值观最根本的区别。"民主自由"是西方文明的最高价值追求，"自我克制"则是中华文明的最高价值追求。中国古人认为"以礼周流，无不遍也"，依照礼义立身行事，可以走遍天下；近代以来，西方人以民主自由的名义打遍天下。中国古人是要"祖洽于众"，也就是要倡导众人和睦共处，西方则重视实现个人自由。"礼也者，理也；乐也者，节也"，礼就是当然之理，乐都是懂得自我节制，中国古人追求的自由是"从心所欲不逾矩"，懂得以当然之理自我节制才是真正的自由。中国古人强调"明于礼乐，举而错之"，治理天下最重要的就是知道礼乐相辅相成，并用它们来治理天下，这就是中国人的礼治理想。本章内容源自《仲尼燕居》，郑玄说："退朝而处曰燕居"，"善其不倦，燕居犹使三子侍，言及于礼"②。退朝后闲处称"燕居"，儒者即便闲居在家也不是放任自流，即便随意漫谈也终究谈到了礼。放任自流只能让人颓废堕落，以礼义节制快乐才会长久快乐！

一、"以礼周流"

"以礼周流，无不遍也"，就是立身行事遵循礼义，就可以走遍天下，所以，"礼"可以说是"普世价值"。但是，礼不仅体现在恭敬的礼仪或礼节上，更重要的是礼仪、礼节、礼制背后的礼义。战战兢兢、毕恭毕敬往往只是出于恐惧和假意，这恰恰损害了礼推崇敬爱和仁慈的本意。礼不是用来恐吓和压迫人的，而是为了

---

① （德）爱克曼，辑录.朱光潜，译.歌德谈话录[M].北京：中华书局，2013：120.
② （汉）郑玄，注.王锷，点校.礼记注（下册）[B].北京：中华书局，2021：645.

"致中和，天地位焉，万物育焉"。

1. "中礼"

仲尼燕居，子张、子贡、言游侍，纵言至于礼。子曰："居，女三人者！吾语女礼，使女以礼周流，无不遍也。"孔子退朝在家时，曾有子张、子贡、子游三个学生陪侍在旁，随意漫谈中就说到了礼。孔子说："坐下来吧，你们三位！我和你们讲讲礼，让你们知道依照礼立身行事，无时无事不合礼。"

郑玄注："居，女三人者，女三人且坐也，使之坐。凡与尊者言，更端则起。"[1] "居，女三人者"意思是说你们三人请坐，也就是让他们坐下来。这是因为过去和尊长说话，如果改变话题晚辈就要起身。此处孔子要开始为学生讲礼，所以让他们再次坐下来。陈澔注说"周流无不遍者，随遇而施，无不中节也"[2]，这个解释显然借用了《中庸》的"君子时中"，君子时时以中庸之道自我节制。礼是立身行事之道，立身行事合礼中道就能周行天下而没有障碍，走到哪里都行得通。孙希旦说："礼经纬万端，故明于礼则可以周旋流转，而无所不遍也。"[3]因为礼本身就规范了各种事项，所以明晓礼义就可以灵活应变，没有处理不了的事情。正如下文将讲到的"礼也者，理也"，所以就像通常说的"有理走遍天下"，"以礼周流，无不遍也"。

子贡越席而对曰："敢问何如？"子曰："敬而不中礼，谓之野；恭而不中礼，谓之给；勇而不中礼，谓之逆。"子贡等不及轮到自己说话就急迫地说："请问怎么才能做到？"孔子说："敬畏遵从但不知礼义，就是野蛮蒙昧；毕恭毕敬但不符合礼仪，就是虚伪狡诈；好勇争强但不遵守礼节，就是逆天行事。"

陈澔说："敬以心言，恭以容言。礼虽以恭敬为主，然违于节文，则有二者之弊。给者，足恭便佞之貌。逆者，悖戾争斗之事。夫子尝言恭而无礼则劳，勇而无礼则乱，给则劳，逆则乱矣。"[4]敬是就内心而言，恭是就容貌而言，礼虽然以恭敬为主，但违背了以礼节制的原则，就会有"野"和"给"的弊病。"为朋友两肋插刀"

① （汉）郑玄，注.王锷，点校.礼记注（下册）[B].北京：中华书局，2021：645.
② （元）陈澔，注.金晓东，校点.礼记[B].上海：上海古籍出版社，2016：574.
③ （清）孙希旦，撰.礼记集解（下）[B].北京：中华书局，1989：1267.
④ （元）陈澔，注.金晓东，校点.礼记[B].上海：上海古籍出版社，2016：574.

或"愿效犬马之劳",就是"不中礼"的"野"和"给"。礼是人类文明进步的体现,"夫礼者,自卑而尊人"(《礼记·曲礼》),礼固然以尊敬谦卑为本,但并不是盲目地敬畏遵从,唯唯诺诺,毕恭毕敬。不论对于天还是对于人的敬畏,如果不是基于对自然界和社会发展客观规律的认知,而只是因为无知和软弱而产生对自然和权贵的恐惧,那就只能说是野蛮蒙昧而称不上文明礼仪。孔颖达疏说:"野,谓鄙野,虽有恭敬而不合礼是谓鄙野之人,无所知也。"[①]。儒家虽然强调"天命",但"天视自我民视,天听自我民听"(《尚书·泰誓》),"天命"并不是用来"愚民",反倒可以说是用来"愚君",是要统治者把人民看得比天高。子曰:"务民之义,敬鬼神而远之,可谓知矣。"(《论语·雍也》)孔子要统治者努力从事人民认为合理的工作,尊敬鬼神但要疏远它们,这样才可以称得上是聪明了。礼的本意不只是要人民敬畏统治者,也是要统治者敬畏人民。统治者如果能以仁爱之心对待人民,人民就应以恭敬之心对待统治者,这就是君仁臣义。最极端的是完全无视礼,奉行"成则王侯败则寇"或者"弱肉强食"的原则,这就不只是蒙昧野蛮,而是逆天行事或大逆不道。"贼仁者谓之贼,贼义者谓之残,残贼之人谓之一夫"(《孟子·梁惠王下》),与此相反,"勇而不中礼,谓之逆",违背仁义的勇就是叛逆,"一夫"和"逆贼"都是人人得而诛之。

由此可见,"礼",就是道德合理性和政治正义性。敬畏盲从不是文明社会的礼,而是野蛮蒙昧的表现;毕恭毕敬也不是礼,而是虚情假意;好勇爱斗也不是礼,而是大逆不道。近代以来把勇于斗争看作"文明",所以最需要防止"勇而不中礼"。但是,过去最注重防止的"恭而不中礼"。孙希旦就特别强调,"野"与"乱"到底还是真情实意产生的过失,"给"则有通过外在表现取悦于人的意思,足以取代其本心固有的仁慈美德。

三子侍坐,以齿为序。子贡居子张之次,越子张之席而先对也。敬以主于中者言,恭以见于貌者言。敬而不中礼,则质胜其文,故失于鄙野。恭而不中礼,则文过其质,故失于便给。勇而不中礼,则不度于礼乐义而妄动,故失于逆乱。然野与乱,犹为径情直为之失,给则有务外说人之意,故足以夺其本心仁慈之德,张释之所谓

① (唐)孔颖达,撰.礼记正义(下册)[B].北京:北京大学出版社,2014:1362.

"徒文具而无恻怛"也，就三子言之，则子张之辟，于给为近与？①

"礼"，就政德来说就是"政治纪律"，"敬而不中礼，谓之野"相当于"对违反政治纪律的错误言行不在意、不报告、不抵制、不斗争，更谈不上查处"；"恭而不中礼，谓之给"相当于"阳奉阴违"的"两面人"；"勇而不中礼，谓之逆"相当于"妄议中央"。2016年1月12日，习近平总书记在第十八届中央纪律检查委员会第六次全体会议上的讲话中特别强调，在政治纪律问题上要注意以上三种错误，尤其批评了"两面人"，这种人的突出问题就是下文要讲的"给夺慈仁"。

政治问题，任何时候都是根本性的大问题。全面从严治党，必须注重政治上的要求，必须严明政治纪律，特别是各级领导干部要时刻绷紧政治纪律这根弦，坚持党的领导不动摇，贯彻党的路线方针政策不含糊，始终做政治上的明白人。大量事实表明，在政治纪律方面放松警惕、降低要求是危险的。强调政治纪律不是泛泛讲的，而是有现实针对性的。有的党员、干部在重大原则问题上立场摇摆，对党中央决策部署和三令五申的要求，阳奉阴违甚至搞非组织活动，公开发表反对党的路线方针政策和决议的言论；有的党组织觉得政治纪律是"软"的、"虚"的，对违反政治纪律的错误言行不在意、不报告、不抵制、不斗争，更谈不上查处。我们要求党员、干部不能妄议中央，不是说不能提意见和建议甚至批评性意见，而是不能在重大政治原则问题上、在大是大非问题上同党中央唱反调、搞政治上的自由主义。

国事无私，政道去邪，法不容情。全面从严治党、严明党的纪律，决不能回避政治问题，对政治隐患就要从政治高度认识。党内存在野心家、阴谋家，从内部侵蚀党的执政基础，我们不能投鼠忌器，王顾左右而言他，采取鸵鸟政策，这个必须说清楚。全党必须讲政治，把政治纪律摆在首位，消弭隐患、杜绝后患。

---

① （清）孙希旦，撰.礼记集解（下）[B].北京：中华书局，1989：1267.

我说过"两面人"的问题，大量案件表明，党内有一些人在这方面问题很突出。有的修身不真修、信仰不真信，很会伪装，喜欢表演作秀，表里不一、欺上瞒下，说一套、做一套、台上一套、台下一套，当面一套、背后一套，手腕高得很；有的公开场合要党员、干部坚定理想信念，背地里自己不敬苍生敬鬼神，笃信风水、迷信"大师"；有的口头上表态坚定不移反腐败，背地里对涉及领导干部的问题线索不追问、不报告；有的张口"廉洁"、闭口"清正"，私底下却疯狂敛财。这种口是心非的"两面人"，对党和人民事业危害很大，必须及时把他们辨别出来、清除出去。

各级干部特别是领导干部要善于从政治上看问题，站稳立场、把准方向。要始终忠诚于党，不折不扣执行党的路线方针政策，自觉从思想上政治上行动上同党中央保持高度一致；始终对组织坦诚，相信组织、依靠组织、服从组织，自觉接受组织安排和纪律约束；始终正确对待权力，立志为人民做好事、做实事，安分守己为党工作；始终牢记政治责任，襟怀坦白，言行一致，自觉维护党的形象。各级党组织要把违反政治纪律问题作为纪律审查的重要内容，带动其他纪律严起来，坚决维护党的集中统一。①

2. "慈仁"

子曰："给夺慈仁。"孔子特别强调违背礼义的毕恭毕敬是虚情假意，它会侵夺礼慈善仁爱的本义。"给夺慈仁"，正如子曰："恶紫之夺朱也，恶郑声之乱雅乐也，恶利口之覆邦家者。"（《论语·阳货》）厌恶大红大紫夺去朱红正色的光彩，厌恶靡靡郑音扰乱高雅音乐的正心，厌恶花言巧语颠覆国家的佞人。"给"之可恶正如"紫"、"郑声"和"利口"，"给夺慈仁"之"夺"正如"紫之夺朱"。"紫"、"郑声"和"利口"本身并非"恶"，所"恶"者"夺朱""乱雅乐""覆邦家"。一个人"红得发紫"，这

---

① 习近平.在第十八届中央纪律检查委员会第六次全体会议上的讲话[M].北京：人民出版社，2016：19—21.

多半不是赞赏，而是暗指其出卖灵魂。在中国文化中，紫色通常认为不庄重，像国旗那样的红色才庄重。同样，中国人不会选择萎靡不振的音乐作为国歌，而是选择雄壮的《义勇军进行曲》。对政治人物，中国人历来相信孔子说的"刚毅木讷，近仁"（《论语·子路》），性格刚毅谨言慎行的人差不多都有仁德。我们常说"大爱无痕"，"慈仁"是人的内在修养，总想做"给"人看很可能并不真诚，所以说"给夺慈仁"。

郑玄说："夺，犹乱也。巧言足恭之人，似仁慈，实鲜仁。特言是者，感子贡也。子贡辨，近于给。"①夺的意思是混乱视听，如子曰："巧言令色，鲜矣仁！"花言巧语和颜悦色，这种人很少真有仁德。又如子曰："巧言、令色、足恭，左丘明耻之，丘亦耻之。匿怨而友其人，左丘明耻之，丘亦耻之。"（《论语·公冶长》）花言巧语、和颜悦色、毕恭毕敬，左丘明认为这种人可耻，孔丘也认为可耻。心怀怨恨却装作友爱于人，左丘明认为这种人可耻，孔丘也认为可耻。如果没有仁爱之心，礼就成了虚情假意。郑玄说的"子贡辨，近于给"；孔颖达说的"给，谓捷给便僻"；陈澔说的"给者，足恭便佞之貌"，对今天的人来说都不太好理解。王梦鸥以为"给，今言巴给，亦作'巴结'"②，或许我们也可以把"给"理解为言过其实的"要什么给什么"，"见人说人话，见鬼说鬼话"，也就是善于文过饰非。子曰："质胜文则野，文胜质则史。文质彬彬，然后君子。"（《论语·雍也》）就礼来说，如果像原始人一样质朴多于文采就难免显得粗野，如果像文明人一样文采超过了质朴又难免流于虚浮，文采和质朴完美地结合在一起才能成为谦卑有礼的君子。

指出"给夺慈仁"，说到底是为了强调"礼"必须出于"诚"。《中庸》说："诚者，天之道也；诚之者，人之道也。诚者，不勉而中，不思而得，从容中道，圣人也。诚之者，择善而固执之者也"，也就是知道至诚无伪的东西，其实就是那天地万物运行发展的规律；使自己真诚无欺以顺应事物发展规律，因此就是为人处世的当行之道。至诚无伪的人，不用勉励而行为中正，不用思虑而得知善恶，能如此从容自如地遵道而行，就是圣人了。使自己真诚无欺的人，就是那种既懂得是非善恶又能始终坚持的人。所谓"以礼周流，无不遍也"，从高处说就是能"不勉而中，不思而得，从容中道"，从低处说就是"择善而固执之"。

---

① （汉）郑玄，注.王锷，点校.礼记注（下册）[B].北京：中华书局，2021：646.
② 王梦鸥，注译.礼记今注今译[B].北京：新世界出版社，2011：445.

3. "制中"

子曰:"师,尔过,而商也不及。子产,犹众人之母也,能食之,不能教也。"意思是颛孙师(子张),你超过了礼的要求,而卜商(子夏)则没达到礼的要求。子产则好像是众人的母亲一样,满足饮食需要却不能以礼教导。

子贡问:"师与商也孰贤?"子曰:"师也过,商也不及。"曰:"然则师愈与?"子曰:"过犹不及。"(《论语·先进》)子贡曾问孔子颛孙师(即子张)与卜商(即子夏)谁更优秀,孔子认为颛孙师做事有些过头而卜商有些不够。子贡以为这意味着颛孙师更强一些,孔子告知他,过头与不够同样不好。常人容易把"过头"理解为"太好了","不够"就是"不够好",进而以为"太好了"就是比"好"还好。孔子的意思是"过头"和"不够"其实都偏离了"中"。就像打靶子,太高或太低其实是一样的不中,不能说太高比太低好点。子游曰:"事君数,斯辱矣,朋友数,斯疏矣。"(《论语·里仁》)侍奉君主礼数过了,就会自取其辱;朋友之间礼数过了,彼此也就疏远了。经常有人抱怨"好心做了驴肝肺"(《金瓶梅词话》),却不知好心过头了本来就不好啊。子产是一个有仁爱之心的人,但"能食之,不能教也",正如子曰:"攻乎异端,斯害也已!"(《论语·为政》)做事情太过片面,这样祸害就难免发生!在"食"上"过"了而在"教"方面"不足",这当然也是不符合礼的要求。不是说"食"不重要,"食"无疑是首要的,但是不能偏执一端。子贡问政,子曰:"足食,足兵,民信之矣。"子贡曰:"必不得已而去,于斯三者何先?"曰:"去兵。"子贡曰:"必不得已而去,于斯二者何先?"曰:"去食。自古皆有死,民无信不立。"(《论语·颜渊》)当子贡请问政事时,孔子强调充足的粮食、充足的战备及人民的信任三条。当子贡问如果迫不得已要去掉一项,在这三项中可以先去掉哪一项,孔子的回答是去掉军备。当子贡又问,如果迫不得已还要去掉一项,在剩下两项中先去掉哪一项,孔子的回答是去掉粮食。他认为自古以来人总是要死的,民众如果没有信任就不能安身立命了。也就是说,人其实并不只是物质的存在,即便粮食匮乏也能相互依存,但如果没有了礼就只能相互冲突,国家和社会也就彻底崩溃了。"子产,犹众人之母也,能食之,不能教也"和"师也过,商也不及",都是强调要"中",它们正对应朱熹《中庸集注》说的"中者,不偏不倚、无过不及之名"。

子贡越席而对曰:"敢问将何以为此中者也?"子曰:"礼乎礼!夫礼,所以制中也。"子贡又离开座席提问怎样才能做到这里所说的"中",孔子说要靠礼,礼的作用就是用来制衡以达到"中"。

有子曰:"礼之用,和为贵。先王之道斯为美,小大由之。有所不行,知和而和,不以礼节之,亦不可行也。"(《论语·学而》)有子认为,礼的运用以实现中和为可贵,以前的圣明君王治国,就是以实现中和为美,小事大事都以实现中和为原则。但如遇到行不通,仍一味地为和而和,而不是用礼去节制,那肯定是不行的。也就是说,虽然礼的目的是要实现和,但和也必须合乎礼,唯有合乎礼的和才是真正可贵的,也才是长久可行的。这个道理我们在生活中都能理解,为了和而一味地委曲求全,就会鼓励无理要求,最后还是要失和,所以说这是行不通的。要想真正实现和的目的,就必须人人都遵循礼义,这就是"以礼节之"。所以,"和为贵"不是"知和而和",而是《中庸》说的"中和"。"喜怒哀乐之未发,谓之中;发而皆中节,谓之和","夫礼,所以制中也"的意思就是说礼是用来节制人的喜怒哀乐,以实现中正平和的目的的。所以,《曲礼》曰:"毋不敬,俨若思,安定辞。安民哉!敖不可长,欲不可从,志不可满,乐不可极。贤者狎而敬之,畏而爱之。爱而知其恶,憎而知其善。积而能散,安安能迁。临财毋苟得,临难毋苟免。很毋求胜,分毋求多。疑事毋质,直而勿有。"不失尊敬,俨然若思,安定其辞,国泰民安!这开篇四句,概括了人人"中正平和"带来天下"无为而治"的礼治理想。要达到这个目的,就需要"夫礼,所以制中也",首先要靠礼教使人中正平和。礼,有以下原则性的要求:傲慢不可让它生长,欲望不可任其放纵,志气不可自我满足,享乐不可追求极限。对贤能的人,要既亲近又尊敬,既敬畏又热爱。热爱一个人或一种事物要能分辨其恶的方面,憎恨一个人或一种事物也要能发现其善的方面。为人处世既能积聚也能分散,既能安定也能迁移。面临财富绝不能只求得到,面临危难绝不能只求避免。愤恨不平不求必胜,共享之利不求多得。疑事不私自质问,正直不自觉有德。

所以,"夫礼,所以制中也",礼用来教人喜怒哀乐"发而皆中节,谓之和",这种"和"其实相当于"喜怒哀乐之未发,谓之中"。"致中和,天地位焉,万物育焉",礼的最终目的或功用,就是使人中正平和,从而使天地万物各得其位、自由发展。

二、"祖洽于众"

《经解》说:"礼之教化也微,其止邪也于未形,使人日徙善远罪而不自知",也就是下文说的，"礼也者，领恶而全好"，礼是用来领导人远离邪恶而转向善良。有了"礼"，"凡众之动得其宜"，众人行为就有了合理规范。相反，"凡众之动失其宜"，"如此则无以祖洽于众也"，众人行为没有合理规范，就不能指望众人还能和睦相处。由此可见，"礼"之用亦是"在明明德，在亲民，在止于至善"（《大学》）。

1. "领恶而全好"

子贡退，言游进曰："敢问礼也者，领恶而全好者与?"子曰："然!""然则何如?"子曰："郊社之义，所以仁鬼神也；尝禘之礼，所以仁昭穆也；馈奠之礼，所以仁死丧也；射乡之礼，所以仁乡党也；食飨之礼，所以仁宾客也。"子贡退回座席后，子游上前问礼是否为了遏制邪恶而成全好德。在孔子表示认同后，子游又问礼是怎么发挥作用的。孔子因此解释道，祭祀天地礼是用来表示对鬼神心存敬畏，尝禘祭奠礼是用来表示对男女祖先心怀敬爱；敬献祭奠礼是用来表示对逝者永怀不忘，射礼、乡饮酒礼是用来表示同乡共党彼此仁爱，吃饭宴饮礼是用来表示对来访宾客的深情厚谊。

"领恶而全好"，大致相当于《中庸》说的"隐恶而扬善"，也就是对恶的方面隐而不发，对善的方面发扬光大。《中庸》原文为子曰："舜其大知也与! 舜好问而好察迩言，隐恶而扬善，执其两端，用其中于民，其斯以为舜乎!"舜帝真是有大智慧啊! 舜喜好到处询问人而且喜好体察身边人的话，隐藏恶的方面而赞扬善的方面，抓住善恶两个极端，对民众采用适中办法，这就是舜之所以为舜啊! 礼不是用来给人挑毛病的，礼是用来引导人去恶从善，如前面《经解》篇所言，"其止邪也于未形，使人日徙善远罪而不自知"。

郑玄说："仁，犹存也。凡存此者，所以全善之道也。郊社、尝禘、馈奠，存死之善者也。射乡、食飨，存生之善者也。"[1] "仁"相当于"存"，但凡存立的各种礼，可以说都是实现扬善的方法。祭祀天地、祭奠祖先、祭奠逝者的礼，是为了怀念死者的善人善行。射箭和乡饮酒、吃饭和宴请的礼，都是为了推崇生者的善人善行。韩愈在《原道》中说："入于彼，必出于此；入者主之，出者奴之；入

---

① （汉）郑玄，注. 王锷，点校. 礼记注（下册）[B]. 北京：中华书局，2021: 646.

者附之，出者污之。"意思是说儒释道的竞争，归入了那一家，必然轻视另外一家；尊崇所归入的学派，就贬低所反对的学派；依附归入的学派，就污蔑反对的学派。

陈澔引应氏曰："领，谓总揽收拾之也。好恶对立，一长一消，恶者收敛而无余，则善者浑全而无亏矣。夫礼之制中，非屑屑然与恶为敌而去之也，养其良心，启其善端，而不善者自消矣。仁者，善之道也，祭祀聘享，周旋委曲焉者，凡以全此而已。仁心发于中，而后礼文见于外，及礼之既举而是心达焉，则幽明之间，咸顺其序，欢欣浃洽，皆在吾仁之中，是仁之周流畅达也。"[①]好恶也是此消彼长，邪恶消除殆尽，善良浑然完全。所以，礼要实现的制衡中正，不是没完没了地与恶做斗争以消除它，而是重在培养人的良心，开启人的善端，如此不善自然会消除。仁，就是教人向善的路上走，祭祀朝聘等礼仪，周旋流转委婉屈伸，凡此等等都是为了成全仁爱善心。真诚的仁爱从心中生发，然后礼就文质彬彬地表现出来，及至礼得到推崇而深入人心，那么不论幽居独处还是光照之中，都能顺承时序欢欣愉悦，因为一切都在我的仁爱之心中，所以其实是仁心让人周流四方而顺畅通达。樊迟问仁，子曰："居处恭，执事敬，与人忠。虽之夷狄，不可弃也。"（《论语·子路》）当樊迟问什么是仁时，孔子回答说，为人谦恭有礼，处事敬业尽职，对人忠厚诚恳。这样的人就是去边远落后的地方，也是不会被废弃的。前文所谓"以礼周流，无不遍也"就是"仁之周流畅达"。

"领恶而全好"或"隐恶而扬善"是"礼"的核心要义，偏离了这一核心要义就会出现"吃人"的礼教。礼不是用来指责他人的借口，也不是政治斗争的工具，"夫礼者，自卑而尊人"（《曲礼》），礼是教人学会自我谦卑而尊敬他人，这是践行礼义的根本原则，这也是"以礼周流，无不遍也"的根本原因。

2. "得其宜"

子曰："明乎郊社之义、尝禘之礼，治国其如指诸掌而已乎！是故以之居处有礼，故长幼辨也；以之闺门之内有礼，故三族和也；以之朝廷有礼，故官爵序也；

---

① （元）陈澔，注.金晓东，校点.礼记[B].上海：上海古籍出版社，2016：575.

以之田猎有礼，故戎事闲也；以之军旅有礼，故武功成也。是故，宫室得其度，量鼎得其象，味得其时，乐得其节，车得其式，鬼神得其飨，丧纪得其哀，辨说得其党，官得其体，政事得其施，加于身而错于前，凡众之动得其宜。"明白祭祀天地的礼义、祭奠祖先的礼义，对于治理天下、国家也就能了如指掌。由此及至居家相处有了礼节，尊老爱幼辨别分明；及至家室宗族有了礼，子孙三代和睦相处；及至朝廷治事有了礼，官爵高低秩序井然；及至田猎射箭有了礼，征战讨伐闲置不用；及其军武行旅有了礼，如有征伐必能成功。因为有了礼，宫室建设奢俭适度，度量器鼎体现物象，口食之味适应四时，追求享乐合理节制，车辆载行符合仪式，天地鬼神皆得供飨，丧葬纪念体现哀思，道德教化分类得宜，为官从政行为得体，政令公事通畅实施，加礼于身示错于前，故民之行动适得其宜。

郑玄说："治国指诸掌，言易知也。郊社尝禘，尊卑之事，有治国之象焉。辨，别也。三族，父子孙也。凡言得者，得法于礼也。量，豆、区、斗、斛也。味，酸苦之属也。四时有所多，及献所宜也。式，谓载也，所载有尊卑。辨礼之说，谓礼乐之官教学者。党，类也。体，尊卑异而合同。"①"治国其如指诸掌"就是说治理国家的方法显而易见，这是因为郊社尝禘之礼强调尊卑贵贱，有治世尊卑有序的迹象。"辨"，就是分辨；"三族"，就是父子孙三代；凡说"得"，就是取法于礼；"量"，指豆、区、斗、斛等量器，"味"，指酸甜苦辣等口味，四季有各种不同食物，要及时献祭适宜时鲜；"式"就是载，车载有尊卑之分；"辨"礼之"说"，是指礼乐的官方教学，"党"是类别的意思；"体"，意指尊卑有别但和合同一。由此可见，其实是通过教化也就是"礼教"，使人人自觉遵守道德规范，从而实现每个人各尽其能、各得其所而又和谐相处。

陈澔大段引用了方慤注解，抄录如下供精研者参考：

奥为尊者所居，阼为主者所在，寝则无侵，房则有方，至是极而中者为极，自是衰而杀者为榱，楣以盈而有所任也，檐以瞻而有所至也。栌，若颅然；楣，若眉然。如是则宫室得其度矣。若"鲁庄公丹楹刻桷"，"臧文仲山节藻棁"，盖失其度故也。量，左为升，以

① （汉）郑玄，注.王锷，点校.礼记注（下册）[B].北京：中华书局，2021：647.

象阳之所升；右为合，以象阴之所合。仰者为斛，以象显而有所承；复者为斗，以象隐而有所庇。外圆其形，动以天也；内方其形，静以地也。鼎口在上，以象有所安乎上；足在下，以象有所立乎下。大者为鼐，以象气之所仍；掩者为鼒，以象才之所任。足奇其数，参乎天也；耳偶其数，两乎地也。非特此而已，以兆之则有庑，以既之则有概，而量之所象又有如此者；以贯之则有耳，以举之则有铉，而鼎之所象又有如此者。其音足以中黄钟，而量又有乐之象焉；其亨足以享上帝，而鼎又有礼之象焉。《易》曰"以制器者尚其象"，盖谓是矣。然其器疏以达者所以象春，高以粗者所以象夏，廉以深之象秋，闳以奄之象冬，器固无适而非象也。止以量、鼎为言者，盖量为器之大者，大者得其象则小者从可知；鼎为器之重者，重者得其象，则轻者从可知。若春多酸，夏多苦，秋多辛，冬多咸，所谓"味得其时"也。阳而不散，阴而不密，刚气不怒，柔气不慑，所谓"乐得其节"也。车得其式者，六等之数，作车之式也；五路之用，乘车之式也。鬼神得其缫者，若天神皆降，地祇皆出，人鬼皆格，可得而礼是矣。丧纪得其哀者，或发于容体，或发于声音，或发于言语饮食，或发于居处衣服，而各得其哀也。辨说得其党，若在官言官，在府言府，在库言库，在朝言朝之类。官得其体，若天官掌邦治，地官掌邦教之类。政事得其施，若施典于邦国，施则于都鄙，施法于官府之类。[①]

从以上方悫注释来看，"礼"涉及衣食住行、生老病死、政治军事等方方面面的事宜，而且礼特别注重在适当时间以适当空间来表现。中国古人不仅言行注重礼节，而且生活中的器用都体现某种礼义，并且以特定的礼节来顺应时节的变化。衣食住行处处体现尊卑贵贱，过年过节几乎就是祭祀典礼，朝廷宗庙更是充满繁文缛节。关于军事方面，孙希旦引用方悫注说："戎事闲于无事之日，故于田猎言之。武功成

① （元）陈澔，注.金晓东，校点.礼记[B].上海：上海古籍出版社，2016：576.

于尚功之时，故于军旅言之。"①兵戎演练抽闲于无农事之日，所以就着田猎之礼来说。征伐之功成于崇尚功勋之时，所以就着军旅之礼来说。但是，所有这些方方面面的礼，都像手掌的五个手指，而"郊社之义、尝禘之礼"则像手掌心，所以说"明乎郊社之义、尝禘之礼，治国其如指诸掌而已乎！"

据《礼记·郊特牲》记载："郊之祭也，迎长日之至也。大报天而主日也，兆于南郊，就阳位也。"对此，陈澔引朱子曰："以始祖配天，须在冬至，一阳始生，万物之始。宗祀九月，万物之成。父者，我所自生。帝者，生物之祖。故推以为配，而祀于明堂。此议方正。"问："郊祀后稷以配天，宗祀文王以配上帝。帝只是天，天只是帝，却分祭，何也？"朱子曰："为坛而祭，故谓之天。祭于屋下，而以神祇祭之，故谓之帝。"郊社之义其实就是以君主的最初发迹的祖先配天，祭祀时间选择在冬至日，那天是日照时间最短但也是一阳来复的日子，昭示着万物即将复苏。尝禘之礼是在九月万物收成之际祭祀祖先。祖先父辈是万物生命的起源，上帝是生养万物的先祖。所以，把最早使家族兴旺的祖先推出来配上帝，而祭祀列祖列宗则在明堂中进行。当有人问郊祀以周人始祖后稷以配天，宗庙祭祖以文王配上帝，帝就是天，天就是帝，却分别祭祀，这是为何？朱熹的回答是，设坛祭祀时就称作天；在屋宇下祭祀，并且当作天地神灵来祭，就称作帝。或问禘之说。

子曰："不知也。知其说者之于天下也，其如示诸斯乎！"指其掌。（《论语·八佾》）有人问孔子关于禘祭的学说，孔子回答说："不知道。知道禘祭学说的人对于治理天下，可能像展示在这里一样吧！"一边说一边指着自己的手掌。朱熹在《论语集注》中说："先王报本追远之意，莫深于禘"；"盖知禘之说，则理无不明，诚无不格，而治天下不难矣"②。古代的君王报念根源追溯远祖之情，最深切地体现在禘祭之礼中；理解禘祭学说，就天理昭明，心意至诚，治天下也就没有什么难的了。《中庸》子曰："武王、周公，其达孝矣乎！夫孝者，善继人之志、善述人之事者也。春秋修其祖庙，陈其宗器，设其裳衣，荐其时食。宗庙之礼，所以序昭穆也；序爵，所以辨贵贱也；序事，所以辨贤也；旅酬下为上，所以逮贱也；燕毛，所以序齿也。践其位，行其礼，奏其乐，敬其所尊，爱其所亲，事死如事生，事亡如事存，孝之至

---

① （清）孙希旦，撰.礼记集解（下）[B].北京：中华书局，1989：1269.

② （宋）朱熹，撰.四书章句集注[B].北京：中华书局，1983：64.

也。郊社之礼,所以事上帝也。宗庙之礼,所以祀乎其先也。明乎郊社之礼、禘尝之义,治国其如示诸掌乎!"武王、周公真是通达的孝子啊!因为孝敬,就是要善于继承先辈遗志、善于阐发先人事业,武王、周公继承和发展了从后稷开始历经王季、文王的遗志,实现了周朝一统天下的伟业。并且对先人志业永怀不忘,利用春秋农闲修建祖庙,在庙中陈放先辈用过的器具,摆设他们穿过的衣裳,供奉四季时令食物。宗庙中的祭祀典礼,就是要左昭右穆排定列祖列宗的顺序,认祖归宗不忘先辈志业。祭祀者,按爵位高低排序,是为了分辨身份贵贱;按执事大小排序,是为了分辨德才贤肖;敬酒时下敬上,是为了体现贵贱不离;按年龄毛发敬酒,是为了体现尊老爱幼。践履先辈职位,遵行先辈礼义,演奏先辈音乐,尊敬先辈所尊敬的人,亲爱先辈所亲爱的人,心中看待死者就像还活着,看待亡人就像还未亡,这就是孝的极致。郊社之礼,是为了侍奉上帝;宗庙之礼,是为了祭祀祖先。能明晓郊社之礼、禘尝之义,治理国家也了如指掌。

"明乎郊社之义、尝禘之礼,治国其如指诸掌而已乎!"这话在今天的人听来总有封建迷信的感觉。但是,它其实就像英国人说的"天佑女王"或美国人说的"天佑美国",只不过,中国古人认为上天的保佑不是祈祷就行的,而是必须敬畏"天"和"天命"才能得到上天护佑,而最早"受命于天"的祖先则已是"在天之灵"或与"上帝"同在。所以,"明乎郊社之义、尝禘之礼",其实就是明晓"天之明命""创业维艰",也就是明白世界发展的必然规律,明白先辈遵循世界发展客观规律才得以建立基业,后辈应该顺应时代潮流、继承先辈遗志,不断推进人类文明进步的伟大事业,这就是古人说的"顺天承运",这就是今人说的"与时俱进"。1958年12月21日,毛泽东曾写过一首《七绝》诗:"人类而今上太空,但悲不见五洲同。愚公尽扫饕蚊日,公祭毋忘告马翁。"此中颇有"明乎郊社之义、尝禘之礼"的意味,唯其如此,"治国其如指诸掌而已乎!"

"明乎郊社之义、尝禘之礼,治国其如指诸掌而已乎!"实际上是古人在强调信仰信念的极端重要性,相当于说让民众了解自己是龙的传人、炎黄子孙,治理国家就易如反掌;相反,民众如果不承认自己是龙的传人、炎黄子孙,数典忘祖,那国家就从精神信仰上崩溃了。我们今天已经不再通过"郊社之义、尝禘之礼"来认识中华民族的起源,而是更多地依靠考古、历史和文化来凝聚民族认同和理想信念。2022年5月27日,中共中央政治局就深化中华文明探源工程进行第三十九次集体学习,习近平总书记在主持学习时强调:

中华优秀传统文化是中华文明的智慧结晶和精华所在，是中华民族的根和魂，是我们在世界文化激荡中站稳脚跟的根基。我们坚持把马克思主义基本原理同中国具体实际相结合、同中华优秀传统文化相结合，不断推动马克思主义中国化时代化，推进了中华优秀传统文化创造性转化、创新性发展。要坚持守正创新，推动中华优秀传统文化同社会主义社会相适应，展示中华民族的独特精神标识，更好构筑中国精神、中国价值、中国力量。要坚持马克思主义的根本指导思想，传承弘扬革命文化，发展社会主义先进文化，从中华优秀传统文化中寻找源头活水。要充分运用中华文明探源工程等研究成果，更加完整准确地讲述中国古代历史，更好发挥以史育人作用。

治国理政有千头万绪，但"郊社之义、尝禘之礼"是大本大源；"明乎郊社之义、尝禘之礼，治国其如指诸掌而已乎"，明晓"郊社之义、尝禘之礼"就使民族的源头活水奔涌而出，治国理政也就易如反掌！中华民族已经走过漫长的历史，但中华民族的"长征永远在路上。一个不记得来路的民族，是没有出路的民族。不论我们的事业发展到哪一步，不论我们取得了多大成就，我们都要大力弘扬伟大长征精神，在新的长征路上继续奋勇前进"，这就是支撑中华民族伟大复兴的伟大精神！

3."失其宜"

子曰："礼者何也？即事之治也。君子有其事，必有其治。治国而无礼，譬犹瞽之无相与！伥伥其何之？譬如终夜有求于幽室之中，非烛何见？若无礼则手足无所措，耳目无所加，进退揖让无所制。是故以之居处，长幼失其别，闺门三族失其和，朝廷官爵失其序，田猎戎事失其策，军旅武功失其制，宫室失其度，量鼎失其象，味失其时，乐失其节，车失其式，鬼神失其飨，丧纪失其哀，辨说失其党，官失其体，政事失其施，加于身而错于前，凡众之动失其宜。如此则无以祖洽于众也。"孔子总结道，礼是什么呢？礼就是事务的处置。君子有他要做的事，就必定要把它做好。治理国家如果没有礼，就像是盲人没有相助！只能怅然无奈，还能向何处呢？又如整夜在暗室里找东西，没有蜡烛能看到什么呢？如果没有礼，那么手和足也不知道该怎么放才合适，耳朵和眼睛也不知道该听什么看什么，进退和揖让也不知道按什么规制才好。以此类推，及至居家相处，老幼尊爱没有了分明，家族中祖孙三代不能和睦，朝廷中官爵高下没有秩序，田猎军事缺乏方策，穷兵黩武破坏礼制，宫室建设奢华无度，度量器鼎背离物象，口食之味不合四时，纵情享乐没有节制，车辆行驶违背定式，天地鬼神不得其飨，丧葬纪念无关哀思，分辨是非党同伐异，为官从政言行不端，政令公事窒碍难施，施加百姓错误导向，民众行动失去准则。因此，也就没有办法引导民众和睦相处。

郑玄说："凡言失者，无礼故也。策，谋也。祖，始也。洽，合也。言失礼，无以为众倡始，无以合和众。"[1]所有的"失"都是因为没有礼节制的缘故；"策"的意思是谋划；"祖"的意思是起始，"洽"就是合，"如此则无以祖洽于众也"就是说因为失礼，就不能成为众人中的首倡者，不能实现众人的和合共生。陈澔则说"无以率天下而使之协合也"[2]，不能领导天下并实现和谐相处。《礼记·礼运》就明确指出，"礼者，君之大柄也""所以治政安君也""故坏国、丧家、亡人，必先去其礼"。

> 是故礼者，君之大柄也，所以别嫌明微，傧鬼神，考制度，别仁义，所以治政安君也。故政不正则君位危，君位危则大臣倍、小臣窃。刑肃而俗敝，则法无常；法无常而礼无列，无礼列，则士不事也。刑肃而俗敝，则民弗归也，是谓疵国。[3]

> 是故夫礼，必本于大一，分而为天地，转而为阴阳，变而为四时，列而为鬼神。其降曰命，其官于天也。夫礼必本于天，动而之地，列而之事，变而从时，协于分艺。其居人也曰养，其行之以货力、辞让、饮食、冠、昏、丧、祭、射、御、朝、聘。故礼义也者，人之大端也。所以讲信修睦，而固人之肌肤之会、筋骸之束也。所以养生、送死、事鬼神之大端也，所以达天道、顺人情之大窦也。故唯圣人为知礼之不可以已也，故坏国、丧家、亡人，必先去其礼。

---

① （汉）郑玄，注.王锷，点校.礼记注（下册）[B].北京：中华书局，2021：648.

② （元）陈澔，注.金晓东，校点.礼记[B].上海：上海古籍出版社，2016：577.

③ （汉）郑玄，注.王锷，点校.礼记注（下册）[B].北京：中华书局，2021：298.

故礼之于人也，犹酒之有糵也，君子以厚，小人以薄。①

"礼者何也？即事之治也"，礼就是治理国家的道路、理论、制度和文化，就是政治意识形态，也就是对一个国家治理成效的历史评价。"礼"如果任由他人评说，就会使政权失去合法性。所以中国古人说"非天子，不议礼，不制度，不考文"（《中庸》），不是天子，不能妄议礼制，不能制定法度，不能考评文化。2013年1月5日，习近平在新进中央委员会的委员、候补委员学习贯彻党的十八大精神研讨班上讲话中就特别警告全党，要警惕国内外敌对势力利用"历史问题"攻击和否定我国政治意识形态和社会制度。

古人说："灭人之国，必先去其史。"国内外敌对势力往往就是拿中国革命史、新中国历史来做文章，竭尽攻击、丑化、污蔑之能事，根本目的就是要搞乱人心，煽动推翻中国共产党的领导和我国社会主义制度。苏联为什么解体？苏共为什么垮台？一个重要原因就是意识形态领域的斗争十分激烈，全面否定苏联历史、苏共历史，否定列宁，否定斯大林，搞历史虚无主义，思想搞乱了，各级党组织几乎没任何作用了，军队都不在党的领导之下了。最后，苏联共产党偌大一个党就作鸟兽散了，苏联偌大一个社会主义国家就分崩离析了。这是前车之鉴啊！邓小平同志指出："毛泽东思想这个旗帜丢不得。丢掉了这个旗帜，实际上就否定了我们党的光辉历史。总的来说，我们党的历史还是光辉的历史。虽然我们党在历史上，包括建国以后的三十年中，犯过一些大错误，甚至犯过搞'文化大革命'这样的大错误，但是我们党终究把革命搞成功了。中国在世界上的地位，是在中华人民共和国成立以后才大大提高的。只有中华人民共和国的成立，才使我们这个人口占世界总人口近四分之一的大国，在世界上站起来，而且站住了。"他还强调："对毛泽东同志的评价，对毛泽东思想的阐述，不是仅仅涉及毛泽东同志个人的问题，这同

---

① （汉）郑玄，注.王锷，点校.礼记注（下册）[B].北京：中华书局，2021：305—306.

我们党、我们国家的整个历史是分不开的。要看到这个全局。""这不只是个理论问题，尤其是个政治问题，是国际国内的很大的政治问题。"这就是一个伟大马克思主义政治家的眼界和胸怀。试想一下，如果当时全盘否定了毛泽东同志，那我们党还能站得住吗？我们国家的社会主义制度还能站得住吗？那就站不住了，站不住就会天下大乱。[①]

三、"明于礼乐"

既然礼能"领恶而全善"，"是故古之君子，不必亲相与言也，以礼乐相示而已"，君子不必亲自与人说教，礼乐自会展示教化。因此之故，君子"无物而不在礼"，事事都遵循文明礼仪。不过，"达于礼而不达于乐，谓之素；达于乐而不达于礼，谓之偏"，能够遵循文明礼仪但不能乐在其中，只能算素雅；能够乐在其中但不符合礼节，那就是偏执。"君子明于礼乐，举而错之而已"，正人君子明晓礼和乐，并以礼乐治理天下国家。

1. "无物而不在礼"

子曰："慎听之，女三人者！吾语女，礼犹有九焉，大飨有四焉。苟知此矣，虽在畎亩之中，事之，圣人已。两君相见，揖让而入门，入门而县兴，揖让而升堂，升堂而乐阕，下管象、武，夏、龠序兴，陈其荐俎，序其礼乐，备其百官，如此而后君子知仁焉。行中规，还中矩，和鸾中采齐，客出以雍，彻以振羽，是故君子无物而不在礼矣。入门而金作，示情也。升歌清庙，示德也。下而管象，示事也。是故古之君子，不必亲相与言也，以礼乐相示而已。"孔子要求子张、子贡、言游三人仔细聆听，并告诉他们，礼还有九个节目，而大飨之礼占了其中的四个。如果知道所有这些，虽是种地的农夫，若能依此而行，也可以说是圣人了。具体来说，两国

---

① 中共中央文献研究室，编.十八大以来重要文献选编（上）[M].北京：中央文献出版社，2014：113.

国君相见，作揖谦让而后进入大门，进入大门后钟鼓齐鸣，又作揖谦让后登上高堂，升堂以后钟鼓之声停止，堂下的管乐演奏《象》《大武》《大夏》《龠》又紧接其后演奏，此后才摆上美味佳肴，又继之以宴饮之礼乐，相关官员悉数在场，如此而后方显君子知礼乐。行走如尺子画出直线，回还如圆规画出弧度，车上铃声应和《采齐》乐曲，客人出门演奏《雍》曲送别，撤席之时奏起《振羽》留念，这就是君子无事不合乎礼节。客人刚进门就钟鼓齐鸣，这是表示热情欢迎。升堂后歌唱《清庙》之诗，这是表示尊崇美德。堂下管乐演奏《象》这首乐曲，这是表示注重事功。所以古代的君子之交，不必用言语相互讨教，只需用礼乐来展示就够了。

郑玄说："大飨，谓飨诸侯来朝者也。四者，谓金再作，升歌《清庙》，下管《象》也。事之，谓立置于位。圣人已者，是圣人也。县兴，金作也。金再作者，献主君又作也。下，谓堂下也。《象》《武》，武舞也。《夏》《龠》，文舞也。"序"，更也。堂下吹管，舞文、武之乐更起也。知仁焉，知礼乐所存也。《采齐》《雍》《振羽》，皆乐章也。《振羽》、《振鹭》及《雍》。金作示情也，宾、主人各以情相示也。金性内明，象人情也。示德也，相示以德也。《清庙》，颂文王之德。示事也，相示以事也。《武》，象武王之大事也。"[1] 这里说的"大飨"是指设宴款待来朝觐见的诸侯，"四"是指两次击打金属乐器、升堂后歌唱《清庙》以及台下管乐演奏《象》曲。"事之"的意思是获得职位执掌政事，"圣人已"是说相当于圣人。"县兴"，就是诸侯入门时金属乐器响起；第二次金属乐器响起，是在诸侯敬献宗主国君之时。"下"是堂下，《象》《武》是武舞，《夏》《龠》是文舞，"序"指变更，也就是堂下吹奏管乐，并有文武伴舞配乐。"知仁"是指知礼乐存在的价值。《采齐》《雍》《振羽》也都是乐章，《振羽》是《振鹭》及《雍》。"金作，示情也"，是宾主各自以情相示，因为金的性质是内在纯明，所以象征人的真情。"示德"，就是宾主互相表示尊崇美德，《清庙》是歌颂文王之德的诗歌，表示尊崇文王之德。"示事"就是以事功相激励，《武》就是歌颂武王事功的舞曲，因此表示要追随武王建功立业。也就是说天子设宴款待来朝觐见的诸侯，主要的礼仪就是与诸侯共勉文武之道，慎终如始，恪尽职守。不过，郑玄这里只讲了"大飨有四"，我们对于"礼犹有九"尚不明，陈澔对"犹有九焉，大飨有四"注释得比较详尽，今抄录如下以供对比参照：

---

① （汉）郑玄，注.王锷，点校.礼记注（下册）[B].北京：中华书局，2021：648—649.

知者，知其理也。事者，习其仪也。圣人已者，言可以进于圣人礼乐之道也。两君相见，诸侯相朝也。县，乐器之悬于笋簴者也。兴，作也。升堂而乐阕者，既升堂，主人献宾酒，宾卒爵而乐止也，此飨礼之一节也。宾酢主君，又作乐，主君饮毕则乐止，此飨礼之二节也。下管《象》《武》之上，缺升歌《清庙》一句，或记者略耳。升堂而歌《清庙》之诗，是三节也。堂下以管吹《象》《武》之曲，是四节也。《夏》籥，禹大夏之乐曲，以籥吹之也，与《象》《武》次序更迭而作，故云："《夏》籥序兴。"言礼而必曰君子知仁，使三子求节文于天理之中也。行中规，第五节也。还中矩，第六节也。《采齐》，乐章名。和鸾，车上之铃也。车行整缓，则铃声与乐声相中，盖出门迎宾之时，此第七节也。客出之时，歌《雍》诗以送之，此第八节也。《振羽》，即《振鹭》，礼毕彻器，则歌《振鹭》之诗，九节也。九者之礼，大飨有其四，一是宾卒爵而乐阕，二是宾酢主卒爵则乐又阕，三是升歌《清庙》，四是下管《象》《武》，余五者则非飨礼所得专也。[①]

陈澔刻意找出了"礼犹有九"，但"九者之礼"很容易让人觉得是"繁文缛节"，而且显然已经"文献不足征"，或许这就是郑玄只注释"大飨有四"的原因。值得注意的是，郑玄认为"大飨，谓飨诸侯来朝者也"，朝聘虽然没有严格区分，但至少包括了诸侯来朝觐见天子，不似陈澔以"两君相见"认定为"诸侯相朝也"。"天子之与诸侯，诸侯之与邻国，皆有朝礼，有聘礼"；"朝则相见，聘则相问也"；"故聘礼有天子所以抚诸侯者"，"有诸侯所以事天子者"，"有邻国交修其好者"[②]，所以这里讲的可能包括天子与诸侯及诸侯朝聘与大飨之礼。礼仪具体"有九"和"有四"其实不是最重要的，最重要的是其中包含的"礼义"。故陈澔又引方氏曰"示情者，欲宾主以情相接也；示德者，欲宾主以德相让也；示事者，欲宾主以事相成也"[③]，以礼相待归根结底是为了实现同心同德、相辅相成。

---

① （元）陈澔，注.金晓东，校点.礼记[B].上海：上海古籍出版社，2016：577—578.

② （元）陈澔，注.金晓东，校点.礼记[B].上海：上海古籍出版社，2016：695.

③ （元）陈澔，注.金晓东，校点.礼记[B].上海：上海古籍出版社，2016：578.

　　夫礼，先王以承天之道，以治人之情，故失之者死，得之者生。诗曰："相鼠有体，人而无礼。人而无礼，胡不遄死?"是故夫礼，必本于天，肴于地，列于鬼神，达于丧、祭、射、御、冠、昏、朝、聘。故圣人以礼示之，故天下国家可得而正也。^①

　　上面《礼记·礼运》这段话指出，礼自古以来是用来承接天道、治理人情的，所以失礼就是背离天道、违逆人情的自取灭亡之道，得礼就是顺乎天道、合乎人情的生存之道。《诗经》上说："看那老鼠也有形体，有些人却野蛮无礼。人若是野蛮无礼，怎能不快速致死?"也因此，礼必须本源于天，效法于地，并列于鬼神，体现于丧、祭、射、御、冠、婚、朝、聘等各个方面。所以圣人用礼展示天道人情，天下与国家就能得到公正治理。

2. "无理不动，无节不作"

　　子曰："礼也者，理也。乐也者，节也。君子无理不动，无节不作。不能诗，于礼缪。不能乐，于礼素。薄于德，于礼虚。"孔子认为，礼就要合理，乐就要节制。君子不合理事就不做，无节制的事也不做。如果不能理解《诗》，对礼也就会有谬见。如果行礼而不能用乐来配合，行礼就显得单调刻板。但如果道德浅薄，即便行礼也是虚情假意。子曰："兴于诗，立于礼，成于乐。"(《论语·泰伯》)儒家教人立意高远，开始于学《诗》，自立于学《礼》，完成于学《乐》。礼要在认识自然和社会规律的基础上，内化于心之后外化于行，最终形成"乐节礼乐"的自觉。子曰："知之者不如好之者，好之者不如乐之者。"(《论语·雍也》)人知道礼不如爱好遵行礼，爱好遵行礼不如以遵行礼为乐。

　　郑玄说："缪，误也。素，犹质也。歌诗，所以通礼意也。作乐，所以同成礼文也。崇德，所以实礼行也。《王制》曰：'乐正崇四术，立四教，顺先王《诗》《书》《礼》《乐》以造士，春秋教以《礼》《乐》，冬夏教以《诗》《书》，王大子、王子、群

---

① （汉）郑玄，注.王锷，点校.礼记注（下册）[B].北京：中华书局，2021：291—292.

后之大子，卿大夫、元士之适子，国之俊选，皆造焉。'则古之人，皆知诸侯之礼乐。"① "缪"就是谬误，"素"相当于质朴；能够歌唱诗篇，就表明通达礼的意义。制作乐曲，是等同于作文说礼的手段。不能"薄于德"，而必须推崇"德"，才能使礼义真实不"虚"地实行。《礼记·王制》说："负责管理礼乐教化的官员特别重视四门必修课，每门课都设有专门老师，顺承先王用《诗》《书》《礼》《乐》造就人才的传统，春秋两季教授《礼》《乐》，冬夏两季教授《诗》《书》。国王的太子、众王子、诸侯的太子，卿大夫、元士的嫡子，国家选拔的优秀学子，都是可造之材。"由此可以推测，古代的人都知道诸侯的礼乐。郑玄专门引用《礼记·王制》，很好地验证了孔子"兴于诗，立于礼，成于乐"的教育方法。

陈澔则说："《乐记》言：'乐者，天地之和也；礼者，天地之序也。'此言礼者理也，乐者节也，盖礼得其理，则有序而不乱；乐得其节，则虽和而不流。君子无理不动，防其乱也；无节不作，防其流也。人而不为《周南》《召南》，犹正墙面而立，不能诗者，能不缪于礼乎？礼之用，和为贵，不能乐，则无从容委曲之度，是达于礼而不达于乐，谓之素也。素，谓质朴也。忠信之人，可以学礼，薄于德者，必不能充于礼也。"②《乐记》有言："乐，表现天地和顺；礼，表现天地有序。"此处说"礼也者，理也。乐也者，节也"，大概是因为礼如果合乎理，则天地有序而不乱；音乐或享乐合理节制，则虽和顺而不自流。"君子无理不动"，就是防止混乱无序；"无节不作"，就是防止放任自流。如《论语》中孔子所言，人要不学《诗经》的《周南》《召南》，就如正对墙面而立那样寸步难行，所以说不能正确理解《诗》就必定误解礼。又如《诗经》中有子所言，礼的运用以能得到中和为可贵，不能乐于以礼节制自己的人，就不可能从容大度收放自如，这种通达于礼但不能通达于乐就是所谓的"素"。"素"，就是质朴。但是，质朴忠信之人至少是可以学礼的，如果道德已经败坏了就不能真正学礼了。陈澔的注解不免让人联想起子夏问曰："'巧笑倩兮，美目盼兮，素以为绚兮'何谓也？"子曰："绘事后素。"曰："礼后乎？"子曰："起予者商也，始可与言《诗》已矣。"当子夏问《诗经》中"小巧的笑靥多灵动呀，美丽的眼眸多明亮呀，宛若洁白的底子上画出绚丽的画呀"这几句诗想表达什么意思呢，孔

① （汉）郑玄，注．王锷，点校．礼记注（下册）[B].北京：中华书局，2021：649.
② （元）陈澔，注．金晓东，校点．礼记[B].上海：上海古籍出版社，2016：578—579.

子回答说就是在白色底子上描绘美图，子夏就说礼也是像这样美化人纯洁的心吧？孔子听了很高兴，赞扬子夏能够启发自己，可以和他谈论《诗经》的教化了。

子曰："制度在礼，文为在礼，行之，其在人乎？"子贡越席而对曰："敢问：夔其穷与？"子曰："古之人与，古之人也！达于礼而不达于乐，谓之素；达于乐而不达于礼，谓之偏。夫夔，达于乐而不达于礼，是以传此名也，古之人也。"孔子又指出，各种制度背后都包含着礼义，各种文化艺术归根结底也是礼义的表达，但礼义的真正实行却在于人啊！子贡因此又离席提问夔这个人是不是不懂礼义，孔子首先称赞夔是古代舜时有名望的人，但也明确指出，通达于礼但不通达于乐的人难免刻板，通达于乐但不通达于礼的人是个偏才。夔这个人就是通达于乐而不通达于礼，所以只流传下来了通达音乐的乐正名望，但他仍然是古代有名望的人。

郑玄说："素与偏，俱不备耳。夔达于乐，传世名，此贤人也，非不能，非所谓穷。"[1]刻板和偏执，都是不完备。夔通达于音乐，盛名传于后世，这样的贤人不是不知礼。乐既然是表现天地人和，本身就包含着礼的节制，没有节制岂能有天地之和？天崩地裂，呼天抢地，鬼哭狼嚎，喜欢天地失和的人就不可能是优秀的乐官。优秀的音乐人必定赞美和憧憬天地和合、社会和睦、世界和平，即便用音乐表现不和也是为了崇敬和，这就是贤人不可能不知礼的道理。陈澔说："子贡之意，谓夔以乐称，而不言其知礼，其不通于礼乎？穷，不通也。夫子再言'古之人'，亦微示不可贬之意，言夔以偏于知乐，是以传此不达礼之名于后世耳，然而毕竟是古之贤者也，故又终之以'古之人也'之言。然则礼乐之道，学者能知其相为用之原，则无素与偏之失矣。"[2]子贡的意思是觉得夔既然以乐正著称，而没有文献言及他知礼，所以怀疑他不通达礼。孔子两次说"古之人"，暗示对夔不宜贬低，他只是专门执掌音乐才在后世留下了不通达礼的名声，但毕竟是古代的贤人不可能完全不知礼。然而，重要的是对于礼乐之道，学者当知道其互相作用，如此就能避免刻板或偏执。

《礼记·王制》讲《诗》《书》《礼》《乐》造士，舜的乐正夔被质疑为不知礼，这一正反对比就在强调偏执一端之失与相互促进的重要性。《诗》《书》《礼》《乐》"四

---

① （汉）郑玄，注.王锷，点校.礼记注（下册）[B].北京：中华书局，2021：650.
② （元）陈澔，注.金晓东，校点.礼记[B].上海：上海古籍出版社，2016：579.

术"和"四教"，或者《诗》《书》《礼》《乐》《易》《春秋》"六艺"和"六教"，是相辅相成相互促进的，偏执一端就难以造就全面发展的士子。我们今天讲大学本科"四门思想政治课"，或者加上硕士博士生的两门，或者加上《形势与政策》《自然辩证法》或《社会科学方法论》，共"六门思想政治课"，但其实都属于"礼教"，而没有涉及文学和艺术。其后果当然就是"不能诗，于礼缪。不能乐，于礼素"，文学艺术类课程经常传播错误的意识形态和价值观，思想政治理论课则太过刻板乏味以致无人听讲。思想政治理论课与文化艺术类课程相结合，尤其是在以工科为主的学校，可以说势在必行。

3. "明于礼乐，举而错之"

子张问政。子曰："师乎，前！吾语女乎！君子明于礼乐，举而错之而已。"子张向孔子问为政之道，孔子认为就是明晓礼乐并把礼乐用于政事而已。郑玄以为此"言礼乐足以为政也。错，犹施行也"[1]，孔子的意思是说礼乐足以为政治国，错相当于施行。陈澔则认为"前言语女，谓昔者已尝告汝矣。举而错之，谓举礼乐之道而施之政事"[2]。"前言语女"是说以前我曾告诉过你；"举而错之"，是说把礼乐之道施行于政事。

子张复问。子曰："师，尔以为必铺几筵，升降酌献酬酢，然后谓之礼乎？尔以为必行缀兆，兴羽籥，作钟鼓，然后谓之乐乎？言而履之，礼也。行而乐之，乐也。君子力此二者，以南面而立，夫是以天下太平也。诸侯朝，万物服体，而百官莫敢不承事矣。礼之所兴，众之所治也。礼之所废，众之所乱也。目巧之室，则有奥阼，席则有上下，车则有左右，行则有随，立则有序，古之义也。室而无奥阼，则乱于堂室也。席而无上下，则乱于席上也。车而无左右，则乱于车也。行而无随，则乱于涂也。立而无序，则乱于位也。昔圣帝明王诸侯，辨贵贱长幼远近男女，外内莫敢相逾越，皆由此涂出也。"子张大概与大多数人一样，很怀疑礼乐足以为政治国，所以再次提问。所以孔子展开来对他说：颛孙师，你以为必须铺设筵席，揖让升降、

① （汉）郑玄，注.王锷，点校.礼记注（下册）[B].北京：中华书局，2021：650.
② （元）陈澔，注.金晓东，校点.礼记[B].上海：上海古籍出版社，2016：580.

酌酒敬献、应酬回酢，然后才有所谓的礼吗？你以为必须行走在舞蹈队列中，挥动羽籥，敲钟击鼓，然后才有所谓的乐吗？其实，说过的话就去践行，这就是礼。做起来感到快乐，这就是乐。君子只要力行这两条，以此南面治天下，天下就会因此而太平。于是诸侯依礼朝聘，事事服从定理，百官无不尽职。礼如果能兴盛流行，民众就能实现治理。礼如果被废弃无视，民众就会犯上作乱。目力所及即知，家室有主次，座席有上下，车载有左右，行路后随前，站立就其位，自古皆如此。室无主次则堂室混乱，座无上下则入席混乱，车无左右则乘车混乱，行不相随则路途混乱，站无顺序则站位混乱。从前圣明帝王、英明君王和大小诸侯，明辨贵贱、长幼、远近、男女、内外界限，使不敢互相逾越，都是由于推行了礼乐教化。

郑玄说："服体，体服也，谓万物之符长皆来为瑞应也。众之所治，众之所以治也。众之所乱，众之所以乱也。目巧，谓但用巧目善意作室，不由法度，犹有奥阼宾主之处也。"[1] "服体"就是体服，意思是说凤凰、麒麟等天下万物的代表，都来展示国家将兴的吉祥瑞兆。"众之所治"就是民众之所以得到善治。"众之所乱"就是民众之所以发生动乱。"目巧"是说只靠慧眼善意来建造居室而不依靠法度准绳，居室也仍然有区分宾主的主人奥室、阼阶。陈澔说："筵，席也。缀兆，舞者之行列也。万物服体，谓万事者皆从其理"；"众之治乱，由礼之兴废，此所以为政先礼也。目巧，谓不用规矩绳墨，但据目力相视之巧也。言虽苟简为之，亦必有奥阼之处。盖室之有奥，所以为尊者所处；堂之有阼，所以为主人之位也。席或以南方为上，或以西方为上，详见《曲礼》。车之尊位在左，父之齿随行，贵贱长幼，各有所立之位，此皆古圣人制礼之义也"；"礼之为用无所不在，失之则随事致乱，为政者可舍之而他求乎？"[2] "筵"就是筵席，"缀兆"是舞蹈者排列的队列，"万物服体"是说万事都依从当行之理。民众得到善治还是发生动乱，由礼乐的兴盛或衰败所决定，所以说治国理政必须以礼乐制度为先。"目巧"就是不用规矩绳墨测度，只靠眼力平行目测的技巧，也就是说尽管简单粗略，但必定会有奥室和阼阶。居室中有奥室，这是供尊长居住的；厅堂有阼阶，这是显示主人地位的。席位或者以南边为上位，或者以西边为上位，详细可见于《礼记·曲礼》。车的尊位在左侧，与父辈随同出行，贵

① （汉）郑玄，注.王锷，点校.礼记注（下册）[B].北京：中华书局，2021：651.

② （元）陈澔，注.金晓东，校点.礼记[B].上海：上海古籍出版社，2016：580.

贱长幼各有所当站立的位置，这些都是古代圣人制定礼仪的要义。礼仪的运用无所不在，失礼导致事事皆乱，为政者岂可舍弃礼仪而另求其他？

"三子者既得闻此言也于夫子，昭然若发蒙矣。"三个学生听了孔子的这一番话，心中豁然开朗，好像盲人突然得见光明。

郑玄说："乃晓礼乐不可废改之意。"①也就是说三个学生明白了礼义和快乐有不可废弃或更改的深意，也就是要用礼义来节制快乐的道理。陈澔引方氏曰："发蒙者，若目不明，为人所发而有所见也"②。"发蒙"就像眼睛看不见的人，受到他人启发而有所发现。显然，这里说的"发蒙"不是看得见摸得着的东西，而是认识和领悟礼乐之道，相当于"豁然开朗"。

"敖不可长，欲不可从，志不可满，乐不可极"（《礼记·曲礼》），傲慢不可任由滋长，欲望不可任其放纵，志气不可自我满足，快乐不可追求极致。"是故先王之制礼乐，人为之节"；"乐者，通伦理者也"，"知乐则几于礼矣。礼乐皆得，谓之有德。德者，得也。"（《礼记·乐记》）因此，圣人制作礼仪和音乐，人们因此知道了节制。知道音乐差不多就知道礼仪，礼义和快乐兼得的人，就是有道德的人。道德，其实就是知道用礼乐节制快乐，因而真正有所得。

近代以来，中国人深受西方伦理道德影响，向往"西方极乐世界"。这种把追求快乐作为最高原则的思想，以边沁的功利主义为代表。边沁认为，"自然把人类置于两位主公——快乐和痛苦——的主宰之下"，他提出的功利原理"按照看来势必增大或减小利益攸关者之幸福倾向，亦即促进或妨碍此种幸福的倾向，来赞成或非难任何一项行动"；"由此，它倾向于给利益有关者带来实惠、好处、快乐、利益或幸福（所有这些在此含义相同），或者倾向于防止利益有关者遭受损害、痛苦、祸患或不幸（这些含义也相同）"；"共同体是个虚体，由那些被认为可以说构成其成员的个人组成"，共同体利益"是组成共同体的若干成员的利益总和"；"当一个事物倾向于增大一个人的快乐总和，或同义地说倾向于减小其痛苦总和时，它就被说成促进了个人的利益"；"当一项行动增大共同体幸福的倾向大于它减小这一幸福的倾向时，它就可以说是符合功利原理，或简言之，符合功利"③。功利主义把个人幸福、快乐或利

---

① （汉）郑玄，注.王锷，点校.礼记注（下册）[B].北京：中华书局，2021：651.

② （元）陈澔注，金晓东，校点.礼记[B].上海：上海古籍出版社，2016：580.

③ （英）边沁.道德与立法原理导论[M].北京：商务印书馆，2000：57—59.

益最大化作为道德和法律的最高标准，共同体的幸福、快乐或利益不过是个人幸福、快乐或利益的总和。1942年5月2日，毛泽东在延安文艺座谈会上的讲话中明确指出，"为什么人的问题，是一个根本的问题，原则的问题"，"我们是无产阶级的革命的功利主义者"。

> 唯物主义者并不一般地反对功利主义，但是反对封建阶级的、资产阶级的、小资产阶级的功利主义，反对那种口头上反对功利主义、实际上抱着最自私最短视的功利主义的伪善者。世界上没有什么超功利主义，在阶级社会里，不是这一阶级的功利主义，就是那一阶级的功利主义。我们是无产阶级的革命的功利主义者，我们是以占全人口百分之九十以上的最广大群众的目前利益和将来利益的统一为出发点的，所以我们是以最广和最远为目标的革命的功利主义者，而不是只看到局部和目前的狭隘的功利主义者。①

子曰："放于利而行，多怨。"（《论语·里仁》）如果依据个人的利益去做事，必定会有很多怨恨。子曰："饭疏食饮水，曲肱而枕之，乐亦在其中矣。不义而富且贵，于我如浮云。"（《论语·述而》）吃粗粮，喝白水，弯着胳膊枕着睡，快乐也在这当中。违背道义获得大富大贵，对于我来说就像天上的浮云一样飘忽不定。孟子曰："苟为后义而先利，不夺不餍。未有仁而遗其亲者也，未有义而后其君者也。王亦曰仁义而已矣，何必曰利？"（《孟子·梁惠王上》）如果把道义放在后面而以利益为先，不夺得一切就不会满足。从来没有讲仁爱却抛弃父母的，也没有讲道义却不顾国家的。所以，为政者也讲仁义就好办了，为什么总是只讲功利呢？向中国人灌输西方个人功利主义，曾经被认为是中国人"幸福"的"启蒙"。在经历了帝国主义侵略和掠夺之后，在西方社会陷入争权夺利的分裂和冲突之后，当今世界其实需要中华优秀传统文化中的"仁义"思想，重新获得"礼乐"的"发蒙"。

中国共产党明确提出"利为民所谋""为人民谋幸福""人民对美好生活的向往，就是我们的奋斗目标""不断增强人民群众获得感、幸福感、安全感"，但是，中国

---

① 毛泽东.毛泽东选集（第3卷）[M].北京：人民出版社，1991：864.

共产党历来反对个人功利主义。2016年1月18日，习近平总书记在省部级主要领导干部学习贯彻党的十八届五中全会精神专题研讨班上的讲话中明确提出"治国有常，而利民为本"。2017年10月25日，习近平总书记在党的十九届一中全会上的讲话中强调"使人民获得感、幸福感、安全感更加充实、更有保障、更可持续"，这就是中国共产党人的"革命功利主义"，这也就是中国共产党人的"仁义"。

　　"治国有常，而利民为本。"以人民为中心的发展思想，不是一个抽象的、玄奥的概念，不能只停留在口头上、止步于思想环节，而要体现在经济社会发展各个环节。要坚持人民主体地位，顺应人民群众对美好生活的向往，不断实现好、维护好、发展好最广大人民根本利益，做到发展为了人民、发展依靠人民、发展成果由人民共享。[①]

　　为人民谋幸福，是中国共产党人的初心。我们要时刻不忘这个初心，永远把人民对美好生活的向往作为奋斗目标。党的十九大对保障和改善民生做出了全面部署。我们要始终以实现好、维护好、发展好最广大人民根本利益为最高标准，带领人民创造美好生活，让改革发展成果更多更公平惠及全体人民，使人民获得感、幸福感、安全感更加充实、更有保障、更可持续，朝着实现全体人民共同富裕不断迈进。在新时代的征程上，全党同志一定要抓住人民最关心最直接最现实的利益问题，坚持把人民群众关心的事当作自己的大事，从人民群众关心的事情做起，多谋民生之利，多解民生之忧，在幼有所育、学有所教、劳有所得、病有所医、老有所养、住有所居、弱有所扶上不断取得新进展，不断促进社会公平正义，不断促进人的全面发展、全体人民共同富裕。[②]

---

① 习近平.习近平谈治国理政（第2卷）[M].北京：外文出版社，2017：213—214.

② 习近平.在党的十九届一中全会上的讲话[J].求是，2018（1）.

第四章
"民之父母"

　　孔子闲居，子夏侍。子夏曰："敢问《诗》云：'凯弟君子，民之父母。'何如斯可谓'民之父母'矣？"孔子曰："夫'民之父母'乎，必达于礼乐之原，以致'五至'，而行'三无'，以横于天下，四方有败，必先知之。此之谓民之父母矣。"

　　子夏曰："'民之父母'，既得而闻之矣，敢问何谓'五至'？"孔子曰："志之所至，《诗》亦至焉；《诗》之所至，礼亦至焉；礼之所至，乐亦至焉；乐之所至，哀亦至焉，哀乐相生。是故，正明目而视之，不可得而见也；倾耳而听之，不可得而闻也；志气塞乎天地，此之谓五至。"

　　子夏曰："五至既得而闻之矣，敢问何谓'三无'？"孔子曰："无声之乐，无体之礼，无服之丧，此之谓'三无。'"子夏曰："'三无'既得略而闻之矣，敢问何《诗》近之？"孔子曰："'夙夜其命宥密'，无声之乐也。'威仪逮逮，不可选也'，无体之礼也。'凡民有丧，匍匐救之'，无服之丧也。"

　　子夏曰："言则大矣，美矣，盛矣！言尽于此而已乎？"孔子曰："何为其然也？君子之服之也，犹有五起焉。"子夏曰："何如？"子曰："无声之乐，气志不违；无体之礼，威仪迟迟；无服之丧，内恕孔悲。无声之乐，气志既得；无体之礼，威仪翼翼；无服之丧，施及四国。无声之乐，气志既从；无体之礼，上下和同；无服之丧，以畜万邦。无声之乐，日闻四方；无体之礼，日就月将；无服之丧，纯德孔明。无声之乐，气志既起；无体之礼，施及四海；无服之丧，施于孙子。"

子夏曰："三王之德，参于天地，敢问何如斯可谓参于天地矣？"孔子曰："奉'三无私'以劳天下。"子夏曰："敢问何谓'三无私'？"孔子曰："天无私覆，地无私载，日月无私照。奉斯三者以劳天下，此之谓'三无私'。其在《诗》曰：'帝命不违，至于汤齐。汤降不迟，圣敬日齐。昭假迟迟，上帝是祇。帝命式于九围。'是汤之德也。天有四时，春秋冬夏，风雨霜露，无非教也。地载神气，神气风霆，风霆流形，庶物露生，无非教也。清明在躬，气志如神。耆欲将至，有开必先。天降时雨，山川出云。其在诗曰："嵩高唯岳，峻极于天。惟岳降神，生甫及申。惟申及甫，惟周之翰。四国于蕃，四方于宣"。此文、武之德也。三代之王也，必先令闻，《诗》云：'明明天子，令闻不已。'三代之德也。'弛其文德，协此四国。'大王之德也。"子夏蹶然而起，负墙而立，曰："弟子敢不承乎？"

"凯弟君子，民之父母"，心胸宽广仁爱的君子，就好像是天下民众的父母，也就是后世常说的"父母官"，这是中国古人对政德的最简明概括。毫无疑问，这种政德体现的是"封建家长制"下的"等级关系"，强调的就是"君臣有别"，这与民主、自由、平等是格格不入的。民主、自由、平等教人公平竞争、自由选举、机会均等，然后呢？多半是输者输得不服气，时时处处给赢者挑毛病，输赢双方都准备再竞选，政治的重点最终成了竞选。所谓"虎毒不食子"，"民之父母"就是要"爱民如子"，诚心诚意地帮助民众实现成长发展，就像希望自己的儿子成长成才一样，这就是所谓"礼乐之原"，文明礼仪和音乐快乐的缘由都在这里。"作民之父母"要求"致'五至'，而行'三无'"，也就是对民众要心到、情到、礼到、乐到、哀到，对民众的快乐感到无言的快乐、对民众的言行以无形的礼相待、对民众的死丧施以及时的救助，就像一切都是发生在自己子女身上一样。"致'五至'，而行'三无'"，"犹有五起焉"，其实就是引起社会普遍的仁、义、礼、智、信，它们是中国古人追求的核心价值。归根结底，这一切都要依靠王者"奉'三无私'以劳天下"，也就是像苍天无私地覆盖万物、大地无私地承载万物、日月无私地光照万物，以此来引领天下的民众。由此可见，所谓"君为臣纲"不仅仅是君主作为臣民的纲纪而已，更重要的是君主首先要做到"三无"和"三无私"才能成为纲纪，由此才能产生"五至"和"五起"的效果。"三纲五常"只是表现形式，其背后的发生逻辑是"三无五至"和"三无私五起"。而这一切如果要概括为最简单的一句话，那就是"凯弟君子，民之父母"。一个国家的政府和民众的关系，应该是政府像天地化育万物一样促进民众自由发展，这既是天长地久之道，也是生生不息之道，正是举国上下和合共生之道塑造了中华民族绵延几千年而不断绝的文明。本章原文为《礼记·孔子闲居》，郑玄注云："名'孔子闲居'者，善其倦而不衰，犹使一子侍，为之说《诗》，著其氏，言可法也。退燕避人曰闲居。"①退朝在家不处理公务叫闲居，该篇以此命名是赞美孔子工作疲倦但热情不衰，仍然让学生跟在身边并为他解读《诗经》，从中获得很多可供效法的道理。孔颖达撰《礼记正义》曰："此篇子夏之问大略有二：从此至'施于孙子'，问'民之父母'之事；自'三王之德，参于天地'以下，问'三王之德'何以'参于天地'以终篇末，但上节问'民之父母'以'致五至而行三无'，子夏覆问'五至、三无'之事。"②本篇内容大致分两大部分，从开头到"施于孙子"是子夏问做"民之父母"的事项；从"三王之德，参于天地"往下，是问"三王之德"何以能"参于天地"以结束全篇，但上节问"民之父母"讲了"致五至而行三无"，所以子夏再次问"五至"和"三无私"。本书把本章分为三节，第一节总论"致'五至'，行'三无'"，第二节分论"五至"对应的"五起"，第三节讲"三无"对应的"三无私"。

一、"凯弟君子"

我们常说"五个手指有长短，手心手背都是肉"，说的就是父母对待子女理所当然而又自然而然的爱。"凯弟君子，民之父母"，作为统治阶级，就应该用这种宽广仁爱之心，宛如父母一般对待天下黎民百姓。果能如此，也就通达了文明礼仪和音乐快乐的缘由，因此能心、情、礼、乐、哀与民达到一致，以无声音的快乐、无形体的礼遇、无丧服的服丧善待民众的养生送死。

---

① （汉）郑玄，注.王锷，点校.礼记注（下册）[B].北京：中华书局，2021：651.

② （唐）孔颖达，撰.礼记正义（下册）[B].北京：北京大学出版社，2014：1374.

1. "礼乐之原"

孔子闲居，子夏侍。子夏曰："敢问《诗》云:'凯弟君子，民之父母。'何如斯可谓'民之父母'矣?"孔子曰:"夫'民之父母'乎，必达于礼乐之原，以致'五至'，而行'三无'，以横于天下，四方有败，必先知之。此之谓民之父母矣。"孔子闲居在家时，子夏曾侍奉身旁。子夏问道:《诗经》说'心胸宽广仁爱的君子，就好像是天下民众的父母'，请问如何才可称作'天下民众的父母'呢?"孔子回答说:"能称为'百姓的父母'，必定通达于文明礼仪和音乐快乐的缘由，致力实现'五至'，身体力行'三无'，并以此教育引导天下，所以天下四方但凡有不幸祸患，他一定能够率先知道。如此就可称作'天下民众的父母'。"简单地说，心怀天下，把天下民众当作自家孩子，这样的领导者就是"民之父母"。

郑玄注说"凯弟，乐易也"，"凯弟"的意思是和乐平易;"原，犹本也"，"原"就是本源;"横，充也"，"横"就是充塞;"败，祸灾也"，"祸"就是祸灾①。孔颖达补充说:"以圣人行'五至''三无'，通幽达微，无所不悉，观其萌兆，观微知著，若见其积恶必知久有灾祸。"②因为圣人奉行"五至""三无"，所以能于幽暗未明之际见微知著，比如见人作恶多端必知"积不善之家，必有余殃"。陈澔说:"横者，广被之意。言三无、五至之道，广被于天下也。""横"是广泛受益的意思，也就是"三无""五至"使天下民众广泛受益;"四方将有祸败之衅而必能先知者，以其切于忧民，是以能审治乱之几也"，四方如果有带来祸患的挑衅发生总能预先料知，是因为深切地为民忧虑，所以能谋虑于治乱的萌芽阶段③。孙希旦说"礼乐之原"，就是下文所说的"无声之乐、无体之礼、无服之丧";"由此而推于彼"就是"致";"由心而达于事"即是"行";"横行于天下"就是下文说的"志气塞乎天地";"四方有败，必先知之"，"惟其有忧民之实心，而其识又足以察乎几微"，四方有患难必定能预先料知，是因为有忧国忧民的至诚之心，而且又有见微知著的高瞻远瞩;"盖圣人之于天下，明于其利，达于其患，所以维持而安全之者，无所不用其极，使四海之内，无一物不得其所，故可以为民之父母"，圣人了解天下的各种利害关系，为维护和保

① （汉）郑玄，注.王锷，点校.礼记注（下册）[B].北京:中华书局，2021:652.
② （唐）孔颖达，撰.礼记正义（下册）[B].北京:北京大学出版社，2014:1374.
③ （元）陈澔，注.金晓东，校点.礼记[M].上海:上海古籍出版社，2016:581.

障人民利益殚精竭虑，所以天下能各尽其能、各得其所，因此可以称作天下民众的父母①。

"凯弟君子，民之父母"，是《诗经·大雅·泂酌》中的一句，它最凝练地概括了中国政治文化对政德的要求。因此，《诗经·大雅·泂酌》堪称中国政德的奠基之作，值得研究者深入了解。《毛诗传笺》云："《泂酌》，召康公戒成王也。言皇天亲有德，飨有道也"；"泂，远也。行潦，流潦也。餴，馏也。饎，酒食也。濯，涤也。罍，祭器。溉，清也。塈，息也"；"流潦，水之薄者也。远酌取之，投大器之中，又挹之注之于小器，而可以沃酒食之餴者，以有忠信之德，齐洁之诚，以荐之故也。《春秋传》曰：'人不易物，惟德繄物'"；"乐以彊教之，易以说安之。民皆有父之尊，有母之亲"②。《泂酌》是召康公告诫成王的诗，主旨是说上天只亲爱有德之人，只飨享有道供奉。"泂"是遥远的意思，"行潦"就是流水，"餴"就是蒸馏，"饎"就是酒食，"濯"是洗涤，"罍"是祭器，"溉"就是清洁，"塈"是休息。诗的大意是说，从远处浅溪取水，把它蓄到大容器中，又把它打出来，注入小容器，就可以蒸馏美酒。这就像人有忠信美德，洁净诚意，得到荐用。就如《春秋传》说的，"人们祭祀的物品没有不同，但内在德行使祭品意义不同。"君子以谆谆教导民众为乐，所以易于使民众愉悦安乐。民众因此都享有父亲的尊重，也享有母亲的亲爱。也就是说，民众因为执政者的尊重和关爱，得到美好归宿和休养生息。高亨认为"这是一首为周王或诸侯颂德的诗，集中歌颂他能爱人民，得到人民的拥护。"③

泂酌

泂酌彼行潦，挹彼注兹，可以餴饎。
岂弟君子，民之父母。

泂酌彼行潦，挹彼注兹，可以濯罍。
岂弟君子，民之攸归。

泂酌彼行潦，挹彼注兹，可以濯溉。
岂弟君子，民之攸塈。

---

① （清）孙希旦，撰.礼记集解.（下）[B].北京：中华书局，1989：1275.

② （汉）毛亨，传.郑玄，笺.毛诗传笺[B].北京：中华书局，2018：397—398.

③ 高亨，注.诗经今注[M].上海：上海古籍出版社，2017：543.

此外，《诗经·小雅·南山有台》则有"乐只君子，民之父母"的诗句。"《南山有台》，乐得贤也。得贤则能为邦家立太平之基矣"；"人君得贤，则其德广大坚固，如南山之有基趾"①。这首诗是赞美执政者以得到贤才为乐，因为得到贤才就能为治国平天下奠定基础；人君以得贤才为乐，也说明他道德崇高坚固，就像南山有坚固的地基一样。

南山有台

南山有台，北山有莱。

乐只君子，邦家之基。

乐只君子，万寿无期。

南山有桑，北山有杨。

乐只君子，邦家之光。

乐只君子，万寿无疆。

南山有杞，北山有李。

乐只君子，民之父母。

乐只君子，德音不已。

南山有栲，北山有杻。

乐只君子，遐不眉寿。

乐只君子，德音是茂。

南山有枸，北山有楰。

乐只君子，遐不黄耇。

乐只君子，保艾尔后。

"民之所好好之，民之所恶恶之，此之谓民之父母"（《大学》），不论说"凯弟君子，民之父母"还是"乐只君子，民之父母"，说的其实都是尊重民意和关爱民众。民众或许就像流水和野草，但如果得到执政者的关爱和发展，就能成为美酒和栋梁。执政者应该以帮助民众发展成长为最大的快乐，"人有不得，则非其上矣。不得而非

① （汉）毛亨，传.郑玄，笺.毛诗传笺[B].北京：中华书局，2018：228.

其上者，非也；为民上而不与民同乐者，亦非也。乐民之乐者，民亦乐其乐；忧民之忧者，民亦忧其忧。乐以天下，忧以天下，然而不王者，未之有也。"（《孟子·梁惠王下》）人民得不到发展机会，就会怪罪于他的领导。自己得不到发展就怪罪领导，这是不对的。但是，作为民众的领导而不与民同乐，这也是不对的。领导者如果能以民众的快乐为快乐，民众也会以他的快乐为快乐；如果能以民众的忧患为忧患，民众也会以他的忧患为忧患。以天下人的快乐为快乐，以天下人的忧患为忧患，这样的人不成为天下之王，那是从来没有的事。

共产党是全心全意为人民服务的政党，共产党的领导干部理所当然应该努力做"凯弟君子，民之父母"或"乐只君子，民之父母"。2015年10月16日，习近平在2015年减贫与发展高层论坛的主旨演讲中说："25年前，我在中国福建省宁德地区工作，我记住了中国古人的一句话：'善为国者，遇民如父母之爱子，兄之爱弟，闻其饥寒为之哀，见其劳苦为之悲。'至今，这句话依然在我心中。"[①]这句话出自刘向《说苑·政理》，原文为武王问于太公曰："治国之道若何？"太公对曰："治国之道，爱民而已。"曰："爱民若何？"曰："利之而勿害，成之勿败，生之勿杀，与之勿夺，乐之勿苦，喜之勿怒，此治国之道。……故善为国者，遇民如父母之爱子，兄之爱弟，闻其饥寒为之哀，见其劳苦为之悲。"此语正应合"凯弟君子，民之父母"。

2. "五至"

子夏曰："'民之父母'，既得而闻之矣，敢问何谓'五至'？"孔子曰："志之所至，《诗》亦至焉；《诗》之所至，礼亦至焉；礼之所至，乐亦至焉；乐之所至，哀亦至焉，哀乐相生。是故，正明目而视之，不可得而见也；倾耳而听之，不可得而闻也；志气塞乎天地，此之谓五至。"子夏说："如何才可称作'民众的父母'，现在我已经能够理解了，但还想请教老师什么是'五至'？"孔子回答说："心意所至之处，就是诗意所到之处；诗意所到之处，也是礼义所到之处；礼义所到之处，也是快乐所到之处；快乐所到之处，也是哀伤所到之处，哀伤和快乐彼此相生。"因此，即便目不转睛地盯着看，也不能看得见；侧着耳朵去听，也不能听得到；但浩然之气

---

① 习近平.携手消除贫困 促进共同发展：在2015减贫与发展高层论坛的主旨演讲[M].北京：人民出版社，2015：5.

充塞天地之间，这就是"五至"。也就是说，"五至"就是心到、情到、礼到、乐到、哀到，这是一种与民众同呼吸共命运的浩然正气。

郑玄说："凡言至者，至于民也。志，谓恩意也。言君恩意至于民，则其《诗》亦至也。《诗》，谓好恶之情也。自此以下，皆谓'民之父母'者，善推其所有，以与民共之。云耳不能闻，目不能见，行之在心也。塞，满也。"①这里说的"至"都是指达于民众，"志"是恩情善意，也就是说君主的恩情善意到达民众那里，那么《诗》表达的恩情善意也就到达民众那里。《诗》，指的是好恶的感情。自此以下都是讲做民众的父母，要善于推广自己所有的东西，把它用来和民众共享。所谓"耳不能闻，目不能见"，是说诚心诚意地实行。塞，就是充满，意指君主恩泽天下。孔颖达疏说："'志'，谓君之恩意之志，'所至'谓恩意至极于民"；"'诗'歌咏欢乐也，君之恩意既至于民，故诗之欢乐亦至极于民"；"君既能欢乐至极于民，则以礼接下，故礼亦至极于民焉"；"既礼能至极于民，必为民所乐，故乐亦至极于民焉"；"君既与民同其欢乐，若民有祸害，则能悲哀忧恤至极于下，故云哀亦至焉"；"哀极则生于乐，是亦乐生于哀，故云哀乐相生"；"以此五者君与民上下同有，感之在于胸心外，无形声，故目不得见，耳不得闻"；"人君既与民五事齐同，上下具有，是人君志气塞满天地"②。郑玄"志"解释为"恩意"，孔颖达把它解释为"君之恩意之志"，也就是君主要对民众报以恩情善意的决心，应该说是更准确；"至"也不仅仅是"至于民"，而是"至极于民"。

《贞观政要·仁恻》篇记载了唐太宗李世民关心宫女、灾民、官兵疾苦，放出宫女三千余人任其自由嫁人，出钱赎回被卖的男女送还其受灾父母，哀悼哭泣过世的优秀官员，抚慰出征士兵、关心士兵病痛，隆重祭奠出征阵亡的士兵，甚至亲自为受箭伤将领吮吸伤口。

贞观初，太宗谓侍臣曰："妇人幽闭深宫，情实可愍。隋氏末年，求采无已，至于离宫别馆，非幸御之所，多聚宫人。此皆竭人财力，朕所不取。且洒扫之余，更何所用？今将出之，任求伉俪，非独以

---

① （汉）郑玄，注.王锷，点校.礼记注（下册）[B].北京：中华书局，2021：652.
② （唐）孔颖达，撰.礼记正义（下册）[B].北京：北京大学出版社，2014：1375.

省费，兼以息人，亦各得遂其情性。"于是后宫及掖庭前后所出三千余人。

贞观二年，关中旱，大饥。太宗谓侍臣曰："水旱不调，皆为人君失德。朕德之不修，天当责朕，百姓何罪，而多遭困穷！闻有鬻男女者，朕甚愍焉。"乃遣御史大夫杜淹巡检，出御府金宝赎之，还其父母。

贞观七年，襄州都督张公谨卒。太宗闻而嗟悼，出次发哀。有司奏言："准阴阳书云：'日在辰，不可哭泣。'此亦流俗所忌。"太宗曰："君臣之义，同于父子，情发于中，安避辰日？"遂哭之。

贞观十九年，太宗征高丽，次定州，有兵士到者，帝御州城北门楼抚慰之。有从卒一人病，不能进。诏至床前，问其所苦，仍敕州县医疗之。是以将士莫不欣然愿从。及大军回次柳城，诏集前后战亡人骸骨，设太牢致祭，亲临，哭之尽哀，军人无不洒泣。兵士观祭者，归家以言，其父母曰："吾儿之丧，天子哭之，死无所恨。"太宗征辽东，攻白岩城，右卫大将军李思摩为流矢所中，帝亲为吮血，将士莫不感励。[1]

唐太宗所作所为，表明他对民众真是心志到、诗意到、礼节到、欢乐到、哀痛到，太宗本人留下了《伤辽东战亡》《辽东山夜临秋》等众多有感而发的诗篇，人或以为太宗有自我夸耀之意，下有白居易《七德舞》无疑代表了太宗在唐人心中的形象。白居易特别强调了"功成理定何神速，速在推心置人腹""以心感人人心归"，陈寅恪曾指出"此篇专陈祖宗王业之艰难以示其子孙"，"即铺陈太宗创业之功绩，以献谏于当日之宪宗"[2]，并对白居易所述及事件进行过历史考证。

七德舞

元和小臣白居易，观舞听歌知乐意，乐终稽首陈其事。

---

① 骈宇骞，译注.贞观政要[B].北京：中华书局，2011：417—420.

② 陈寅恪.元白诗笺证稿[B].北京：中华书局，2015：135.

太宗十八举义兵，白旄黄钺定两京。

擒充戮窦四海清，二十有四功业成。

二十有九即帝位，三十有五致太平。

功成理定何神速，速在推心置人腹。

亡卒遗骸散帛收，饥人卖子分金赎。

魏徵梦见子夜泣，张谨哀闻辰日哭。

怨女三千放出宫，死囚四百来归狱。

剪须烧药赐功臣，李绩鸣咽思杀身。

含血吮创抚战士，思摩奋呼乞效死。

则知不独善战善乘时，以心感人人心归。

尔来一百九十载，天下至今歌舞之。

歌七德，舞七德，圣人有作垂无极。

岂徒耀神武，岂徒夸圣文。

太宗意在陈王业，王业艰难示子孙。

    元代陈澔以为"至，极盛而无以复加"，也就是说"至"是"极致"的意思。本书以为"极致"虽然值得提倡，但志、诗、礼、乐、哀达到"极致"要求太高，郑玄强调的"到"就已经难能可贵了。陈澔的解说较长，摘录如下供深入研究者参考。

    五至、三无者，至，则极盛而无以复加；无，则至微而不泥于迹之谓也。在心为志，发言为《诗》，志盛则言亦盛，故曰："志之所至，《诗》亦至焉。"《诗》有美刺，可以兴起好善恶恶之心，兴于《诗》者必能立于礼，故曰："《诗》之所至，礼亦至焉。"礼贵于序，乐贵于和，有其序则有其和，无其序则无其和，故曰："礼之所至，乐亦至焉。"乐至则乐君之生，而哀民之死，故曰："乐之所至，哀亦至焉。"君能如此，故民亦乐君之生，而哀君之死，是"哀乐相生"也。乐民之乐者，民亦乐其乐；忧民之忧者，民亦忧其忧。即下文"无声之乐，无服之丧"是也。目正视则明全，耳倾听则聪审，今正视且不见，倾听且不闻，是五至无体无声，而惟志气之充塞乎天地也。塞

乎天地，即所谓"横于天下"也。①

清人孙希旦对此亦有精彩发挥："在心为志，发言为诗，既有忧民之心存于内，则必有忧民之言形于外，故诗亦至焉。既有忧民之言，则必有以践之，而有治民之礼，故礼亦至焉。既有礼以节之，则必有乐以和之，故乐亦至焉。乐者乐也。既与民同乐，则必与民同其哀，故哀亦至焉。五者本乎一心，初非见闻之所能及，而其志气之发，充满乎天地而无所不至，故谓之五至。"②孙希旦显然也把"五至"解释为"五到"，用今天的话说就是心到、情到、礼到、乐到、哀到。

"志之所至，《诗》亦至焉；《诗》之所至，礼亦至焉；礼之所至，乐亦至焉；乐之所至，哀亦至焉"，说到底就是要立志全心全意为人民服务，与人民大众同呼吸共患难。"诗言志，歌永言，声依永，律和声"（《尚书·虞书·舜典》），诗歌和音乐说到底都是表达心智的形式。毛泽东一生写下很多诗歌，抒发了共产党人"无非一念救苍生"的情怀（《七律·忆重庆谈判》）。2012年11月15日，习近平在十八届中央政治局常委同中外记者见面时就明确强调"人民对美好生活的向往，就是我们的奋斗目标"，这就是当代中国共产党人"志之所至"。

我们的人民热爱生活，期盼有更好的教育、更稳定的工作、更满意的收入、更可靠的社会保障、更高水平的医疗卫生服务、更舒适的居住条件、更优美的环境，期盼孩子们能成长得更好、工作得更好、生活得更好。人民对美好生活的向往，就是我们的奋斗目标。③

3. "三无"

子夏曰："五至既得而闻之矣，敢问何谓'三无'？"孔子曰："无声之乐，无体之

---

① （元）陈澔，注.金晓东，校点.礼记[B].上海：上海古籍出版社，2016：581.

② （清）孙希旦，撰：礼记集解（下）[B].北京：中华书局，1989：1275.

③ 习近平.习近平谈治国理政[M].北京：外文出版社，2014：4.

礼，无服之丧，此之谓'三无。'"子夏说："'五到'学生已经明白了，请问什么是'三无'？"孔子回答说："无声的快乐，无体现的礼待，无丧服的服丧，这就是'三无'。"当一个人真心实意地爱一个人时，那真是在心里为他（或她）的好事而高兴，对他（或她）的努力充满了敬爱，为他（或她）的伤心而伤心，这一切都不需要表现出来给人看。孙希旦说："无声之乐，谓心之和而无待于声也。无体之礼，谓心之敬而无待于事也。无服之丧，谓心之至诚恻怛而无待于服也。三者存乎心，由是而之焉则为志，发焉则为诗，行之则为礼、为乐、为哀，而无所不至。盖五至者礼乐之实，而三无者礼乐之原也。"①

子夏曰："'三无'既得略而闻之矣，敢问何《诗》近之？"孔子曰："'夙夜其命宥密'，无声之乐也。'威仪逮逮，不可选也'，无体之礼也。'凡民有丧，匍匐救之'，无服之丧也。"子夏说："'三无'我已经知道了，请问为什么《诗》表达的感情与'三无'最接近？"孔子回答说：《诗经》中说'从早到晚兢兢业业，克勤克俭担当使命'，这就是无声的快乐；'威严端庄，从不偏爱'，这就是无形体的礼待；'民有死丧，设法救助'，这就是无丧服的服丧。"

郑玄说："《诗》读'其'为'基'，声之误也；基，谋也。密，静也。言君夙夜谋为政，教以安民，则民乐之，此非有钟鼓之声也。逮逮，安和之貌也。言君之威仪安和，逮逮然则民效之，此非有升降揖让之礼也。救之，周恤之，言君于民有丧，有以周恤之，则民效之，此非有衰绖之服也。"②陈澔说："夙，早也。基，始也。宥，宽也。密，宁也。《周颂·昊天有成命》篇，言文王武王夙夜忧勤，以肇基天命，惟务行宽静之政以安民，夫子以喻无声之乐者，言人君政善，则民心自然喜悦，不在于钟鼓管弦之声也。逮逮，《诗》作棣棣，盛也。选，择也。《邶风·柏舟》之篇，言仁人威仪之盛，自有常度，不容有所选择，初不待因物以行礼而后可见，故以喻无体之礼也。手行为匍，伏地为匐。《邶风·谷风》之篇，言凡人有死丧之祸，必汲汲然往救助之，此非为有服属之亲，特周救其急耳，故以喻无服之丧也。"③孙希旦说："宥，宏深也。密，静谧也。其，《诗》作'基'。基者，积累于下，以承籍乎上者也。此《周颂·昊天有成命》之篇，言成王夙夜积德，以承藉乎天命者甚宏深而静

① （清）孙希旦，撰.礼记集解（下）[B].北京：中华书局，1989：1276.
② （汉）郑玄，注.王锷，点校.礼记注（下册）[B].北京：中华书局，2021：653.
③ （元）陈澔，注.金晓东，校点.礼记[B].上海：上海古籍出版社，2016：582.

谧，无声之乐之意也。逮逮，《诗》作棣棣，闲习之意。此《邶风·柏舟》之篇，言仁人之威仪不闲习，而不可选择，无体之礼之意也。匍匐，手足并行之貌。此《邶风·谷风》之篇，言凡民非于己有亲属，然闻其丧则匍匐而往救，无服之丧之意也。"①

"三无"，类似我们今天说的"情为民所系，权为民所用，利为民所谋"，"与人民同呼吸、共命运、心连心"，"把人民拥护不拥护、赞成不赞成、高兴不高兴、答应不答应作为衡量一切工作得失的根本标准"，"不断实现好、维护好、发展好最广大人民根本利益，做到发展为了人民、发展依靠人民、发展成果由人民共享"，"不断增强人民的获得感、幸福感、安全感"。2013年3月17日，习近平总书记在第十二届全国人民代表大会第一次会议上的讲话中，从正面强调要使中国人民实现"三个共同享有"。

中国梦是民族的梦，也是每个中国人的梦。只要我们紧密团结，万众一心，为实现共同梦想而奋斗，实现梦想的力量就无比强大，我们每个人为实现自己梦想的努力就拥有广阔的空间。生活在我们伟大祖国和伟大时代的中国人民，共同享有人生出彩的机会，共同享有梦想成真的机会，共同享有同祖国和时代一起成长与进步的机会。②

二、"五起"

子曰："回之为人也，择乎中庸，得一善，则拳拳服膺而弗失之矣。"（《中庸》）孔子赞赏颜回的为人，因为他选择了中庸之道，而且得知这一善道，就诚心诚意地服从它，再也不会偏离善道了。这里说的"君子之服之也"，就是指君子服膺"五至""三无"，由此也将引起效仿，这就是此处所说的"五起"。陈澔引刘氏曰："志气塞

① （清）孙希旦，撰.礼记集解（下）[B].北京：中华书局，1989：1276.
② 习近平.习近平谈治国理政[M].北京：外文出版社，2014：40.

乎天地，则是君之志动天地之气也；气志不违以下，则是君心和乐之气感天下之志也。"①所谓"志气塞乎天地"说的是君的志愿感动天下人的正气，此处"气志不违"以下，则是君主内心和乐志气感动天下人的志愿。

1."君子之服之"

子夏曰："言则大矣，美矣，盛矣！言尽于此而已乎?"孔子曰："何为其然也？君子之服之也，犹有五起焉。"子夏赞叹道："这话说得太伟大了，太完美了，太高尚了！做民之父母要做的也就这样了吧?"孔子说："怎么能就这样呢？君子奉行'三无'后，还会带来'五起'呢。"

郑玄注曰："言尽于此乎？意以为说未尽也。服，犹习也。君子习读此诗，起此之义，其说有五也。"②子夏说"言尽于此而已乎"，言下之意就是认为孔子的话还没有说完，相当于说"这就说完了吗?""服"就是习读，意思是说君子习读"凯弟君子，民之父母"的诗句后，会衍生出其他义理，大概来说有五个方面。孙希旦说："服犹行也，言行此三无也。起犹发也，言君子行此三无，由内以发于外，由近以及于远，其次第有五也"③，"服"就是行的意思，也就是奉行"三无"；"起"就是生发而起，也就是说，君子学习奉行"三无"精神，由内及外、由近及远，依照次序还将引起五种效果。

"三无"可以说是"尽心"，孟子曰："尽其心者，知其性也。知其性，则知天矣。存其心，养其性，所以事天也。夭寿不贰，修身以俟之，所以立命也。"(《孟子·尽心上》)能够穷尽自己仁爱之心的人，就是了解了人的善良本性。了解了人的善良本性，就懂得了上天的命令。存养自己仁爱的本心，培养自己善良的本性，这就是对待天命的方法。不论夭折还是长寿都一样，修养自己的仁爱之心和善良本性以顺应天命，这就是圣人安身立命之道。因为尽力做到"以百姓心为心"，所以自己再也"不动心"。孟子曾说自己"四十不动心"，也就是不为功名利禄动心，这也意味着有了始终坚持正义的"大勇"。

① （元）陈澔，注.金晓东，校点.礼记[B].上海：上海古籍出版社，2016：582—583.
② （汉）郑玄，注.王锷，点校.礼记注（下册）[B].北京：中华书局，2021：653.
③ （清）孙希旦，撰.礼记集解（下）[B].北京：中华书局，1989：1276.

公孙丑问曰："夫子加齐之卿相，得行道焉，虽由此霸王，不异矣。如此，则动心否乎？"

孟子曰："否；我四十不动心。"

曰："若是，则夫子过孟贲远矣。"

曰："是不难，告子先我不动心。"

曰："不动心有道乎？"

曰："有。北宫黝之养勇也，不肤桡，不目逃。思以一豪挫于人，若挞之于市朝。不受于褐宽博，亦不受于万乘之君。视刺万乘之君，若刺褐夫。无严诸侯。恶声至，必反之。孟施舍之所养勇也，曰：'视不胜犹胜也。量敌而后进，虑胜而后会，是畏三军者也。舍岂能为必胜哉？能无惧而已矣。'孟施舍似曾子，北宫黝似子夏。夫二子之勇，未知其孰贤，然而孟施舍守约也。昔者曾子谓子襄曰：'子好勇乎？吾尝闻大勇于夫子矣：自反而不缩，虽褐宽博，吾不惴焉；自反而缩，虽千万人，吾往矣。'孟施舍之守气，又不如曾子之守约也。"

公孙丑问孟子如果能受任齐国卿相，因此得到实行儒家治国之道，即使从此成就霸业王业，也是不足为奇的事。果然能这样，您是否动心呢？孟子回答说不会的，我四十岁以后就不再动心了。公孙丑因此赞扬说孟子在这方面比孟贲强多了，孟子则说这并不难做到，告子不动心还更早呢。公孙丑因此问"不动心"的修养方法，孟子先说了北宫黝培养勇气的方法，那就是身无畏缩不后退，眼无畏惧不逃避。若有一丝一毫受挫伤于人，就如在大庭广众之下遭鞭挞。既不愿受辱于凡夫俗子，也不愿受辱于大国君主。对于刺杀大国君主，就如同刺杀凡夫俗子。毫不畏惧各国诸侯。挨了辱骂，一定要回敬。孟施舍培养勇气的方法，据说是"难以战胜也仿佛战之必胜。认为先估量敌人软弱再进攻，先考虑能战胜才交战，是畏惧强敌的懦夫。我岂能保证战则必胜呢？能做到无所畏惧罢了。"孟施舍像曾子，北宫黝像子夏。这两个人都有勇气，我不知道其中谁更贤能，但我认为孟施舍的方法比较简单易行。据说曾子曾对子襄说："你喜欢勇敢吗？我曾经从先生那里听说过'大勇'：反躬自问而心有不安，即便是对最卑微的人，我也不去恐吓；反躬自问而心安理得，即便有千军万马，我也勇往直前。"由此可见孟施舍善于保养勇气，但不如曾子善于"约之以礼"。

"君子之服之",其实就是"自反而不缩,虽褐宽博,吾不惴焉;自反而缩,虽千万人,吾往矣"的勇气,也就是为政者敢于始终坚持天理正义。"无声之乐,无体之礼,无服之丧",之所以说是"大矣,美矣,盛矣",正因为它们符合执政者的德政要求。也就是说,德政最伟大、最完美、最高尚的体现,就是与民众同心同德。老子说:"圣人无常心,以百姓心为心。"(《道德经》)圣人没有自己恒常的心愿,而是以百姓的心愿为心愿。孟子说:"人皆有不忍人之心。先王有不忍人之心,斯有不忍人之政矣。以不忍人之心,行不忍人之政,治天下可运于掌上。"(《孟子·公孙丑上》)每个人都有仁爱之心。古代圣王由于仁爱之心,所以才有仁爱政治。以仁爱之心施行仁政,治理天下就能玩于股掌之中了。"不忍人之心"是儒家说的"仁爱之心",是道家说的"赤子之心",是佛家说的"慈悲之心"。今天,我们中国共产党人强调"不忘初心,牢记使命",其根本要义也就是"以百姓心为心"。毛泽东曾指出:"共产党是为民族、为人民谋利益的政党,它本身决无私利可图。"[1]2019年3月22日,习近平在罗马会见意大利众议长菲科时说的"我将无我,不负人民。我愿意做到一个'无我'的状态,为中国的发展奉献自己"[2],"我将无我"的"无我"状态就是当代中国共产党人追求的"无声之乐,无体之礼,无服之丧",也就是完全以民众的喜怒哀乐为喜怒哀乐,与民众休戚与共。

2."三无"与"五起"

子夏曰:"何如?"子曰:"无声之乐,气志不违;无体之礼,威仪迟迟;无服之丧,内恕孔悲。无声之乐,气志既得;无体之礼,威仪翼翼;无服之丧,施及四国。无声之乐,气志既从;无体之礼,上下和同;无服之丧,以畜万邦。无声之乐,日闻四方;无体之礼,日就月将;无服之丧,纯德孔明。无声之乐,气志既起;无体之礼,施及四海;无服之丧,施于孙子。"子夏问:"'五起'是怎么回事呢?"孔子说:"第一,国君为百姓快乐而无声地快乐,引起百姓不愿违背国君;君主对百姓施

① 毛泽东.毛泽东选集(第3卷)[M].北京:人民出版社,1991:809.

② 习近平.习近平谈治国理政(第3卷)[M].北京:外文出版社,2020:144.

以无形的礼待，引起百姓对国君心怀敬爱；君主对百姓没有丧服的服丧，使民众心生大慈悲。第二，国君为百姓快乐而无声地快乐，引起君主自己心满意足；君主对百姓施以无形的礼待，引起百姓也恭敬有礼；君主对百姓没有丧服的服丧，引起慈悲心延及周边各国。第三，国君为百姓快乐而无声地快乐，引起君主受到众人追从；君主对百姓施以无形的礼待，引起君臣上下同心同德；君主对百姓没有丧服的服丧，使万国之民竞相行孝。第四，国君为百姓快乐而无声地快乐，引起君主日渐为天下人所知；君主对百姓施以无形的礼待，引起文明礼仪日新月异地扩展；君主对百姓没有丧服的服丧，使纯粹的道德日益光明。第五，国君为百姓快乐而无声地快乐，引起与民同乐之心；君主对百姓施以无形的礼待，引起文明礼仪遍及四海；君主对百姓没有丧服的服丧，引起忠孝传及后世子孙。"

郑玄注："不违者，民不违君之气志也。孔，甚也。施，易也。从，顺也。畜，孝也。使万邦之民，竞为孝也。就，成也。将，大也。使民之效礼，日有所成，至月则大矣。起犹行也。"[1]"不违"说的是民众不违背君主同气相求的意志。"孔"就是甚大，"孔悲"相当于大慈悲；"施"就是交易，"施及四国"是说延及周边国家。"从"就是顺从，"气志既从"是说君主的意志得到顺从。"畜"的意思是孝，也就是使天下民众竞相行孝。"就"就是成就，"将"就是扩大，意思是说使民效法礼仪这件事每天都有所成，到一个月则发展壮大了。"起"就是流行，也就是休戚与共风气流行起来。

原文以"无声之乐，无体之礼，无服之丧"作为一个整体，阐述其引起的五个逐步扩大的社会影响，每个层次都论三个方面略显杂乱。陈澔转引方悫的注释，把"无声之乐""无体之礼""无服之丧"分开来单独讲。先说"无声之乐"，因为君主以使百姓快乐为快乐，所以百姓就不违背君主意志，也就是说君主内心如果没有乖戾偏执的爱好，以使百姓快乐为快乐并不会使君主失去自己的快乐，因此可以说，百姓快乐也就是满足了君主的意志。君主得以踌躇满志，其他人就会跟随其后，所以说君主意志有人随从。有众多人随从君主去实现自己的意志，因此说君主日渐享誉四方。君主爱民声誉日隆，社会气象方兴未艾，所以说良好的社会风气兴盛。这就是君主以使百姓快乐为快乐，产生良好社会风气的教化效果。再说"无体之礼"，一开始只是君主彬彬有礼对待百姓，也就是对百姓宽缓而不压迫。当然，太过宽缓可

---

① （汉）郑玄，注.王锷，点校.礼记注（下册）[B].北京：中华书局，2021：653.

能使百姓懈怠懒散，所以必须继之以君临天下的威严和礼仪。威严和礼仪得到适当节制，民众就不会离心离德，所以说实现了上下同心同德。君臣上下同心同德而没有猜疑，国家就可以越持久越壮大，所以说发展日新月异。不断发展壮大就不仅影响近处，其影响还将波及远方之国，所以说影响遍及四海之内。最后说"无服之丧"，最初可能也只是君主有大慈大悲的心，也就是有仁爱天下百姓的心。仁者爱人，君主的仁爱必然恩泽天下众生。君主仁爱对人，所养育的民众极其众多，所以说畜养天下百姓。君主能够畜养众多百姓，这种美德就会得到广泛称赞，所以说淳厚美德得到发扬光大。淳厚美德得到发扬光大，其恩惠足以延续到后世，所以说最终也让子孙后代受益。君主"三无"依次引起这样的效果，说是"五个引起"不是很合理吗？

> 无声之乐，始之以"气志不违"者，言内无所戾也。无所戾，则无所失，故继之以"气志既得"。得之于身，则人亦与之，故继之以"气志既从"。人从之矣，则声闻于外，故继之以"日闻四方"。日闻不已，则方兴而未艾，故继之以"气志既起"。无体之礼，始之以威仪迟迟者，言缓而不迫也。缓或失之于怠，故继之以"威仪翼翼"。威仪得中，则无乖离之心，故继之以"上下和同"。和同而无乖离，则久而愈大，故继之以"日就月将"。愈大则不特施于近而可以及乎远，故终之以"施及四海"。无服之丧，始之以"内恕孔悲"者，言其以仁存心也。仁者爱人，故继之以"施及四国"。以仁及人，则所养者众，故继之以"以畜万邦"。所养者众则其德发扬于外，故继之以"纯德孔明"。德既发扬于外，则泽足以被于后世，故终之以"施于孙子"。其序如此，谓之五起，不亦宜乎？[1]

孙希旦说："志气不违者，言其发之中节而无所乖戾也。既无乖戾，则合于理矣，故曰'既得'，得，谓得于理也。既得于理，则顺于民矣，故曰'既从'，从，顺也。既顺于民，则著闻于四方矣，既著闻乎四方，则民之气志皆起而应之矣。威

---

[1] （元）陈澔，注.金晓东，校点.礼记[B].上海：上海古籍出版社，2016：583.

仪迟迟，行礼以和，而从容不迫也。和而有节，则又见其翼翼而严正矣。礼达而分定，则上下和睦而齐同矣。上下既一于礼，则日有所就，月有所将，而行之不倦矣。人皆行礼不倦，则道德一，风俗同，而施及四国矣。既有及物之恩，则民有被恩之实，而可以养畜万邦矣。恩足以畜万邦，则其德纯一而显明矣。德既甚显明，则不惟及于当时，而又及施及孙子，使后世亦蒙其泽矣。盖礼乐之原于一心，而横乎天下者如此。"① "志气不违"是说喜怒哀乐"发而皆中节"（《中庸》）而没有乖戾，"无乖戾"就是君子追求的快乐符合礼节。所以接下来说"既得"，也就是适得其所。"得"就是得之于理，所以能使民众顺从，因此接下来说"既从"。"从"就是顺从，民众顺从就会形成风气传到四方，因此说民众普遍起来回应君主。"威仪迟迟"是说君主实行礼以和为贵，因此做事从容不迫。以和为贵又以礼节之，所以体现为严谨而严正。礼义通达而职分明确，就能使君臣上下同心协力和睦共处。君臣上下既然有了认同的礼义，就能日新月异地不断推行礼仪。人人都不知倦息地遵行礼仪，就能使道德一致、风俗相同，而且传播到全国各地。君主既然有惠及万物的恩泽，民众就必定能实收恩惠，所以说可以畜养天下百姓。君主之恩足以畜养天下百姓，其德行就可以说是淳厚而显明。这种淳厚而显明的美德，不仅惠及当世而且延及子孙，也就是使后世也得到恩泽。大概礼乐也是"人同此心，心同此理"，所以君主的"无声之乐，无体之礼，无服之丧"能引起天下人同心同德。

"三无"强调领导者要关心群众生老病死等民生问题，"五起"是由关心民生问题带来民众与领导者同心同德。1934年1月27日，毛泽东在第二次全国工农兵代表大会上的讲话中强调的要和群众"呼吸相通"，就是共产党人的"无声之乐，无体之礼，无服之丧"；"了解我们提出来的更高的任务，革命战争的任务，拥护革命，把革命推到全国去，接受我们的政治号召，为革命的胜利斗争到底"就是由此产生的"五起"，最终形成"广大群众就必定拥护我们，把革命当作他们的生命，把革命当作他们无上光荣的旗帜"的同心同德。

我们应该深刻地注意群众生活的问题，从土地、劳动问题，到柴米油盐问题。妇女群众要学习犁耙，找什么人去教她们呢？小孩子要求读书，小学办起了没有呢？对面的木桥太小会跌倒行人，要不要修理一下呢？许多人生疮害病，想个什么办法呢？一切这些群众生活上的问题，都应该把它提到自己的议事日程上。应该讨论，应该决定，应该实行，应该检查。要使广大群众认识我们是代表他们的利益的，是和他们呼吸相通的。要使他们从这些事情出发，了解我们提出来的更高的任务，革命战争的任务，拥护革命，把革命推到全国去，接受我们的政治号召，为革命的胜利斗争到底。长冈乡的群众说："共产党真正好，什么事情都替我们想到了。"模范的长冈乡工作人员，可尊敬的长冈乡工作人员！他们得到了广大群众的真心实意的爱戴，他们的战争动员的号召得到广大群众的拥护。要得到群众的拥护吗？要群众拿出他们的全力放到战线上去吗？那么，就得和群众在一起，就得去发动群众的积极性，就得关心群众的痛痒，就得真心实意地为群众谋利益，解决群众的生产和生活的问题，盐的问题，米的问题，房子的问题，衣的问题，生小孩子的问题，解决群众的一切问题。我们是这样做了么，广大群众就必定拥护我们，把革命当作他们的生命，把革命当作他们无上光荣的旗帜[①]。

3. "五至"与"五起"

上文讲了"三无"带来"五起"，其实"五至"也带来"五起"；而且，"五起"最终不过是更普遍的"五至"和"三无"，这就是圣人明君教化民众的功用。

"五起"的最终是"无声之乐，气志既起；无体之礼，施及四海；无服之丧，施于孙子"，这意味着这种"气志"跨越了空间和时间的障碍，成为一种"浩然之气"和"常志"。"气志不违""气志既得""气志既从""气志既起"，类似孟子说的"我善养吾浩然之气"。说到底就是人的主观意愿和客观实际达到一致，所以凡事不动声色、大义凛然、气定神宁。

---

① 毛泽东.毛泽东选集（第1卷）[M].北京：人民出版社，1991：138—139.

其为气也，至大至刚，以直养而无害，则塞于天地之间。其为气也，配义与道；无是，馁也。是集义所生者，非义袭而取之也。行有不慊于心，则馁矣。我故曰，告子未尝知义，以其外之也。必有事焉，而勿正；心勿忘，勿助长也，无若宋人然。宋人有闵其苗之不长而揠之者，芒芒然归，谓其人曰："今日病矣！予助苗长矣！"其子趋而往视之，苗则槁矣。天下之不助苗长者寡矣。以为无益而舍之者，不耘苗者也；助之长者，揠苗者也——非徒无益，而又害之。

浩然之气，最为浩大最为坚强，它养自正直而没有害处，且充溢于天地万物之间。浩然之气，必须配合正义和仁道；如不配合正义和仁道，浩然之气就没有精气神。浩然之气由正义汇聚而产生，而不是正义承袭并取代它。人如果做了有愧于心的事，也就泄漏了浩然之气。所以我说，告子是不懂仁义的人，因为他把仁义看作心外之物。浩然之气必须要用心培养，但不要因此试图去正人；必须要时刻惦记，但不要为此而设法助长。不要像那个宋国人一样。宋国有一个担心禾苗不长而去把它拔高的人，最后疲倦无力地回到家，对家人说："今天累坏了！我帮助禾苗生长了！"他儿子赶快跑去查看，发现禾苗都枯槁了。天下不想拔苗助长的人是很少的。认为徒劳无功而舍弃一切的，是种庄稼不锄草的懒汉；试图帮助庄稼生长的，就是拔苗助长的人——非但没有好处，反而伤害了庄稼。

"五起"可以说就是要用"浩然之气"唤起民众自己的"精神气"，这种"起"确实是"唤起"，但不是"拔苗助长"；而是"致中和，天地位焉，万物育焉"（《中庸》），也就是致力于实现中正平和，使得天地万物都获得生长发育机会。就人类社会来说，中国古人追求的"五起"，最终要实现的是"以天下为一家，以中国为一人者"。

故圣人耐以天下为一家，以中国为一人者，非意之也，必知其情，辟于其义，明于其利，达于其患，然后能为之。

何谓人情？喜、怒、哀、惧、爱、恶、欲，七者弗学而能。何谓人义？父慈、子孝、兄良、弟弟、夫义、妇听、长惠、幼顺、君仁、臣忠，十者谓之人义。讲信修睦，谓之人利，争夺相杀，谓之人患。故圣人之所以治人七情，修十义，讲信修睦，尚辞让，去争夺，舍礼何以治之？饮食男女，人之大欲存焉；死亡贫苦，人之大恶存焉。故欲恶者，心之大端也。人藏其心，不可测度也。美恶皆在其心，不见其色也，欲一以穷之，舍礼何以哉？

圣人能以天下为帝王一家服务，以中国为帝王一人所有者，不是凭主观意愿，而是一定知其实情，洞察其意义，明晓其利益，看透其患难，然后才这样做的。什么是人情？喜欢、愤怒、哀苦、恐惧、爱好、厌恶、欲望，这七种情感用不着学习，生来就有。什么是人义？父亲慈爱、子女孝顺、兄长温良、弟弟恭敬、丈夫守义、妻子听从、长辈惠爱、幼辈顺从、君王仁爱、臣子忠诚，这十点叫作人义。相互讲究信用，建立和睦关系，称为人利；争夺相杀，称为人患。所以圣人要治理人的七情，修养十义，讲究诚信，建立和睦关系，崇尚辞让，摒弃争夺，若丢掉了礼用什么来治理它们呢？饮食和男女情爱，这是人的最大欲望。死亡贫苦，这是人的最大厌恶。所以欲望和厌恶，是人的心理的最大缘由。人情深藏心底，难以测度。美好和丑恶皆在心中，不表现在脸色上。要全部弄清楚它们，舍弃了礼还靠什么呢？

"五起"最终体现为"无声之乐，气志既起；无体之礼，施及四海；无服之丧，施于孙子"，用今天的话来说，就是超越了个人主义的物质利益原则，达到了追求"天下大同"和"世代相传"的思想觉悟和道德高度。在革命时代，毛泽东曾说要"唤起工农千百万，同心干"（《渔家傲·反第一次大"围剿"》），也就是带领人民干共产主义事业。共产主义的目标是最终实现"太平世界，环球同此凉热"。毛泽东曾有批语说《念奴娇·昆仑》这首词："主题思想是反对帝国主义，不是别的。改一句：'一截留中国'改为'一截还东国'。忘记了日本人是不对的。这样，英、美、日都涉及了。别的解释不合实际"；周振甫指出："当时，正是红军北上抗日的时候，可是毛泽东同志还想到'日本人民'，可见作者认为日本帝国主义侵略中国，也使日本人民受难，所以反对日本帝国主义，也要解放日本人民，显出作者的博大胸怀和阶级观点。"[①] 或许也可以说是毛泽东对帝国主义压迫下的世界各国人民的"无声之乐，无体之礼，无服之丧"，最终"无声之乐，气志既起；无体之礼，施及四海；无服之丧，施于孙子"，毛泽东思想和共产主义理想引起了世界各殖民地国家人民的革命热情。

① 周振甫.毛泽东诗词欣赏（插图典藏版）[M].北京：中华书局，2013：65.

念奴娇·昆仑

毛泽东

横空出世，莽昆仑，阅尽人间春色。

飞起玉龙三百万，搅得周天寒彻。

夏日消溶，江河横溢，人或为鱼鳖。

千秋功罪，谁人曾与评说？

而今我谓昆仑：不要这高，不要这多雪。

安得倚天抽宝剑，把汝裁为三截？

一截遗欧，一截赠美，一截还东国。

太平世界，环球同此凉热。

"修身""齐家""治国""平天下"是中国人历久弥新的人生追求，而"天下太平""天下大同""天下一家"曾是中国人历久弥新的政治理想。2017年12月1日，习近平在中国共产党与世界政党高层对话会上的主旨讲话，明确提出秉持"天下一家"理念，构建人类命运共同体。

中华民族拥有悠久历史和灿烂文明，但近代以后历经血与火的磨难。中国人民没有向命运屈服，而是奋起抗争、自强不息，经过长期奋斗，而今走上了实现中华民族伟大复兴的康庄大道。回顾历史，支撑我们这个古老民族走到今天的，支撑5000多年中华文明延绵至今的，是植根于中华民族血脉深处的文化基因。中华民族历来讲求"天下一家"，主张民胞物与、协和万邦、天下大同，憧憬"大道之行，天下为公"的美好世界。我们认为，世界各国尽管有这样那样的分歧矛盾，也免不了产生这样那样的磕磕碰碰，但世界各国人民都生活在同一片蓝天下、拥有同一个家园，应该是一家人。世界各国人民应该秉持"天下一家"理念，张开怀抱，彼此理解，求同存异，共同为构建人类命运共同体而努力。①

---

① 习近平.携手建设更加美好的世界——在中国共产党与世界政党高层对话会上的主旨讲话[M].北京：人民出版社，2017：3.

三、"三无私"

"无声之乐，无体之礼，无服之丧"，是中国古人推崇的休戚与共美德，可以说是原始的共产主义理想。要做到"无声之乐，无体之礼，无服之丧"，最重要的是学习"天无私覆，地无私载，日月无私照"。《经解》篇有所谓"天子者，与天地参，故德配天地，兼利万物，与日月并明，明照四海而不遗微小"，正合下文所言"参于天地"，也就是"天无私覆，地无私载，日月无私照。奉斯三者以劳天下，此之谓'三无私'"，它们都是强调天子要像天地化育万物一样仁爱百姓，也就是做"民之父母"。

1. "汤之德"

子夏曰："三王之德，参于天地，敢问何如斯可谓参于天地矣？"孔子曰："奉'三无私'以劳天下"。子夏曰："敢问何谓'三无私'？"孔子曰："天无私覆，地无私载，日月无私照。奉斯三者以劳天下，此之谓'三无私'。其在《诗》曰：'帝命不违，至于汤齐。汤降不迟，圣敬日齐。昭假迟迟，上帝是祗。帝命式于九围。'是汤之德也。"子夏问道："都说夏禹、商汤、文王的德行，参与天地化育并列为三，请问如何才能称作是参与天地化育并列为三呢？"孔子答道："要奉行'三个无私'的精神，慰劳招徕天下百姓。"子夏接着问道："什么是'三个无私'呢？"孔子答道："像天那样无私地覆盖万物，像地那样无私地承载万物，像日月那样无私地光照万物。奉行这三条来招徕天下百姓，就是所谓'三个无私'。这个意思如《诗经》说的'天帝之命不违背，至于成汤升帝位。施加政教不迟延，至诚之敬日庄严。明德亲民止至善，上帝是敬必受命，帝命成汤治九州'，讲的就是商汤奉行无私之德。"

"三王之德，参于天地"，就是《中庸》说的"可以赞天地之化育，则可以与天地参矣"，三王的德行有赞助天地化育万物之功，所以可以与天地并列为"三位一体"。《中庸》原文为："唯天下至诚，为能尽其性；能尽其性，则能尽人之性；能尽人之性，则能尽物之性；能尽物之性，则可以赞天地之化育；可以赞天地之化育，则可以与天地参矣。"唯有天下至诚无伪的圣人，才能尽知"天命之谓性"，也就是完全认识事物发展的规律性。能完全认识事物发展的规律性，才能知"率性之谓道"，也就是做到"人尽其才、物尽其用"。能做到"人尽其才、物尽其用"，就可以说是参与天地化育万物。能参与天地化育万物，就可以说是与天地并列为"三位一体"。郑玄注："帝，天帝也。《诗》读'汤齐'为'汤跻'，跻，上升也。齐，庄也。昭，明也。假，至也。祗，敬也。式，用也。九围，九州之界也。此《诗》云殷之先君，其为政不违天之命，至于汤，升为君，又下天之政教甚疾，其圣敬日庄严，其明道至于民，迟迟然安和，天是用敬之，命之用事于九州，谓使之王也。'是汤之德'者，是汤奉无私之德也。"①"帝"就是天帝，"汤齐"在《诗经》原文中为"汤跻"，"跻"就是上升。"齐"就是端庄，"昭"就是昭明，"假"就是至达，"祗"就是尊敬，"式"就是用，"九围"指九州。这首诗讲殷人的先祖为政不违背天命，上天因此敬重他，任命他掌管九州，也就是使他称王。对"参于天地"未做解释，但天帝、天命、天子的关系是明确的。陈澔说："'三王之德，参于天地'，盖古语，故子夏举以为问。《诗·商颂·长发》之篇，孔子引以证汤之无私之德"；又引严氏曰："商自契以来，天命所向，未尝去之，然至汤而后与天齐，谓王业至此而成，天命至此而集，天人适相符合也。汤之谦抑，所以自降下者甚敏而不迟，故圣敬之德，日以跻升也。敬为圣人之敬，言至诚也。日跻，言至诚无息也。德日新，又日新，是圣敬日跻之盛，即文王之纯亦不已也。其昭格于天，迟迟甚缓，言汤无心于得天，付之悠悠也。汤无所觊幸，故唯上帝是敬，其诚专一，然天自命之以为法于天下，使为王也。"②郑玄认为正是敬奉天帝、不违天命，使成汤最终成为天子。陈澔引严氏之意为商的天命自先祖契之时就有迹象，但是，直到汤的时候才达到"德配天地"，也至此才真正获得"天命"，成为治理九州的"天子"。孙希旦补充说："劳，劳来也。"并引朱子曰："商之先祖，既有明德，天明未尝去之，以至于汤。汤之生也，应期而降，适当其时。其圣敬又日跻升，以至昭假于天，久而不息，惟上帝是敬，故帝命之使为法于九州也。"③这些注释给人的感觉都太过强调天命，而恰恰看不到"天无私覆，地无私载，日月无私照"。或许读一下《诗·商颂·长发》能更深入地感知"三无私"。

---

① （汉）郑玄，注.王锷，点校.礼记注（下册）[B].北京：中华书局，2021：654—655.

② （元）陈澔，注.金晓东，校点.礼记[B].上海：上海古籍出版社，2016：584.

③ （清）孙希旦，撰：礼记集解（下）[B].北京：中华书局，1989：1278.

长　发

濬哲维商，长发其祥。

洪水芒芒，禹敷下土方。

外大国是疆，幅陨既长。

有娀方将，帝立子生商。

玄王桓拨，受小国是达，受大国是达。

率履不越，遂视既发。

相土烈烈，海外有截。

帝命不违，至于汤齐。

汤降不迟，圣敬日跻。

昭假迟迟，上帝是祗，帝命式于九围。

受小球大球，为下国缀旒，何天之休。

不竞不絿，不刚不柔。

敷政优优，百禄是遒。

受小共大共，为下国骏厖。

何天之龙，敷奏其勇。

不震不动，不戁不竦，百禄是总。

武王载旆，有虔秉钺。

如火烈烈，则莫我敢曷。

苞有三蘖，莫遂莫达。

九有有截，韦顾既伐，昆吾夏桀。

昔在中叶，有震且业。

允也天子，降予卿士。

实维阿衡，实左右商王。

"天有四时，春秋冬夏，风雨霜露，无非教也。地载神气，神气风霆，风霆流形，庶物露生，无非教也。"天有四季，春生夏长，秋收冬藏，既有刮风下雨，也有下露降霜。这些都是天所显示的教化，人君应当奉行以为政教。大地承载着神妙之气，风雷鼓荡，万物萌芽生长。这些都是地所显示的教化，人君应当奉行以为政教。

郑玄以为"言天之施化收杀，地之载生万物，此非有所私也。'无非教'者，皆人君所当奉行以为政教"①。郑玄认为这段话是讲天实施化育毁灭，地承载生育万物，都不是有自己的私心。之所以说"无非教也"，意思是说人君应当奉行天地大公无私的美德，并以大公无私的美德教育百姓。陈澔则说："上章引《诗》以明王道之无私，此言天地之无私也，春夏之启，秋冬之闭，风雨之发生，霜露之肃杀，无非天道至公之教也。载，犹承也，由神气之变化，致风霆之显设，地顺承天施，故能发育群品；形，犹迹也，流形，所以运造化之迹，而庶物因之以生。此地道至公之教也。圣人之至德，与天道之至教，均一无私而已。"②上文引《诗经》来阐明王道大公无私，此处则言天地大公无私。天地春夏启发、秋冬闭藏，风雨滋润、霜露肃杀，都是天地大公无私的表现。"载"就是承载，由于天地之中气流变化，导致雷霆风雨的轰然出现，大地则顺承天气的变化，所以天地能化育万物。"形"就是形迹，流动的形态，也就是事物运行变化的轨迹，万物就是在这变化过程中形成的。这就是地道的大公无私。圣人最崇高的美德，就像天地最崇高的教诲，都是大公无私而已。孙希旦赞同"此言天地之无私也。神气，五行之精气也。露生，谓露见而发生也。天以四时运于上，地以神气应于下，播五行于四时也。雨及霜露降于天，雷霆出乎地，而风则鼓荡于天地之间，故于天地皆言之。乾资始，故言'风雨霜露'，举其所以施之者而已。坤资生，故言'品物露生'，而究其功用之著焉。无非教者，天何言哉，四时行焉，百物生焉，莫非天地无私之政教也"③。这段话就是强调天地的大公无私，"神气"指的是五行的精华之气，"露生"是获得阳光雨露而生长。天有春夏秋冬四季变化，地有神气之利回应于下，以金木水火土五行因应四时变化，也就是大地有顺应天时变化的地利。雨露霜雪都是从天而降，雷霆万钧则出于大地，风则在天地之间鼓荡，这就把天地自然现象都说到了。乾表示天得以肇始万物，所以用"风雨霜露化育万物"来概括，这是列举实施造化的基本要素。坤表示地得以生育万物，所以用"万物因为雨露滋养而生长"，这是追究了雨露滋养万物的功用。天地氤氲化育万物，如同父亲授精母亲孕育，都是可以用来教化民众，如子曰："天何言哉？四时行焉，百物生焉，天何言哉？"（《论语·阳货》）老天有说什么吗？春夏秋冬四季运行，天下万物春生、夏长、秋收、冬藏，老天有说什么吗？这些不都是天地要人大公无

---

① （汉）郑玄，注.王锷，点校.礼记注（下册）[B].北京：中华书局，2021：655.

② （元）陈澔，注.金晓东，校点.礼记[B].上海：上海古籍出版社，2016：584.

③ （清）孙希旦，撰.礼记集解（下）[B].北京：中华书局，1989：1278.

私的政治教化吗？

强调"三王之德，参于天地"，"奉'三无私'以劳天下"，提出"天有四时，春秋冬夏，风雨霜露，无非教也。地载神气，神气风霆，风霆流形，庶物露生，无非教也"，正如《中庸》所言，"仲尼祖述尧、舜，宪章文、武；上律天时，下袭水土。辟如天地之无不持载，无不覆帱；辟如四时之错行，如日月之代明。万物并育而不相害，道并行而不相悖。小德川流，大德敦化。此天地之所以为大也!"仲尼的政教美德，追述尧舜禹的文化传统，总结文王、武王的宪章制度，上考察天时变化，下因袭水土实际。它就像天地对万物无不承载，无不覆盖；就像春夏秋冬四季交错运行，就像日月相互替代照明。它使万物共同发育而不互相伤害，运行之道彼此并行而不相互悖逆。小的美德就像河川各自奔流，大的美德就像天地敦化万物。尧舜、周文王姬昌、周武王姬发都是孔子和儒家心目中的贤明圣王，是后世君主的模范。这就是天地之德之所以为大德的原因！

中国古人教人从"天地"整体的角度来思考美德，而不是从"万物"个体的角度来思考美德。只有从"天地"的视角才能产生"万物并育而不相害，道并行而不相悖"的"仁爱之心"和"善良本性"，从"万物"个体的角度就只能得到"物竞天择，适者生存"的"独立人格"和"自主精神"。我们认为"物竞天择，适者生存"是个人主义小德，"万物并育而不相害，道并行而不相悖"是集体主义"大德"。子曰："君子喻于义，小人喻于利。"（《论语·里仁》）普通老百姓可能只懂得追求自身私利，国家管理者则必须知道天地大义，这就是领导者政德修养的要求。1959年12月至1960年2月间，毛泽东在读苏联《政治经济学教科书》的谈话中曾特别强调"要使人民有这样的觉悟"。

我们要教育人民，不是为了个人，而是为了集体，为了后代，为了社会前途而努力奋斗。要使人民有这样的觉悟。教科书对于为前途、为后代总不强调，只强调个人物质利益。常常把物质利益的原则，一下子变成个人物质利益的原则，有一点偷天换日的味道。他们不讲全体人民的利益解决了，个人的利益也就解决了；他们所强调的个人物质利益，实际上是最近视的个人主义。这种倾向，是资本主义时期无产阶级队伍中的经济主义、工团主义在社会主义时期的表现。历史上许多资产阶级革命家英勇牺牲，他们也不是为个

人的眼前利益，而是为他们这个阶级的利益，为这个阶级的后代的利益。①

2. "文、武之德"

"清明在躬，气志如神。耆欲将至，有开必先。天降时雨，山川出云。其在诗曰：'嵩高唯岳，峻极于天。惟岳降神，生甫及申。惟申及甫，惟周之翰。四国于蕃，四方于宣'。此文、武之德也。"圣人自身的德行极其清明，他的气志微妙如神。在他行将称王于天下的时候，神灵有所预知，一定要为他生下贤能的辅佐之臣。就好像天降及时之雨，又好像山川飘出祥云。这种现象就像《诗经》中说的，"嵩山高耸称作岳，登峰造极入云天。中岳嵩山降神灵，生下甫侯和申伯。惟有甫侯和申伯，才是周朝栋梁臣。四境他们来防卫，四方他们传美德。"这传的就是文王、武王的德行。

郑玄说："清明在躬，气志如神，谓圣人也。耆欲将至，谓其王天下之期将至也，神有以闻之，必先为之生贤知之辅佐，若天将降时雨，山川为之先出云矣。峻，高大也。翰，干也。言周道将兴，五岳为之生贤辅佐，仲山甫及申伯，为周之干臣。天下之蕃卫，宣德于四方，以成其王功。此文、武之德也。是文王、武王奉天地无私之德也。此宣王诗也。文、武之时，其德如此，而《诗》无以言之，取类以明之。"②"清明在躬，气志如神"说的是圣人的德行，"耆欲将至"是说称王于天下的时候就要到了，天神好像有所耳闻，必定会先为他生下贤才良知做辅佐之臣，宛若天将降雨山川先有风云际会。"峻"是高大，"翰"就是主干，意思是说周代将要兴盛，五岳名山为它生下贤良辅佐，也就是仲山甫及申伯，作为周王的主干大臣。他们作为天下安全的保卫者，并且把美德传到四方，因此成就周王平天下的功业。这其实说的是文王和武王的美德，也就是文王、武王奉行天地无私的大德。此诗为赞美周宣王的诗。文王和武王的德行就如诗中说的那样，但此诗并没有讲文王、武王，而

---

① 毛泽东.毛泽东文集（第8卷）[M].北京：人民出版社，1999：134.
② （汉）郑玄，注.王锷，点校.礼记注（下册）[B].北京：中华书局，2021：656.

是选取类似情况说明道理。陈澔说："清明在躬，气志如神，即至诚前知之谓也。耆欲，所愿欲之事也。有开必先，言先有以开发其兆联者，如将兴必有祯祥，若时雨将降，山川必先为之出云也。国家将兴，天必为之豫生贤佐，故引《大雅·嵩高》之篇，言文武有此无私之德，故天为之生贤佐以兴周，而文武无此诗，故取宣王诗为喻，而曰'此文武之德也'"；又引严氏曰："嵩然而高竦者岳也，其山峻大，极至于天，维此岳降其神灵，以生仲山甫及申伯。此申伯及山甫皆为周之翰干，四国则于以蕃蔽其患难，四方则于以宣布其德泽。"[①] "清明在躬，气志如神"就是"至诚之道，可以前知"，或"至诚如神"（《中庸》），也就是至诚的圣人可以预知事物发展趋势。"耆欲"是所希望发生的事情。"有开必先"是说事先有表明事态的相关联征兆，如"国家将兴，必有祯祥"（《中庸》），这就像阵雨就要降临时，山川先会呈现乌云密布。国家将要兴盛，上天必先为之生下贤才作辅佐，引用《诗经·大雅·崧高》就是用以阐述文王和武王有天地无私之大德，因此上天为他们生下了贤才以使周兴盛。但是，文王、武王在的时候并没有此诗，所以选取赞美宣王的诗来类比，因此补充说"这是文王、武王的美德"。孙希旦说："耆欲，谓所愿欲之事也。圣人之所愿欲者，德泽之及于民也。人之德本清明，惟其有物欲之累也，故不能无所蔽。圣人无私，故其德之在躬者极其清明，合于神明，而能上格乎天焉。其于所愿欲之事，但为之开其端，而天必先为生贤臣以辅佐之，犹天之将降雨泽，而山川先为之出云也。"[②] "耆欲"指希望成就的事业，圣人所希望的就是美德使民众受益。人的德行本是清明的，只是受了物欲的干扰，所以清明的本性被遮蔽了。圣人没有私欲，所以美德在圣人身上体现得极为清明，仿佛像神一样高明，能上知天时。圣人希望天下发生的事，也只是开风气之先而已，上天必定会为他生下贤臣来辅佐他，就像天将降雨之前，山川先会有乌云密集。

诗经·大雅·崧高

崧高维岳，骏极于天。

维岳降神，生甫及申。

---

① （元）陈澔，注.金晓东，校点.礼记[B].上海：上海古籍出版社，2016：584.

② （清）孙希旦，撰.礼记集解（下）[B].北京：中华书局，1989：1278—1279.

维申及甫，维周之翰。
四国于蕃，四方于宣。

亹亹申伯，王缵之事。
于邑于谢，南国是式。
王命召伯，定申伯之宅。
登是南邦，世执其功。

王命申伯，式是南邦。
因是谢人，以作尔庸。
王命召伯，彻申伯土田。
王命傅御，迁其私人。

申伯之功，召伯是营。
有俶其城，寝庙既成。
既成藐藐，王锡申伯。
四牡蹻蹻，钩膺濯濯。

王遣申伯，路车乘马。
我图尔居，莫如南土。
锡尔介圭，以作尔宝。
往近王舅，南土是保。

申伯信迈，王饯于郿。
申伯还南，谢于诚归。
王命召伯，彻申伯土疆。
以峙其粻，式遄其行。

申伯番番，既入于谢。
徒御啴啴，周邦咸喜。

戎有良翰，不显申伯。

王之元舅，文武是宪。

申伯之德，柔惠且直。

揉此万邦，闻于四国。

吉甫作诵，其诗孔硕。

其风肆好，以赠申伯。

"耆欲将至，有开必先"说得好像神乎其神，其实也不过是说"时势造英雄"。风云际会的时代，必定也是英雄辈出的时代。恩格斯谈到文艺复兴运动时说"这是一个需要巨人并且产生了巨人的时代，那是一些在学识、精神和性格方面的巨人"[1]；在我国近代以来的民族解放和民主革命时期，则诞生了一批伟大的革命家、政治家。2017年10月31日，习近平在瞻仰中共一大会址时，参观了《伟大开端——中国共产党创建历史陈列》，包括"前赴后继、救亡图存""风云际会、相约建党""群英汇聚、开天辟地"等专题展区，曾对着浮雕一一列数中共一大13名代表的姓名，感叹英雄辈出，也感叹大浪淘沙；习近平动情地说，毛泽东同志称这里是中国共产党的"产床"，这个比喻很形象，我看这里也是我们中国共产党人的精神家园；习近平指出，上海党的一大会址、嘉兴南湖红船是我们党梦想起航的地方，我们党从这里诞生，从这里出征，从这里走向全国执政，这里是我们党的根脉。习近平强调，"其作始也简，其将毕也必巨"，共产党人的初心永远不能改变，唯有不忘初心，方可告慰历史、告慰先辈，方可赢得民心、赢得时代，方可善作善成、一往无前[2]。古人不断强调不忘"文、武之德"，也就像我们今天强调"不忘初心"一样。

3. "必先令闻"

"三代之王也，必先令闻，《诗》云：'明明天子，令闻不已。'三代之德也。

① 马克思恩格斯文集（第9卷）[M].北京：人民出版社，2009：405.

② 习近平.习近平谈治国理政（第3卷）[M].北京：外文出版社，2020：498.

'弛其文德，协此四国'。大王之德也。"夏、商、周三代称王，在其称王之前就已经有了美好的名声。《诗》上说：勤勉不倦的天子，美好名声千古传。这就是三代圣王的德行。《诗》上又说："太王施其文德，团结四方各国。这就是太王的德行。"

郑玄说："弛，施也。协，和也。大王，文王之祖。周道将兴，始有令闻。"①"弛"就是施行，"协"就是协和，"大王"是文王的祖父姬亶。周朝将要兴盛，从大王古公亶父开始就有美德传闻。陈澔说："先其令闻者，未王之先，其祖宗积德，已有令善之声闻也。《诗·大雅·江汉》之篇。弛，犹施也，《诗》作矢，陈也。协，《诗》作洽。《诗》美宣王，此亦取以为喻。子夏问三王之德，夫子但举殷周言之者，禹以禅无可疑，殷周放伐，故特明其非私也"；又引应氏曰："嵩高生贤，本于文武；德洽四国，始于大王。其积累岂一日哉？"②"先其令闻"是说还没有称王之前，周人的先祖就开始积德行善，已经逐步有好善的美好名声。"明明天子，令闻不已"出自《诗经·大雅·江汉》篇，"弛"的意思是施行，《诗经》原文为"矢"，陈述的意思。"协"在《诗经》原文中为"洽"。该诗也是赞美宣王的，此处也是摘取来说明先王之德。子夏问"三王之德"，孔子只举了商汤和周文王、武王，是因为禹通过舜禅让得位无须怀疑，商汤通过放逐夏桀、周武王通过伐纣得位，所以需要特别说明他们也并非有私心。说嵩山高耸生贤才，其实根本在于文武之道；美德传遍四方，则是自大王开始。周朝的兴盛哪里是宣王中兴一时之功啊？孙希旦认为："令闻者，无私之德之著见不可掩者也。先其令闻，谓先有令闻尔，非谓三代之王先以令闻为务也。然三王皆有令闻，而周之积累尤久，故又引《诗》以明大王之德，以见周之先有无私之德者不独文武而已也。"③"令闻"是说周王室大公无私的美德从大王古公亶父开始，就已经卓著可见而不可掩藏了。"先其令闻"就是说事先已经有美好的名声，而不是说夏商周三代君王专求名声。然后三王都有美好的名声，而周王室积累的声名尤其长久，所以引用《诗经》阐明大王古公亶父的美德，用以说明周人先祖大公无私的美德不是文王和武王独有。

---

① （汉）郑玄，注.王锷，点校.礼记注（下册）[B].北京：中华书局，2021：656.

② （元）陈澔，注.金晓东，校点.礼记[B].上海：上海古籍出版社，2016：584.

③ （清）孙希旦，撰.礼记集解（下）[B].北京：中华书局，1989：1279.

诗经·大雅·江汉

江汉浮浮，武夫滔滔。
匪安匪游，淮夷来求。
既出我车，既设我旟。
匪安匪舒，淮夷来铺。

江汉汤汤，武夫洸洸。
经营四方，告成于王。
四方既平，王国庶定。
时靡有争，王心载宁。

江汉之浒，王命召虎：
式辟四方，彻我疆土。
匪疚匪棘，王国来极。
于疆于理，至于南海。

王命召虎：来旬来宣。
文武受命，召公维翰。
无曰予小子，召公是似。
肇敏戎公，用锡尔祉。

厘尔圭瓒，秬鬯一卣。
告于文人，锡山土田。
于周受命，自召祖命。
虎拜稽首：天子万年！

虎拜稽首，对扬王休。
作召公考：天子万寿！
明明天子，令闻不已，
矢其文德，洽此四国。

子夏蹶然而起，负墙而立，曰："弟子敢不承乎?"子夏听到这里，一跃而起，倚墙而立，说："弟子敢不接受老师的这番教诲吗?"

郑玄注："承，奉承不是坠也。'起负墙'者，所问竟，辟后来者。"①"承"就是奉行和继承而不使之坠落流失。"起负墙"是说要问的问题都问完了，就起身避让后来的询问者。陈澔注："蹶然，喜跃之貌。负墙而立者，问竟则退后背壁而立，以避进问之人也。承者，奉顺不失之意。"②"蹶然"表示欢呼雀跃的样子。"负墙而立"是依礼弟子问完话就应该退后靠墙壁站立，以此避开其他进来请问的人。"承"是指继承不让它断绝的意思。

全篇最后强调说："弟子敢不承乎?"也就是要继承文王之道，不要让它失落断绝。卫公孙朝问于子贡曰："仲尼焉学?"子贡曰："文、武之道，未坠于地，在人。贤者识其大者，不贤者识其小者，莫不有文、武之道焉。夫子焉不学? 而亦何常师之有?"(《论语·子张》)卫国的公孙朝向子贡问道："仲尼是怎么学习的?"子贡说："文王武王治国之道并没有失传，主要在于人怎么学习。贤明的人学到无私大德，不贤明的人只学得个人小德。周文王和武王治国之道无处不在，学习者从哪儿不能学呢? 又何必需要固定的老师呢?"子曰："文、武之政，布在方策。其人存，则其政举;其人亡，则其政息。"(《中庸》)文王武王的治国理政方略，就记录在方形简册之中。有善于继承的人在，文武之政就能兴盛;如果没有善于继承的人，那么文武之政就衰落。

"文武之政"说到底就是"仁政"，也就是孟子说的"今王发政施仁，使天下仕者皆欲立于王之朝，耕者皆欲耕于王之野，商贾皆欲藏于王之市，行旅皆欲出于王之途，天下之欲疾其君者皆欲赴愬于王，其若是，孰能御之?"(《孟子·梁惠王上》)现在大王如果发布政令施行仁政，使天下想出仕为官的人都想来您的朝中做官，种田的人都想到您的田野来耕作，行商坐贾都把财富藏在您的市场上，旅行的人都想在大王的道路上出入，各国憎恨他们君主的人，都向您奔走求告，果真如此，谁能抵御得了呢?《贞观政要·仁义》中，唐太宗就明确强调"仁义为治"，所以"其政举"。

---

① （汉）郑玄，注.王锷，点校.礼记注（下册）[B].北京: 中华书局，2021: 656.

② （元）陈澔，注.金晓东，校点.礼记[B].上海: 上海古籍出版社，2016: 584.

贞观元年，太宗曰："朕看古来帝王，以仁义为治者，国祚延长；任法御人者，虽救弊于一时，败亡亦促。既见前王成事，足是元龟。今欲专以仁义诚信为治。望革近代之浇薄也。"黄门侍郎王珪对曰："天下凋丧日久，陛下承其余弊，弘道移风，万代之福。但非贤不理，惟在得人。"太宗曰："朕思贤之情，岂舍梦寐！"给事中杜正伦进曰："世必有才，随时听用，岂待梦傅说，逢吕尚，然后为治乎？"太宗深纳其言。

贞观二年，太宗谓侍臣曰："朕谓乱离之后，风俗难移。比观百姓渐知廉耻，官民奉法，盗贼日稀，故知人无常俗，但政有治乱耳。是以为国之道，必须抚之以仁义，示之以威信，因人之心，去其苛刻，不作异端，自然安静。公等宜共行斯事也。"

贞观四年，房玄龄奏言："今阅武库甲仗，胜隋日远矣。"太宗曰："饬兵备寇虽是要事，然朕唯欲卿等存心理道，务尽忠贞，使百姓安乐，便是朕之甲仗。隋炀帝岂为甲仗不足，以至灭亡？正由仁义不修，而群下怨叛故也。宜识此心。"

贞观十三年，太宗谓侍臣曰："林深则鸟栖，水广则鱼游，仁义积则物自归之。人皆知畏避灾害，不知行仁义则灾害不生。夫仁义之道，当思之在心，常令相继，若斯须懈怠，去之已远。犹如饮食资身，恒令腹饱，乃可存其性命。"王珪顿首曰："陛下能知此言，天下幸甚！"[1]

"仁义之道"，"文武之政"，"三王之德"，说到底都是"奉'三无私'"，也就是学习"天无私覆，地无私载，日月无私照"的"大公无私"。不仅君王应当"奉'三无私'"，"为人臣者，主而忘身，国而忘家，公而忘私"（《汉书·贾谊传》），人臣也应当为民做主而忘记自身，为国奉献而忘记自家，为公谋利而忘记私利。"大公无私"是中国人推崇的美德的最高境界，政德则尤其强调从"公而忘私"到"大公无私"。1937年5月8日，毛泽东在中国共产党全国代表大会所作的《为争取千百万群

① 骈宇骞，译注.贞观政要[B].北京：中华书局，2011：314—317.

众进入抗日民族统一战线而斗争》的总结中提出，党的干部和领袖应该是"大公无私的民族的阶级的英雄"。1937年9月7日，在《反对自由主义》文章中提出一个共产党员应该"关心党和群众比关心个人为重，关心他人比关心自己为重"。1939年12月21日，毛泽东在《纪念白求恩》的文章中号召"我们大家要学习他毫无自私自利之心的精神"。也就是说，越是领导干部越应该"大公无私"，普通党员和群众也应该学习"大公无私"的崇高精神。

我们党的组织要向全国发展，要自觉地造就成万数的干部，要有几百个最好的群众领袖。这些干部和领袖懂得马克思列宁主义，有政治远见，有工作能力，富于牺牲精神，能独立解决问题，在困难中不动摇，忠心耿耿地为民族、为阶级、为党而工作。党依靠着这些人而联系党员和群众，依靠着这些人对于群众的坚强领导而达到打倒敌人之目的。这些人不要自私自利，不要个人英雄主义和风头主义，不要懒惰和消极性，不要自高自大的宗派主义，他们是大公无私的民族的阶级的英雄，这就是共产党员、党的干部、党的领袖应该有的性格和作风。①

一个共产党员，应该是襟怀坦白，忠实，积极，以革命利益为第一生命，以个人利益服从革命利益；无论何时何地，坚持正确的原则，同一切不正确的思想和行为作不疲倦的斗争，用以巩固党的集体生活，巩固党和群众的联系；关心党和群众比关心个人为重，关心他人比关心自己为重。这样才算得一个共产党员。②

白求恩同志毫不利己专门利人的精神，表现在他对工作的极端的负责任，对同志对人民的极端的热忱。每个共产党员都要学习他。不少的人对工作不负责任，拈轻怕重，把重担子推给人家，自己挑轻的。一事当前，先替自己打算，然后再替别人打算。出了一点力就觉得了不起，喜欢自吹，生怕人家不知道。对同志对人民不是满

---

① 毛泽东.毛泽东选集（第1卷）[M].北京：人民出版社，1991：277.

② 毛泽东.毛泽东选集（第2卷）[M].北京：人民出版社，1991：361.

腔热忱，而是冷冷清清，漠不关心，麻木不仁。这种人其实不是共产党员，至少不能算一个纯粹的共产党员。……我们大家要学习他毫无自私自利之心的精神。从这点出发，就可以变为大有利于人民的人。一个人能力有大小，但只要有这点精神，就是一个高尚的人，一个纯粹的人，一个有道德的人，一个脱离了低级趣味的人，一个有益于人民的人。①

从个人自身的角度讲是从"公而忘私"到"大公无私"，从公众的角度讲则是从"以人民为中心"到"全心全意为人民服务"。2018年5月4日，习近平在纪念马克思诞辰200周年大会上的讲话中特别强调"人民立场"，体现了中国共产党人对"三无私"的继承。

我们要始终把人民立场作为根本立场，把为人民谋幸福作为根本使命，坚持全心全意为人民服务的根本宗旨，贯彻群众路线，尊重人民主体地位和首创精神，始终保持同人民群众的血肉联系，凝聚起众志成城的磅礴力量，团结带领人民共同创造历史伟业。这是尊重历史规律的必然选择，是共产党人不忘初心、牢记使命的自觉担当。②

---

① 毛泽东.毛泽东选集（第2卷）[M].北京：人民出版社，1991：659—660.
② 习近平.在纪念马克思诞辰200周年大会上的讲话[M].北京：人民出版社，2018：17.

第五章
"坊人之失"

子言之："君子之道，辟则坊与，坊民之所不足者也。大为之坊，民犹逾之。故君子礼以坊德，刑以坊淫，命以坊欲。"

子云："小人贫斯约，富斯骄，约斯盗，骄斯乱。礼者，因人之情而为之节文，以为民坊者也。故圣人之制富贵也，使民富不足以骄，贫不至于约，贵不慊于上，故乱益亡。"

子云："贫而好乐，富而好礼，众而以宁者，天下其几矣。《诗》云：'民之贪乱，宁为荼毒。'故制：国不过千乘，都城不过百雉，家富不过百乘。以此坊民，诸侯犹有畔者。"

子云："夫礼者，所以章疑别微，以为民坊者也。故贵贱有等，衣服有别，朝廷有位，则民有所让。"

子云："天无二日，土无二王，家无二主，尊无二上，示民有君臣之别也。《春秋》不称楚、越之王丧。礼，君不称天，大夫不称君，恐民之惑也。《诗》云：'相彼盍旦，尚犹患之。'"

子云："君不与同姓同车，与异姓同车不同服，示民不嫌也。以此坊民，民犹得同姓以弑其君。"

子云："君子辞贵不辞贱，辞富不辞贫，则乱益亡。故君子与其使食浮于人也，宁使人浮于食。"

子云："觞酒豆肉，让而受恶，民犹犯齿。衽席之上，让而坐下，民犹犯贵。朝廷之位，让而就贱，民犹犯君。《诗》云：'民之无良，相怨一方。受爵不让，至于已斯亡。'"

子云："君子贵人而贱己，先人而后己，则民作让，故称人之君曰君，自称其君曰寡君。"

子云："利禄，先死者而后生者，则民不偝；先亡者而后存者，则民可以托。《诗》云：'先君之思，以畜寡人。'以此坊民，民犹偝死而号无告。"

子云："有国家者，贵人而贱禄，则民兴让；尚技而贱车，则民兴艺。故君子约言，小人先言。"

子云："上酌民言，则下天上施。上不酌民言，则犯也；下不天上施，则乱也。故君子信让以莅百姓，则民之报礼重。《诗》云：'先民有言，询于刍荛。'"

子云："善则称人，过则称己，则民不争；善则称人，过则称己，则怨益亡。《诗》云：'尔卜尔筮，履无咎言。'"

子云："善则称人，过则称己，则民让善。《诗》云：'考卜惟王，度是镐京；惟龟正之，武王成之。'"

子云："善则称君，过则称己，则民作忠。《君陈》曰：'尔有嘉谋嘉猷，入告尔君于内。女乃顺之于外，曰：此谋此猷，惟我君之德。于乎！是惟良显哉。'"

子云："善则称亲，过则称己，则民作孝。《大誓》曰：'予克纣，非予武，惟朕文考无罪；纣克予，非朕文考有罪，惟予小子无良。'"

子云："君子弛其亲之过，而敬其美。"《论语》曰："三年无改于父之道，可谓孝矣。"高宗云："三年其惟不言，言乃欢。"

子云："从命不忿，微谏不倦，劳而不怨，可谓孝矣。"《诗》云："孝子不匮。"

子云："睦于父母之党，可谓孝矣。故君子因睦以合族。"《诗》云："此令兄弟，绰绰有裕。不令兄弟，交相为愈。"

子云："于父之执，可以乘其车，不可以衣其衣。君子以广孝也。"

子云："小人皆能养其亲，君子不敬，何以辨？"

子云："父子不同位，以厚敬也。"《书》云："厥辟不辟，忝厥祖。"

子云："父母在，不称老，言孝不言慈；闺门之内，戏而不叹。君子以此坊民，民犹薄于孝而厚于慈。"

子云："长民者，朝廷敬老，则民作孝。"

子云："祭祀之有尸也，宗庙之有主也，示民有事也。修宗庙，敬祀事，教民追孝也。以此坊民，民犹忘其亲。"

子云："敬则用祭器。故君子不以菲废礼，不以美没礼。故食礼，主人亲馈，则客祭；主人不亲馈，则客不祭。故君子苟无礼，虽美不食焉。《易》曰：'东邻杀牛，不如西邻之禴祭，实受其福。'"《诗》云："既醉以酒，既饱以德。"以此示民，民犹争利而忘义。

子云："七日戒，三日齐，承一人焉以为尸，过之者趋走，以教敬也。醴酒在室，醍酒在堂，澄酒在下，示民不淫也。尸饮三，众宾饮一，示民有上下也。因其酒肉，聚其宗族，以教民睦也。故堂上观乎室，堂下观乎上。《诗》云：'礼仪卒度，笑语卒获。'"

子云："宾礼每进以让，丧礼每加以远。浴于中霤，饭于牖下，小敛于户内，大敛于阼，殡于客位，祖于庭，葬于墓，所以示远也。殷人吊于圹，周人吊于家，示民不偝也。"

子云："死，民之卒事也，吾从周。以此坊民，诸侯犹有薨而不葬者。"

子云："升自客阶，受吊于宾位，教民追孝也。未没丧，不称君，示民不争也。故鲁《春秋》记晋丧曰：'杀其君之子奚齐，及其君卓。'以此坊民，子犹有弑其父者。"

子云："孝以事君，弟以事长，示民不贰也。故君子有君不谋仕，唯卜之日称二君。丧父三年，丧君三年，示民不疑也。父母在，不敢有其身，不敢私其财，示民有上下也。故天子四海之内无客礼，莫敢为主焉。故君适其臣，升自阼阶，即位于堂，示民不敢有其室也。父母在，馈献不及车马，示民不敢专也。以此坊民，民犹忘其亲而贰其君。"

子云："礼之先币帛也，欲民之先事而后禄也。先财而后礼，则民利；无辞而行情，则民争。故君子于有馈者，弗能见则不视其馈。《易》曰：'不耕获，不菑畲，凶。'以此坊民，民犹贵禄而贱行。"

子云："君子不尽利以遗民。《诗》云：'彼有遗秉，此有不敛穧，伊寡妇之利。'故君子仕则不稼，田则不渔，食时不力珍，大夫不坐羊，士不坐犬。《诗》云：'采葑采菲，无以下体。德音莫违，及尔同死。'以此坊民，民犹忘义而争利，以亡其身。"

子云："夫礼，坊民所淫，章民之别，使民无嫌，以为民纪者也。故男女无媒不交，无币不相见，恐男女之无别也。以此坊民，民犹有自献其身。《诗》云：'伐柯如之何？匪斧不克。取妻如之何？匪媒不得。''蓺麻如之何？横从其亩。取妻如之何？必告父母。'"

子云："取妻不取同姓，以厚别也。故买妾不知其姓，则卜之。以此坊民，鲁《春秋》犹去夫人之姓曰吴，其死，曰'孟子卒'。"

子云："礼，非祭，男女不交爵。以此坊民，阳侯犹杀缪侯而窃其夫人。故大飨废夫人之礼。"

子云："寡妇之子，不有见焉，则弗友也，君子以辟远也。故朋友之交，主人不在，不有大故，则不入其门。以此坊民，民犹以色厚于德。"

子云："'好德如好色。'诸侯不下渔色。故君子远色以为民纪，故男女授受不亲，御妇人，则进左手。姑、姊妹、女子已嫁而反，男子不与同席而坐。寡妇不夜哭。妇人疾，问之，不问其疾。以此坊民，民犹淫泆而乱于族。"

子云："婚礼：婿亲迎，见于舅姑，舅姑承子以授婿，恐事之违也。以此坊民，妇犹有不至者。"

本章原文为《礼记·坊记》篇，郑玄说："名'坊记'者，以其记'六艺'之义，所以坊人之失。"[1]本篇主旨是通过记述《诗》《书》《乐》《易》《礼》《春秋》中的大义，用以防止人言行可能出现的过失，也就是以引经据典的方式告诫人遵循礼义。很多人都看过一部名叫《廊桥遗梦》的电影，讲的是一个独守空房的妻子与一个外来摄影师的爱情，其之所以感人是因为触及了人性最为微妙的感情。当妻子

---

① （汉）郑玄，注.王锷，点校.礼记注（下册）[B].北京：中华书局，2021：656.

独自一人在没有近邻的乡野之家时，突然来了一个潇洒帅气且充满艺术气息的摄影师，一场婚外情就像"天作之合"一样浪漫。当然不能说妻子淫荡，也不能说摄影师好色，事实上影片是赞扬妻子为了家庭放弃了爱情。确实，要说浪漫爱情，很多人都以为这是最浪漫的，几乎没有男女能抵挡这种浪漫。换一个角度，如果丈夫独自在家时出现一位女摄影师，一场浪漫的爱情必定也会发生。只要把那个多余的"第二者"抹杀掉，这就是刻骨铭心的浪漫爱情！销魂的爱情被女主人公隐藏在灵魂深处了，但这也意味着她在灵魂深处背叛了婚姻，而丈夫则被骗了一辈子！对于丈夫来说，可能离婚比欺骗更好，所以，如果丈夫知道了真相，他会感激妻子的善意欺骗呢？还是会疯狂地开枪杀人？还有一部叫《忘年恋曲》的影片，讲述了两个母亲分别与对方的儿子产生恋情的故事，故事发生的背景也是四人一起外出度假。所谓"饱暖思淫欲"，正当青春期的男孩单独与正当年的母亲在一起，没有直接发生母子乱伦就算万幸了！这种浪漫的忘年恋，最终不可避免地毁了两代人四个家庭的幸福。在人性的深处，很多人其实都渴望这样的浪漫发生在自己身上，从道德角度评价这种浪漫爱情故事也遭人嫌弃。但是，礼教就要教人防微杜渐，那种微妙的感情尽管很刺激，但发展下去会有严重的后果。现实生活中出现一个拿枪杀人的丈夫是非常可能的，只不过导演只为满足观众的淫欲并不想演绎一场悲剧。中国古人对这种微妙的感情了然于胸，而且不会为了满足读者淫欲而不加道德教导。比如，中国小说《金瓶梅》开篇序曰："《金瓶梅》，秽书也。袁石公亟称之，亦自寄其牢骚耳，非有取于《金瓶梅》也。然作者亦自有意，盖为世戒，非为世劝也。如诸妇多矣，而独以潘金莲、李瓶儿、庞春梅命名者，亦楚《梼杌》之意也。盖金莲以奸死，瓶儿以孽死，春梅以淫死，较诸妇为更惨耳。借西门庆以描画世之大净，应伯爵以描画世之小丑，诸淫妇以描画世之丑婆、净婆，令人读之汗下。盖为世戒，非为世劝也。余尝曰：读《金瓶梅》而生怜悯心者，菩萨也；生畏惧心者，君子也；生欢喜心者，小人也；生效法心者，乃禽兽耳。余友人褚孝秀偕一少年同赴歌舞之筵，衍至《霸王夜宴》，少年垂涎曰：'男儿何可不如此！'褚孝秀曰：'也只为这乌江设此一着耳。'同座闻之，叹为有道之言。若有人识得此意，方许他读《金瓶梅》也。不然，石公几为导淫宣欲之尤矣！奉劝世人，勿为西门庆之后车，可也。"还有一部更加"刺激"的艳情小说《肉蒲团》，讲"好女色为性命"的男主人公未央生的玩弄女色生涯，却不知自己贤淑的妻子遭人报复玩弄，最终在妓院发现名妓竟是妻子，由此告诫世人淫人妻女者妻女淫。轻薄文人嫌弃道德教化缺乏浪漫情怀，道德家其实也嫌弃轻薄文人缺乏道德情操。"文以载道"，即便是言情小说也应该是传道的一种载体，《坊记》则专门就人情动处施加道德防范。

一、"礼以坊德"

"大为之坊"就是从大的方面需要防范的，本书把它们概括为"淫欲潜移默化"、"贫富两极分化"和"上下颠倒异化"。所谓"淫欲"指的是过头的欲望，也就是放纵欲望，既包括性爱方面的欲望，也包括对财富、权力等的欲望。如果放任自流，必然导致贫富两极分化，最终的结果是对政治稳定构成威胁。这些方面影响国家和社会整体局面，是防微杜渐首先要注意的根基。"人心不古""世风日下"，最终结果必然是"国家崩溃"。"人心不古"就是人们不再勤劳俭朴而追求安逸享乐，"世风日下"就是人人只顾争权夺利导致世道衰微，承平日久的盛世最容易出现这种社会风气，这是古代王朝盛极而衰的明显迹象。

1. 防止淫欲潜移默化

子言之："君子之道，辟则坊与，坊民之所不足者也。大为之坊，民犹逾之。故君子礼以坊德，刑以坊淫，命以坊欲。"孔子曾说，君子为人处世之道，仿佛就是江河之堤防，用来防止民众放任自流的不足。严令禁止的事情，很多人仍然触犯。所以君子要通过礼乐来防止道德败坏，用刑罚来防止骄奢淫逸，用教化来防止意乱情迷。

"辟，读为譬；坊，与防同，言君子以道防民之失，犹以堤防遏水之流也"[1]；"民所不足，谓仁义之道也"，"失道，则放辟邪侈也"；"大为之坊，民犹逾之"，"言严其禁，尚不能止，况不禁乎？"；"命，谓教令"[2]。对民众进行道德教育，就像修筑堤坝防止河水泛滥。民众缺乏深刻认识遵行仁义的道理，也就是所谓"民可使由之，不可使知之"（《论语·泰伯》），大多数民众只能达到按要求遵行仁义，但并不知道必

---

① （元）陈澔，注.金晓东，校点.礼记[B].上海：上海古籍出版社，2016：586.

② （汉）郑玄，注.王锷，点校.礼记注（下册）[B].北京：中华书局，2021：656—657.

须遵行仁义的原因。由于没有深刻认识其中道理，所以，随时都有可能偏离仁义，做出通常情况下不敢做的邪恶事来。比如本性并不淫荡的妻子，因为丈夫孩子都不在家，于是和陌生男子发生了奸情，这就是因为对夫妻间的忠诚理解不够。所有人都知道，通奸是严令禁止的违背道德的行为，所以没有人会把奸情公之于众，但是严令禁止并不能制止奸情发生，而只能使它偷偷摸摸发生。所以，道德仁义并不能光靠严刑峻法，还要靠礼乐教化和道德教育，让人把仁义之道内化于心、外化于行。

> 理欲相为消长，人欲炽盛而有余，则天理消灭而不足，礼则防其所不足，而制其所有余焉。性之善为德，礼以防之而养其源；情之荡为淫，刑以防之而遏其流。圣人防民之具兴至矣，然人之欲无穷，而非防闲之所能尽也，圣人于是而有命之说焉。命出于天，各有分限，而截然不可逾也。天之命令，人力莫施，以是防之，则觊觎者塞，羡慕者止，而欲不得肆矣。①

所谓"人同此心，心同此理"，孤男寡女苟合成奸固是人之常情，被欺骗的丈夫心生杀机又何尝不是人之常情？"仁义之道"就是教人"以己度人"，"推心置腹"以明理节欲。天理和人欲是彼此消长的，放纵人欲就必然灭绝天理，礼就是为了防止天理被挤压，制止人放纵人欲。人性本自善良有德，礼的防范其实不过像保护源头活水；情感泛滥就像江河决堤，骄奢淫逸就只用刑罚来遏制。尽管圣人极尽礼乐、刑罚之能事来防止人，但是，欲望无穷的人总能找到各种借口，使邪恶之事防不胜防，因此，圣人又提出了命运的学说。所谓"人的命，天注定"，命就是说人自有天分定数，那是不可逾越的界限。天意如此，人力无奈，以此设防，则觊觎之心被堵塞，羡慕他人被制止，人欲不再肆意妄作。不过，人在淫欲作用下，往往会把艳遇解释为"天意"，只不过这种自欺欺人是没有用的，当人接受违背礼义的艳遇为"天意"的时候，也不得不接受其产生的后果为"天意"。《霸王夜宴》中的霸王垂涎虞姬之美艳，但却不知"天意"也包括了霸王和虞姬乌江自刎的无奈。"天意"让潘金莲遇到西门庆，但也让其死在武松手下；"天意"让安娜·卡列尼娜重获爱情，但也

---

① （元）陈澔，注．金晓东，校点．礼记[B]．上海：上海古籍出版社，2016：586．

让她不得善终。"意诚而后心正"，潘金莲看不上武大郎情有可原，她可以争取成为西门庆名正言顺的小妾；安娜·卡列尼娜与丈夫没有感情也正常，但也不如名正言顺地去争取离婚和再婚。《廊桥遗梦》和《忘年恋曲》其实也注定只能是悲剧！以"天意"来掩盖"人欲"是没有用的，"天意"不过教人"克己复礼"而已。

2.防止贫富两极分化

子云："小人贫斯约，富斯骄，约斯盗，骄斯乱。礼者，因人之情而为之节文，以为民坊者也。故圣人之制富贵也，使民富不足以骄，贫不至于约，贵不慊于上，故乱益亡。"小人一旦陷入贫困就会觉得穷途末路，一旦富足安康又会骄傲狂妄，穷途末路就会偷盗抢劫，骄傲狂妄就会犯上作乱。礼，就是从这一人之常情出发进行适当节制，以此防止民众的过激行为。所以，圣人致力于让人过上富裕而尊贵的生活，但是富裕不能富到骄傲狂妄，贫穷不能穷到穷途末路，尊贵不能尊贵到目无君上，如此动乱的根源就会消亡。

"约，犹穷"[1]，约的意思相当于穷，穷途末路就会铤而走险。孔子"在陈绝粮，从者病，莫能兴。子路愠见曰：'君子亦有穷乎？'子曰：'君子固穷，小人穷斯滥矣。'"（《论语·卫灵公》）孔子在陈国时饭都吃不上了，随从有人饿得病倒起不来。子路闷闷不乐地说："君子也会落到穷途末路吗？"孔子听了就说："君子守死善道于穷途末路，小人一旦穷途末路就会铤而走险。"言下之意，君子就是饿死也不会为五斗米折腰，也不会受嗟来之食，更不会去偷去抢。如武王灭商后，伯夷、叔齐耻食周粟，靠采薇为食，饿死于首阳山。但是，普通民众做不到这样。所谓"民以食为天"，一旦吃饭成了问题，民众就会无所不为。君子为了坚持道德底线而宁愿饿死，小人为了能够活命就无法无天。

小人和君子的区别，在于小人缺乏道义来面对贫困，一旦陷入贫困就人穷志短；也缺乏道德来安守富贵，一旦实现富裕就骄傲狂妄。人穷志短的人欲望得不到满足，就心中总是羡慕他人，为了满足欲望就容易干男盗女娼的事；骄傲狂妄的人完全不懂谦逊，总有犯上作乱的逆反心理，所以骄傲狂妄的人容易犯上作乱。这是自古至

---

① （汉）郑玄，注.王锷，点校.礼记注（下册）[B].北京：中华书局，2021：657.

今永世不变的人之常情,礼就是要对人的这种常情加以节制,使富人不能因为有钱而轻慢人,穷人不必因为匮乏而不要命,权贵不因位高而不知足,这些都得靠礼才能实现。诸如巨富之家不能有车超过百辆,就是为了使富者不至于骄傲狂妄;每一位农夫接受田地百亩,就是为了使贫穷者不至于人穷志短;丧礼用兵的贵族不养牛羊,就是为了使尊贵的人不至于欲望无穷。

> 小人无道以安贫,故贫斯约;无德以守富,故富斯骄。约者不获恣,则有羡彼之志,故约斯盗;骄者不能逊,则有犯上之心,故骄斯乱。凡此皆人之情也,而礼则因而为之节文,富者不以有余而慢于人,贫者不以不足而穷其身,贵者不以在上而慊于物,皆由有礼故也。若家富不过百乘,所以制富而不使之骄也;一夫受田百亩,所以制贫而不使之约也;伐冰之家,不畜牛羊,所以制贵而不使之慊也。①

"礼者,因人之情而为之节文,以为民坊者也",穷途末路的人因走投无路而犯上作乱,大富大贵的人因骄傲狂妄而图谋不轨,这都是人之常情或人的感情发展的一般规律。"此节文者,谓农有田里之差,士有爵命之级也"②,节文就是农人田地有多少之差,士人职权有高低等级。这种"节文"感觉就是今天所说的高度集中的计划经济:知识分子、工人和农民生活都有明确的规定,商业和商人则可能已经完全被消灭了。事实说明这种"节文"并不符合"因人之情"的理论前提,也不符合儒家"中节"和"中和"的思想方法。"因人之情而为之节文",首先要承认人之常情是有欲求,把每个人的贫富贵贱都规定死了,这本身就违背了人之常情。《中庸》说:"执其两端,用其中于民,其斯以为舜乎!"总是抓住两个极端,使民众贫贱富贵适中,这就是舜的治国之道。比较合理的办法是在高低贵贱之间进行调节,避免形成两极分化不断扩大的发展态势。孟子对"因人之情而为之节文"提出了很好的阐释,那就是一定要让普通民众有一定的财产,能够满足基本的生活,即便出现天灾人祸也能活命。为此,最好的办法是让他们有固定的田产,引导他们勤于农耕桑织,不

---

① (元)陈澔,注.金晓东,校点.礼记[B].上海:上海古籍出版社,2016:586.
② (汉)郑玄,注.王锷,点校.礼记注(下册)[B].北京:中华书局,2021:657.

要干扰农耕时间，还要辅以忠孝礼让教育。

> 无恒产而有恒心者，惟士为能。若民，则无恒产，因无恒心。苟无恒心，放辟邪侈，无不为已。及陷于罪，然后从而刑之，是罔民也。焉有仁人在位，罔民而可为也。是故明君制民之产，必使仰足以事父母，俯足以畜妻子，乐岁终身饱，凶年免于死亡。然后驱而之善，故民之从之也轻。今也制民之产，仰不足以事父母，俯不足以畜妻子，乐岁终身苦，凶年不免于死亡。此惟救死而恐不赡，奚暇治礼义哉？王欲行之，则盍反其本矣。五亩之宅，树之以桑，五十者可以衣帛矣；鸡豚狗彘之畜，无失其时，七十者可以食肉矣；百亩之田，勿夺其时，八口之家可以无饥矣；谨庠序之教，申之以孝悌之义，颁白者不负戴于道路矣。老者衣帛食肉，黎民不饥不寒，然而不王者，未之有也。

"使民富不足以骄"，也是现代社会的普遍要求。即便是美国这个推崇自由主义的国家，也通过累进所得税、遗产税以及鼓励慈善事业等手段，防止富者骄横跋扈、骄奢淫逸。2020年7月21日，习近平在企业家座谈会上的讲话指出：

> 企业营销无国界，企业家有祖国。优秀企业家必须对国家、对民族怀有崇高使命感和强烈责任感，把企业发展同国家繁荣、民族兴盛、人民幸福紧密结合在一起，主动为国担当、为国分忧，正所谓"利于国者爱之，害于国者恶之"。
> 企业既有经济责任、法律责任，也有社会责任、道德责任。任何企业存在于社会之中，都是社会的企业。社会是企业家施展才华的舞台。只有真诚回报社会、切实履行社会责任的企业家，才能真正得到社会认可，才是符合时代要求的企业家。①

---

① 习近平.在企业家座谈会上的讲话[M].北京：人民出版社，2020：6—8.

　　"贫不至于约"，也同样成为资本主义社会的价值目标，欧洲一些国家的福利制度甚至创造了史无前例的"共同富裕"。中国是社会主义国家，共同富裕是社会主义的本质要求，是中国式现代化的重要特征，是中国特色社会主义的根本原则。2021年8月17日，习近平总书记在中央财经委员会第十次会议上的讲话中指出：

　　　　现在，我们正在向第二个百年奋斗目标迈进。适应我国社会主要矛盾的变化，更好满足人民日益增长的美好生活需要，必须把促进全体人民共同富裕作为为人民谋幸福的着力点，不断夯实党长期执政基础。高质量发展需要高素质劳动者，只有促进共同富裕，提高城乡居民收入，提升人力资本，才能提高全要素生产率，夯实高质量发展的动力基础。当前，全球收入不平等问题突出，一些国家贫富分化，中产阶层塌陷，导致社会撕裂、政治极化、民粹主义泛滥，教训十分深刻！我国必须坚决防止两极分化，促进共同富裕，实现社会和谐安定。①

　　"贵不慊于上"，"慊，恨不满之貌。慊，或为嫌"②，也有人认为"慊，谓满足。贵不慊上，如满而不溢，高而不危之意"；或以为"有不满之义"，"又有满足之义"，"义皆可通"③。凭着能力求上进并没有错，但是想上升遵循必须规矩，而且不能总是尤嫌不足，职务上升了也不能搞特权。

　　　　有的刚当领导还谦虚谨慎，当久了就骄傲自大、忘乎所以；有的当小领导时很懂规矩，当大了就唯我独尊、恣意妄为；有的是在"吹号抬轿"中忽视规矩，习惯于搞例外、搞特殊、搞特权，热衷于搞潜规则。这样搞下去没有不出事的！④

————————

① 习近平.习近平谈治国理政（第4卷）[M].北京：外文出版社，2022：141—142.

② （元）陈澔，注.金晓东，校点.礼记[B].上海：上海古籍出版社，2016：587.

③ （清）孙希旦，撰.礼记集解（下）[B].北京：中华书局，1989：1281.

④ 中共中央文献研究室，编.习近平关于全面从严治党论述摘编[M].北京：中央文献出版社，2016：98.

当前，遵守政治纪律和政治规矩，重点要做到以下五个方面。一是必须维护党中央权威，决不允许背离党中央要求另搞一套，全党同志特别是各级领导干部在任何时候任何情况下都必须在思想上政治上行动上同党中央保持高度一致，听从党中央指挥，不得阳奉阴违、自行其是，不得对党中央的大政方针说三道四，不得公开发表同中央精神相违背的言论。二是必须维护党的团结，决不允许在党内培植私人势力，要坚持五湖四海，团结一切忠实于党的同志，团结大多数，不得以人划线，不得搞任何形式的派别活动。三是必须遵循组织程序，决不允许擅作主张、我行我素，重大问题该请示的请示，该汇报的汇报，不允许超越权限办事，不能先斩后奏。四是必须服从组织决定，决不允许搞非组织活动，不得跟组织讨价还价，不得违背组织决定，遇到问题要找组织、依靠组织，不得欺骗组织、对抗组织。五是必须管好亲属和身边工作人员，决不允许他们擅权干政、谋取私利，不得纵容他们影响政策制定和人事安排、干预正常工作运行，不得默许他们利用特殊身份谋取非法利益。[1]

子云："贫而好乐，富而好礼，众而以宁者，天下其几矣。《诗》云：'民之贪乱，宁为荼毒。'故制国不过千乘，都城不过百雉，家富不过百乘。以此坊民，诸侯犹有畔者。"贫困潦倒却能安贫乐道，富可敌国反而好行礼义，人多势众依然淡泊宁静，这样的事天下少有。相反，正如《诗经》说的，"民众因为贪欲作乱，宁愿充当毒草螯虫"。所以，受封建国的诸侯拥有兵车不能超过千辆，卿、大夫的城规模不能超过长三百丈、方五百步，拥有兵车不能超过百辆。即便如此防范，仍然有诸侯叛乱。

子贡曰："贫而无谄，富而无骄，何如？"子曰："可也。未若贫而乐，富而好礼者也。"（《论语·学而》）子贡曾问孔子："贫穷却不谄媚，富贵却不骄人，怎么样？"孔子说："还可以。但不如贫穷却还能快乐，富贵却谦逊好礼。""众而以宁，谓家族众盛，而不以悖乱致祸败也。天下其几，言此三者不多见也"，名门望族却不因争权

① 中共中央文献研究室，编.十八大以来重要文献选编（中）[M].北京：中央文献出版社，2016：350—351.

夺利导致败亡，这三种情况都不多见；《诗》指的是"《诗·大雅·桑柔》之篇。贪，犹欲也；荼，苦菜也；毒，螫虫也；刺厉王，言民苦政乱，欲其乱亡，故宁为荼苦毒螫之行以相侵暴而不之恤也"①。"贪"就是贪欲，"荼"是苦菜，"毒"是螫虫，该是讽刺周厉王的，意思是说民众深受其政治之苦，渴望他在政治动乱中死亡，为此甚至宁愿像毒草螫虫一样不知体恤。此"言民之贪为乱者，安其荼毒之行，恶之也"②，这是说那些喜好作乱的人，安心做毒草螫虫令人厌恶，但这正如商纣王自比太阳，民众为了这个太阳能灭亡宁愿与它同归于尽。民众如果苦难深重就会产生反叛情绪，而此时那些富家贵族就会乘机利用民愤夺权。"古者方十里，其中六十四井，出兵车一乘，此兵赋之法也。成国之赋，千乘。雉，度名也。高一丈、长三丈为雉。百雉，为长三百丈，方五百步。子男之城，方五里。百雉者，此谓大都三国之一"③；"千乘，诸侯之国，其地可出兵车千乘也"，"都城，卿、大夫都邑之城也"，"家富，卿、大夫之富也。不过百乘，其采地所出之兵车，不得过此数也"④。这里说的"千乘"是封建时代的以赋税形式征用的一千辆兵车，这是天子征讨作战时诸侯国必须提供的兵力。兵车和城池是古代军事斗争的决定因素，所以，天子既要求诸侯国武装起来拱卫天子，又不能让它们太过强大威胁到天子。为此，对公、侯、伯、子、男以及卿、大夫，其封国和采地大小、兵车多少、城池规模，都有明确规定。但即便如此，到了春秋战国时期，诸侯仍然纷纷反叛周王室。地方掌握强大军事经济，管辖广大的土地民众，以致完全不服中央政府管辖，就是"封建割据"或"诸侯割据"，它与豪门望族把持朝政一道，成为中国封建社会最突出的治理问题。其中的基本道理，就是马克思主义关于经济基础决定上层建筑的历史唯物主义理论。

新中国成立后，中国社会发生的最伟大变革，就是不仅实现了"耕者有其田"，而且直到今天也没有出现土地兼并。这样中国农民就有了基本的田产，即便再贫穷也不会没有立身之地。不过，这只能保障基本生活，而不能实现致富。改革开放之后，中国社会发生的最伟大变革，就是市场经济的蓬勃发展，打破了计划经济的僵化规定。这样，中国民众就有了自谋职业、自主创业的权利，因此有商业专业知识

① （元）陈澔，注.金晓东，校点.礼记[B].上海：上海古籍出版社，2016：587.
② （汉）郑玄，注.王锷，点校.礼记注（下册）[B].北京：中华书局，2021：657.
③ （汉）郑玄，注.王锷，点校.礼记注（下册）[B].北京：中华书局，2021：657—658.
④ （元）陈澔，注.金晓东，校点.礼记[B].上海：上海古籍出版社，2016：587.

和精英头脑的人迅速地富起来了。但打破计划经济体制下的利益分配格局，带来的是贫富分化不断扩大的势头。如今特别强调"共同富裕"无疑正当其时，但强调"共同富裕"绝不能搞平均主义，也不能回到计划经济的老路，而应该"因人之情而为之节文"。保护农户的土地经营权、盘活农户田产的财富源泉，这是巩固脱贫致富成果的根本之道。在此基础上，政府要着力营造大众创新、万众创新的更好环境，这是让财富源泉充分涌流的关键。最后，要积极引导民营经济健康发展，防止工商业成功经营者成为新的剥削阶级。

改革开放和发展社会主义市场经济，改变了原有的资源配置方式和组织管理模式，越来越多的单位人变成社会人，各种复杂的人际关系和利益关系对党内生活带来不可低估的影响，引发了种种问题，组织观念薄弱、组织涣散就是其中一个需要严肃对待的问题。比如，有的个人主义、自由主义严重，目无组织纪律，跟组织讨价还价，不服从组织安排；有的党组织和领导干部在处理一些应该由中央和上级组织统一决定的重要问题时，事前不请示、事后不报告，搞先斩后奏、边斩边奏，甚至斩而不奏；有的变着法儿把一件完整的需要汇报的大事情分解成一件一件可以不汇报的小事项，让组织程序空转；有的领导班子既有民主不够、个人说了算问题，也有集中不够问题，班子里各自为政，把分管领域当成"私人领地"，互不买账，互不服气，内耗严重；有的只对领导个人负责而不对组织负责，把上下级关系搞成人身依附关系；有的办事不靠组织而靠熟人、靠关系，形形色色的关系网越织越密，方方面面的潜规则越用越灵；有的党组织对党员、干部疏于管理，缺乏严肃认真的组织生活，等等。组织纪律松弛已经成为党的一大忧患。组织观念、组织程序、组织纪律都要严起来。不严起来，就是一盘散沙①。

① 中共中央文献研究室，编.十八大以来重要文献选编（上）[M].北京：中央文献出版社，2014：765.

3.防止上下颠倒异化

子云："夫礼者，所以章疑别微，以为民坊者也。故贵贱有等，衣服有别，朝廷有位，则民有所让。"礼就是用来章明疑惑分别微末的，由此也就能防止民众困惑迷茫。高低贵贱有等级，着装衣服有差别，朝廷为官有职分，如此民众就知道敬让了。

"疑者，惑而未决；微者，隐而不明。惟礼足以章明之、分别之也"①，"疑"就是悬而未决之困惑，"微"就是隐晦不明之微妙，唯有礼才能使之彰明、分明；"章疑谓是非不决当用礼以章明之，别微者谓幽隐不著当用礼以分明之"②，"章疑"是说是非难辨应当用礼进行明辨，"别微"是说幽暗不明应当用礼让它分明。"位，朝位也"③，规定了高低贵贱的等级、衣服着装的差别、当朝为官的职级，服从敬让不言自明。军队职务高低直接体现在军服上，下级服从上级不得有任何犹豫。古代官员职务高低也直接体现在官服上，下级服从上级也是没有任何疑问。但很显然，这些都是针对军人的军令，针对官员的政令，并不适用于普通民众。礼就是针对普通民众的，让普通民众也知尊卑贵贱。直到今天，即便是会议发言、拍照合影、会后就餐，总是有一个先后顺序、前后左右、上座下座，这就需要大家认同的礼节。这些不能用军令政令明确规定，只能靠道德礼仪的教化。

子云："天无二日，土无二王，家无二主，尊无二上，示民有君臣之别也。《春秋》不称楚、越之王丧。礼，君不称天，大夫不称君，恐民之惑也。《诗》云：'相彼盍旦，尚犹患之。'"天上没有两个太阳，地上没有两个君王，一家没有两个主人，尊位没有两个上宾，这是要告示民众君臣有别。所以，在《春秋》中，不说楚王、越王去世。按照礼，诸侯国君不能自称天子，大夫不能自称君主，这是担心民众产生困惑。《诗经》也明确说："天无二日，土无二王"，强调的就是"溥天之下，莫非王土；率土之滨，莫非王臣"（《诗经·小雅·北山》），反映了中国"大一统"政治文化传统，正是这一传统使中国成为一个统一的多民族国家，而不像欧洲在罗马帝国之后分裂为众多民族国家。"天无二日，土无二王，家无二主，尊无二上"，把顺序颠倒一下则大致对应"修身、齐家、治国、平天下"，它们共同构成中国人的"内

---

① （元）陈澔，注.金晓东，校点.礼记[B].上海：上海古籍出版社，2016：587.

② （唐）孔颖达，撰.礼记正义（下册）[B].北京：北京大学出版社，2014：1387.

③ （汉）郑玄，注.王锷，点校.礼记注（下册）[B].北京：中华书局，2021：658.

圣外王"的政德修养。齐景公问政于孔子。孔子对曰:"君君,臣臣,父父,子子。"公曰:"善哉!信如君不君,臣不臣,父不父,子不子,虽有粟,吾得而食诸?"(《论语·颜渊》)齐景公向孔子询问如何治国理政,孔子回答:君要尽君道、臣要尽臣道、父要尽父道、子要尽子道。齐景公听后说:"说得好啊!如果君不像君、臣不像臣、父不像父、子不像子,即使粟米充足,我能得到供养吗?"这意味着,政德首先要懂得君君、臣臣、父父、子子的尊卑秩序,国家要以君主为尊,家庭要以父亲为尊。但是,这不只是为了让君主和父亲达到供养,也是为了让臣民和子女得到养育。总之,秩序是生存发展的前提条件,自然界的天崩地裂会毁灭万物生长,政治上的天翻地覆也不能是常态。

"楚、越之君,僭号称王。不称其丧,谓不书葬也。《春秋传》曰:'吴、楚之君不书葬,辟其僭号也。'臣者天君,称天子为天王,称诸侯不言天公,辟王也。大夫有臣者,称之曰主,不言君,辟诸侯也。此者,皆为使民疑惑,不知孰者尊也。"[1]楚国和越国都是诸侯国,但其君主却僭越妄称君主。"不称楚、越之王丧",是说不书写楚、越国诸侯的丧葬。《春秋传》说:"对吴国、楚国的君主,不书写他们的丧葬,为的是避免称呼其僭越的王者称号。大臣以君主为天,称呼天子为天王,但称呼诸侯诸公不能叫天公,为的是避免与天王相混。同样,大夫有臣属的,应称为主,而不能称为君,为的是避免与诸侯国君相混。这些,都是因为它们容易使民众疑惑困扰,不知道谁是尊贵的。"

春秋战国就是政治发生翻天覆地变化的时期,孔子思考的就是实现国泰民安问题。子路曰:"卫君待子而为政,子将奚先?"子曰:"必也正名乎!"子路曰:"有是哉,子之迂也!奚其正?"子曰:"野哉由也!君子于其所不知,盖阙如也。名不正,则言不顺;言不顺,则事不成;事不成,则礼乐不兴;礼乐不兴,则刑罚不中;刑罚不中,则民无所措手足。故君子名之必可言也,言之必可行也。君子于其言,无所苟而已矣。"(《论语·子路》)子路曾问孔子说:"卫国国君要您去治理国家,您打算先从哪里做起呢?"孔子说:"必定是先端正名分。"子路说:"是这样啊,您这样太迂腐了吧!名还能怎么正呢?"孔子说:"你真是粗野啊,仲由!君子对于自己不知道的事情,大概总该采取存疑的态度吧。名分不正当说起话来就不顺当,说话不顺

---

① (汉)郑玄,注.王锷,点校.礼记注(下册)[B].北京:中华书局,2021:658.

当事情就办不成，事情办不成礼乐就不兴盛，礼乐不兴盛刑罚就不中正，刑罚不中正百姓则无所适从。君子对于名分必须敢于堂堂正正说出来，敢堂堂正正说出来就敢大大方方地去做。君子对于自己的言行，是从来不敢轻率对待。"

楚、越国君称王，就是名不正，相当于今天美国州长自称总统，或我国台湾地区领导人自称"总统"，名分上不正当说话就不顺当，即便自称总统也没有人承认。没有人承认却还在自欺欺人，当然就想做的事终究做不成。肆意妄为就会遭人鄙视，所以礼乐不兴难获尊敬。礼乐不兴就会转向刑罚，但这样的刑罚必定不公正。不公正的刑罚不能引导人，只能让民众无所适从，一些人会屈服于淫威，一些人则会勇敢反抗。即便是在春秋末期，也不是率先称王的国君就能得到政治利益，春秋五霸都称"公"而没有称"王"。当然，到了"战国七雄"出现的时候，诸侯国君就大多数都称"王"，而此时的周王其实还不如这些王。

"盍旦，夜鸣求旦之鸟也。求不可得也，人犹恶其欲反昼夜而乱晦明，况于臣之僭君，求不可得之类，乱上下，惑众也。"① "盍旦"是传说中在晚上鸣叫想要天早点亮的鸟，"鸣不正"当然也只能"事不成"，这种试图违反昼夜白黑的作为也遭人厌恶，僭越妄称君主同样不能得逞，这种搞乱君臣上下关系的行径，只能让民众困惑不解。

子曰："周监于二代，郁郁乎文哉！吾从周。"（《论语·八佾》）周吸取了夏、商两代文明成果，是多么辉煌灿烂的文明啊！我遵从周代。孔子之所以遵从周，是因为周是封建制的巅峰。公山弗扰以费畔，召，子欲往。子路不说，曰："末之也已，何必公山氏之之也？"子曰："夫召我者，而岂徒哉？如有用我者，吾其为东周乎！"鲁哀公时权臣季氏的家臣公山弗扰据费邑叛乱，召请孔子前往，孔子心动想去。子路得知很不高兴，说："没有可去的地方就算了，何必去公山氏那里呢？"孔子说："召我去的人，难道只是让我去而已？如果有人用我，我就要在东方复兴周啊！"由此可见，孔子并非顽固不化，他不仅知道周王室已经无药可救，甚至鲁国也是无可奈何花落去，所以才会想接受公山弗扰的召唤。但是，孔子绝不只是为了做官，也不是想要搞复古主义，他只是想要实现国家的统一和文明的伟大复兴！

"世衰道微，邪说暴行有作，臣弑其君者有之，子弑其父者有之。孔子惧，作

---

① （汉）郑玄，注.王锷，点校.礼记注（下册）[B].北京：中华书局，2021：658.

《春秋》"；"孔子成《春秋》而乱臣贼子惧"（《孟子·滕文公下》）。世风堕落道义衰微，歪门邪说暴虐恶行兴作，以致臣子弑杀君主的也有，儿子杀害父亲的也有。孔子惧怕文明礼仪湮灭，于是创作了《春秋》一书，《春秋》让欺世盗名的乱臣贼子恐惧。恐惧违背文明礼仪会受到万世唾弃，会成为中华民族的千古罪人！

在推进社会主义现代化和实现中华民族伟大复兴的新时代，在要求全党增强"四个意识"和做到"两个维护"的同时，仍然要让那些扬言"活着要进中南海，死了要入八宝山"的野心家、阴谋家恐惧！

中国共产党领导是中国特色社会主义制度的最大优势，加强党的领导关键是坚持党中央集中统一领导。只有增强政治意识、大局意识、核心意识、看齐意识，自觉在思想上政治上行动上同以习近平同志为核心的党中央保持高度一致，才能使我们党更加团结统一、坚强有力，始终成为中国特色社会主义事业的坚强领导核心[1]。

党的十八大以来，党中央反复强调领导干部要严守政治纪律和政治规矩，但有的置若罔闻，搞结党营私、拉帮结派、团团伙伙，一门心思钻营权力；有的明知在换届中组织没有安排他，仍派亲信到处游说拉票，搞非组织活动；有的政治野心不小，扬言"活着要进中南海，死了要入八宝山"；有的在其主政的地方建"独立王国"，搞小山头、拉小圈子，对党中央决策部署阳奉阴违，为实现个人政治野心而不择手段。这些问题是关系党和国家政治安全的大问题，难道还不是政治吗？还用得着闪烁其词、讳莫如深吗？"新松恨不高千尺，恶竹应须斩万竿。"如果不除恶务尽，一有风吹草动就会死灰复燃、卷土重来，不仅恶化政治生态，更会严重损害党心民心[2]。

子云："君不与同姓同车，与异姓同车不同服，示民不嫌也。以此坊民，民犹得

① 中共中央政治局召开会议 审议.中央政治局常委会听取和研究全国人大常委会.国务院.全国政协.最高人民法院.最高人民检察院党组工作汇报和中央书记处工作报告的综合情况报告.http://www.xinhuanet.com/politics/2016—01/29/c_1117940977.htm.

② 习近平.在第十八届中央纪律检查委员会第六次全体会议上的讲话[M].北京：人民出版社，2016：7—8.

同姓以弑其君。"国君不与有王位继承权可能的同姓子孙一同乘车，和不同姓的人同车时则穿不同的衣服，这是为了避免民众产生误认君主的嫌疑。但是，即便如此防范，还是有同姓子孙弑君篡位的事情发生。"同姓者，谓先王、先公子孙，有继及之道者也。其非此，则无嫌也。"[1]这里说的"同姓"指的是天子或诸侯的子孙，尤其是可能继承君王之位的人。如果不是有继承可能的同姓子孙，也就是说同车的是异姓，就没有弑君篡位的嫌疑。所以，君主与同姓子孙"不同车，远害也，篡弑之祸，常起于同姓，故与异姓同车则不嫌"[2]。事实说明，国家元首的继承问题是人类政治的千古难题，号称民主的美国，通过自由竞选产生的总统，也多次被谋杀。所不同者，古代常常是暗杀，近代以来反倒在公众场合刺杀。从制度建设的思路和理念来看，中国古人试图断绝人们争夺王位的念头，教人把精力都用于为政治国上，难免产生腐朽无能的王位继承者；而西方民主自由政体承认人人可以争夺，结果太多精力用于竞选，难免影响服务民众的精力。

二、"刑以坊淫"

这里说的"刑"是一个泛指，指各种法律和规章制度，作为道德底线防止人失礼。"礼"更多地靠内化为"德"，"刑"则主要是外在地约束"淫"。这里的"淫"也不是专指性行为，而是泛指一切放纵欲望的失礼。

1.辞让

子云："君子辞贵不辞贱，辞富不辞贫，则乱益亡。故君子与其使食浮于人也，宁使人浮于食。"君子可能推辞高贵的职位但不推辞做卑贱的凡夫，可能推辞财富但不畏惧贫穷，所以动乱就会逐渐消亡。因此，君子与其享受高官厚禄却没有相应的才德，宁愿德才兼备却没有高官厚禄。"德不配位，必有灾殃。德薄而位尊，智小而谋大，力小而任重，鲜不及矣。"（《周易·系辞下》）德行无法与地位相匹配，必然会有灾害祸患。德行浅薄却地位尊贵，智慧不足却谋划大事，能力不足却承担重任，

---

① （汉）郑玄，注.王锷，点校.礼记注（下册）[B].北京：中华书局，2021：658—659.
② （元）陈澔，注.金晓东，校点.礼记[B].上海：上海古籍出版社，2016：587.

那就很少能不出事。权位其实也意味着责任，尊贵的权位就是千斤重担，能力不够会被压垮。但人人都喜欢高官厚禄，而不想自己能力是否相配。"食，谓禄也。在上曰浮。禄胜己则近食，己胜禄则近廉"①，"才德薄而受禄厚，是食浮于人也"②。"食"就是俸禄，在上就是"浮"，所领俸禄超出自己能力就是多吃多占，自己能力超出所领俸禄就是廉洁奉公，才德浅薄但享受厚禄，就存在尸位素餐的嫌疑。与其存在尸位素餐，宁可有德有才但俸禄不高。显然，古人不赞同"高薪养廉"，甚至反倒推崇"淡泊明志"。子曰："放于利而行，多怨。"（《论语·里仁》）如果依据个人的利益去做事，就会有很多怨恨。国家元首的德才是不是比得上首富？他是不是应该也富可敌国？省长的德才是不是比得上公司总裁？他是不是也应该像总裁一样富有？大学校长的德才是不是比得上总经理？他是不是也应该和总经理一样富有？如果不是，是不是就没有优秀的行政管理人才或高等教育人才？显然不是的。政府官员享有财富买不到的权力，校长享有财富买不到的名望，他们理所当然应该在财富上获得少一些。"贤者多财损其志，愚者多财生其过"③，贤能的人因为财富众多而玩物丧志，愚蠢的人因为财富众多而滋生过错。高薪很可能不是养廉，而是刺激更大的贪欲，而且自认为贪污情有可原。真正献身科学、教育、文化事业的人，能为科学研究、教育教学、思想文化抵挡权力诱惑，甚至为科学研究、教育教学、思想文化忍受贫穷，这就是所谓的"安贫乐道"。同样，"鱼和熊掌不可兼得""想当官就不要发财，想发财就不要当官"④。当然，这也不意味着官员、学者不需要财富，而是说要引导人有财富以外的合理追求。

子云："觞酒豆肉，让而受恶，民犹犯齿。衽席之上，让而坐下，民犹犯贵。朝廷之位，让而就贱，民犹犯君。《诗》云：'民之无良，相怨一方。受爵不让，至于已斯亡。'"一壶酒、一碗肉，即便能敬让老者享用而自己吃不好的，民众仍然可能违反尊老之礼。在宴饮座席上，即便能礼让尊者之后才坐下，民众仍然可能违反敬爱尊者之礼。在朝廷为官就职，即便能礼让贤能而屈尊就低，民众仍然可能违反忠诚君主之礼。就像《诗经》说的，民众的不良习性，是只懂得抱怨对方；接受

---

① （汉）郑玄，注.王锷，点校.礼记注（下册）[B].北京：中华书局，2021：659.

② （元）陈澔，注.金晓东，校点.礼记[B].上海：上海古籍出版社，2016：588.

③ 骈宇骞，译注.贞观政要[B].北京：中华书局，2011：465.

④ 习近平.做焦裕禄式的县委书记[M].北京：中央文献出版社，2015：47.

爵位从不谦让，最终导致自取灭亡。言下之意，很多人其实根本没有敬让之心，顶多把敬让做给人看以谋求得到更多。他们往往觉得自己做得很好了，理应得到更多的回报但没有得到，因心怀不满而萌生篡夺权位之念，最终导致身败名裂甚至家破人亡！

敬让父母、礼让尊者、辞让奖赏，都必须是发自内心的真情实意，而不是欲擒故纵的虚情假意。子夏问孝。子曰："色难。有事弟子服其劳，有酒食先生馔，曾是以为孝乎？"（《论语·为政》）子夏问什么是孝时，孔子说："对父母和颜悦色真心敬爱最难。遇到事情由年轻人去做，有好吃好喝的让老年人享受，难道这样就是孝吗？""礼，六十以上，笾豆有加，故酒肉以犯齿言；三命不齿，席于尊东，故衽席以犯贵言；族人不得戚君位，故朝廷以犯君言。"①依照礼，对于六十岁以上的人，应在笾豆餐具中添加酒肉，所以不知敬让酒肉违反尊老的礼；公、侯、伯爵命者不以年齿为敬，应请他入席坐于尊位的东边，所以乱排席位就是不敬尊贵者；君主的族人不得觊觎君位，所以对朝廷职位安排有看法是触犯了君主的权威。"觞酒，盛酒于豆肉觞也。豆肉，盛肉于豆"，"酒肉所以养老，老者宜美，少者宜恶，若《乡饮酒义》云'五十者二豆''六十者三豆'"；"衽席，谓享、燕所设之席也"；"朝廷之位，谓人君视朝，卿、大夫、士所立之位也"；"让而受恶，让而坐下，让而就贱，皆君子躬行礼让以示民，而民犹不免有所犯也"②。也就是说，关键的是要能真心实意地孝敬老人、尊敬贤能、忠于国家，而不是表面上做到了合乎礼节就够了，民众之所以触犯礼义就是因为还没有培养出真情实意。《诗·小雅·角弓》这两句讲"兄弟有因杯酒得罪而怨者"，"言凡人之不善者，其相怨各执一偏，而不能参彼此之曲直，故但知怨其上而不思己过。然其端甚微，或止因受爵失辞逊之节，或至于亡其身"③；"无善之人，善遥相怨，食爵禄，好得无让，以至亡己"④。兄弟之间可能因为一杯酒而得罪并记恨在心，普通人也经常这样各执一端怪罪对方，而不能站在彼此的立场上去判断是非曲直，所以在上下级关系上也一味地抱怨上级而不反思自己的过错。事情的起源可能都是微不足道的，或许只是接受爵位时缺失了辞让谦逊的礼节，君主据此

① （元）陈澔，注.金晓东，校点.礼记[B].上海：上海古籍出版社，2016：588.
② （清）孙希旦，撰.礼记集解（下）[B].北京：中华书局，1989：1285.
③ （元）陈澔，注.金晓东，校点.礼记[B].上海：上海古籍出版社，2016：588.
④ （汉）郑玄，注.王锷，点校.礼记注（下册）[B].北京：中华书局，2021：659.

以为有反骨最终就可能导致杀身之祸。如果人与人之间没有真情善意，而总是善于遥相呼应地彼此抱怨，对于高官厚禄总是贪得无厌、毫不谦让，最终必然导致自取灭亡的结局。

子云："君子贵人而贱己，先人而后己，则民作让，故称人之君曰君，自称其君曰寡君。"君子高看他人而自视卑微，优先他人而后及自己，于是民众兴作敬让之风，所以称呼别人的国君为君主，谦称本国国君为孤家寡人。"贵人而贱己"，即《曲礼》说的"夫礼者，自卑而尊人"，礼就是要让人学会谦卑自视而尊敬他人。"贵人而贱己"是知礼，"先人而后己"是行礼。"敬让"，就是在内心"贵人而贱己"的"尊敬"基础上，行动上做出"先人而后己"的"谦让"。"君子之德风，小人之德草。草上之风，必偃。"（《论语·颜渊》）在君子"敬让"之风带领下，民众也必然兴起"敬让"之风。"寡君，犹言少德之君，言之谦"[1]，称自己的国君为少德之君，这是向别人表示谦逊时的话。"贵人而贱己，先人而后己"，这就是"谦谦君子"，也完全符合社会主义道德。这种道德情操用到治国理政上，就是范仲淹说的"先天下之忧而忧，后天下之乐而乐"。

子云："利禄，先死者而后生者，则民不偝；先亡者而后存者，则民可以托。《诗》云：'先君之思，以畜寡人。'以此坊民，民犹偝死而号无告。"功名利禄，如果先考虑为国牺牲者而后考虑立功生还者，那么民众就不会背弃牺牲；先考虑远在外边者后考虑近在身边者，那么民众就可以托付重任。《诗经》说："先君托付慎思之，畜养鳏寡莫遗弃。"但是，即便如此防范民众背弃死者，还是有人背弃忘却死者，让他们的后人无奈悲号，无依无靠，无处控告。

"利禄，先死者而后生者，则民不偝"，"言不偷于死亡，则于生存信"[2]，不偷工减料送别死者，就在生者心中存立了信任。反过来，认为死者已无知就偷摸欺诈的人，必定也会于无知处欺诈生者。"'亡'，谓出在国外者。'存'，谓在国者。仕者之子孙，恒世其禄，先死而后生也。臣有故而去君，三年不收其田里，先亡而后存也。偝，谓死而背之也。托，谓寄托也。若《孟子》言'托其妻子于其友'是也。"[3]"亡"指出走于国外者，"存"指在国内的人。致仕为官者的子孙如果世代享受爵禄，应

① （汉）郑玄，注.王锷，点校.礼记注（下册）[B].北京：中华书局，2021：659.

② （汉）郑玄，注.王锷，点校.礼记注（下册）[B].北京：中华书局，2021：659.

③ （清）孙希旦，撰.礼记集解（下）[B].北京：中华书局，1989：1285.

优先考虑丧葬祭享死者而后考虑生者享乐；大臣如果因为不被任用而离开国君，三年之内不收回其所授其田，这就是先考虑离开的人而后考虑存留的人，这大概就是古人理解的"仁至义尽"吧，后世常有"万事皆空""人走茶凉"之叹。《诗经·邶风·燕燕》，"此卫夫人定姜之诗也。定姜无子，立庶子衎，是为献公。畜，孝也。献公无礼于定姜，定姜作诗，言献公当思先君定公，以孝于寡人。"①这是卫国夫人定姜的诗。因为定姜没有儿子，所以立庶子衎为继承人，也就是卫献公。"畜"就是孝，献公不以礼对待定姜，定姜作诗要献公不忘先君定公，孝敬自己。"'畜'，《诗》作'勗'，勉也"，"言能容畜我于心而不忘，是不偝死忘生之意"②，"畜"在原诗中为"勗"，勉励的意思，意思是如果心中能容得下我而不是忘却不管，就是没有背弃死去的先王以致忘记他仍活着的夫人。孔颖达《礼记正义》曰："此一节明坊人偝死向生之事"，"财利荣禄之事，假令死之与生俱得，君上先与死者而后生者"，"在上以此化民，则民皆不偝于死者"；"有利禄，先与在外亡者而后与国内存者"，"在上者以此化民，民皆仁厚，皆可以大事相付托也"；"民犹偝死而号无告者，言民犹尚偝弃死者，其生者老弱呼号无所控告"③。这一节的要旨是防止人背弃死者而偏向生者，也就是在功名利禄授予问题上，如果是生者死者都可得，国君应该先授予死者，这样就能教化民众不背弃死者；如果在国外和在国内的都可得，国君应该先授予在国外的，这样就能教化民众仁厚之心，从而可以托付大事。但是，即便如此，民众仍然可能倾向于背弃死者而偏爱生者，而死者留下的老弱病残还无处控告。俗话说"死者为大"，体现的就是对死者仁慈宽厚之心，也是对死者家属的感受和生活的关爱。这种人间温情会让人心淳朴善良，让人人愿意牺牲奉献。我们今天的人对于革命领袖和先烈，对于为国家做出重大贡献的英雄，要心怀敬意学习他们的精神，对他们的后人要多加关爱。2015年9月2日，习近平总书记在颁发"中国人民抗日战争胜利70周年"纪念章仪式上的讲话中说：

> 正是因为鸦片战争以后中国人民不懈抗争和持续奋斗，正是因为前人们浴血奋斗和英勇牺牲，我们的国家才有了今天的独立自主，

---

① （汉）郑玄，注.王锷，点校.礼记注（下册）[B].北京：中华书局，2021：660.
② （元）陈澔，注.金晓东，校点.礼记[B].上海：上海古籍出版社，2016：588.
③ （唐）孔颖达，撰.礼记正义（下册）[B].北京：北京大学出版社，2014：1344.

我们的民族才有了今天的发展繁荣，我们的人民才有了今天的幸福生活。

近代以来，一切为中华民族独立和解放而牺牲的人们，一切为中华民族摆脱外来殖民统治和侵略而英勇斗争的人们，一切为中华民族掌握自己命运、开创国家发展新路的人们，都是民族英雄，都是国家荣光。中国人民将永远铭记他们建立的不朽功勋！

"天地英雄气，千秋尚凛然。"一个有希望的民族不能没有英雄，一个有前途的国家不能没有先锋。包括抗战英雄在内的一切民族英雄，都是中华民族的脊梁，他们的事迹和精神都是激励我们前行的强大力量。

今天，中国正在发生日新月异的变化，我们比历史上任何时期都更加接近实现中华民族伟大复兴的目标。实现我们的目标，需要英雄，需要英雄精神。我们要铭记一切为中华民族和中国人民作出贡献的英雄们，崇尚英雄，捍卫英雄，学习英雄，关爱英雄，勠力同心为实现"两个一百年"奋斗目标、实现中华民族伟大复兴的中国梦而努力奋斗！[①]

子云："有国家者，贵人而贱禄，则民兴让；尚技而贱车，则民兴艺。故君子约言，小人先言。"治国理政的人如果能敬重人才而不惜俸禄，那么民众中就会兴起敬让贤能的风气；如果能崇尚技艺而不惜车马，那么民众中就会兴起学习技艺的风气。所以，君子注重实干而不爱夸夸其谈，小人则总先夸下海口而不见行动。这句话要表达的基本意思是，要尊重贤能的人才，而不要吝惜利禄财富；要实实在在地尊重人才，不要使尊重人才流于空谈。

郑玄以为此"言人君贵尚贤者能者，而不吝于班禄赐车服，则让道兴"；"贤者能者，人所服也"，"技，犹艺也"，"言人尚德不尚言也"，"约与先，互言尔"，"君子约则小人多矣，小人先则君子后矣"，"《易》曰：'君子以多识前言往行，以畜其

---

① 习近平.习近平在纪念中国人民抗日战争暨世界反法西斯战争胜利70周年系列活动上的讲话[M].北京：人民出版社，2015：18—19.

德'"①。这段话是说君主要尊重崇尚贤能的人，为此不吝啬授予利禄赐予车服，如此敬让之道也就兴盛了。贤能的人是众人所敬服的人，"技"就是技艺，所以尊重崇尚贤能也会使民众兴起崇尚技艺之风。君主应该崇尚德行而不是美言，这里的"约"与"先"是交互而说的，意思是君子崇尚美言小人就多了，小人获得优先君子就落后了，应该如《易经》所说的，君子应该多汲取前贤往圣的言行，并以此畜养自己的美德。"贵人，贵有德之人也。言君能贵有德者而不吝于班禄，则民兴于让善；尚有能者而不吝于赐车，则民兴于习艺。贱禄、贱车，非轻禄器也，特以贵贤尚能而不吝于所当与耳，读者不以辞害意可也。言之不怍，则为之也难，故君子之言常约，小人则先言而后行，不必其言行之相顾也。"②所谓贵人就是贵重有德之人，君主如果贵重有德之人就不要吝惜封赏厚禄，如此民众就会兴起敬让善人的风气；崇尚有技能的人就不要吝惜赏赐车马，如此民众就会兴起学习技能的风气。"贱禄""贱车"并不是轻视俸禄和器物，只不过因为尊贤尚能所以不吝惜赏赐他们所当得的，读者不要以词害意认为可以随意赏赐俸禄和财物。大言不惭往往难以落实，所以君子说话通常很简约，小人则总是先说后做，最终不会言行一致。子曰："君子食无求饱，居无求安，敏于事而慎于言，就有道而正焉，可谓好学也已。"（《论语·学而》）君子饮食不要求酒足饭饱，居住不要求安逸享乐，做事很敏捷但说话却谨慎，以道德高尚的人为标准匡正自己，这样就可以说是好学了。这两句话可以说有异曲同工之妙，都教人要崇尚实干而避免虚言。2021年9月27日，习近平总书记在中央人才工作会议上的讲话中指出：

> 必须积极营造尊重人才、求贤若渴的社会环境，公正平等、竞争择优的制度环境，待遇适当、保障有力的生活环境，为人才心无旁骛钻研业务创造良好条件，在全社会营造鼓励大胆创新、勇于创新、包容创新的良好氛围。③

① （汉）郑玄，注.王锷，点校.礼记注（下册）[B].北京：中华书局，2021：660.
② （元）陈澔，注.金晓东，校点.礼记[B].上海：上海古籍出版社，2016：589.
③ 习近平.深入实施新时代人才强国战略，加快建设世界重要人才中心和创新高地[J].求是，2021（24）.

2.谦卑

子云："上酌民言，则下天上施。上不酌民言，则犯也；下不天上施，则乱也。故君子信让以莅百姓，则民之报礼重。《诗》云：'先民有言，询于刍荛。'"上级能够了解下面民众的心声，那么施政仿佛就是地上的水汽升腾到天上凝聚成雨降下来。上级如果不了解下面民众的心声，天地不和互相冲犯；地上的水汽升腾起来后不能凝聚成雨降落，本来的风调雨顺就乱了。所以君子如果以信任和礼义对待民众，民众就报之以孝敬父母的重礼。因此《诗经》说："上古君王留嘉言，谋划大事于民情。"

郑玄注曰："酌，犹取也。取众民之言，以为政教，则得民心；得民心，则恩泽所加，民爱之如天矣，言其尊"；"莅，临也。报礼重者，犹言能死其难"；"先民，谓上古之君也。询，谋也。刍荛，下民之事也。言古之人君，将有政教，必谋之于庶民乃施之。"[1] 酌的意思是取，君主能吸取民众的意愿，为政施教就能深得民心，深得民心的政治教化就像阳光雨露滋养万物，受此恩泽的民众敬爱君主就像敬仰上天，君主的尊贵就当如此。莅就是莅临，所谓报礼重就是如愿为君主慷慨赴死。先民指的是上古的君王，询就是谋划，刍荛是指民众的小事，意思是说上古的君王为政施教，总是先去调查了解民众的实践。陈澔注曰："上酌民言，谓人君将施政教，必斟酌参挹乎舆论之可否，如此则政教所加，民尊戴之如天所降下者矣，否则民必违犯也。民不天上之所施，则悖慢之乱作矣。信则不欺于民，让则不恃乎己，以此临民，民得不亲其上，死其长乎？故曰'民之报礼重'也。《诗·大雅·板》之篇。询于刍荛，问于取草取薪之贱者也，引此以明'酌民言'之意。"[2] 酌也可以理解为斟酌，君主为政施教必须先斟酌一下舆论反响是否可行，合乎民心地为政施教能使民众当天命尊重，否则民众必定会违犯抵触。民众不以天理看待施政，就必定会有悖逆怠慢的乱象。取信于民就是不欺骗民众，敬让民众就是不一意孤行，如此对待民众，民众岂能不亲近其上级，不为他们的官长效命？这就是民众以重礼回报。《诗·大雅·板》引用的话，是说要问计于割草伐薪的小民，以此强调领导者要了解基层群

---

① （汉）郑玄，注.王锷，点校.礼记注（下册）[B].北京：中华书局，2021：660.

② （元）陈澔，注.金晓东，校点.礼记[B].上海：上海古籍出版社，2016：588.

众的心声。孙希旦以为"犯，犹《左传》'众怒难犯'之犯，言不顺于民之心也。上不酌民言，则乖戾而至于犯民；下不天上施，则怨怒而至于作乱"；"信则有不敢欺之心，让则有不求胜之意。如是，则民感其德，而所以报之者重矣"①。在革命年代，参加革命就有牺牲生命的危险，民众之所以仍然积极响应革命号召，就是因为共产党的革命政策反映了人民的心声。1934年1月27日，毛泽东在《关心群众生活，注意工作方法》中指出：

> 我们应该深刻地注意群众生活的问题，从土地、劳动问题，到柴米油盐问题。妇女群众要学习犁耙，找什么人去教她们呢？小孩子要求读书，小学办起了没有呢？对面的木桥太小会跌倒行人，要不要修理一下呢？许多人生疮害病，想个什么办法呢？一切这些群众生活上的问题，都应该把它提到自己的议事日程上。应该讨论，应该决定，应该实行，应该检查。要使广大群众认识我们是代表他们的利益的，是和他们呼吸相通的。要使他们从这些事情出发，了解我们提出来的更高的任务，革命战争的任务，拥护革命，把革命推到全国去，接受我们的政治号召，为革命的胜利斗争到底。②

子云："善则称人，过则称己，则民不争；善则称人，过则称己，则怨益亡。《诗》云：'尔卜尔筮，履无咎言。'"有善举就称是他人之善，有过错就称是自己之过，这样民众就不好争权夺利；有善举就称是他人之善，有过错就称是自己之过，也能使怨恨日益消亡。这样，正如《诗经》所言："你不论去占卜还是筮算，结果都不会有凶险言辞。""争见于事，怨在于心，怨亡则不止于不争矣"③，争斗体现在做事中，怨恨则隐藏在心中，心中怨恨消亡就不只是不再争斗而已，大概还能通力合作吧。"履，当依《诗》作'体'，谓卜之于龟，筮之于著，其卦兆之体，皆无凶咎之辞也，以无咎明不争不怨之意"④。应当依照《诗·卫风·氓》原文，"履"当作"体"，

① （清）孙希旦，撰.礼记集解（下）[B].北京：中华书局，1989：1286.
② 毛泽东.毛泽东选集（第1卷）[M].北京：人民出版社，1991：138.
③ （清）孙希旦，撰.礼记集解（下）[B].北京：中华书局，1989：1286.
④ （元）陈澔，注.金晓东，校点.礼记[B].上海：上海古籍出版社，2016：589.

也就是不论用龟甲占卜还是用蓍草算卦，算出预兆吉凶的卦体，都不会有言说凶险不利的言辞，以无凶险不利表明没有人相争或怨恨的意思。老子说："夫唯不争，故天下莫能与之争"，不与人相争就没人能与之相争，没有人与之相争也就是不遭人怨恨，因此也就没有凶险不吉利的事。

子云："善则称人，过则称己，则民让善。《诗》云：'考卜惟王，度是镐京；惟龟正之，武王成之。'"有善举就称是他人之善，有过错就称是自己之过，这样民众就能有好处互相辞让。《诗经》说："稽考占卜者乃是武王，因为谋划要定都镐京；龟占验证镐京吉利，王武完成定都事宜。""让善者，以善相让，则又不止于无怨而已"[1]，"让善"就是在面对好事时彼此相让，这当然不止于没有怨恨而已，而是达到"管鲍之交"了。据《史记·管晏列传》记载，管仲因为家庭贫困表现得好争权夺利，而鲍叔牙因其贤能而敬让有加，甚至让出了相桓公的机会。鲍叔牙堪称"让善"的典型代表，高风亮节地安处管仲之下。原文引用《诗经》武王占卜之事，好像与"让善"并无直接关系，或是表明武王敬畏天命吧。

> 管仲夷吾者，颍上人也。少时常与鲍叔牙游，鲍叔知其贤。管仲贫困，常欺鲍叔，鲍叔终善遇之，不以为言。已而鲍叔事齐公子小白，管仲事公子纠。及小白立为桓公，公子纠死，管仲囚焉。鲍叔遂进管仲。管仲既用，任政于齐。齐桓公以霸，九合诸侯，一匡天下，管仲之谋也。管仲曰："吾始困时，尝与鲍叔贾，分财利多自与，鲍叔不以我为贪，知我贫也。吾尝为鲍叔谋事而更穷困，鲍叔不以我为愚，知时有利不利也。吾尝三仕三见逐于君，鲍叔不以我为不肖，知我不遭时也。吾尝三战三走，鲍叔不以我为怯，知我有老母也。公子纠败，召忽死之，吾幽囚受辱，鲍叔不以我为无耻，知我不羞小节而耻功名不显于天下也。生我者父母，知我者鲍子也。"鲍叔既进管仲，以身下之。子孙世禄于齐，有封邑者十余世，常为名大夫。天下不多管仲之贤而多鲍叔能知人也。

子云："善则称君，过则称己，则民作忠。《君陈》曰：'尔有嘉谋嘉猷，入告尔君于内。女乃顺之于外，曰：此谋此猷，惟我君之德。于乎！是惟良显哉。'"有善举就称是君主之善，有过错就称是自己之过，这样民众就会兴起忠诚之风。《君陈》有言："你们如果有良策善道，入京告知君主于内朝。你们才可能顺利实施于外朝，还要说："如此良策如此善道，全出自国君美德善行。啊！我们的国君多么善良高尚。""君陈，盖周公之子，伯禽弟也。名篇在《尚书》，今亡。嘉，善也。猷，道也。于乎是惟良显哉，美君之德。"[1]这里的"君陈"是人名，大概是周公的儿子，伯禽的弟弟。《君陈》是《尚书》的一篇，现在已经亡佚不见。"嘉"即是善，"猷"就是道，"于乎！是惟良显哉"是赞美国君的美德，亦即"引以证善则称君之义"[2]。当然，从另一方面说，"朕躬有罪，无以万方；万方有罪，罪在朕躬。"（《论语·尧曰》）作为君主我本人如果有罪过，请上天不要怪罪天下百姓；天下百姓如果有罪过，请上天把罪责都让我承担。君臣争相辞让功劳，君臣争相承担责任，这才是从政美德。共产党人则认为成绩或功劳首先是人民的，毛泽东说："如果说我们有些成绩，那是人民的。我们的领导是从群众中来的，要向人民学习。人民向我们提供意见，我们按照人民的意见办事。我们如果犯了错误，就是因为脱离了群众；我们纠正了错误，就是因为听了群众的话。"[3]陈云说："头一个是人民的力量，第二是党的领导，第三才轮到个人。"[4]

3.孝敬

子云："善则称亲，过则称己，则民作孝。《大誓》曰：'予克纣，非予武，惟朕文考无罪；纣克予，非朕文考有罪，惟予小子无良。'"有善举就称是父母之善，有过错就称是自己之过，这样民众中就会兴起孝顺之风。《泰誓》说："如果我能打败商纣，不是因为我勇武，而是我父文王没有罪过；如果纣王能打败我，不是因为我父文王有罪过，而是因为我这个儿子不够好。"郑玄说："《大誓》，《尚书》篇名也。克，

① （汉）郑玄，注.王锷，点校.礼记注（下册）[B].北京：中华书局，2021：661—662.

② （元）陈澔，注.金晓东，校点.礼记[B].上海：上海古籍出版社，2016：590.

③ 中共中央文献研究室，编.毛泽东年谱（1949—1976）（第5卷）北京：中央文献出版社，2013：211—212.

④ 陈云.陈云文选（第1卷）[M].北京：人民出版社，1995：293.

胜也。非予武，非我武功也。文考，文王也。无罪，则言有德也。无良，无功善也。此武王誓众以伐纣之辞也。今《大誓》无此章，则其篇散亡。"①《大誓》是《尚书·周书》的篇名，"克"就是胜，"非予武"是说不是我发动武力的功绩，"文考"就是文王，"无罪"就是有德，"无良"就是没有功绩成效，这是武王伐纣前当众起誓说的话。现存《大誓》并无此内容，大概是散佚了。"引以证善则称亲之义"②，引用这段话的目的当然是论证有善举则称是父母之善。今天有些人则是完全颠倒过来了，凡是生活中的不成功都怪罪父母创造的条件不好，但凡取得些许成就则认为是靠自己"白手起家"。所以，一些人成为心安理得"躺平"的"啃老族"，一些人则成为"白手起家"的精神"弃儿"。"善则称亲，过则称己，则民作孝"，教人分清是非善恶，既能激发社会的创造活力，也能充实人的精神家园。

子云："君子弛其亲之过而敬其美。"《论语》曰："三年无改于父之道，可谓孝矣。"高宗云："三年其惟不言，言乃讙。"君子不找父母的不是而崇敬父母的美德，《论语》说："三年服丧期间不改变父母的教导，可称作是孝敬。"高宗说："三年服丧期间不发表政论，丧期结束后发表的政论即让人欢欣鼓舞。""弛，犹弃忘也"③，"弛"就是忘却，意味着不记父母的仇，不找父母的不是。"高宗，殷王武丁也。名篇在《尚书》。三年不言，有父小乙丧之时也。讙，当为'欢'，声之误也。其既言天下皆欢喜，乐其政教也。"④高宗指的是商朝中兴之王武丁，《尚书》也载有以《高宗》为名的一篇。三年不发号施令，是因为当时处于其父小乙丧期。"讙"应当是欢乐的"欢"，同音造成的错误，意思是高宗一旦发话天下民众都高兴，说明他为政施教受到民众欢迎。据《史记殷本纪》记载，武丁继位之时殷商出现衰败，所以，武丁想要复兴殷商，这就意味着"父之道"必须得改。但武丁在三年丧期中没有搞改革，除了孝道以外的重要原因是没有辅佐者。昼思夜想有改革思路的辅佐之臣，终于梦到了后来大名鼎鼎的傅说。当然，此时的傅说是在建筑工地的刑徒，工匠们找其来与武丁交谈后，武丁确定他是有改革雄才大略的圣人，所以推举成为自己的辅相。由此可见，三年丧期其实也是武丁谋划改革的时期，正因为谋划周全所以其改

① （汉）郑玄，注.王锷，点校.礼记注（下册）[B].北京：中华书局，2021：662.

② （元）陈澔，注.金晓东，校点.礼记[B].上海：上海古籍出版社，2016：590.

③ （元）陈澔，注.金晓东，校点.礼记[B].上海：上海古籍出版社，2016：591.

④ （汉）郑玄，注.王锷，点校.礼记注（下册）[B].北京：中华书局，2021：662.

革受到民众欢迎。

　　帝小乙崩，子帝武丁立。帝武丁即位，思复兴殷，而未得其佐。三年不言，政事决定于冢宰，以观国风。武丁夜梦得圣人，名曰说。以梦所见视群臣百吏，皆非也。于是乃使百工营求之野，得说于傅险中。是时说为胥靡，筑于傅险。见于武丁，武丁曰是也。得而与之语，果圣人，举以为相，殷国大治。故遂以傅险姓之，号曰傅说。

　　"三年无改于父之道"，原文为："父在，观其志；父没，观其行；三年无改于父之道，可谓孝矣。"(《论语·学而》)父亲在世时，观察他的志向；父亲去世后，观察他的行为；如果三年不改变父亲的治国之道，就可以说是尽孝了。武丁在父亲在世时或许就有改革朝政复兴殷商的志向，但父亲执掌政权就不可能由着他改革朝政。父亲过世后，他继承了王位，实际上拥有了推行改革的权力。但是，为什么不这么做呢？因为改革是一项重大的政治决策，岂能任性妄为？"父之道"或许已经到了非改革不足以复兴的时候了，但这丝毫不意味着完全否定"父之道"就会取得成功。赫鲁晓夫这个粗鲁的家伙真不如武丁，他以为彻底否定斯大林这个"父"就可以复兴苏联；戈尔巴乔夫则是彻底否定"父之道"，其结果是苏共垮台和苏联解体。

　　中国共产党人吸取了老祖宗的智慧，所以没有重蹈苏联的覆辙。邓小平对起草《关于建国以来党的若干历史问题的决议》的意见讲了三条中心意思："第一，确立毛泽东同志的历史地位，坚持和发展毛泽东思想。这是最核心的一条。不仅今天，而且今后，我们都要高举毛泽东思想的旗帜"；"第二，对建国三十年来历史上的大事，哪些是正确的，哪些是错误的，要进行实事求是的分析，包括一些负责同志的功过是非，要做出公正的评价"；"第三，通过这个决议对过去的事情做个基本的总结。还是过去的话，这个总结宜粗不宜细。总结过去是为了引导大家团结一致向前看" ①。"宜粗不宜细"简直是对"弛"字最完美的阐释，中国的改革还真是在毛泽东去世后第三年才拉开大幕，而且中国共产党人始终坚持毛泽东思想的指导。"改"并不是"否定"，只有"坚持"和"发展"才是"改"；"道"就是"道路"，就是"道理"，

────────────

① 邓小平.邓小平文选（第2卷）[M].北京：人民出版社，1994：291—292.

是一代又一代人实践的理论成果，也只能"坚持"和"发展"。古人强调"三年无改父之道"，就是叫人要先搞清楚哪些应该"坚持"、哪些需要"发展"，否则"改革"就不是"改变"和"革新"，而是"背叛"和"动乱"。

子云："从命不忿，微谏不倦，劳而不怨，可谓孝矣。"《诗》云："孝子不匮。"子女顺从父母要求不能表现出愤恨，如果要求不合理当耐心委婉劝解，因为父母不接受而担忧但不能怨恨。就像《诗经·大雅·既醉》说的，"孝子对父母的孝敬从不匮乏终止"。

"从命不忿，谓承受父母命令之时，不可有忿戾之色"①；"微谏不倦者，子于父母，尚和顺，不用鄂鄂。《论语》曰：'事父母几谏，见志不从，又敬不违，劳而不怨。'《内则》曰：'父母有过，下气怡色，柔声以谏，谏若不入，起敬起孝，说则复谏。'次所谓不倦"；"匮，乏也。孝子无乏止之时"②。子女对待父母，即便父母的要求不合理，也要不动声色以示尊敬；因为子女对待父母，以和顺为美尚，不能咄咄逼人。就如《论语·里仁》所言："侍奉父母，如果他们有不对，要耐心委婉劝阻，看到父母不愿意接受，仍然尊敬而不违逆，虽然忧虑但不怨恨。"又如《礼记·内则》所言："父母如果有过错，要心平气和、和颜悦色、柔声相劝，劝告不被接受时，要用孝敬去打动他们，等他们高兴时再劝告。"这就是所谓的"不倦"。"匮"就是匮乏，孝子对父母的敬爱之情没有匮乏终止之时。"从命不忿"就是觉得父母有不对时"又敬不违"，"微谏不倦"就是对于感觉父母不对的地方"几谏"，"劳而不怨"就是劳心劳力而无怨无悔，做到这些就可以称作孝敬了。显然，"天下无不是的父母"是一句愚蠢的话，这种孝也是"愚孝"，就像"助纣为虐"那样盲目地效忠君主是"愚忠"。《孝经》之"谏诤章第十五"载：

> 曾子曰："若夫慈爱、恭敬、安亲、扬名，则闻命矣。敢问子从父之令，可谓孝乎？"
>
> 子曰："是何言与，是何言与！昔者天子有争臣七人，虽无道，不失其天下；诸侯有争臣五人，虽无道，不失其国；大夫有争臣三

---

① （元）陈澔，注.金晓东，校点.礼记[B].上海：上海古籍出版社，2016：591.
② （汉）郑玄，注.王锷，点校.礼记注（下册）[B].北京：中华书局，2021：662.

人，虽无道，不失其家；士有争友，则身不离于令名；父有争子，则
身不陷于不义。故当不义，则子不可以不争于父，臣不可以不争于
君；故当不义，则争之。从父之令，又焉得为孝乎！"

"从命不忿"并不是忍气吞声地服从哪怕是错误的父母之命，当曾子问："子女
听从父母的命令，就可以称作孝吗？"孔子听了仿佛觉得不可思议，未免实在太愚蠢
了，连说两遍："这是什么话！这是什么话！"天子、诸侯、大夫有劝谏之臣才能保全
天下、国家、家族，士人有劝谏之友才不会身败名裂，父亲有劝谏之子才不会陷于
不义。如果违背道义，儿子不可以不劝阻父亲，大臣不可以不劝阻君主；无论何人
违背道义，都应当劝谏阻止。盲目地听从父亲的命令，怎能称得上孝敬！盲目地听
从君主的命令，又怎能称得上忠诚！毫不夸张地说，对于父亲的不义之举还不阻止，
就像父亲往悬崖走而见死不救，这是最大的不孝！对于朋友走歪门邪道而不加指明，
就像朋友南辕北辙而不告知，这是乐见朋友与人生目标渐行渐远！对于君主昏庸无
道而不加劝谏，就是坦然地甚至乐意看到他国破人亡，这是最大的不忠！

所谓"君要臣死臣不得不死，父要子亡子不得不亡"，完全不是圣人的教导，而
是专制暴君和家长的谬论。

"从命不忿"只是"又敬不违"，也就是即便觉得父母、朋友、君主有不对的地
方，也仍然保持对他们的尊敬，而不是违逆他们的意志，简单粗暴地把自己的意志
强加于他们。父母觉得子女做得不对，最好也要保持对他们的尊重，而不是简单地
把父母的意志强加于子女，子女自然也不能违背父母的意志，粗暴地把子女的意志
强加于父母。君主对大臣尚且不能颐指气使，要对大臣的人格尊严保持基本的尊敬，
大臣对君主当然也不能自以为是、趾高气扬。所以，"从命不忿"是子女对父母、大
臣对君主、下级对上级最基本的尊敬，这也是长幼、上下之间的基本礼节。违背了
基本的尊敬和礼节，劝谏就只能适得其反。父母把自己的意志强加于子女尚且逆反，
更何况子女把自己的意志强加于父母、大臣把自己的意志强加于君主呢？"微谏不
倦"才是真正出于敬爱的劝谏，既要以委婉劝说的方式体现尊敬，又以不离不弃的
方法体现爱。即便如此也仍然不一定能达到目的，还能"劳而不怨"就是真心孝敬！
"哀哀父母，生我劳瘁"，父母对子女不成器，真是劳心劳力、无怨无悔，这就是所
谓的"可怜天下父母心"，孝子要能以此心待父母，就是配得上父母慈爱的子女孝
敬。《诗经》说的"孝子对父母的孝敬终生不匮乏"，其实也不过像父母一样到死也

还是想着要子女过得好。父母在天之灵是否还在眷顾着子女？想必是的，孝子自信必定如此。孝子岂能不终生怀念生养自己的父母呢？死去尚且想念，活着为何不孝敬呢？

子女对父母的孝敬，最关键的一是方式上，要顾及长幼尊卑，不要让父母难堪，情感上难以接受，这是"父慈子孝"之"仁"；二是方法上，要能不徇私情，对于父母的不对要动之以情、晓之以理，这是"爱而知其恶"之"义"。仁义正是礼的核心要义，也是处理一切人际关系的准则。

子云："睦于父母之党，可谓孝矣。故君子因睦以合族。"《诗》云："此令兄弟，绰绰有裕。不令兄弟，交相为愈。"能使父母的亲属和睦相处，也可以称得上是孝。所以君子召集族人宴饮，为的就是让大家和睦相处。就如《诗经·小雅·角弓》说的，"人能善待兄弟，生活绰绰有余；不能善待兄弟，人人交相算计"；"睦，厚也。党，犹亲也"；"合族，谓族人燕，与族人食"；"令，善也。绰绰，宽容貌也。交，犹更也。愈，病也"[1]。"睦"就是情感敦厚、和睦相处，"党"就是同族亲属，"合族"就是集合族人宴饮就餐以加深感情，"令"就是善良或善待，"愈"就是厌恶或指责。"因睦以合族，谓会聚宗族为燕食之礼，因以致其和睦之情"[2]，"因睦以合族"就是召集族人举行宴饮之礼，以此培养族人之间敦厚和睦的感情。这里说的"宴食之礼"就是《中庸》说的"燕毛，所以序齿也"，"燕"和"宴"相通，"毛"和"齿"就是毛发和牙齿，都能表现年龄大小，宴食礼推崇尊老爱幼、和睦相处。《尚书·尧典》说尧"克明俊德，以亲九族。九族既睦，平章百姓。百姓昭明，协和万邦"，由此可见，尧是"睦于父母之党"的典型。《大学》所谓"身修而后家齐，家齐而后国治，国治而后天下平"，就是希望有一个德高望重的族人，能实现族人和睦相处，国家治理良好，天下和平安宁。显然，尧又是"内圣外王"的典型。到了"家天下"的时代，父母双方的亲属正是政治实践的主体，政治斗争主要围绕兄弟相争、父子相争、后宫干政、外戚夺权展开。"孝"虽然看似只是族人"齐家"之道，但实际上也是"治国之道""平天下之道"。

关于"党"，也有认为"按照五服所代表的亲疏关系来说，九族之内的人都是有

---

① （汉）郑玄，注.王锷，点校.礼记注（下册）[B].北京：中华书局，2021：663.

② （元）陈澔，注.金晓东，校点.礼记[B].上海：上海古籍出版社，2016：591.

服的。无服的叫作党，比如父党、母党、妻党"①，好像"党"是"九族"以外的人。这样解释的话，"父母之党"的范围就更广了，但应该也在郑玄说的"亲"之内，也就是父母"两姓之亲"。"睦于父母之党"有利于培养"兄弟阋于墙，外御其侮"的感情，有利于形成"以天下为一家，以中国为一人"的"大同"理想（《礼记·礼运》），但也易于形成家族势力，容易发展成为门阀政治。"父母之党"转变为"帝党""后党""太子党"，再加上"阉党""东林党"，把政治搞得分崩离析、乌烟瘴气，反倒加速了崩溃灭亡。即便到了现代社会，国民党其实还是以"四大家族"为核心，而且内部还有类似王朝时代的"党"。在号称民主自由的西方资本主义国家，其实也是家族势力在政坛上发挥举足轻重的影响，如美国的肯尼迪家族、布什家族就尽人皆知。中国共产党不仅彻底打垮延续几千年的封建家族势力和门阀政治，而且特别注意防止重新出现现代政治中的特殊利益集团。2021年7月1日，习近平在庆祝中国共产党成立100周年大会上的讲话中强调："中国共产党始终代表最广大人民根本利益，与人民休戚与共、生死相依，没有任何自己特殊的利益，从来不代表任何利益集团、任何权势团体、任何特权阶层的利益。"②

子云："于父之执，可以乘其车，不可以衣其衣。君子以广孝也"；"父之执，与父志同者也。可以乘其车，车于身，差远也"③；"车所同，衣所独，故车可乘，衣不可衣。广孝，谓敬之同于父，亦锡类之义也"④。所谓"父之执"，指的是与父亲志同道合的人，"可以乘其车"，是因为车和人没有直接关系，或者说车差不多是相同的，衣服则是每个人独有的，所以车可以同乘，但衣服不可以共穿。"广孝"是说把孝推而广之，把与父亲志同道合的人，类似父亲一样尊敬，这也是物以类聚人以群分之意。《孝经》有"广要道章第十二""广至德章第十三""广扬名章第十四"三章，都是讲"广孝"的内容，其中有"教民亲爱，莫善于孝"；"教以孝，所以敬天下之为人父者也"；"君子之事亲孝，故忠可移于君"的说法。从父慈子孝的推广到君仁臣忠，便是"人同此心，心同此理"。这就是所谓"老吾老，以及人之老；幼吾幼，以及人

---

① 王力，主编.中国古代文化常识[M].北京：北京联合出版公司，2014：155.

② 习近平.在庆祝中国共产党成立100周年大会上的讲话[M].北京：人民出版社，2021：11—12.

③ （汉）郑玄，注.王锷，点校.礼记注（下册）[B].北京：中华书局，2021：663.

④ （元）陈澔，注.金晓东，校点.礼记[B].上海：上海古籍出版社，2016：591.

之幼。天下可运于掌。"（《孟子·梁惠王上》）推广孝道就能使天下尽在掌握之中。

子云："小人皆能养其亲，君子不敬，何以辨？""辨，别也"①，连小人都能供养他们的父母亲，君子如果不能"敬天下之为人父者"，那么君子与小人如何分辨呢？其实很多小人都把父母供养得很好，只是他们不在乎别人父母的死活。君子和小人的区别就在于能否"广孝"，做到"老吾老，以及人之老"。"小人"只懂得"小我"，也就是只懂得爱"自家"老幼；"君子"是超越了"小我"的"大人"，也就是懂得"天下一家"。像毛泽东、邓小平这些老一辈革命家，他们根本没能为父母养生送死，但他们敬爱天下父母，所以是真君子！

子云："父子不同位，以厚敬也。"《书》云："厥辟不辟，忝厥祖。"强调父子地位不能平等，是为了厚植父慈子孝的孝敬之道。就像《尚书·商书·太甲》说的："为君不似君，无颜面祖先。"像东周王室不受人尊敬，岂不是愧对祖先？一个父亲如果被人当儿子看，岂不是愧为人父？"同位，尊卑等，为其相亵"②，所谓"同位"就是不分尊卑，但这其实是相互亵渎。"同位则尊卑相等，是不敬也，故不同位者，所以厚敬亲之道"；"君不君而与臣相亵，则辱其先祖，以喻父不自尊而与卑者同位，亦为忝祖也"③。尊卑不分就是不敬，尊卑有别就是为了强调尊敬父母的孝道；君主不像君主，言行与大臣一样，这是辱没君主先祖，以此类比来阐释做父母的不懂得自尊，以至于表现得像个卑劣顽童，也是愧对祖宗。今天很多人对强调尊卑有别很反感，对消除尊卑贵贱很向往。问题在于消除尊卑贵贱是所有人沦为卑贱，还是所有人都提升修养变得尊贵？一个父亲如果表现得像一个卑劣顽童，那不是对孩子的尊敬，反而是对孩子的亵渎，仿佛他不会变得成熟稳重一样；同时，当然也是孩子对父亲的亵渎，仿佛他的父亲就是这副长不大的愚顽德行。这样的父亲，不论外人还是家人，都会觉得是家门的不幸！这哪像一对父子？倒像两个混蛋。这并不是说父亲不可以和孩子玩笑娱乐，而是说父亲不能忘记教育引导孩子的责任，孩子也不能不学习尊敬长辈的礼节。一个不懂得尊敬自己父母的孩子，绝对不可能知道尊敬任何人！孩子如果需要玩伴有的是小朋友，父亲如果表现得像个孩子，这孩子就相当于没有父亲的孤儿！父母教育抚养子女，子女孝敬赡养父母，都是不可推卸的责任，

① （汉）郑玄，注.王锷，点校.礼记注（下册）[B].北京：中华书局，2021：663.
② （汉）郑玄，注.王锷，点校.礼记注（下册）[B].北京：中华书局，2021：663.
③ （元）陈澔，注.金晓东，校点.礼记[B].上海：上海古籍出版社，2016：591.

也是天经地义的权利。同样，国家领导人如果表现得像个普通民众，头发蓬乱衣着不整，这就是对民众的不尊重！也是对国家元首职务的亵渎！说是和民众打成一片，但也是对民众缺乏"上帝"般的敬畏；说是没有官僚做派，但也表明自己也是"普通人"而不能承担更多责任。于是，一般普通民众可能有的毛病，比如性关系混乱，喜欢吃喝玩乐，言行轻率，等等，他都心安理得、堂而皇之地全部都有。但是，与此同时，又享受着国家元首所特有的衣、食、住、行特权。中国古人强调尊卑有别，既包括社会地位的权利和权力差别，又包括社会分工的义务和责任差别。家庭中的父亲和国家的元首，无论如何都享有比孩子或民众更大的权利和权力，所以绝对不允许在社会分工中不承担更多的义务和责任。

子云："父母在，不称老，言孝不言慈；闺门之内，戏而不叹。君子以此坊民，民犹薄于孝而厚于慈。"只要父母健在，子女就不该自称老了，只讲孝敬的话而不讲慈爱的话；在父母身边交谈时，要欢乐而不哀叹。君子就是用这些礼节对民众加以规范，民众还是讲究孝敬父母的少，看重慈爱子女的多。"《曲礼》云'恒言不称老'，与此同意。孝所以事亲，慈所以畜子，言孝不言慈者，虑其厚于子而薄于亲故也。可以娱人而使之乐者，戏也；可以感人而使之伤者，叹也。闺门之内，谓父母之侧。戏而不叹，非专事于戏也，谓为孺子之容止，或足以娱亲，犹云可尔，恨叹之声则伤亲，故不为也。"①"父母在，不称老"意思如同《曲礼》"恒言不称老"，只要父母还在世，做子女的就不能说自己老了，因为那仿佛暗示父母活得太长寿。"言孝不言慈"，是因为孝敬是用来侍奉父母的，慈爱是用来养育子女的，只讲孝敬父母的话而不讲慈爱子女的话，就是因为担心重视慈爱子女而轻视孝敬父母。"闺门之内"指的是在父母身边，"戏"是使人娱乐的言行，"叹"则是使人感伤的言行，"戏而不叹"并非一味地嬉笑取乐，而是说表现得像孩子一样或许能让父母高兴，而抱怨哀叹则会让父母伤心，所以孝顺的子女不在父母面前抱怨哀叹。抱怨社会不公，哀叹世道不平，言下之意无疑是说父母无能，没有为自己赢得优势，甚至不能与人平等竞争。当然，像一个长不大的孩子，赖在父母身边当"啃老族"，显然也不会让父母高兴。最好是子女既能自立自强干事业，又能在父母面前像个长不大的孩子，既是时代英雄又保持一颗赤子之心。像毛泽东、周恩来等革命领袖，为了实现国家富强、民族

---

① （元）陈澔，注.金晓东，校点.礼记[B].上海：上海古籍出版社，2016：591.

振兴和人民幸福，不但没有在父母身边尽孝，也没有给予子女慈爱，他们甚至没有或失去了自己的子女。但他们难道不是中国人民最孝顺的儿子？难道不是中国人民最慈爱的父亲？他们也确实始终有一颗"赤子之心"，"恒言不称老"，生命不息奋斗不止！

子云："长民者，朝廷敬老，则民作孝。""长民，谓天子、诸侯"①，掌权治民的天子诸侯，在朝廷执政能尊敬老者，民众之中也就会兴起孝敬父母的风气。《王制》对"养老"有很详细的记述：

> 凡养老，有虞氏以燕礼，夏后氏以飨礼，殷人以食礼，周人修而兼用之。五十养于乡，六十养于国，七十养于学，达于诸侯。
>
> 八十拜君命，一坐再至，瞽亦如之。九十使人受。五十异粻，六十宿肉，七十贰膳，八十常珍，九十饮食不离寝，膳饮从于游可也。六十岁制，七十时制，八十月制，九十日修，唯绞紟衾冒，死而后制。五十始衰，六十非肉不饱，七十非帛不暖，八十非人不暖，九十虽得人不暖矣。五十杖于家，六十杖于乡，七十杖于国，八十杖于朝，九十者，天子欲有问焉，则就其室，以珍从。七十不俟朝，八十月告存，九十日有秩。五十不从力政，六十不与服戎，七十不与宾客之事，八十齐丧之事弗及也。五十而爵，六十不亲学，七十致政，唯衰麻为丧。
>
> 有虞氏养国老于上庠，养庶老于下庠。夏后氏养国老于东序，养庶老于西序。殷人养国老于右学，养庶老于左学。周人养国老于东胶，养庶老于虞庠。虞庠在国之西郊。有虞氏皇而祭，深衣而养老。夏后氏收而祭，燕衣而养老。殷人冔而祭，缟衣而养老。周人冕而祭，玄衣而养老。

以上所述为舜、夏、商、周时期的养老，举行宴饮、敬献、饭食之礼，依据年龄不同地点可能在乡里、国中、太学，对象从庶民直至诸侯。大致来说，"养老之礼，

---

① （汉）郑玄，注.王锷，点校.礼记注（下册）[B].北京：中华书局，2021：664.

其目有四：养三老五更，一也；子孙死于国事，则养其父祖，二也；养致仕之老，三也；养庶人之老，四也。"[①] 养老有四类：第一类为德高望重的三老、五更，天子以父兄之礼养之，或许像姜太公这样的"国家元老"；第二类是子孙为国捐躯的，他们的父亲、祖父由国家供养；第三类是致仕为官的老人；第四类是庶民中的老者。中国人常说"劳苦功高"，这就是赢得尊敬的基础。敬老养老的根本要义，说到底是尊敬为国家做出了重要贡献的人，包括德高望重或功勋卓著的官员，以及为国牺牲奉献的普通民众及其老人。养老敬老的场所设在各级学校，说明其目的是教育子孙后代。

毛泽东在读苏联《政治经济学教科书》的谈话中说："我们要教育人民，不是为了个人，而是为了集体，为了后代，为了社会前途而努力奋斗。"2018年12月18日，习近平在庆祝改革开放40周年大会上的讲话中说："建成社会主义现代化强国，实现中华民族伟大复兴，是一场接力跑，我们要一棒接着一棒跑下去，每一代人都要为下一代人跑出一个好成绩。"仅仅为了个人而行孝是"小孝"或"小人"之"孝"，"为了集体，为了后代，为了社会前途而努力奋斗"才是"大孝"、"达孝"或"君子"之"孝"。我们今天讲"孝"是社会主义的"孝"，不是封建家长制下的"孝"。可以预见，越来越多的子女将不会和父母长期生活在一起，父母大概也不希望子女当一个离不开父母的"啃老族"。"为了后代"是中国人普遍接受的，它不是专门针对老人说的，而是一代一代延续的。祖父母"为了后代"奉献了一辈子，所以理所当然应该得到子女的孝敬。子女将来也要"为了后代"奉献一辈子，才能赢得后代的孝敬。

"孝敬老人"和"为了后代"，其实就像在接力赛中传递接力棒，每个人都要为了下一棒跑好自己这一棒，如此就可以欣慰地退出赛道了，也自然会赢得下一棒由衷的敬爱。如果没有尽力跑好自己这一棒，也没有好好地完成接力棒的交接，如何能要求后面一棒、二棒、三棒尊敬自己呢？当然，对于前一棒的失误也不应该耿耿于怀，后一棒用自己的努力挽回失误才是明智之举。父母和子女都是相对的，现在的父母是过去的子女，现在的子女是以后的父母，孝顺尽在一代一代传承中。只要没有尽力跑好自己那一棒，就是愧对祖宗、愧对子孙，就不可能得到子孙后代的孝敬；只要尽力跑好了自己那一棒，就能光宗耀祖、积德子孙，就必然能得到子孙后代的孝敬。

---

① （元）陈澔，注.金晓东，校点.礼记[B].上海：上海古籍出版社，2016：591.

纵观历史，家道中落也是正常现象，孝顺的子孙更能够实现家道中兴，甚至是一次一次衰落又一次一次复兴！继承革命先辈的遗志、高举我们父辈的旗帜，为实现中华民族伟大复兴而奋斗，这就是当今每一个中华儿女的大孝！"躺平""啃老"，断送中华民族伟大复兴的美好前景，这就是当今中华儿女的大不孝！

三、"命以坊欲"

虽有"礼以坊德"和"刑以坊淫"，但对于"无法无天"的人仍然防不胜防。"命以坊欲"其实就是"严防死守"，用"死生有命"来教导人。人们常说"不见棺材不落泪"，死对于任何人来说都会有很大的触动。曾子曰："慎终追远，民德归厚矣。"（《论语·学而》）谨待父母丧事，追悼远代祖先，民众道德就归向淳厚。

1. "示民不争"

子云："祭祀之有尸也，宗庙之有主也，示民有事也。修宗庙，敬祀事，教民追孝也。以此坊民，民犹忘其亲。"祭祀时有人充当祖先，宗庙中有祖先的神位，是为了展示侍奉的尊长。修建宗庙，敬重祭祀，是教导民众追思孝敬先祖。陈澔引方慤曰："为亲之死，故为尸以象其生；为神之亡，故为主以寓其存。《经》曰：'事死如事生，事亡如事存。'此所以言示民有事也。追孝，与《祭统》言追养继孝同义。"[1]因为过去没有雕刻人像或照相技术，所以在祭祀时由活人去充当已经过世的父母，让参加祭祀的人感觉父母在世时的形象；又因为神是摸不着看不见的，所以设置神主之位以象征父母神灵的存在。对待死去的父母就好像他们还活着，对待亡故的先人就像他们还在世，这就是所谓"示民有事"。"有事，有所尊事"[2]，"示民有事"就是要展示民众先辈值得尊崇的事，也就是要继承和发扬先辈的光荣传统。"追孝"与《祭统》说的"追养继孝"同义，也就是像仍然活着一样继续奉养孝敬亡故的先祖。曾子曰："慎终追远，民德归厚矣。"（《论语·学而》）慎重养老送终且追思远逝先祖，民众德行自然归向忠厚。今天的人越来越不重视祭祀扫墓了，因此也越来越觉得人

---

① （元）陈澔，注.金晓东，校点.礼记[B].上海：上海古籍出版社，2016：591.

② （汉）郑玄，注.王锷，点校.礼记注（下册）[B].北京：中华书局，2021：664.

生如浮云，飘飘荡荡，不知从何处来，亦不知往何处去；不知何时得相遇，亦不知何时将消散。烟消云散的人生，岂非虚无缥缈？今天的人也期盼宝钗和宝玉的"金玉良缘"，期盼"不离不弃，芳龄永继"；"莫失莫忘，仙寿恒昌"。但是，"金玉良缘"终究化为泡影，而黛玉、宝玉的"木石情缘"也不过一场空。今天，随着社会流动性的增强，随着人口生育率的降低，依靠婚姻家庭维系的孝道更加难以为继。很多人已经不愿意生孩子，很多孩子成年后都不再和父母生活在一起，很多孩子从未和祖父母一起生活过，"教民追孝"既没有了感情基础也没有了社会条件。社会存在既然已经超出了家庭范围，社会意识也应该相应地超出家庭，如今唯有民族国家和民族文化才是人们的精神家园。今天的"教民追孝"要教育人民认识自己是中华儿女，要以中华文明五千多年历史为自豪，要为实现中华民族伟大复兴而奋斗。2022年5月27日，中共中央政治局就深化中华文明探源工程进行第三十九次集体学习，习近平总书记在主持学习时强调：

> 中华文明源远流长、博大精深，是中华民族独特的精神标识，是当代中国文化的根基，是维系全世界华人的精神纽带，也是中国文化创新的宝藏。在漫长的历史进程中，中华民族以自强不息的决心和意志，筚路蓝缕，跋山涉水，走过了不同于世界其他文明体的发展历程。要深入了解中华文明五千多年发展史，把中国文明历史研究引向深入，推动全党全社会增强历史自觉、坚定文化自信，坚定不移走中国特色社会主义道路，为全面建设社会主义现代化国家、实现中华民族伟大复兴而团结奋斗。

> 文物和文化遗产承载着中华民族的基因和血脉，是不可再生、不可替代的中华优秀文明资源。要让更多文物和文化遗产活起来，营造传承中华文明的浓厚社会氛围。要积极推进文物保护利用和文化遗产保护传承，挖掘文物和文化遗产的多重价值，传播更多承载中华文化、中国精神的价值符号和文化产品。①

---

① 习近平主持中共中央政治局第三十九次集体学习并发表重要讲话.http://www.gov.cn/xinwen/2022—05/28/content_5692807.htm.

"祭祀之有尸也，宗庙之有主也，示民有事也。修宗庙，敬祀事，教民追孝也。以此坊民，民犹忘其亲。"这段话的主旨是强调形式的重要性，就像习近平特别强调"文物和文化遗产承载着中华民族的基因和血脉"。诸如黄帝雕像、孔子塑像、文庙等，都是文明文化的重要载体，没有这些载体，文明文化育人功能就会落空。要让中华儿女记得自己的祖先，就不仅必须加强文物和文化遗产的保护，还必须通过文化创造让更多文物和文化遗产活起来，形成大量承载中华文化、中国精神的价值符号和文化产品，这是今天中国文化人的历史使命。

子云："敬则用祭器。故君子不以菲废礼，不以美没礼。故食礼，主人亲馈，则客祭；主人不亲馈，则客不祭。故君子苟无礼，虽美不食焉。《易》曰：'东邻杀牛，不如西邻之禴祭，实受其福。'《诗》云："既醉以酒，既饱以德。"以此示民，民犹争利而忘义。为了表示敬重就用祭祀器具作餐具招待客人，仿佛客人是自己的再生父母一般。总的来说，君子不因妄自菲薄而废弃礼节，也不因阿谀奉承而超过礼节。所以在食飨之礼中，如果主人亲自敬献菜肴，客人就得献祭再食；如果主人没有亲自敬献菜肴，客人就不必献祭再食。因此，君子如果遇到无礼接待，即便是美食也不吃。就像《易经·既济》卦说的，"商纣王杀牛，还不如周文王杀猪，诚心诚意的禴祭才能受福佑"。又如《诗经·大雅·既醉》所言，"美酒让人陶醉，美德让人满足。"就是这么指示引导民众，民众仍有人见利忘义。

陈澔注说："笾豆簋铏之属皆祭器，用之宾客，以寓敬也。菲薄而废礼，与过文而没礼，皆不得为敬。主人亲馈，是敬客也；客祭其馔，是敬主也。"[1]笾、豆、簋、铏等都是古代的祭祀用器，用它们来招待宾客，是为了表示敬意。因太过随便而丧失礼义，或因繁文缛节而礼仪过度，都不符合尊敬的本意。只有主人亲自上前敬献食物，隆重表达敬重宾客；客人才能献祭后就食，这是表示对主人的回敬。郑玄注说："东邻，谓纣国中也。西邻，谓文王国中也。此辞在《既济》。《既济》，离下坎上，离为牛，坎为豕。西邻禴祭则用豕与？言杀牛而凶，不如杀豕受福。喻奢而慢，不如俭而敬也。《春秋传》曰：'黍稷非馨，明德惟馨。'信矣"；"君子飨燕，非谓酒肴，亦以观威仪，讲德美"[2]。"东邻"指的是商纣王的国都，"西邻"指的是周文王的

① （元）陈澔，注.金晓东，校点.礼记[B].上海：上海古籍出版社，2016：592.

② （汉）郑玄，注.王锷，点校.礼记注（下册）[B].北京：中华书局，2021：664—665.

国都。"东邻杀牛，不如西邻之禴祭，实受其福"，是《既济》的卦辞。《既济》卦，下卦离上卦坎，离代表牛，坎代表猪。或是周文王禴祭用猪，以为杀牛有凶兆，不如杀猪受福。这意味着奢侈而轻慢不如俭朴而敬重，如《春秋传》所言"黍稷并不馨香，美德才真馨香"，此言诚信不虚啊。所以，君子举行宴请宾客之礼，不是为了一起喝酒吃饭，而是为了观摩端庄仪容，传习道德之美。

"既醉以酒，既饱以德"，大概可以对照"好德如好色"理解为"好德如好酒"。人世酒色之徒太多，所以古人教育引导人要"好德如好色""好德如好酒"。子曰："已矣乎！吾未见好德如好色者也。"（《论语·卫灵公》）罢了！罢了！我没见过喜欢美德如同喜欢美色一样的人。言下之意，要让酒色之徒在酒色中领悟到美德，太难了！或许在酒色掏空了身心之后，终于悟出了"色即空"，但那样就晚了。所以，孔子从不教人不妨"纵情酒色"，而是孜孜不倦地教人"克己复礼"。子曰："克己复礼为仁。一日克己复礼，天下归仁焉。为仁由己，而由人乎哉？"（《论语·颜渊》）克制自己以遵循礼就是仁。人一旦这样做了，天下就都可仁爱了。实行仁爱在于从自己做起，难道还能要求从别人做起吗？"争利而忘义"就是觉得人人都争利忘义，所以我也争利忘义是理所当然，如此世界也就是争利忘义的世界。孔子教人"克己复礼"，如果人人都能克己复礼而不管他人，如此世界才有望成为克己复礼的世界。当今世界最大的问题是人人都对自己强调"民主自由"，但却要求别人"克己复礼"。尤其是西方发达资本主义国家，打着"民主自由"的幌子侵略掠夺世界，但却不允许其他国家拥有"民主自由"，更不能容忍通过自由竞争挑战它们的霸权地位。所谓遵守以规则为基础的国际秩序，实际上是尊重他们的霸权地位。一边宣扬"民主自由"，一边要求"天佑美国"，这是什么"民主自由"？只有"克己复礼"才有真正的"民主自由"，否则"民主自由"不过是"争利忘义"的遮羞布。

子云："七日戒，三日齐，承一人焉以为尸，过之者趋走，以教敬也。醴酒在室，醍酒在堂，澄酒在下，示民不淫也。尸饮三，众宾饮一，示民有上下也。因其酒肉，聚其宗族，以教民睦也。故堂上观乎室，堂下观乎上。《诗》云：'礼仪卒度，笑语卒获。'"祭祀之前先要斋戒三到七天，然后选定一个人充当受祭神主，从他旁边过的人都要小步快跑，以此教导民众要懂得敬爱尊贵和年长的人。最不好的醴酒预备在室内，较好的醍酒预备在堂上，最好的澄酒预备在堂下，这是为了教导民众不要像个小人一样贪图酒色。充当受祭神主者接受主人、主妇、主宾敬酒三杯，众宾客才接受主人敬酒一杯，这是教育民众上下尊卑有别。祭祀后剩下的酒肉，要召集宗族成员都来共享，这是教导民众要和睦相处。宴饮时，堂上就座的人可以观摩室内的人行礼，堂下的人可以观摩堂上的人行礼。如此，就能像《诗经》说的，"礼仪尽合法度，笑语溢于言表"。

郑玄注："戒，谓散齐也。承，犹事也"；"淫，犹贪也。澄酒，清酒也。三酒尚质，不尚味"；"上下，犹尊卑也。主人、主妇、上宾献尸，乃后，主人降，洗爵，献宾"；"祭有酒肉，群昭群穆皆至，而献酬之，咸有荐俎"；"在庙中者，不失其礼仪，皆欢喜得其节"①。"戒"就是不在室内的斋戒，斋戒七天不在室内，三天在室内，大概是"慎终追远"之意；"承"就是侍奉，侍奉那个充当受祭祀先祖的人，在经过他所在的神位时要快步小跑，这是教导参与祭祀的人对鬼神"敬而远之"而不可轻慢。这与后世缓步慢行、驻足瞻仰、鞠躬默哀不同，大概是因为后世把斋戒追思合并了的缘故。"淫"就是贪婪，"澄酒"其实就是清酒，醴酒、醍酒、澄酒崇尚质朴之心而不是酒本身之美味，就是教人不要贪杯好酒。"上下"就是尊卑，受祭的祖先为尊，祭祀的宾客为卑，所以主人、主妇和上宾先向充当祖先的人敬酒，而后主人从祭坛下来，洗刷酒杯，再向宾客敬酒。充当祖先的人喝三杯，参与祭祀的众宾客才喝一杯。"醴酒在室，醍酒在堂，澄酒在下"，"此三酒，味薄者在上，味厚者在下，贵薄而贱厚，是示民以不贪淫于味"；"尸饮三"，"主人、主妇、宾长各一献也，然后主人献宾，是众宾一也"，"尊上者得酒多，卑下者少，是示民以上下之等也"；"祭礼之末，序昭穆，相献酬，此以和睦之道教民也"；"堂上者观室中之礼仪，堂下者又观堂上之礼仪，其容有不肃者乎"；《诗·小雅·楚茨》之篇，"卒，尽也，言礼仪尽合于法度，笑语尽得其宜"②。醴酒、醍酒、澄酒这三种酒，味道浅淡的醴酒、醍酒用在室内堂上，味道醇厚的澄酒却反而用在堂下，以味道浅淡为贵、以味道醇厚为薄，是要警示人不要贪恋沉醉于美味。充当受祭神主者喝三杯，是主人、主妇和宾长各献一杯，然后主人献宾客一杯，众宾才喝一杯，尊者多喝卑下者少喝，是明示上下尊卑等级。祭祀典礼的最后，按左昭右穆排列祖宗顺序，参与祭祀的宾主相互献酒应酬，这是为了教导民众和睦相处。在堂上就座的人能观看室内的人行宴饮礼仪，堂下就座的人能观看堂上就座的人行宴饮之礼，大家的仪容没有不端庄严

① （汉）郑玄，注.王锷，点校.礼记注（下册）[B].北京：中华书局，2021：665.
② （元）陈澔，注.金晓东，校点.礼记[B].上海：上海古籍出版社，2016：592.

肃的。最后引用《诗·小雅·楚茨》的诗句中，"卒"就是尽的意思，也就是说礼仪全都合乎法度，谈笑也全都得体适宜。古人非常重视祭祀之礼，但今天几乎没有人重视了。不过，很多人至少清醒地感觉到，类似的祭祀礼仪还有价值。所以，即便是没有封建历史的国家美国，也建立了华盛顿纪念碑、林肯纪念堂，他们当然不仅是供游客游玩，而是要教人敬重和铭记他们。二战时期的军国主义国家日本，甚至把战犯供奉在靖国神社。这表明现代国家仍然要教人铭记"国父"，甚至设定专门的节日纪念和凭吊他们。批评日本领导人参拜靖国神社无疑很有必要，但更重要的是中国人要铭记新中国的开创者。诸如北京站整点报时的《东方红》，应该在公众场所广泛使用。编钟演奏的《东方红》乐曲，声音悠扬清丽，很容易让人脑海中出现红日东升的景象，感受到中华民族伟大复兴的蓬勃生机！为了强化不忘初心和牢记使命教育，应该制定专门的礼仪，组织党员干部到毛泽东纪念堂和人民英雄纪念碑致敬。在日常的接待中，也应该永远继承和发扬俭朴美德。比如领导人接受敬酒，但可以不喝酒，以矿泉水代酒。宴饮不是领导大吃大喝的机会，而是体现领导关爱下属的礼仪，好酒好肉主要是让下属受用，这才是体现上级的尊贵。如此，宴饮不但不会被下属和群众指责，还能加强上下感情，实现上下齐心协力。

子云："宾礼每进以让，丧礼每加以远。浴于中霤，饭于牖下，小敛于户内，大敛于阼，殡于客位，祖于庭，葬于墓，所以示远也。殷人吊于圹，周人吊于家，示民不偝也。"迎宾礼每进一个阶段都要主宾互相辞让，丧葬礼则每进一个阶段就送死者远离。人死之后先要在居室中沐浴净身，然后移至南窗下放米和玉在口中，在室内完成给尸体裹上衣衾的小敛，在东阶完成把尸体装入棺材的大敛[①]，出殡前的灵柩停放在西阶，然后在庭中举行祖奠祭祀，最后是出殡葬入墓穴，丧礼就这样表达远送亲人。此后，殷人在墓地吊念，周人则回家吊念，这是表示不背弃已故亲人。陈澔注："宾自外而入，其礼不可以不让；丧自内而出，其礼不容于不远。其进其加，皆以渐致，礼之道也。章首宾丧并言，下独言丧礼者，重卒葬而言。"[②]意思是说举行丧礼的时候，来哀悼的宾客从外面进来，每到门或阶都要辞让。丧礼把死者从家里往外送，礼仪不能不是远离。不论是宾客进屋还是丧礼加进，都是表达与死者渐

① 王力，主编.中国古代文化常识[M].北京：北京联合出版公司，2014：149—150.
② （元）陈澔，注.金晓东，校点.礼记[B].上海：上海古籍出版社，2016：593.

行渐远的难舍，这是丧礼的根本之道。开头宾礼和丧礼一并讲，下文却只讲丧礼，表示着重于丧葬之礼。也就是强调送别死者，而不是慰问生者。孙希旦注："丧至葬而送死之事乃毕，故自内而外，每加以远，所以为即事之渐也。殷人吊于圹，既窆而吊也。周人吊于家，反哭而柩也。盖以尸吊既藏，孝子哀慕迫切，故从而吊之，所以示民不偝其亲也。"①丧礼到死者下葬，送死之事就结束了，所以自家里到野外，丧事每进一个阶段就更远一些，这就是丧事的渐行渐远。殷商时期在墓地哀悼，也是在死者下葬时慰问生者。周代在家里吊唁，就是回家后哭泣哀悼。大概是因为放置尸体的灵柩已经入土埋葬，孝子此时哀痛思慕最为深切，所以选择这个时间去吊唁，就是为了告示民众不能背弃父母。

子云："死，民之卒事也，吾从周。以此坊民，诸侯犹有薨而不葬者。"死，是民众一生终了的大事，我遵从周代的丧葬之礼。但即便如此防范民众不遵守礼节，却仍有诸侯死后而不如期安葬。孙希旦注："卒，终也。死为人之终事，反而亡焉失之也，哀痛之情，于是为甚，故吊于圹者不如吊于家者之情文为尤尽也。诸侯五月而葬，薨而不葬，谓不能如期而葬也。赵氏汸曰：周末文繁礼备，葬或有缺，则不敢以葬期告诸侯。《坊记》云'诸侯犹有薨而不葬者'，谓不成丧也。是故诸侯不书'葬'，非皆由鲁不会，苟其国葬不以礼，而不以葬期来告，亦无由往会之尔。"②"卒"就是终了或送终。死当然是人生的终了之事，送终的人回到家里时亡故的亲人就没有了，哀痛之情此时最为强烈，所以在墓地哀悼不如在家里哀悼情真意切，所以孔子选择遵从周代的礼仪。诸侯通常是死后五个月下葬，"薨而不葬"是说不能如期下葬。据赵汸考证，周代末期的礼非常完备甚至繁文缛节，但葬礼或许有所欠缺，所以不明确告知诸侯下葬日期。《坊记》此处所述"诸侯犹有薨而不葬者"，是说没有完成丧礼。因此对诸侯不书写其"葬"，并不都是因为鲁国不遵循周礼，而是因为如果有诸侯国葬礼不遵照周礼，不告诉其他诸侯下葬日期，即便想去吊唁也没有办法。郑玄、孔颖达、陈澔对此都没有注释，也不太清楚孙希旦的注释的具体意思，转录于此供读者参考。或许"诸侯犹有薨而不葬"是诸侯死后长期不下葬，违背了时间节度，僭行天子丧礼。孟懿子问孝。子曰："无违。"樊迟御，子告之曰：

① （清）孙希旦，撰.礼记集解（下）[B].北京：中华书局，1989：1291.

② （清）孙希旦，撰.礼记集解（下）[B].北京：中华书局，1989：1291.

"孟孙问孝于我，我对曰，无违。"樊迟曰："何谓也?"子曰："生，事之以礼；死，葬之以礼，祭之以礼。"(《论语·为政》)当孟懿子问什么是孝时，孔子回答说："孝就是不要违背礼。"后来樊迟给孔子驾车，孔子告诉他："孟孙问我什么是孝，我回答他说不要违背礼。"樊迟说："不要违背礼是什么意思呢?"孔子说："父母活着的时候，要按礼侍奉他们；父母去世后，要按礼埋葬他们、祭祀他们。"不论诸侯还是庶民，不按照礼埋葬去世的父母，或者草率地埋葬或者长期不埋葬，都是违背孝道。像如今南方一些地方喜欢修建豪华墓地，甚至人还没有过世就先修好豪华墓地，难道是想像皇帝一样被埋葬吗? 皇帝大肆兴建陵墓尚且被世人指责，更何况凡夫俗子呢? 礼节，礼节，礼有时候不好把握节度，但是诸侯像天子、普通民众像国家领导人，这就是不知"节"，也就是不知"礼"。同样，对于丧葬太过草率也不符合礼节。各种礼节都需要有人去研究，否则民众必定或者越礼或者失礼。与古代一样，中央政府要发挥适当引导作用，让各级政府和民众可以效仿。

子云："升自客阶，受吊于宾位，教民追孝也。未没丧，不称君，示民不争也。故鲁《春秋》记晋丧曰：'杀其君之子奚齐，及其君卓。'以此坊民，子犹有弑其父者。"送葬回来从客人走的台阶登堂，在客人的位置接受吊唁，这是教导民众追思孝敬父亲。三年之丧期没有终结，不称继位的儿子为君，这是要向民众表示不争权。因此鲁国的史书《春秋》记载晋国丧事说：'先杀害了先君之子奚齐，后来又杀害继位新君卓子。'可见即便礼仪如此防范民众争权，也还会有儿子为了权力而弑杀父亲。郑玄认为，"升自客阶，受吊于宾位"，"谓反哭时也。既葬矣，犹不由阼阶，不忍即父位也"；"没，终也。《春秋传》曰：'诸侯于其封内，三年称子；至其臣子，逾年则谓之君矣。奚齐与卓子，皆献公之子也。献公卒，其年奚齐杀；明年，而卓子杀矣。'"①。从宾客走的台阶登堂入室，在宾客的位置接受吊唁，说的是从墓地返回家哀悼的时候。已经埋葬父亲却仍不走主人走的台阶，这是表示不忍心继承父亲的君位。"没"是终结的意思，"未没丧，不称君"就是丧期没有结束就不称子为君。据《春秋传》，诸侯在其封国内，三年丧期都自称为子，但是他的臣民则一年过后就称他为君主。《春秋》记载晋国丧事讲的奚齐和卓子，都是晋献公的儿子。献公死后，当年奚齐就被杀害，第二年卓子也被杀害。陈澔转引方愨注曰："升自客阶，而不敢

---

① （汉）郑玄，注.王锷，点校.礼记注（下册）[B].北京：中华书局，2021：665.

由于主人之阶；受吊于宾位，而不敢居于主人之位，所以避父之尊，尽为子之孝而已。父既往而犹未忍升其阶、居其位焉，故曰'教民追孝也'；居君之位而未敢称君之号，则推让之心固可见矣，故曰'示民不争也'。"①从宾客走的客阶或右阶、西阶登堂入室，而不敢走主人走的阼阶或左阶、东阶；在宾客之位接受吊唁，而不敢居于主人之位，为的是避免与父亲争尊位，竭尽孝子孝敬之心。父亲已经亡故却仍不忍心走父亲生前作为一家之主走的台阶、坐的座位，这就是这里说的"教导民众追思孝敬"。已经继承父亲的君主之位却仍不敢自称君主，推让的意思就显而易见了，这就是"向民众表示不争权"。但是，即便国君的儿子彼此不争，还有大臣为篡权杀害国君之子。争权夺利真是防不胜防，其中最极端的是，儿子为夺权弑杀父亲！

很显然，古代那一套封建礼仪根本不足以阻止争权夺利，也不可能防止为此而展开弑杀、谋杀、暗杀甚至战争。所以，近代西方觉得与其如此，不如直接搞自由竞选，由民众投票决定谁担任元首。即便如此，国家元首遭谋杀的也不在少数，更有败选后不认输而煽动民众闹事者。这些政治动乱发生在其他国家自然可称为"美丽的风景线"，可惜这些都发生在自称民主自由"灯塔"的国家，不免让人觉得民主自由的"灯塔"到了"风烛残年"。中国古人"示民不争"没有成功，近代西方教育人"自由竞争"其实也不成功，人类需要在"君主"和"民主"、"示民不争"与"自由竞争"之间寻找平衡，才能避免对君主专制下的"弑杀"和民主自由下的"谋杀"。这不仅是为了保护国家元首的人身安全，更是为了国家政治稳定和经济社会发展。

> 我们的目标，是想造成一个又有集中又有民主，又有纪律又有自由，又有统一意志、又有个人心情舒畅、生动活泼，那样一种政治局面，以利于社会主义革命和社会主义建设，较易于克服困难，较快地建设我国的现代工业和现代农业，党和国家较为巩固，较为能够经受风险。②

---

① （元）陈澔，注.金晓东，校点.礼记[B].上海：上海古籍出版社，2016：593.
② 中共中央文献研究室，编.建国以来重要文献选编（第十册）[M].北京：中央文献出版社，1994：485.

2. "示民不贰"

　　子云:"孝以事君,弟以事长,示民不贰也。故君子有君不谋仕,唯卜之日称二君。丧父三年,丧君三年,示民不疑也。父母在,不敢有其身,不敢私其财,示民有上下也。故天子四海之内无客礼,莫敢为主焉。故君适其臣,升自阼阶,即位于堂,示民不敢有其室也。父母在,馈献不及车马,示民不敢专也。以此坊民,民犹忘其亲而贰其君。"要以孝顺父母之心侍奉君主,以尊敬兄长之心侍奉官长,使民众认识到不能有贰心。国君之子在父亲还在世时就不要谋求职权,唯有占卜时可以自称是代替君主。父亲亡故要服丧三年,君主亡故要服丧三年,都是要使民众知道孝子、忠臣不质疑父亲、君主的地位。父母健在,子女行动不敢自作主张,财产也不敢私自处置,这是要民众知道上下有别。所以,对于天子来说,四海之内没有人敢以宾客之礼待他,没有人敢替天子做主。所以诸侯国君到他的臣属那里,以主人身份从东阶登堂入室,就座于室中主人之位,就是要告诉民众不敢自有居室。父母健在,向人馈赠敬献礼物,不能涉及车马这样的贵重物品,这是教导民众不能自作主张。但是,即便是如此防范子民,仍有民众忘记父母的存在而且敢于对君主怀有贰心。

　　孙希旦注:"孝以事君,谓以事亲之孝事君也。弟以事长,谓以事兄之弟事长也"[1],"孝以事君"就是以侍奉父母的孝顺来侍奉君主;"弟以事长"就是以侍奉兄长的悌来侍奉官长。陈澔注:"推事父之道以事君,推事兄之道以事长,皆诚实之至,岂敢有副贰其上之心乎?欲贰其君,是与尊者相敌矣,故云'示民不贰也'。"[2]推广侍奉父亲的孝来侍奉君主,推广侍奉兄长的悌来侍奉官长,都是诚心实意的极致,哪里敢有国君副职或仅次国君的心思呢?想要仅次于国君,这是试图与至尊国君相匹敌。郑玄注:"'不贰',不自贰于尊者也";"'君子有君',谓君之子父在者也";"'不谋事',嫌迟为政也";"'卜之日',谓君有故而为之卜也","'二'当为'贰'","唯卜之时,辞得曰:'君之贰某尔'",如"晋惠公获于秦,命其大夫归,择日立君,曰'其卜贰圉也'";"示民不疑","不疑于君之尊也","君无骨肉之亲,至尊不明";"不敢有其身,不敢私其财","身及财,皆当统于父母也";"臣,亦统

---

① (清)孙希旦,撰.礼记集解(下)[B].北京:中华书局,1989:1292.

② (元)陈澔,注.金晓东,校点.礼记[B].上海:上海古籍出版社,2016:593.

于君";"车马，家物之重者"，"亦统于君"①。"不贰"就是不敢觉得仅次于至尊的君主，"有君"就是父亲还在世，"不谋事"就是不谋求职权，唯有当君主有大事需要占卜时，才可以自称是"君主的替身某某"，如晋惠公居留秦国时，命令他的大夫回晋国，选择吉日确立新君时说："占卜得知君主替身陷于秦"。所谓"示民不疑"，是让民众对君主权威没有疑义，国君父子虽是骨肉亲情，君主至尊也必须明确无疑。为人子不敢自作主张，不敢私有其财，意指行事和财产都要由父母统管。儿子的家臣亦由君父统管，其他像车马等贵重财物也一样。这宣传的思想，显然是典型的封建家长制和封建君主专制。

中国历史上没有见过赞颂儿子诛杀暴君父亲的，大概是因为这样做即便符合"义"也违反了"仁"；也没有赞颂辅佐大臣篡夺王位的，大概是因为这样做即便符合"义"也违反了"忠"，这就是这里说的"示民不贰"和"示民不疑"。但是，如果君主确实不仁不义，显然也不能助纣为虐。《论语》有言："微子去之，箕子为之奴，比干谏而死。孔子曰：'殷有三仁焉。'"（《论语·微子》）微子离开了商纣王，箕子做了他的奴隶，比干强谏被杀。孔子说："殷朝有三位仁人！"微子是殷纣王的同母兄长，见纣王无道曾多次劝谏，见他不听就离开纣王；箕子是殷纣王的叔父，也极力劝说纣王，见不听便披发装疯，最后被降为奴隶；比干也是殷纣王的叔父，屡次强谏激怒纣王而被杀。对于像微子、箕子、比干这样的亲属，孔子赞赏他们或者离开或者死谏。对于卿大夫以下的臣属，孔子引用了"陈力就列，不能者止。"（《论语·季氏》）的说法，也就是如果不能辅佐出力，就应该辞职告退。《孟子·万章下》孟子在回答齐宣王问卿的职责时，则区分了贵戚之卿和异姓之卿。贵戚之卿对于国君的大过错要劝谏，反复劝谏也不听就可以另立新君。但是异姓之卿在反复劝谏不听后，只能告辞而不能图谋另立新君。因为依据"家天下"的逻辑，异姓就是外人。但是，与此同时，断绝了君臣之义，也就不存在"臣弑其君"，就可以"诛一夫"。

　　齐宣王问卿。孟子曰："王何卿之问也?"王曰："卿不同乎?"曰："不同。有贵戚之卿，有异姓之卿。"王曰："请问贵戚之卿。"曰："君有大过则谏，反覆之而不听，则易位。"王勃然变乎色。曰："王勿异

① （汉）郑玄，注.王锷，点校.礼记注（下册）[B].北京：中华书局，2021：666—667.

也。王问臣，臣不敢不以正对。"王色定，然后请问异姓之卿。曰：
"君有过则谏，反覆之而不听，则去。"

齐宣王问曰："汤放桀，武王伐纣，有诸？"孟子对曰："于传有
之。"曰："臣弑其君可乎？"曰："贼仁者谓之贼，贼义者谓之残，残
贼之人，谓之一夫。闻诛一夫纣矣，未闻弑君也。"

事实上，未来即将继承君位的嫡长子，在理论上确实地位尊贵仅次于现任国君。
但是，就像现在的国家元首的副职，虽然理论上是仅次于元首的人，但作为副职最
好不要这么看，尤其不要谋划自己的权势。越是觉得自己是排位第二的人，往往越
不可能接任，原因就是他会让现职对他产生警惕，最终另选他人接任。人们都希望
没有尊卑贵贱的区别，但是，从古至今，政治结构必然是尊卑有别、贵贱有异，父
亲尚且不允许儿子急于继位，正职又岂能允许副职急于上位呢？通常情况下，副职
全身心地支持正职做好当前的工作，而不是盘算着自己如何接任，这应该是天经地
义的政德吧。但是，如果元首走在错误的道路上，显然也不能做助纣为虐的殉葬品，
理性的选择是辞职隐退或者拼死力争。

事实说明，"君仁臣义"并不是光靠道德教导就能实现的，更需要通过权力的统
一来实现。同样地，"父慈子孝"与父亲统管物质财富息息相关，"孝道"其实是经济
基础决定的文化上层建筑。到了今天，成年子女在民事行为和经济权利上是完全自
主和独立的，父母不可能统管子女的行事和财物。但是，这并不意味着子女都能具
有独立自主的能力，很多子女其实拥有法律赋予的民事行为权利，却并不真正具有
民事行为能力，不能实现经济上的独立自主。显然，今天父母和子女关系问题，主
要不是人身上的权利问题，而是经济独立自主能力问题。既有子女经济上离不开父
母的"啃老"问题，也有父母需要依赖子女"养老"问题。或许，今天父母教育子
女最重要的是把独立自主权利和独立自主能力统一起来，没有独立自主能力的子女
却有独立自主权利，比如得到了太多的压岁钱且可以随便花，这最后一定会成长为
败家子！做父母的要把财富用于发展子女的独立自主能力，而不是让子女养成了乱
花钱的毛病，或者不舍得在子女教育上花钱。

子云："礼之先币帛也，欲民之先事而后禄也。先财而后礼，则民利；无辞而
行情，则民争。故君子于有馈者，弗能见则不视其馈。《易》曰：'不耕获，不菑畬，
凶。'以此坊民，民犹贵禄而贱行。"总是把君臣之礼摆在币帛财货之先，是要教导

民众先有事功然后才受利禄。如果先收受财货而后以礼相待，那就会使民众重利轻义；进而不懂得辞让而凭情欲用事，那样就会使民众彼此争权夺利。所以，君子如果遇到有人馈赠自己，如果不能亲自接受就不接受馈赠。正如《易经》的《无妄》卦说的："不耕种就有收获，不开垦就有好田，这是凶兆。"但是，即便如此防范民众的贪欲，民众仍然有人看重利禄而轻视做事。

郑玄注："此礼，谓所执之挚以见者也。既相见，乃奉币帛以修好也。或云：'礼之先辞，而后币帛'。"①这里说的"礼"是针对君主因爱慕其才而诚挚召见的人，见面之后又封赏币帛加以善待。或说："相见之礼先致辞赞赏，而后加以币帛封赏。"陈澔注："礼之先币帛，谓先行相见之礼，后用币帛以致其情也。此是欲教民以先任事而后得禄之义，若先用财而后行礼，则良必贪于财利矣。无辞，无辞让之节也。行情，直行已情也。礼略而利行，民不能无争夺矣。人有馈遗于己，礼也，己或以他故，或以疾病，不能出见于人，则不视其馈。视，犹纳也，此盖不敢以无礼而当人之礼。《易·无妄》六二爻辞，今文无'凶'字。田一岁曰菑，三岁曰畬。不耕而获，不菑而畬，以喻人臣无功而食君之禄，引之以证不行礼而贪利也。"②"礼之先币帛"是说先举行相见之礼，然后用馈赠钱币锦帛来表达尊敬之情。这是要教导民众先任职做事而后才能得享俸禄，如果先行馈赠财物而后行相见之礼，则势必会教人贪恋财利。"无辞"就是不遵循辞让的礼节，"行情"就是完全凭感情用事，这样就难免陷入贪得无厌的争夺。"有馈"就是有人馈赠东西给自己，这是别人礼待自己，但自己可能有其他事情，或者碰巧有疾病，不能与人相见，这时候就不宜收纳礼物，以此表示不敢以自己的无礼对待别人的礼遇。《易·无妄》卦六二爻的爻辞是："不耕获，不菑畬。"并无"凶"字。开垦一年的新田叫作"菑"，开垦三年的熟田叫作"畬"。不耕种就有收获，不开垦就有好田，用来比喻无功受禄，引用这句话证明不遵行礼仪就会产生贪利之心。

"礼之先币帛"，要求领导者把尊重人才放在第一位，而不是傲慢地以为"有钱能使鬼推磨"。孟子曰："欲见贤人而不以其道，犹欲其入而闭之门也。夫义，路也；礼，门也。惟君子能由是路，出入是门也。《诗》云：'周道如底，其直如矢；君子所

① （汉）郑玄，注.王锷，点校.礼记注（下册）[B].北京：中华书局，2021：667.
② （元）陈澔，注.金晓东，校点.礼记[B].上海：上海古籍出版社，2016：594.

履，小人所视。'"（《孟子·万章下》）想见贤能的人却不懂得正确对待贤能的人，就像想让人进屋里来却又把门关上了。道义就是路，礼遇就是门，只有君子才懂得走坦荡正义的路，出入文明礼仪之门。就如《诗经》所言，"大道平如打磨之石，直如箭矢之枝；君子行事正直，小人眼见为实"。反过来，对于普通民众来说，中国人也历来反对把"利"摆在第一位。子曰："放于利而行，多怨。"（《论语·里仁》）人如果依照利益原则行事，就必定会有很多怨恨，或者怨恨别人，或者被人怨恨。孟子曰："苟为后义而先利，不夺不餍。"（《孟子·梁惠王上》）把义放在第二位而把利放在第一位的人，不把一切都争夺到手就不会满足。

"礼之先币帛"，用今天的话来说就是精神鼓励先于物质奖励，奋斗精神先于物质利益。毛泽东在读苏联《政治经济学教科书》的谈话中曾说："社会主义社会要有'物质鼓励'和'精神鼓励'。'精神鼓励'拿老子的话来说，就是要'尚贤'，但'尚'得过头了，也像'物质鼓励'过头了一样，会变成个人主义。"[1]所以，"礼"不应该只是"礼贤下士"，也应该是达到"无须扬鞭自奋蹄"的个人自觉，或称"礼乐教化"。

> 应当强调艰苦奋斗，强调扩大再生产，强调共产主义前途、远景，要用共产主义理想教育人民。要强调个人利益服从集体利益，局部利益服从整体利益，眼前利益服从长远利益。要讲兼顾国家、集体和个人，把国家利益、集体利益放在第一位，不能把个人利益放在第一位。不能像他们那样强调个人物质利益，不能把人引向"一个爱人，一座别墅，一辆汽车，一架钢琴，一台电视机"那样为个人不为社会的道路上去。"千里之行，始于足下"，如果只看到足下，不想到前途，不想到远景，那还有什么千里旅行的兴趣和热情呢？[2]

"不耕获，不菑畲，凶。"郑玄认为"言必先种之，乃得获。若先菑，乃得畲也。安有无事而取利者乎？"[3]意思是说必须先播种才能有收获，就像必须先开荒才能有

---

① 中共中央文献研究室，编.毛泽东年谱（1949—1976）（第4卷）[M].北京：中央文献出版社，2013：283.

② 毛泽东.毛泽东文集（第8卷）[M].北京：人民出版社，1999：136.

③ （汉）郑玄，注.王锷，点校.礼记注（下册）[B].北京：中华书局，2021：667.

良田，哪有不做事而能得利的事啊？《易·无妄》卦六二爻的爻辞是："不耕获，不菑畬，则利有攸往。""不耕获"即"不耕不获"，"不菑畬"即"不菑不畬"，这种省略式的句法结构，与《大有》初九"无交害"即"无交无害"相同，表达的是"不问收获，只问耕耘"的朴实思想。民众其实很清楚："天上不会掉馅饼"。如果民众"等着天上掉馅饼"，或者"求老天掉馅饼"，那真是"凶"兆啊！但是，当今时代最突出的问题，尤其是在发达资本主义国家，恰恰就是人人都"不问耕耘，只问收成"，不满意就游行示威罢工。社会主义的本质是最终实现共同富裕，但是，一定要教育人民靠辛勤劳动致富。

社会主义制度的建立给我们开辟了一条到达理想境界的道路，而理想境界的实现还要靠我们的辛勤劳动。有些青年人以为到了社会主义社会就应当什么都好了，就可以不费气力享受现成的幸福生活了，这是一种不实际的想法[1]。

幸福生活都是奋斗出来的，共同富裕要靠勤劳智慧来创造。要坚持在发展中保障和改善民生，把推动高质量发展放在首位，为人民提高受教育程度、增强发展能力创造更加普惠公平的条件，提升全社会人力资本和专业技能，提高就业创业能力，增强致富本领。要防止社会阶层固化，畅通向上流动通道，给更多人创造致富机会，形成人人参与的发展环境，避免"内卷""躺平"[2]。

子云："君子不尽利以遗民。《诗》云：'彼有遗秉，此有不敛穧，伊寡妇之利。'故君子仕则不稼，田则不渔，食时不力珍，大夫不坐羊，士不坐犬。《诗》云：'采葑采菲，无以下体。德音莫违，及尔同死。'以此坊民，民犹忘义而争利，以亡其身。"君子不占尽好处，而要为民众留下好处。就像《诗经·小雅·大田》说的："那边遗漏一小把，这边落下好几穗，就让寡妇捡取得利吧。"所以，君子出仕为官就不事稼穑，从事田猎之人就不再打鱼，饮食依从四季而不求珍馐，大夫吃羊肉就不坐羊皮，

[1] 毛泽东.毛泽东文集（第7卷）[M].北京：人民出版社，1999：226.
[2] 习近平.扎实推动共同富裕[J].求是，2021（20）.

士人吃狗肉就不坐狗皮。又如《诗经·邶风·谷风》所言："采葑菜呀采菲菜，不要连根一块摘。美德传颂人莫违，愿及尔君同日死。"但是，即便如此教导防范，仍有人见利忘义，以致身死国亡。

郑玄认为这段的主旨是讲君子"不与民争利"；"获者之遗余，捃拾所以为利"；"采葑菲之菜者，采其叶而可食者，无以其根美则并取之，苦则弃之。并取之，是尽利也。此诗故亲、今疏者，言人之交，当如采葑采菲，取一善而已。君子不求备于一人，能如此，则德美之音，不离令名，我愿与女同死矣"①。所谓"不尽利以遗民"，是说不要把利益占尽，得利者所遗漏的，就是那些捡漏者的利益。就像采摘野菜，采可以食用的嫩叶就可以了，不要以为连根拔掉挺好，吃了发觉苦又扔掉。野菜连根拔起，就是地利用尽。该诗讲了古今亲疏变化，教育人们在与人交往中，就要像正确采野菜一样，只采取其中好的方面。君子不要对人求全责备，果能如此，就会美德远扬名望随身，民众愿意与他同生共死。陈澔补充说："秉，禾之束为把者。稆，铺而未束者，言彼处有遗余之秉把，此处有不收敛之铺稆，寡妇之不能耕者，取之以为利耳"；"仕则不稼，禄足以代耕也；田则不渔，有禽兽不可再取鱼鳖也。食时，食四时之膳也。不力珍，不更用力务求珍馐也。坐羊、坐犬，杀食而坐其皮也，皆言不尽利之道"；"采葑菲者，但当采取其叶，不可以其根本之美而并取之，如此则人君盛德之声远播，无有违之者，而人皆知亲其上，死其长"②。"秉"是禾穗捆束成了把，"稆"是铺在地上尚未捆束，也就是说那边遗漏一把谷穗，这边遗落一串谷穗，不能自己耕种的寡妇，就可以捡取得利。"仕则不稼"，是因为出仕为官所受俸禄足以取代稼穑农桑所得；"田则不渔"，是说已经猎取野兽就不要再捕捞鱼鳖。"食时"就是吃四时应季食品，"不力珍"就是不再力求享受珍馐美味。"大夫不坐羊，士不坐犬"是说不能杀了吃肉又把皮毛当坐垫，都是教人不要把利益都占尽了，言下之意要把皮毛让给穷人获利。就像采野菜只采其可食用的叶子，不要连根拔除一并采走，这样国君就会因美德而声名远扬，民众将没有人会违逆他的号令，都能理解命运与共、同生共死。陈澔还指出："《诗》之意与此所引之意不同，《诗》意谓如葑菲常食之菜，不可以其近地黄腐之茎叶，遂弃其上而不采，犹夫妇之间，亦不当

① （汉）郑玄，注.王锷，点校.礼记注（下册）[B].北京：中华书局，2021：668.
② （元）陈澔，注.金晓东，校点.礼记[B].上海：上海古籍出版社，2016：595.

以小过而弃其善。"①《诗经》原意与此处引用所要表达的意思不同，原意是说就像荮菲这些经常食用的野菜，不能因为贴近地面的茎叶发黄腐败，就连上面的叶子也弃而不采，夫妇之间也一样，不能因为一些小的过错就忘了她（他）的善良美好。

子曰："君子喻于义，小人喻于利。"（《论语·里仁》）君子懂得大义，小人只懂得小利。君子当然也懂得利，但能够超越一己之利看到天下大利，"计利当计天下利"就是"君子喻于义"。"义者，宜也"；"礼者，理也"。"义"就是"适宜"，"礼"就是合理，得利必须合理适宜，否则必遭怨恨。所谓合理适宜，从积极方面说，"仁者以财发身，不仁者以身发财"，有仁德的人让财富造福于人，没有仁德的人玩命发财；从消极方面说就是不能"赢者通吃"，"畜马乘，不察于鸡豚；伐冰之家，不畜牛羊；百乘之家，不畜聚敛之臣"（《大学》），能畜马乘车就不养猪养鸡，能凿冰用于降温保鲜就不畜养牛羊，能出百辆兵车就不养敛钱的家臣。子曰："君子谋道不谋食。耕也，馁在其中矣；学也，禄在其中矣。君子忧道不忧贫。"（《论语·卫灵公》）君子孜孜以求的应该是道义而不是衣食。要知道，那些辛勤耕作的农夫常常会有饥饿！而求学问道的士子，却得到国家俸禄供养。所以，君子要忧虑的是道义不行，而不是忧虑自己受贫，这些话也值得今天的知识分子和政府官员记取。

3."坊民所淫"

子云："夫礼，坊民所淫，章民之别，使民无嫌，以为民纪者也。故男女无媒不交，无币不相见，恐男女之无别也。以此坊民，民犹有自献其身。《诗》云：'伐柯如之何？匪斧不克。取妻如之何？匪媒不得。''蓺麻如之何？横从其亩。取妻如之何？必告父母。'"礼的作业是防止民众贪淫纵欲，彰显人类与禽兽之别，使男女无淫乱嫌疑，为民众确立交往纲纪。所以，男女没有媒妁之言就不交往，没有币帛聘礼就不相见，这就是担忧男女交往与禽兽无别。但是，即便如此防贪淫，仍有女子自献身。《诗经·豳风·伐柯》说："砍伐斧柄怎么做？没有斧子就不行。娶妻又要怎么做？没有媒人可不成"；"种植苎麻怎么做？一横一横翻整田。娶妻还要怎么做？必告父母始得甜。"

① （元）陈澔，注.金晓东，校点.礼记[B].上海：上海古籍出版社，2016：595.

郑玄注:"淫,犹贪也。章,明也。嫌,嫌疑也";"重男女之会,所以远别之于禽兽也。有币者,必有媒;有媒者,不必有币。仲春之月,会男女之时,不必待币";"伐柯,伐木以为柯也。克,能也。艺,犹树也。横从,横行治其田也。言取妻之法,必有媒,如伐柯之必须斧也。取妻之道,必告父母,如树麻,当先易治其田"①。"淫"相当于贪淫,"章"就是彰明,"嫌"就是嫌疑。古人非常重视男女约会的礼,认为它体现了人和禽兽的区别。禽兽初次相会就可能发生交配,男女相会必须有币帛聘礼和媒妁之言,当然有媒妁之言也可以没有币帛聘礼。尤其是阳春二月,正是男女相会之时,不必非得等待币帛聘礼。"伐柯"就是伐木制作斧柄,用以比喻男女结婚成家。"克"就是"能","艺"相当于"树",也就是种植,"横从"就是横向行走整治田地。意思是说娶妻的方法是一定要有媒妁之言,就像砍伐斧柄必须有斧子。娶妻的正道是一定要告知父母,就像种植苴麻必须先整治田地。

近代以来提倡"恋爱自由"和"婚姻自由","媒妁之言"和"币帛聘礼"被认为是封建礼数。但是,我们发现很多人还是在他人介绍下"相亲",结婚也还是需要"聘金"。"媒人"作为一个职业非但没有消失,而且转变成为"婚介公司"的职员,"媒妁之言"也发展成为政府民政部门结婚登记。之所以如此,是因为婚姻其实是人身和财产关系的"契约",没有某种形式的"媒妁之言"和"币帛聘礼"就会"始乱终弃"。"始乱"当然是指恋爱阶段的"淫乱",很多人觉得"婚前"不受婚姻关系约束。但是,他们不知道"人同此心,心同此理",结婚前性关系随意混乱,难免让对方推测婚后也一样。所以,女子投怀送抱从来不会获得男子珍爱,轻易就能得到的东西谁会珍惜呢?所谓的"矜持"就是即便很想投怀送抱,也得骄傲地把持住自己,这是为了最终不被像破鞋一样抛弃。同样,男人婚前性关系混乱,结婚后妻子肯定也不会放心,或者会心安理得地移情别恋。所以,除非双方都对婚姻关系不在乎,否则就要记取"始乱终弃"和"善始善终"的教训。如果对婚姻不在乎,又何必结婚呢?有些人就看开了,干脆不结婚。宣扬"婚姻是爱情的坟墓","单身"是"贵族"。但是,当他们步入老年的时候,就会痛苦地发现自己成了"鳏寡孤独废疾者",而且最终将"死无葬身之地","死无葬身之人"。人类最美好的爱情,必定是由敬佩产生的爱慕,而不只是由性欲产生的性爱;人类最美好的婚姻,必定是相辅相成的

---

① (汉)郑玄,注.王锷,点校.礼记注(下册)[B].北京:中华书局,2021:669.

生活伴侣，而不是互相利用的理性交易。

子曰："苗而不秀者有矣夫！秀而不实者有矣夫！"（《论语·子罕》）只长苗而不开花的是有的吧！开了花却不结果实的也有的吧！这是上天留给世界的遗憾，并不值得人类向往。从爱情到婚姻，从青春年少到白头偕老，这是天地万物生长的自然过程，所以，"愿天下有情人终成眷属"，"愿天下有情人白头偕老"。

子云："取妻不取同姓，以厚别也。故买妾不知其姓，则卜之。以此坊民，鲁《春秋》犹去夫人之姓曰吴，其死，曰'孟子卒'。"娶妻不娶同姓之女，这是为了强调人类的婚配与禽兽交配不同。所以买妾时如果不知她的姓，就应该占卜询问是否为同姓。但是，即便是这样防止同姓联姻，鲁《春秋》还是记载了昭公娶同姓夫人，隐去夫人姬姓而只说是来自吴国，到她死时，也只说是"孟子卒"。

《曲礼》说："鹦鹉能言，不离飞鸟；猩猩能言，不离禽兽。今人而无礼，虽能言，不也禽兽之心乎？夫惟禽兽无礼，故父子聚麀。是以圣人作，为礼以教人，使人以有礼，知自别于禽兽。"鹦鹉也能学人说话，但也没有离开飞鸟；猩猩也有能说话的，但也还是禽兽。如果人不懂得礼节，即便能说话，不也是禽兽之心吗？就是因为禽兽不知礼节，所以有父子与同一雌性交配。因此人类有圣人诞生后，就制定了礼仪来教化人，使人知道自别于禽兽。古人大概不是从遗传学认识到近亲结婚不利于优生，而是从伦理道德情感中体悟到父子兄弟同女、母女姐妹同男不可接受，甚至最初可能经历了像禽兽一样争夺交配权的厮杀。所以，今天的人不要以为轻易嘲笑"取妻不取同姓"太荒谬，它确实是人类文明进步的重要里程碑！"同姓"女子有可能是父亲走失的女儿，更不要说还有可能是其他五代以内近亲，在兵荒马乱的年代尤其可能。"取妻不取同姓"，大概就是"夫惟禽兽无礼，故父子聚麀"的"厚别"。"厚，犹远也" [1]；"厚别，厚其有别之礼也" [2]。"厚"大致相当于远离，"厚别"就是强调人类婚配远别于禽兽交配。"妾言买者，以其贱，同之于众物也。士庶之妾恒多，凡庸有不知其姓者。" [3] 对于妾不说"娶"而说"买"，是因为妾非明媒正娶因此地位卑贱，等同于普通财物。士庶人家也可能有多个妾，有些可能连姓名都没有。

① （汉）郑玄，注.王锷，点校.礼记注（下册）[B].北京：中华书局，2021：669.
② （元）陈澔，注.金晓东，校点.礼记[B].上海：上海古籍出版社，2016：596.
③ （汉）郑玄，注.王锷，点校.礼记注（下册）[B].北京：中华书局，2021：669.

"卜之，卜其吉凶也"①，对于不知道姓名的妾，买来时要占卜她会带来的吉凶。鲁国《春秋》记载这事，"吴，太伯之后，鲁同姓也，昭公取焉，去姬曰吴而已。至其死，亦略云'孟子卒'，不书夫人某氏薨。孟子，盖其且字"②。吴国国君是古公亶父之长子、季历之兄、文王姬昌之伯父姬泰的后人，与鲁国国君是周武王弟弟周公旦之子鲁公伯禽后人同为姬姓，但鲁昭公还是从吴国娶了位夫人，只是不提姬姓而称其为吴夫人而已。后来这位夫人死了，亦只是简略地提到"孟子卒"，而不是写"夫人某氏薨"，"孟子"大概是该夫人的字。此事《论语》中也有论及。当然，在明知不会是近亲的情况下，今天当然没有必要遵循"取妻不取同姓"。

子云："礼，非祭，男女不交爵。以此坊民，阳侯犹杀缪侯而窃其夫人。故大飨废夫人之礼。"依礼，不是祭祀，男女不互相敬酒。但就是这么防范，阳侯还是通过杀害缪侯的方式来霸占他的夫人。后来大飨就废除了夫人参与的礼。

郑玄注："交爵，谓相献酢"；阳侯、缪侯"同姓也，以贪夫人之色，至杀君而立，其国未闻"；"大飨，飨诸侯来朝者也"，"夫人之礼，使人摄"③。"交爵"并非交杯酒，而是互相敬酒。阳侯和缪侯是同姓诸侯，因为阳侯贪恋缪侯夫人的美色，以致杀掉缪侯而立其为自己夫人，此事于史书中并未有闻。"大飨"是设宴招待来朝见的诸侯，夫人出来敬酒的礼此后由他人代替。陈澔转方慤补充说："大飨者，两君相见之飨也。因阳侯之事，而废夫人之礼，则阳侯以前，夫人固与乎大飨，而有交爵之礼矣。乃云非祭不交爵者，先儒谓同姓则亲献，异姓则使人摄，此云不交爵，谓飨异姓国君耳。"④"大飨"是两国之君相见的盛宴。因为阳侯杀人君霸人妻，所以废弃了夫人出来敬酒礼，可见在阳侯作恶之前，国君夫人无疑都会出席宴会，而且有与来宾互相敬的礼。此处所谓"非祭不交爵"，因为过去通常认为是同姓诸侯来朝夫人要亲自敬酒，异姓诸侯来朝则由他人代替，所以此处说"不交爵"应该指的是异姓诸侯。方慤这话好像是在反对郑玄阳侯和缪侯同姓的说法，这其实是小节，重要的是酒桌上男女可能发生淫乱。作为国君，应该说可选择的异性多得很，但是阳侯却偏偏看上了出来敬酒的女主人，也就是缪侯的夫人。更加疯狂的是，他竟然通

---

① （元）陈澔，注.金晓东，校点.礼记[B].上海：上海古籍出版社，2016：595.

② （汉）郑玄，注.王锷，点校.礼记注（下册）[B].北京：中华书局，2021：669—670.

③ （汉）郑玄，注.王锷，点校.礼记注（下册）[B].北京：中华书局，2021：670.

④ （元）陈澔，注.金晓东，校点.礼记[B].上海：上海古籍出版社，2016：596.

过杀害国君的方式来霸占其夫人。但是，"其国未闻"，大概也意味着这是虚构的极端事例。古人意在提醒人，酒桌上男女之间你来我往，很容易引发非分之想。"阿里女员工被猥亵案"这类沸沸扬扬的"酒色"事件，告诫人们酒和色真是能"掏心"。

子云："寡妇之子，不有见焉，则弗友也，君子以辟远之。故朋友之交，主人不在，不有大故，则不入其门。以此坊民，民犹以色厚于德。"寡妇的儿子，如果不是有目共睹的贤才，就不把他当密友交往，君子为避嫌而远离他。因此朋友之间的交往，如果男主人不在家，除非有人生病或亡故，就不要踏入他的家门。但即便如此防范民众，民众仍有人把美色看得比道德重。

子曰："君子不重则不威，学则不固。主忠信，无友不如己者，过则勿惮改。"（《论语·学而》）君子如果不庄重就没有威严，所学德行也不会牢固。学习应当以忠和信这两种道德为主，不要和忠信不如自己的人交朋友，如果有过错要敢于改过自新。古人觉得"近朱者赤，近墨者黑"，交朋友要交德行相互促进的"净友"。为此首先要庄重严肃地看待德行修养，不要以玩世不恭的态度来看待德行修养。老子说："上士闻道，勤而行之；中士闻道，若存若亡；下士闻道，大笑之，不笑不足以为道。"儒家要求人在道德问题上，不仅要"勤而行之"，甚至要"战战兢兢，如临深渊，如履薄冰"。很多邪恶事情的发生，都是因为以"若存若亡"甚至"大笑之"的态度来看待德行修养。"有见，谓睹其才艺也"①，"有见"就是亲见其有才艺卓著；"避远者，以避嫌，故远之也"②，"避远"就是为了避嫌而远离他。为了避免与寡妇发生不正当关系的嫌疑，教人要远离寡妇的儿子，这看起来有点不近人情。不过，这里的前提就是寡妇及其儿子的人品，如果他们都是德行修养良好的人，当然就没有必要远离他们了。如果估摸着寡妇感情脆弱空虚，刻意去和寡妇的儿子交友，那当然就是虚伪的"乘人之危"。这里重点是要人防止与朋友母亲的不正当关系，即便不是寡妇也要注意防范。"大故，丧病"③，"大故"指的是有人过世或生病。除非朋友家有人过世或生病，如果男主人不在家，通常就不要去朋友家。有些人觉得这也太神经质了，和朋友一块去总可以吧。古人认为最好不要，我们知道有一个浪漫的欧洲国家的元首，就是去朋友家玩和朋友母亲发生了爱情，甚至父亲在家也未能避免爱情

① （汉）郑玄，注.王锷，点校.礼记注（下册）[B].北京：中华书局，2021：670.

② （元）陈澔，注.金晓东，校点.礼记[B].上海：上海古籍出版社，2016：596.

③ （汉）郑玄，注.王锷，点校.礼记注（下册）[B].北京：中华书局，2021：670.

的发生。当然，今天的人可能认为这是"德厚于色"，爱上自己同学的妈妈而且是自己的老师，这是敬和爱的完全统一。不过，这美丽的爱情故事有一个前提条件，那就是必须完全忽视男主人的存在，而且不必考虑同学关系变为父子关系的感受。或许更多人会想起一部著名的电影《毕业生》，电影讲一个大学毕业生受父母朋友的太太勾引并发生关系，又因此邂逅并爱上这位女士的漂亮女儿。他们的爱情自然受到母亲的极力反对，女儿也猜到了母亲与男友的关系。这样的婚姻最终得到了挽救，但那也不过是母女和同一个男人发生性关系啊！

子云："'好德如好色。'诸侯不下渔色。故君子远色以为民纪，故男女授受不亲，御妇人，则进左手。姑、姊妹、女子已嫁而反，男子不与同席而坐。寡妇不夜哭。妇人疾，问之，不问其疾。以此坊民，民犹淫泆而乱于族。"君子喜好美德应该像喜好美色，所以诸侯不到民间渔猎美色。因此君子远离美色要作为民众榜样，这样才能教导民众男女之间不亲手授予和接受东西，驾车时有妇人应该前伸左手避免触碰。姑姑、姐妹、女儿已经出嫁回娘家，家里的男子就不和她们同席而坐。寡妇不在夜里哭泣。妇女有病，向她问安，但不要问是什么病。即便如此防范，民众仍有贪淫纵欲而在家族中乱伦。

郑玄认为"好德如好色"，"此句似不足。《论语》曰：'未见好德如好色。'疾时人厚于色之甚于而薄于德也"；"诸侯不下渔色"，"谓不内取于国中也。内取国中，为下渔色。婚礼，始纳采，谓采择其可者也。国君而内取，象捕鱼然，中网取之，是无所择"；"不亲"，"不以手相与也"，"《内则》曰：'非祭非丧，不相授器。其相授，则女受以篚；其无篚，则皆坐奠之，而后取之'"；"御者在右，前左手，则身微背之"；"女子十年而不出也"，"嫁及成人，可以出矣"，"犹不与男子共席而坐，远别"；"寡妇不夜哭"，"嫌思人道"；"不问其疾"，"嫌媚，略之也。问增损而已"；"乱族"，"犯非妃匹也"[1]。"好德如好色"这句话好像没有说完，"吾未见好德如好色者也"（《论语·子罕》），这是批评当时的人过于看重美色而对美德却看得轻。"诸侯不下渔色"是说诸侯国君不在国中娶妻，在国中娶妻就是到民间渔猎美色。婚礼第一步是"纳采"，表示选择采纳适合的对象。国君如果在自己封国内娶妻，就像捕鱼在网中现取，这其实谈不上选择。"男女授受不亲"是不用手直接授予和接受，《内则》就说：

---

① （汉）郑玄，注．王锷，点校．礼记注（下册）[B].北京：中华书局，2021：670—671.

"如果不是祭祀或者丧礼，男女不相互授予器具。如果需要互相授予，那么女子就捧着筐去接受；如果没有现成的筐，就都坐着不动完成祭祀，完成后再去取。"古代驾车时，驾驭马车的男子在右侧，前伸左手身子也会微微地背着左侧女子。古代女子十岁就不出来与外人相见，出嫁或成人后可以出来见外人，但仍然不和男子同坐一席吃饭，就是为了让男女远远地分开。寡妇不夜哭，是为了避免想要博人怜爱的嫌疑。对妇女的疾病不细问，是为了避免取媚的嫌疑，问了有害无益。陈澔补充说："诸侯不内娶，若下娶本国卿、大夫、士之女，则是如渔者之于鱼，但以贪欲之心求之也，故云'渔色'。荒于色，则纪纲弛，民之昏礼亦化之而废，故远色者，所以立民之纪，使不以色而废伦常也。"①诸侯不在封国内娶妻，如果下娶本国国卿、大夫、士的女儿，就像渔民打鱼，出于自己的贪欲之心去捕捞，所以称作"渔色"。言下之意，国君娶妻不应该像渔民打鱼，只是为了满足自己的淫欲，而应该为了治国平天下。如果国君荒淫无度，那么纲纪伦常就荒废松弛了，民众的婚姻礼节也随之荒废。所以，国君远离贪淫好色，这是为民众确立榜样，让民众不要贪淫好色而破坏伦理。孙希旦又补充说："好德如好色者，言人好德之心当如好色之诚也。妇人之疾，或有不可以语人者，故不问之，亦为其相亵故也。"②好德如好色是说人喜好美德的心应当如喜好美色一样诚实，孙希旦这话其实很容易被好色之徒曲解为"好色"就是"好德"，而且还要以"坦诚"自居，甚至指责"好德"的人都是伪君子，所以解释得并不好。妇女的疾病或许有不可以告人之处，所以不问也是为了避免亵渎轻慢，这无疑言之成理。尤其是对于自己尊重的女性，不应该问太隐私的问题，像妇科病就绝对不适合问，问了就是对女性的不尊重，甚至可以说是有非分之想。同样，懂得自重的妇女也绝对不会把自己的疾病告诉别人，因为它是属于最亲爱的人才能知道的，告诉他人就意味着把对方当最亲爱的人，是一种轻浮不庄重的性暗示。

"好德如好色"从人的"好色"出发引导人去"好德"，意在教人用"美德"去防范"色欲"。"色欲"就像"食欲"，无疑是人之常情，身体健康的人都有食色之欲。但也正像理性的人不应该暴饮暴食一样，有道德的人也不应该贪淫好色，因为它们都会带来危害。诸侯可以在封国中网络美女，很方便地满足自己的色欲，但这和渔

---

① （元）陈澔，注.金晓东，校点.礼记[B].上海：上海古籍出版社，2016：595.

② （清）孙希旦，撰.礼记集解（下）[B].北京：中华书局，1989：1296.

民用网捞鱼有什么不同呢？这种一网打尽有什么好炫耀的呢？对自己的子民下手只能说是国君无能！作为"民之父母"，这甚至是就像父亲对女儿、儿媳的性侵乱伦！所谓"兔子不吃窝边草"，政府官员、单位领导、成功人士或老师尊长，玩弄受自己支配的下属和晚辈，都是无能和可耻的表现！"上梁不正下梁歪"，正是各级政府官员、单位领导、成功人士或老师尊长在性爱问题上的淫乱，导致了整个社会的淫乱之风。此时再讲避免男女交往中手指互相接触，在车上避免触碰女性身体，男女不要同桌吃饭喝酒，寡妇不要夜间啼哭，妇女的疾病不要细问等，都会让人觉得不近人情。但事实上，男女交接之时的手指触碰，公共交通工具上的猥亵，酒足饭饱之后的性侵等，正是日常生活中一再发生的事件。古人提出了对这些事件加以防范的先见之明，而且指明了其发生的根源则是领导者。国家元首在全国人民之前拥吻妻子，而且是拥吻一个又一个妻子；异性国家元首在世界人民面前拥抱贴脸，一个又一个地拥抱贴脸；国家元首出席国宴，男女觥筹交错眉飞色舞。这些对于看在眼里记在心的孩子会有什么影响呢？他们当然也很希望有这样的机会！所以，孩子们长大了也以拥有众多性伴侣为荣，也每天都在寻找机会猎艳，有些人以为公交车、地铁上有现成的机会。中国人现在已经学得很自然了，完全不觉得它们是外来的礼节。很多男女青年也在公众场合拥抱亲吻，而不知道路人看了也在意淫他们的伴侣；甚至在大学校园的教室、食堂、电梯里无视教师的存在，完全不觉得这是对师长的不尊重。新冠肺炎疫情清楚地表明握手、拥抱、贴脸、亲吻礼并不好，不仅容易产生性冲动而且容易传播疾病，挥手、抱拳、合掌、鞠躬等礼仪可能是更好的选择。

"好德如好色"，就是要像追求美色一样追求美德，绝不因为美色而违背美德。《孟子·梁惠王下》讲了周人先祖古公亶父的"好德如好色"。

> 王曰："寡人有疾，寡人好色。"
> 对曰："昔者大王好色，爱厥妃。《诗》云：'古公亶父，来朝走马，率西水浒，至于岐下。爰及姜女，聿来胥宇。'当是时也，内无怨女，外无旷夫。王如好色，与百姓同之，于王何有？"

齐宣王直言不讳地说自己有个毛病，那就是喜爱美色。孟子不动声色地回答他，从前周太王也喜爱女色，非常爱他的妃子。《诗经》就说："周太王古公亶父，朝来快马急奔赴。沿着西边河岸去，一路跑到岐山下。带着其妃姜氏女，引来民众建屋宇。"当此初定之时，家里没有嫁不出去的怨女，家外没有娶不到妻的旷夫。大王如果喜爱女色，但能与百姓同心，对施行王政有什么呢？也就是说，大王如果喜爱女色，但只是喜爱妻子，与百姓一样，而不去抢夺民女，那就是"好德如好色"。像古公亶父那样远离贪淫好色，就是为民众做了对待美色的榜样，也只有这样才能教育民众不要贪淫好色。

"好德如好色，诸侯不下渔色，故君子远色以为民纪"，这是政治领导人性爱和婚姻上的基本道德。但是，当今世界众多国家的领导人都贪淫好色，往往不仅多次结婚而且情人无数，甚至有专门为他们提供性服务的俱乐部。即便按照西方国家传统的标准，当今西方领导人的道德水准也是每况愈下。"万恶淫为首"，情色上的贪淫是贪婪的最直接体现，它标志着政治领导者不断地脱离普通民众，这样的国家必定不会长久存在。

子夏曰："贤贤易色，事父母能竭其力，事君能致其身，与朋友交言而有信。虽曰未学，吾必谓之学矣。"（《论语·学而》）一个人娶妻应该注重贤德而不偏重美貌。侍奉父母能尽孝，为臣事君能尽忠，和朋友交往言而有信。一个人若能做到这些，他虽然没有学过（礼），我也认为他学过了。"好德如好色"比"贤贤易色"更进一步，不再做轻重区分而是把它们等量齐观，类似于"德"和"位"相配一样，"德"和"色"也要相配。德行不够的人不配拥有美色，美色只会给她或他带来灾害。一个漂亮的女子如果德行不够，美色就会使她被男人玩弄。一个德行不够的男子娶了漂亮的妻子，就难免被"戴绿帽子"甚至被谋杀。权力和财富要和德行相匹配，美色也需要和德行相匹配，否则都会带来灾难祸害。

子云："婚礼：婿亲迎，见于舅姑，舅姑承子以授婿，恐事之违也。以此坊民，妇犹有不至者。"举行婚礼，女婿要亲自去迎娶，见到老丈人丈母娘后，他们亲手把女儿交给女婿，同时还要担忧她在夫家做事违背礼节。如此防范，女子仍有迎娶不来的。

郑玄注："舅姑，妻之父母也。妻之父为外舅，妻之母为外姑。"[1] "舅姑"指的是妻子的父母，妻子父亲称外舅，母亲称外姑。陈澔注："承，进也。子，女也。《论语》注云：'送与之也。'《仪礼》：'父戒女曰："夙夜无违命。"母戒女曰："毋违宫事。"'

① （汉）郑玄，注.王锷，点校.礼记注（下册）[B].北京：中华书局，2021：671.

皆恐事之违也。'末世礼坏，故有男行而女不随者，亦有亲迎而女不至者。"[1]"承"就是承进，"子"就是女子，也就是把女儿带进厅堂来交到女婿手中，如《论语》注释的"送到他手里"。《仪礼》说："父亲告诫女儿道：'日夜孝顺不违礼。'母亲告诫女儿道：'勿违妇道做事情。'都是担忧女儿做事有违礼节。"在礼坏乐崩的末世，常有男子出行而妻子不随行，也有男子亲自去迎接女子也不来的。但郑玄以为"不至，不亲夫以孝舅姑也。"[2]"不至"就是不亲爱丈夫和孝顺公婆，也就是妻子尽妇道不能做到"无微不至"。孙希旦注："不至，谓男亲迎而女不行，若《陈风·东门之杨》之所刺是也。父母欲女无违其夫，而妇乃有不随夫以行者，则其不能承顺其夫又不待言矣。"[3]"不至"首先是指男子亲自去迎娶但女子不随行，就如《毛诗序》说《诗经·陈风·东门之杨》是"刺时之作"，讽刺"昏姻失时，男女多违，亲迎女犹有不至者"。虽然父母希望女儿不要违逆丈夫，但她甚至不愿意跟随丈夫回家，所以不愿意顺从丈夫自不待言。

毫无疑问，"妇犹有不至者"，通常是父母包办婚姻的恶果。但是，即便在"恋爱自由"的现代，仍然有电影《逃跑新娘》式的悔婚。事实上，婚姻从一开始就让人后悔，很有可能是性爱关系混乱的恶果。也就是"始乱"不待"终弃"，"始乱"往往是"始弃"，"一夜情"不就是这样吗？很显然，《毕业生》中的女儿，因为母亲与男友的奸情而赌气结婚，但在男友的极力挽回下就成了"逃跑新娘"。与其结婚后再后悔，当然不如当"逃跑新娘"。但是，最终她将和母亲的奸夫结婚，真叫人恶心！爱情，多么令人向往的美好感情！婚姻，多么神奇美妙的天作之合！但是，如果没有礼，这最美好的感情就会被糟蹋，成为最恶心的奸情，甚至成为杀人泄恨的孽债。《礼记·坊记》就是教人防患于未然，避免做出违背道德的行为，糟蹋了最美好的事物。

① （元）陈澔，注.金晓东，校点.礼记[B].上海：上海古籍出版社，2016：597.
② （汉）郑玄，注.王锷，点校.礼记注（下册）[B].北京：中华书局，2021：671.
③ （清）孙希旦，撰.礼记集解（下）[B].北京：中华书局，1989：1296.

第六章
"天下之表"

子言之："归乎！君子隐而显，不矜而庄，不厉而威，不言而信。"

子曰："君子不失足于人，不失色于人，不失口于人。是故君子貌足畏也，色足惮也，言足信也。"《甫刑》曰："敬忌而罔有，择言在躬。"

子曰："裼、袭之不相因也，欲民之毋相渎也。"

子曰："祭极敬，不继之以乐；朝极辨，不继之以倦。"

子曰："君子慎以辟祸，笃以不掩，恭以远耻。"

子曰："君子庄敬日强，安肆日偷。君子不以一日使其躬儳焉，如不终日。"

子曰："齐戒以事鬼神，择日月以见君，恐民之不敬也。"

子曰："狎侮，死焉而不畏也。"

子曰："无辞不相接也，无礼不相见也，欲民之毋相亵也。"《易》曰："初筮告，再三渎，渎则不告。"

子言之："仁者天下之表也，义者天下之制也，报者天下之利也。"

子曰："以德报德，则民有所劝。以怨报怨，则民有所惩。"《诗》曰："无言不雠，无德不报。"《大甲》曰："民非后，无能胥以宁。后非民，无以辟四方。"

子曰："以德报怨，则宽身之仁也；以怨报德，则刑戮之民也。"

子曰："无欲而好仁者，无畏而恶不仁者，天下一人而已矣。"是故君子议道自己，而置法以民。

子曰："仁有三，与仁同功而异情。"与仁同功，其仁未可知也。与仁同过，然后其仁可知也。仁者安仁，知者利仁，畏罪者强仁。仁者右也，道者左也。仁者人也，道者义也。厚于仁者薄于义，亲而不尊；厚于义者薄于仁，尊而不亲。道有至，义有考。至道以王，义道以霸，考道以为无失。

子言之："仁有数，义有长短小大。中心憯怛，爱人之仁也。率法而强之，资仁者也。《诗》云：'丰水有芑，武王岂不仕。诒厥孙谋，以燕翼子。武王烝哉！'数世之仁也。《国风》曰：'我今不阅，皇恤我后。'终身之仁也。"

子曰："仁之为器重，其为道远，举者莫能胜也，行者莫能致也。取数多者，仁也。夫勉于仁者，不亦难乎？"是故君子以义度人，则难为人，以人望人，则贤者可知已矣。

子曰："中心安仁者，天下一人而已矣。"《大雅》曰："德辅如毛，民鲜克举之。我仪图之，惟仲山甫举之，爱莫助之。"小雅曰："高山仰止，景行行止。"

子曰："《诗》之好仁如此，乡道而行，中道而废，忘身之老也，不知年数之不足也；俛焉日有孳孳，毙而后已。"

子曰："仁之难成久矣！人人失其所好。"故仁者之过易辞也。

子曰："恭近礼，俭近仁，信近情，敬让以行此，虽有过，其不甚矣。夫恭寡过，情可信，俭易容也。以此失之者，不亦鲜乎？"诗曰："温温恭人，惟德之基。"

子曰："仁之难成久矣，惟君子能之。"是故君子不以其所能者病人，不以人之所不能者愧人。是故圣人之制行也，不制以己，使民有所劝勉愧耻，以行其言。礼以节之，信以结之，容貌以文之，衣服以移之，朋友以极之，欲民之有壹也。《小雅》曰："不愧于人，不畏于天。"是故君子服其服，则文以君子之容；有其容，则文以君子之辞；遂其辞，则实以君子之德。是故君子耻服其服而无其容，耻有其容而无其辞，耻有其辞而无其德，耻有其德而无其行。是故君子衰绖则有哀色，端冕则有敬色，甲胄则有不可辱之色。诗云："惟鹈在梁，不濡其翼。彼记之子，不称其服。"

子言之："君子之所谓义者，贵贱皆有事于天下。天子亲耕，粢盛秬鬯，以事上帝，故诸侯勤以辅事于天子。"

子曰："下之事上也，虽有庇民之大德，不敢有君民之心，仁之厚也。"是故君子恭俭以求役仁，信让以求役礼，不自尚其事，不自尊其身；俭于位而寡于欲，让于贤；卑己而尊人，小心而畏义，求以事君；得之自是，不得自是，以听天命。《诗》云："莫莫葛藟，施于条枚。凯弟君子，求福不回。"其舜、禹、文王、周公之谓与！有君民之大德，有事君之小心。《诗》云："惟此文王，小心翼翼。昭事上帝，聿怀多福。厥德不回，以受方国。"

子曰："先王谥以尊名，节以壹惠，耻名之浮于行也。"是故君子不自大其事，不自尚其功，以求处情；过行弗率，以求处厚；彰人之善而美人之功，以求下贤。是故君子虽自卑而民敬尊之。

子曰："后稷天下之为烈也，岂一手一足哉！唯欲行之浮于名也，故自谓便人。"

子言之："君子之所谓仁者，其难乎！"诗云："凯弟君子，民之父母。"凯以强教之，弟以说安之。乐而毋荒，有礼而亲，威庄而安，孝慈而敬，使民有父之尊，有母之亲，如此而后可以为民父母矣。非至德其孰能如此乎？今父之亲子也，亲贤而下无能；母之亲子也，贤则亲之，无能则怜之。母亲而不尊，父尊而不亲。水之于民也，亲而不尊；火尊而不亲。土之于民也，亲而不尊；天尊而不亲。命之于民也，亲而不尊；鬼尊而不亲。"

子曰："夏道尊命，事鬼敬神而远之，近人而忠焉，先禄而后威，先赏而后罚，亲而不尊；其民之敝，蠢而愚，乔而野，朴而不文。殷人尊神，率民以事神，先鬼而后礼，先罚而后赏，尊而不亲；其民之敝，荡而不静，胜而无耻。周人尊礼尚施，事鬼敬神而远之，近人而忠焉，其赏罚用爵列，亲而不尊；其民之敝，利而巧，文而不惭，贼而蔽。"

子曰："夏道未渎辞，不求备，不大望于民，民未厌其亲。殷人未渎礼，而求备于民。周人强民，未渎神，而赏爵刑罚穷矣。"

子曰："虞、夏之道，寡怨于民。殷、周之道，不胜其敝。"

子曰："虞、夏之质，殷、周之文，至矣！虞、夏之文，不胜其质；殷、周之质，不胜其文。"

子言之曰："后世虽有作者，虞帝弗可及也已矣。"君天下，生无私，死不厚其子；子民如父母，有憯怛之爱，有忠利之教；亲而尊，安而敬，威而爱，富而有礼，惠而能散；其君子尊仁畏义，耻费轻实，忠而不犯，义而顺，文而静，宽而有辨。《甫刑》曰："德威惟威，德明惟明。"非虞帝其孰能如此乎？

子言之："事君先资其言，拜自献其身，以成其信。"是故君有责于其臣，臣有死于其言。故其受禄不诬，其受罪益寡。

子曰："事君，大言入则望大利，小言入则望小利。"故君子不以小言受大禄，不以大言受小禄。《易》曰："不家食，吉。"

子曰："事君不下达，不尚辞，非其人弗自。"《小雅》曰："靖共尔位，正直是与。神之听之，式谷以女。"

子曰："事君远而谏，则谄也。近而不谏，则尸利也。"

子曰："迩臣守和，宰正百官，大臣虑四方。"

子曰："事君欲谏不欲陈。"《诗》云："心乎爱矣，瑕不谓矣。中心藏之，何日忘之？"

子曰："事君，难进而易退，则位有序；易进而难退，则乱也。"故君子三揖而进，一辞而退，以远乱也。

子曰："事君，三违而不出竟，则利禄也。人虽曰'不要'，吾弗信也。"

子曰："事君慎始而敬终。"

子曰："事君可贵可贱，可富可贫，可生可杀，而不可使为乱。"

子曰："事君，军旅不辟难，朝廷不辞贱。处其位而不履其事，则乱也。"故君使其臣，得志则慎虑而从之，否则孰虑而从之。终事而退，臣之厚也。《易》曰："不事王侯，高尚其事。"

子曰："唯天子受命于天，士受命于君。"故君命顺，则臣有顺命；君命逆，则臣有逆命。《诗》曰："鹊之姜姜，鹑之贲贲。人之无良，我以为君。"

子曰："君子不以辞尽人。故天下有道，则行有枝叶；天下无道，则辞有枝叶。"是故君子于有丧者之侧，不能赙焉，则不问其所费；于有病者之侧，不能馈焉，则不问其所欲；有客不能馆，则不问其所舍。故君子之接如水，小人之接如醴；君子淡以成，小人甘以坏。《小雅》曰："盗言孔甘，乱是用餤。"

子曰："君子不以口誉人，则民作忠。"故君子问人之寒则衣之，问人之饥则食之，称人之美则爵之。《国风》曰："心之忧矣，于我归说。"

子曰："口惠而实不至，怨菑及其身。"是故君子与其有诺责也，宁有已怨。《国风》曰："言笑晏晏，信誓旦旦。不思其反。反是不思，亦已焉哉！"

子曰："君子不以色亲人。情疏而貌亲，在小人则穿窬之盗也与？"

子曰："情欲信，辞欲巧。"

子言之："昔三代明王，皆事天地之神明，无非卜筮之用，不敢以其私亵事上帝。"是故不犯日月，不违卜筮。卜、筮不相袭也。大事有时日；小事无时日，有筮。外事用刚日，内事用柔日。不违龟筮。

子曰："牲牷、礼乐、齐盛，是以无害乎鬼神，无怨乎百姓。"

子曰："后稷之祀易富也，其辞恭，其欲俭，其禄及子孙。"诗曰："后稷兆祀，庶无罪悔，以迄于今。"

子曰："大人之器威敬。"天子无筮，诸侯有守筮。天子道以筮。诸侯非其国，不以筮；卜宅寝室。天子不卜处大庙。

子曰："君子敬则用祭器。"是以不废日月，不违龟筮，以敬事其君长。是以上不渎于民，下不亵于上。

道德修养，不仅在于"修"，更在于"养"；不仅在于"坊"，更在于"表"。《坊记》所讲着重于"修正"；本章内容源自《表记》，着重于"养正"。《表记》，郑玄云："以其记君子之德见于仪表者也。"①意思是说，《表记》是记君子的美德在仪表上的体现。《礼记正义》疏曰："此一篇总论君子及小人为行之本，并论虞、夏、殷、周质文之异，又论为臣事君之道"；"称'子言之'凡有八所，皇氏云：'皆是发端起义、事之头首。'记者详之，故曰'子言之'。若于'子言之'下更广开事或曲说其理，则直称'子曰'。"②《表记》先是总论君子小人行事的大本大源，接着讨论了虞、夏、殷、周礼制实质和形式上的差异，最后讨论了人臣侍奉君主的当行之道。全篇称"子言之"的有八处，皇氏认为都是发起要义开始论述的首句，因为是记录者进行了详解所以称'子言之'，也就是'孔子曾表达过这样的意思'。如果在'子言之'下进一步阐述事项或阐释事理，就直接称'子曰'。由此也可知，"子言之"不是孔子的原话，是记录者转述引申的话，"子曰"也不见得是引述孔子的原话。孙希旦说："此篇凡为八支：自首章至第九章为第一支，言君子持身庄敬、恭信之道，而言敬之义为详。自第十章至第十六章为第二支，兼明仁、义、报者之道。自第十七章至第二十三章为第三支，专明仁之道。自第二十四章至第二十七章为第四支，专明义之道。自第二十八章至第三十三章为第五支，以虞、夏、周之治，明'凯弟君子'之义。自第三十四章至第四十五章为第六支，明事君之道。自第四十六章至第五十章为第七支，明言行之要。自第五十一章至第五十五章为第八支，明卜、筮之重"；"'后世虽有作者'一章，结前章'凯弟君子'义，非发端之辞，而称'子言之曰'。'君子不以辞尽人'一章，与前数章不相蒙，乃更端之辞，而称'子曰'。岂传写之误与"；又转引"程子曰：《表记》亦近德，言其正。朱氏申曰：仁者，天下之表也。此篇记孔子言仁为详，故以《表记》名篇"③。程子认为《表记》也大致是讲德行，主要是从正面讲。朱申认为仁爱就是天下的表率，所以《表记》记录孔子讲仁爱的内容最详尽，因此以《表记》作为篇名。全文大致可以分为八节，从第一段至第九段为第一节，讲君子立身行事的庄敬、恭信之道，其中又以讲庄敬的要义最详细；从第十段至第十六段为第二节，兼讲仁、义和报的道理。从第十七段到第二十三段为第三节，专门讲仁的道德。从第二十四段到第二十七段为第四节，专讲义的道德。第二十八段至第三十三段为第五节，通过讲虞、夏、周的治国之道，讲明"凯弟君子"的要义。从

① （汉）郑玄，注.王锷，点校.礼记注（下册）[B].北京：中华书局，2021：701.
② （唐）孔颖达，撰.礼记正义（下册）[B].北京：北京大学出版社，2014：1457.
③ （清）孙希旦，撰.礼记集解（下）[B].北京：中华书局，1989：1297.

第三十四段至第四十五段为第六节，主要阐明侍奉君主的当行之道。从第四十六段至第五十段为第七节，阐明言行的重要性。从第五十一段至第五十五段为第八节，阐明占卜、筮卦的重要性。"后世虽有作者"这一段，是总结前章"凯弟君子"的要义的，而不是新内容发端词，却称"子言之曰"。"君子不以辞尽人"这一段，和前面数段都不相关，其实是新内容发端之词，却称"子曰"。这或许是传抄的错误吧？本章内容按照"子言之曰"划分节目，具体段落参考孙希旦的意见进行适当调整。不过，孙希旦所说从第一段至第九段正是第一个"子言之曰"的内容，但是"从第十段至第十六段"好像有误，按当前的版本是"从第十段至第十四段"，只有把"第十四段"算作"第十六段"才符合孙希旦的章节划分。《表记》内容比较庞杂，本书分"仁""义""道"三个方面进行论述，其实也是概括儒家的伦理道德以仁义为核心要义。

一、仁

《表记》乃"记君子之德见于仪表者也"，君子的美德在仪表上的体现是怎样的呢？大概就是忠诚为民办事，仁爱天下百姓。子曰："道千乘之国：敬事而信，节用而爱人，使民以时。"（《论语·学而》）治理拥有一千辆兵车的国家，应该恭敬政事并且忠实守信，节省费用并且爱护人民，征用民力要尊重农时。唯有在"务民之义"上"敬事而信"，才能摆脱个人得失和人事纷扰的困惑，成为一个受到"万世师表"的君子。

1.庄敬

子言之："归乎！君子隐而显，不矜而庄，不厉而威，不言而信。"还是回归故土去吧，君子虽隐身而退却终将声名显著，从不骄傲自大但始终端庄自重，不必声色俱厉却威望自在，不待多言而备受信任。这是一个失意文人的自我安慰，也是一个政治家的忍辱负重，更是一个教育家的谆谆教导。一个人的道德品行最好地体现在"累累若丧家之犬"时，而不在"春风得意马蹄疾"之际，所以此篇先讲"万世师表"的孔圣人之失魂落魄。

郑玄注："此孔子行应聘，诸侯莫能用己，心厌倦之辞也。矜，谓自尊大也。

厉，谓严颜色。"①孔子周游列国游说，却没有诸侯任用自己，心生厌倦说了这些话。"矜"意指骄傲自大，"厉"是声色的严厉。陈澔转应氏曰："归乎之叹，圣人周流不遇，睹世道之益衰，念仪刑之有本，何必历聘驾说而后足以行道哉！隐而显，即《中庸》所谓'潜虽伏'矣，亦'孔子昭'是也。不矜而庄，不厉而威，不言而信，即所谓'不动而敬，不言而信'是也。《中庸》以是终篇，盖示人以进德之事；《表记》以是为始，盖发明圣人立教之故。"②孔子发出还是回归故土之叹，是因为周游列国而不招待见，目睹世道日渐衰微，但转念想想，礼仪刑罚自有根本，何必非要诸侯接受学说聘任为官才能行道呢？或谓孔子曰："子奚不为政？"子曰："书云：'孝乎惟孝，友于兄弟，施于有政。'是亦为政，奚其为为政？"所以，有人问孔子为什么不从政时，孔子引用《尚书》的话：孝啊！孝敬父母，友爱兄弟，施行到政治上去，这也是为政啊，为什么一定要当官出仕才算是为政呢？孔子从未放弃政治理想，儒家从未退出政治舞台，只不过是换一种方式从事政治。也就是从修身、齐家着手治国、平天下，或者从思想政治教育着手治国理政。"隐而显"，既可以理解为"政教"是隐性政治但效果更长远显著，也可以理解为现在的"隐"为的是以后的"显"，就像《中庸》引用《诗》中的话"潜虽伏矣，亦孔之昭"，潜龙虽然伏在水底，也能体现盛大显著。这也就是"孔子之昭"，孔子的伟大之处。"不矜而庄，不厉而威，不言而信"，也就是《中庸》说的"故君子不动而敬，不言而信"，真正的君子如"潜龙勿用"，不过是时机不到而已。因为认识到了世界发展的必然规律而有大气象，终究将迎来"飞龙在天"的一天。到那时候，不去活动也受人尊敬，不去游说自有人信任。《中庸》以这些话终结全书，大概是教人不断提高道德修养。《表记》以这些话开始，大概是阐发孔子学说的根本。

"君子有终身之忧，无一朝之患也。"（《孟子·离娄下》）君子忧虑一辈子的成就，而不忧虑一时得失。子路问于孔子曰："君子亦有忧乎？"孔子曰："君子其未得也，则乐其意；既已得之，又乐其治。是以有终生之乐，无一日之忧。小人者其未得也，则忧不得；既已得之，又恐失之。是以有终身之忧，无一日之乐也。"（《荀子·子道》）子路问孔子：君子是否也有忧虑，孔子说君子在没有得到职位之前，以得知治理之道为乐；在得到职位之后，以施行善治为乐。所以，君子有终其一生的

---

① （汉）郑玄，注.王锷，点校.礼记注（下册）[B].北京：中华书局，2021：701.
② （元）陈澔，注.金晓东，校点.礼记[B].上海：上海古籍出版社，2016：599.

快乐，而没有一时的得失忧虑。小人在没有得到职位前，担忧是否能得到；已经得到职位后，又担心会失去。所以，小人终其一生都在忧虑，没有一天活得快乐。

1962年1月30日，毛泽东在扩大的中央工作会议上，引用了司马迁《史记》讲的"仲尼厄而作《春秋》"等典故，告诫领导干部们遭遇"厄运"在社会主义社会也不可完全避免，但如果能以正确的态度去面对也不总是坏事，甚至是好事。

　　不论党内党外，都要有充分的民主生活，就是说，都要认真实行民主集中制。要真正把问题敞开，让群众讲话，哪怕是骂自己的话，也要让人家讲。骂的结果，无非是自己倒台，不能做这项工作了，降到下级机关去做工作，或者调到别的地方去做工作，那又有什么不可以呢？一个人为什么只能上升不能下降呢？为什么只能做这个地方的工作而不能调到别个地方去呢？我认为这种下降和调动，不论正确与否，都是有益处的，可以锻炼革命意志，可以调查和研究许多新鲜情况，增加有益的知识。我自己就有这一方面的经验，得到很大的益处。不信，你们不妨试试看。司马迁说过："文王拘而演《周易》，仲尼厄而作《春秋》。屈原放逐，乃赋《离骚》。左丘失明，厥有《国语》。孙子膑脚，兵法修列。不韦迁蜀，世传《吕览》。韩非囚秦，说难孤愤。《诗》三百篇，大抵贤圣发愤之所为作也。"这几句话当中，所谓文王演《周易》，孔子作《春秋》，究竟有无其事，近人已有怀疑，我们可以不去理它，让专门家去解决吧，但是司马迁是相信有其事的。文王拘，仲尼厄，则确有其事。司马迁讲的这些事情，除左丘失明一例以外，都是指当时上级领导者对他们作了错误处理的。我们过去也错误地处理过一些干部，对这些人不论是全部处理错了的，或者是部分处理错了的，都应当按照具体情况，加以甄别和平反。但是，一般地说，这种错误处理，让他们下降，或者调动工作，对他们的革命意志总是一种锻炼，而且可以从人民群众中吸取许多新知识。我在这里申明，我不是提倡对干部，对同志，对任何人，可以不分青红皂白，作出错误处理，像古代人拘文王，厄孔子，放逐屈原，去掉孙膑的膝盖骨那样。我不是提倡这样做，而是反对这样做的。我是说，人类社会的各个历史阶段，总是有这样处理错误的事实。在阶级社会，这样的事实多得很。在社会主义社会，也在所难免。不论在正确路线领导的时期，还是在错误路线领导的时期，都在所难免。不过有一个区别。在正确路线领导的时期，一经发现有错误处理的，就能甄别、平反，向他们赔礼道歉，使他们心情舒畅，重新抬起头来。而在错误路线领导的时期，则不可能这样做，只能由代表正确路线的人们，在适当的时机，通过民主集中制的方法，起来纠正错误。至于由于自己犯了错误，经过同志们的批评和上级的鉴定，作出正确处理，因而下降或者调动工作的人，这种下降或者调动，对于他们改正错误，获得新的知识，会有益处，那就不待说了。①

写《史记》的司马迁处在汉朝盛世，汉武大帝堪称雄才大略，但是司马迁却因为李广之子李陵仗义执言而遭宫刑。其《报任安书》说了自己"所以隐忍苟活，幽于粪土之中而不辞者，恨私心有所不尽，鄙陋没世，而文采不表于后也"；"亦欲以究天人之际，通古今之变，成一家之言。草创未就，会遭此祸，惜其不成，是以就极刑而无愠色。仆诚以著此书，藏之名山，传之其人，通邑大都，则仆偿前辱之责，虽万被戮，岂有悔哉！"②司马迁最终完成的是"史家之绝唱，无韵之离骚"。"古者富贵而名摩灭，不可胜记，唯倜傥非常之人称焉"。从古至今那些尊享富贵的帝王大多籍籍无名，但像孔子、屈原、司马迁这样的人却会流芳千古！"求名当求万世名"，官场失意者何必以此自勉，奋发有为而成万世名！毛泽东在读苏联《政治经济学教科书》的谈话中就曾指出："说社会主义社会中，人的地位只决定于劳动和个人的能力，这个提法不妥。聪明人往往出于地位低、被人看不起、受过侮辱的人中，社会主义社会中也不例外。屈原如果继续做官，他的文章就没有了。正是因为开除'官籍''下放劳动'，才有可能接近社会生活，才有可能产生像《离骚》这样好的文学作品。知识都是经过困难、经过挫折得来的。"③同样的道理，当然也适用于文王、孔

---

① 毛泽东.毛泽东文集（第8卷）[M].北京：人民出版社，1999：291—292.

② 古文辞类纂[B].上海：上海古籍出版社，2016：351.

③ 中共中央文献研究室，编.毛泽东年谱（1949—1976）（第4卷）[M].北京：中央文献出版社，2013：283.

子、孙子、左丘明、吕不韦。很多人也确信，苏轼要不是被贬官，也不会有《赤壁赋》《念奴娇·赤壁怀古》《卜算子·黄州定慧院寓居作》《定风波·莫听穿林打叶声》《水调歌头·黄州快哉亭赠张偓佺》等一系列的千古名篇。"心似已灰之木，身如不系之舟。问汝平生功业，黄州惠州儋州"，正是被贬至黄州惠州儋州才成就了苏轼一生文学功业。"吾上可陪玉皇大帝，下可陪卑田院乞儿。眼前见天下无一个不好人"，一再遭遇厄运的苏轼最终得人生大自由！

这么说并不是要为统治者的错误辩护，更不是要感谢暴君的专制残暴。统治者的错误理当被纠正，专制暴君应受革命诛杀。但是，不要以为民主就能完全避免错误，苏格拉底可以说正是死于民主制度，而希特勒则是民主制度选出的元首。没有任何制度是完美的，也没有一种制度是万能的，制度终究依赖于人力。任何时代的人都可能遭遇厄运，所以人必须学会"隐而显"。在"春风得意马蹄疾，一日看尽长安花"时要懂得"隐"，而不要"显"摆出"昔日龌龊不足夸，今朝放荡思无涯"，那便是"自作孽，不可活"。在"累累若丧家之犬"时更要能"隐"，以"潜龙勿用"的坚韧期待"飞龙在天"之日。从"潜龙勿用"到"飞龙在天"，这正是"龙的传人"最可宝贵的精神，中华民族最优秀的儿女都是这方面的表率。

"隐而显"并非"隐忍苟活"，"隐而显"并不是忍气吞声的自暴自弃，而是坚韧不拔的自立自强。"隐而显"可以说是中华民族最隐秘也最鲜明的美德，所以，中华民族一次又一次遭遇磨难，一次又一次地实现伟大复兴。"隐而显"的美德，正是中华民族伟大复兴的力量源泉。近代以来，面对帝国主义的侵略和掠夺，中国人民默默地隐忍了一百年，最终中国人民站起来了！新中国成立后，中国又遭受西方资本主义的围堵打压，中国人又默默地隐忍了前后三十年，中国人民终于富起来了！百年耻辱，百年复兴，到中华人民共和国成立一百年周年的时候，世界定将看到中国人实现中华民族伟大复兴的中国梦！

子曰："君子不失足于人，不失色于人，不失口于人。是故君子貌足畏也，色足惮也，言足信也。"《甫刑》曰："敬忌而罔有，择言在躬。"君子不因举止不端而冒犯人，不因神色不敬而冒犯人，不因言语不当而冒犯人。也就是说君子道貌岸然足以让人肃然起敬，神色庄重足以让人不敢放肆有所忌惮，言之成理足以让人心悦诚服。就如《尚书·周书·甫刑》中说的，"敬畏和忌讳如果都没有了，挑剔指责的话就会落到身上"。这段话其实就是教人要注意言行举止不要冒犯他人，给人留下挑剔指责的把柄。子曰："君子欲讷于言而敏于行。"（《论语·里仁》）君子不要轻易说话但要勤快做事。子曰："君子食无求饱，居无求安，敏于事而慎于言，就有道而正焉，可谓好学也已。"（《论语·学而》）君子吃饭不要求饱足，居住不要求安定，工作上勤劳敏捷，说话却谨慎小心，到有道的人那里去匡正自己，这样就可以说是好学了。道德修养，说到底就是体现在言行举止彬彬有礼，而不是粗鲁傲慢。当今西方政客为了攻击竞争对手，完全不顾言行举止的礼节，最终使政治人物普遍成了被嘲讽的小丑。

郑玄注："失，谓失其容止之节也。《玉藻》曰：'足容重，色容庄，口容止。'"；"《甫刑》《尚书》篇名。忌之言戒也。言己外敬而内戒慎，则无有可择之言加于身也"[1]。"失"指的是仪容举止的礼节上有过失，比如对人做出侮辱性的举动，或神色表现出鄙视他人，或言语冒犯他人，这样别人就会记恨在心。当然，这种言行举止的过失和冒犯，很可能也是双方都有问题。《礼记·玉藻》篇教人说："举止要体现稳重，神色要显得庄重，说话要适可而止。"举止轻浮就会遭人轻慢，神色谄媚就会遭人鄙视，口不择言就会遭人唾弃。所以，君子一定要遵循《礼记·曲礼》开篇说的"毋不敬，俨若思，安定辞"，也就是态度恭敬令人敬畏，神态凝重让人忌惮，言辞安定让人信任。《甫刑》是《尚书》的篇名，"忌"就是"戒"，也就是人的外在言行举止要恭敬有礼，在内心又告诫自己谨言慎行，如此，也就不会有人对自己口不择言地轻慢对待了。这并不是教人随时随地都要装出一副道貌岸然的样子——道貌岸然的伪君子必然遭人鄙视，而是说言行举止不要放浪形骸冒犯他人，而要注意自尊自重适可而止。陈澔转引马氏注曰："见其所可行而不虑其所止，则失足于人；见其所可喜而不虑其所可怒，则失色于人；见其所可语而不虑其所可默，则失口于人。不失足于人，故貌足畏；不失色于人，故色足惮；不失口于人，则言足信。"[2]如果知道可行的待人之道但不曾考虑适可而止，就会在行为上冒犯他人；如果知道让人高兴的方式但不曾考虑可能让人发怒的方式，就会在神色上冒犯他人；如果知道可以说的话但不曾考虑不能说的话，就可能在言语上冒犯他人。因为行为举止端正，所以气宇轩昂足以让人敬畏；因为声色形容端庄，所以不亢不卑足以让人忌惮；因为言语谨慎得体，所以言辞朴实足以让人信服。

---

① （汉）郑玄，注.王锷，点校.礼记注（下册）[B].北京：中华书局，2021：701.

② （元）陈澔，注.金晓东，校点.礼记[B].上海：上海古籍出版社，2016：599.

孔子曰："君子有九思：视思明，听思聪，色思温，貌思恭，言思忠，事思敬，疑思问，忿思难，见得思义。"（《论语·季氏》）君子修身有九个方面的思考：看的时候要思考看明白了没有，听话时要思考听清楚了没有，待人时要思考是否温和，相处时要思考是否恭敬，说话时要想想是否忠实，做事时要想想是否严谨，有疑难时要思考询问，气愤时要思考后患，见到好处时要思考正义。如果口不择言、行不择义、放浪形骸，就必定自取其辱、后患无穷。孟子曰："夫人必自侮，然后人侮之；家必自毁，而后人毁之；国必自伐，而后人伐之。"（《孟子·离娄上》）士庶之人必定先自取其辱，然后才受人侮辱；卿大夫之家必定先"兄弟阋于墙"，然后才有不能"外御其辱"的毁灭（《诗经·小雅·常棣》）；诸侯封国必定先"谋动干戈于邦内"，然后才导致"邦分崩离析而不能守也"，亦即其祸"在萧墙之内也"（《论语·季氏》）。

子曰："裼、袭之不相因也，欲民之毋相渎也。"裼衣、袭衣各得其宜而互不相混，是要民众做事知轻重而不亵慢。或许类似于今天领导人穿西装打领带或是着便衣衬衣，都是为了适应不同场合的需要而不能随意乱穿，接见外宾或参加重大会议着便装就显得不庄重，召开座谈会或者走访慰问民众穿得太正式则显得脱离民众，都是对当事人和事情本身的轻慢亵渎。

陈澔注："古人之衣，近体有袍泽之属，其外有裘，夏月则衣葛。或裘或葛，其上皆有裼衣，裼衣上有袭衣，袭衣之上有常著之服，则皮弁服及深衣之属是也。掩而不开谓之袭，若开而见出其裼衣，则谓之裼也。"①古人穿衣，贴身的是袍泽之类的内衣，外面是裘衣，夏天则穿葛衣。不论裘衣还是葛衣，上面都有裼衣，裼衣上又有袭衣，袭衣上还有日常穿的服装，也就是搭配皮帽的正式衣服以及上衣和下裳相连的深衣之类。能完全掩盖里面的衣服就叫袭，如果袭衣有开口能见到外露裼衣就称裼。陈澔又转应氏曰："裼、袭，以示文质各有异宜。所谓不相因者，恐一时或有异事，必易服从事，各存其敬，不以袭衣而因为裼，不以裼衣而因为袭。盖节文既辨，而又不惮其劳，则无相亵之患。"②裼衣和袭衣是用来表示文明礼仪彼此不同而各得其宜的。所谓"不相因"就是考虑到一时间可能事有变化，必须更换着装才能表示郑重其事之意，就不能以袭衣直接将就裼衣，也不能以裼衣直接将就袭衣。大概

① （元）陈澔，注．金晓东，校点．礼记[B]．上海：上海古籍出版社，2016：36.
② （元）陈澔，注．金晓东，校点．礼记[B]．上海：上海古籍出版社，2016：600.

是为了强调既能明辨礼节要义，又能不厌其烦地遵行，这样就不会有不同事宜相互亵慢。郑玄注："不相因者，以其或以裼为敬，或以袭为敬。礼盛者，以袭为敬，执玉之属也。礼不盛者，以裼为敬，受享是也。"①"不相因"就是说有时候以穿裼衣表示敬重，有时候以穿袭衣表示敬重。通常盛大典礼时以穿袭衣为敬，而且还要手执玉圭之类。礼不那么盛大时，以穿裼衣为敬，比如接受奖赏时就是如此。不同场合要穿不同的服装表示敬重，在今天也是一样的，比如有时候需要西装革履，有时候穿夹克就行，有时候穿衬衣甚至短袖也行。在重大的国家聚会上如果没有穿正装，毫无疑问是对国事的亵慢。比如在人民英雄纪念碑前敬献花篮时，如果没有穿正装就是亵渎烈士。反过来，在气氛轻松活跃的座谈会上，如果领导者穿得太过正式，也会给人高高在上之感。着装不是无关紧要的小节，它体现了对人对事的敬重与否。即便是普通的年轻人，也要懂得着装意味着对人对事的态度。着装最好要让别人觉得受到了尊重，至少不要让人觉得受到了亵渎。

子曰："祭极敬，不继之以乐；朝极辨，不继之以倦。"祭祀要竭尽虔诚地表达敬意，祭祀之后不继之以寻欢作乐；朝政要竭尽所能地明辨是非，但不能变成繁文缛节使人厌倦。

郑玄注："极，犹尽也。辨，分别政事也。《祭义》曰：'祭之日，乐与哀平。飨之必乐，已至必哀。'"②"极"相当于"尽"，祭祀要尽崇敬之心，"辨"是分辨政事之宜。《祭义》说："祭祀之日，哀乐各半。敬献祭品请祖先神灵享用时必定心怀喜悦，献飨结束后必定因先人远逝而追思哀伤。"陈澔转吕氏曰："极敬者，诚意至也，苟至于乐，则敬弛；极辨者，节文明也，苟至于倦，则入于苟简。"③"极敬"就是极尽至诚敬意，但如果表现出欢乐，敬意就减轻了；"极辨"就是明辨政事的节度分寸，但如果到了让人厌倦的程度，那样反倒使人苟且就简。这是教人做事要掌握好分寸，既不能搞得粗枝大叶，也不能有太多繁文缛节。"极敬"容易搞成繁文缛节，这样就容易感到厌倦，最终只能删繁就简。

"子食于有丧者之侧，未尝饱也。子于是日哭，则不歌。"（《论语·述而》）孔子在有丧事的人旁边吃饭，从来没有吃饱过；孔子如果在这一天哭过，就不再唱歌。

① （汉）郑玄，注.王锷，点校.礼记注（下册）[B].北京：中华书局，2021：702.
② （汉）郑玄，注.王锷，点校.礼记注（下册）[B].北京：中华书局，2021：702.
③ （元）陈澔，注.金晓东，校点.礼记[B].上海：上海古籍出版社，2016：600.

· 208 ·

"祭如在，祭神如神在。子曰：'吾不与祭，如不祭。'"（《论语·八佾》）祭祀祖先时好像祖先就在面前，祭神灵时好像神就在面前。孔子说自己如果不能感受到与受祭鬼神同在，祭了就跟没有祭一样。"林放问礼之本。子曰：'大哉问！礼，与其奢也，宁俭；丧，与其易也，宁戚。'"（《论语·八佾》）林放问礼的根本。孔子说："你的问题意义重大啊！礼，与其追求奢华，宁可俭朴一些；比如丧礼，与其一切如仪，不如心有哀戚。"哀悼祭祀必须是极尽诚意敬心，不是做做样子而已。古人在祭祀之前通常要斋戒沐浴，就是为了静思静心达到诚意正心，尤其在祭祀时要想象先人就在眼前。不能片面地理解唯物主义，简单地说灵魂不存在。人死后或许也不会有灵魂的存在，但是，先烈的音容笑貌和精神气质可以永远存在于我们后人心中。如果人死之后一切都不存在了，那敬献花篮还有什么意义？默哀就是让我们想象先烈的英雄形象，想象他们还活着并与我们在一起。如果没有对先人的思念和感怀，默哀、鞠躬、献礼都是做样子。祭祀，就是古人瞻仰和追思先人的形式，目的是不忘初心和牢记使命，继承遗志和继续前进。

子曰："君子慎以辟祸，笃以不掩，恭以远耻。"君子谨言慎行所以能避免祸患，笃实纯朴所以声名显著，恭敬从礼所以远离耻辱。

"笃，厚也。掩，犹困迫也。"[1] "笃"就是淳厚或厚实，"掩"相当于困窘或窘迫。"笃者，居其厚，不居其薄；处其实，不处其华，则辉光发于外，而人不能掩也"；"君子经德不回，所以正行，则其戒谨笃恭，皆非有为而为之也，岂区区于避祸患防掩耻乎？记礼之垂是言，亦以晓人知避困辱之道耳。"[2] 笃实的人，立身朴实淳厚而不虚荣浅薄，处事诚实勤恳而不造作浮夸，所以如金子般闪闪发光，想要掩盖都掩盖不住。当然，君子义无反顾地遵德而行不过是遵行人间正道，所谓戒谨笃恭都不是刻意为之，岂是仅仅为了避免祸患防止耻辱？《礼记》的这番垂教，也是教人避免陷入困顿耻辱的方法，那就是遵道而行。

有子曰："信近于义，言可复也；恭近于礼，远耻辱也；因不失其亲，亦可宗也。"（《论语·学而》）承诺诚实守信也要近合道义，这种诺言才可以一再承诺。态度恭敬谦卑但也近合礼义，这种谦卑才能远离耻辱。因袭顺承他人但都不是无亲无

---

① （汉）郑玄，注.王锷，点校.礼记注（下册）[B].北京：中华书局，2021：702.
② （元）陈澔，注.金晓东，校点.礼记[B].上海：上海古籍出版社，2016：600.

故，这样的顺承才值得推崇。君子之所以强调谨言慎行以避免祸患，就是因为"轻诺必寡信"，不是因为有意违背诺言，而是许下的诺言自己没有能力兑现。真正诚实守信的人从不信誓旦旦，用不着向人一再承诺。一个人做事能诚实守信，归根结底在于做人朴实厚道。这种笃实不是装出来的，而是内在的优秀品质。是金子总会发光的，即便一时埋没也终将发光。轻浮浅薄的人有时也想装得低调沉稳，表现出一副笃实谦卑的样子，但却变成唯唯诺诺阿谀逢迎，实际上不过是自取其辱而已。君子做人做事都是依照礼义，其笃实谦恭不过是遵循礼貌待人，其孝悌顺承不过是亲爱父母兄弟。所以，子曰："君子坦荡荡，小人长戚戚。"（《论语·述而》）君子做人做事坦坦荡荡，小人长吁短叹哀哀戚戚。

子曰："君子庄敬日强，安肆日偷。君子不以一日使其躬儳焉，如不终日。"君子庄重恭敬，所以一天比一天强大；小人安逸肆意，所以日复一日苟且偷安。君子不能容忍哪一天被人鄙视，真要那样就惶惶不可终日。郑玄注："肆，犹放恣也。偷，苟且也。肆或为亵"；"儳焉，可轻贱之貌也。如不终日，言人而无礼，死无时。"[1]"肆"相当于放肆或恣肆，"偷"就是苟且偷安，"肆"或许也可以解释为亵慢。"儳焉"就是轻薄卑贱的样子，"如不终日"是说人如果不遵守礼节，随时可能遭遇死亡。陈澔转马氏曰："庄敬所以自强，而有进德之渐，故曰日强；安肆所以自弃，而有败度之渐，故曰偷"；又转应氏曰："儳者，参差不齐之貌。心无所检束而纷纭杂乱，遂至儳焉错出。外既散乱而不整，则内亦拘迫而不安，故不能终日也。若主一以直内，而心广体胖，何至于如不终日乎？"[2]庄敬就能自立自强，因此德行日夜精进，所以说"日强"；安逸肆意就是自暴自弃，因此有日渐败亡之象，所以说"日偷"，也就是得过且过，过一天算一天，过一天少一天。"儳"是参差不齐的破落样子，人心如果没有礼来约束就会纷繁杂乱，于是千头万绪心神不宁。外在行为散漫放任，内心又迷乱不安，所以惶惶不可终日。倘若内心有一个主宰力量，就能心胸宽广而体态安适，何至于惶惶不可终日？《中庸》说："故君子之道，暗然而日章；小人之道，的然而日亡"，君子为人处世质朴诚实，虽然不动声色却声名日隆；小人为人处世浮夸张扬，看似风光无限却日渐消亡。《易经》说："积善之家，必有余庆；积

---

① （汉）郑玄，注.王锷，点校.礼记注（下册）[B].北京：中华书局，2021：702.
② （元）陈澔，注.金晓东，校点.礼记[B].上海：上海古籍出版社，2016：600.

不善之家，必有余殃。"君子日强或日章，小人日偷或日亡，都在于日复一日的积累。所以说："勿以恶小而为之，勿以善小而不为。惟贤惟德，能服于人。"（《三国志·蜀书·先主传》）

子曰："齐戒以事鬼神，择日月以见君，恐民之不敬也。"斋戒之后才能侍奉鬼神，选定吉日才能见国君，这是担心民众不知道敬畏。陈澔注："幽明之交，上下之际，尤其所当敬者，故并言之。"①鬼神之交、君臣之交，都是最需要敬畏的，所以一块说。应该说，破除迷信是完全必要的，不论是对鬼神还是君主的迷信都应该破除。但是，没有敬畏之心并不好，而且人也不应该不畏惧法律惩罚。鬼神和君主，其实是古人心中道德和政治权威的代表。王孙贾问曰："与其媚于奥，宁媚于灶，何谓也？"子曰："不然，获罪于天，无所祷也。"（《论语·八佾》）王孙贾问孔子："'与其取媚于屋内西南角主宰生死祸福的神，不如取媚于掌管衣食的灶神'，这话什么意思？"孔子回答说："这话不对。如果得罪了上天，就没有神可以祈祷了。"破除迷信很容易使人变成功利主义者，甚至是信奉"县官不如现管"的急功近利主义。所谓"抬头三尺有神明"，所谓"天打五雷轰"，其实说的是道德良心受到谴责。不能把"天地良心"都给丢弃了，侵犯了别人的利益就一定要遭到"报应"，如果觉得"报应"有迷信色彩就说"报复"吧。同样，只有政治还没有彻底消亡，政治权威也不会消亡。"四项基本原则"、"四个意识"和"两个维护"等，都是维护政局稳定的必然要求，领导干部必须以身作则引导民众形成敬畏之心。

子曰："狃侮，死焉而不畏也。"小人往往轻薄狂妄，死到临头而不知畏惧。"狃侮至于死而不畏者，蔽其所亵也"②，或"忕于无敬心也"③。小人之所以轻薄狂妄，以致死到临头而不知畏惧，是因为他们根本不知道亵渎，也根本没有敬畏之心。孔子曰："君子有三畏：畏天命，畏大人，畏圣人之言。小人不知天命而不畏也，狃大人，侮圣人之言。"（《论语·季氏》）君子有三种敬畏：敬畏天命，敬畏王公大人，敬畏圣人的言论。小人不知道天命不可违抗所以不敬畏，轻慢王公大人，侮辱圣人的言论。小人是无知所以无畏，而且通过礼义来使他们学会敬畏，但很难让他们真正懂得礼义。因此，子曰："民可使由之，不可使知之。"（《论语·泰伯》）一般民众可以

① （元）陈澔，注.金晓东，校点.礼记[B].上海：上海古籍出版社，2016：600.

② （元）陈澔，注.金晓东，校点.礼记[B].上海：上海古籍出版社，2016：601.

③ （汉）郑玄，注.王锷，点校.礼记注（下册）[B].北京：中华书局，2021：703.

使他们学会跟从，不太可能使他们知道其中的道理，比如孔子这句话就有很多"小人"不知道真实含义。

子曰："无辞不相接也，无礼不相见也，欲民之毋相亵也。"《易》曰："初筮告，再三渎，渎则不告。"没有欢迎致辞就不成正式接待，没有见面礼物就不成正式会见，这是教育民众交往时不要互相轻慢。就像《易经》中说的，对于初次占卜者就告知吉凶，一而再、再而三占卜是亵渎神灵，亵渎神灵就不要告知吉凶。在交往中，对那些一再占卜以求好结果的人，不要理睬甚至不要接待他。这段话是教人以平等心待人，不要指手画脚盛气凌人，把自己的意志强加于人。

郑玄注："辞，所以通情也。礼，谓挚也。《春秋》曰：'古者诸侯有朝聘之事，号辞必称先君，以相接也。'"①"辞"是用来通达感情的致辞，"礼"就是"挚"或"贽"，亲炙或见面礼。《春秋》说："古代诸侯举行朝聘之礼时，致辞必须称先君之间的友好，以此互相表示欢迎接待。"陈澔转吕氏曰："辞者，相接之言，如公与客宴曰'寡人有不腆之酒，以请吾君子之与寡人须臾焉，使某也以请'之类是也；礼者，相见之挚，如羔雁雉鹜之类是也。必有辞，必有礼者，交际不可苟也。苟则亵，亵则不敬，此交所以易疏也。"②"辞"就是相互接待时的致辞，比如公爵宴请来宾时说"寡人备下薄酒，用以宴请尊敬的君子与寡人尽须臾之欢，并请某某作陪"之类的话就是；"礼"指的是见面礼，如羔羊、大雁、雉鸡、鹜鸭之类即是。必有致辞，必有礼物，表明交际不可苟且随意。苟且随意就是亵渎怠慢，亵渎怠慢就是缺乏敬重，这种交往就容易疏远。中国今天在国际交往的时候，也在致辞中强调过去两国领导人或人民的友好相处，以此来拉近彼此的感情。同样也会赠送见面礼，表示对主人的敬意。就像男女随便见面就做了"苟且之事"，最终很容易"始乱终弃"。国际交往更不能没有礼仪，不仅接待礼仪要郑重其事，最终还要签署具有法律效应的文件。"初筮告，再三渎，渎则不告"，"《易》，《蒙》卦辞，谓凡占者，初筮则诚敬必全，若以明而治蒙，必其学者如初筮之诚，则当告之，若如再筮三筮之渎慢则不必告之矣。引此以言宾主之交际，当慎始敬终如初筮之诚，不可如再三筮之渎慢也"③。占卜一次的要告知他吉凶，请求占卜两次、三次的是亵渎神灵，对于亵渎神灵的人不要

---

① （汉）郑玄，注．王锷，点校．礼记注（下册）[B]．北京：中华书局，2021：703．
② （元）陈澔，注．金晓东，校点．礼记[B]．上海：上海古籍出版社，2016：601．
③ （元）陈澔，注．金晓东，校点．礼记[B]．上海：上海古籍出版社，2016：601．

告诉他吉凶。这句话来自《易经》，是《蒙》卦的卦辞。意思是说对于占卜的人，算第一卦必定完全心诚意敬，就像希望获得光明来治好自己的蒙昧一样。只有学生像第一次算卦那么心诚意敬，老师才会告知学生解决问题的方法，如果学生同样的问题问两遍、三遍，就不要告诉他解决问题的方法了。引用这句话来讲国家宾主之间的交往，也应该如同占卜一样慎始敬终，不能像占卜两次三次那样亵慢。对于第一次占卜的结果不满意，就想占卜第二次、第三次直到满意，那就是完全不相信占卜，只是要满足自己的欲望而已。国际交往如果也是不达目的决不罢休，那就不是交往而是把自己的意志强加于人。占卜其实就是占卜"意外"的事，如果都是自己"意料"中的事，哪里还用占卜？自己很难"意料"到"意外"的事，所以需要占卜以预先知道可能发生的"意外"，从而能够进行预防。所谓"未卜先知"那就不是"意外"了，既然能"先知"也就不需要占卜了。国家之所以要面对面地交往，就是因为不知道对方的"出乎意料"的要求。交往的目的就是去了解对方"意料之外"的"诉求"，而不是去强迫对方接受自己的"意愿"。如果都能接受对方的"意愿"，那就不需要面对面艰难谈判了。所以，国家交往必须诚心诚意地倾听对方的诉求，就像占卜必须诚心敬意地听哪怕自己不爱听的话。

占卜获得吉兆使自己获得心理安慰，但也可能因此而掉以轻心，最终酿成凶险结果。占卜获得凶兆使自己受到心理压力，但也可以因此严加防范，最终结果倒可能吉利。现在西方国家处于强势地位，就喜欢满世界推销自己的民主自由"福音"，根本不愿意听自己不喜欢的"杂音"，就像占卜结果必须符合他的愿望一样，否则就再次、三次不停地占卜，直到达到自己想要的大吉大利。很显然，这傲慢自大的自欺欺人是对其他国家的轻慢亵渎，受到亵渎怠慢的其他国家当然不会任由其主宰。

2.仁德

子言之："仁者天下之表也，义者天下之制也，报者天下之利也。"仁爱，是天下的表率；正义，是天下的节制；礼仪，是天下的大利。"仁之体大而尊，昭揭众善，而人心俨然知所敬，故曰表；义之体方而严，裁割事物，而人心凛然知所畏，故曰制。报之为礼以交际往来，彼感此应，而有不容己者，所以使人有文以相接，有恩以相爱，其何利如之。"① 仁体现为宽大而可尊——或似普度众生的如来，使众生的善性昭然若揭，因而人心不由自主地肃然起敬，所以称仁发挥的作用为表率；义体现为方正而严明，使事务的是非得以裁决判断，因而人心不由自主地凛然生畏，所以称义发挥的作用为节制。"报，谓礼也，礼尚往来"②，报其实就是礼，因为礼崇尚互相有来有往。报作为礼用于交际往来，彼方表达情感此方给予响应，即便有容不下自己的人，也可以依照礼节文明交往，有恩情的人之间则彼此相爱，这对于天下人都有利啊！

子曰："以德报德，则民有所劝。以怨报怨，则民有所惩。"《诗》曰："无言不雠，无德不报。"《大甲》曰："民非后，无能胥以宁。后非民，无以辟四方。"陈澔说："以《论语》'以直报怨，以德报德'之言观之，此章恐非夫子之言。"③ 因为孔子在《论语·宪问》中说"以直报怨，以德报德"，所以这一段话可能不是孔子所说。《论语》原文为："或曰：'以德报怨，何如?'子曰：'何以报德? 以直报怨，以德报德。'" 有人问孔子对于"以德报怨"的看法，孔子认为，如果"以德报怨"的话，用什么来报德呢？他认为正确的态度是"以直报怨，以德报德"，也就是用正直报答怨恨，用美德报答美德。很显然，孔子坚持"中和"的态度或方法，也就是既反对"以怨报怨"又反对"以德报怨"。"以怨报怨"，"冤冤相报何时了?"人们如果对自己怨恨的人报之以仇恨，那就是仇恨进一步加深，结下了没完没了的仇恨。所以，有人提出了"转变思路"的方法，那就是"以德报怨"，也就是对我们理当怨恨的人不去怨恨，而是以宽容的美德来回报他。问题是这样一来又"何以报德"？总不能对于仇人和恩人给予同样的回报吧。所以，孔子提出，对于我们怨恨的仇人以正直相报，也就是该报的仇一定要报，该偿命就得偿命，该赔钱就得赔钱，但只求"同等"回报而不"加码"。"以德报德"完全没有争议，对于有恩于我们的人当然要感恩回报，甚至"滴水之恩，当以涌泉相报"。"以直报怨"一般来说是可行的，但是，也有些"怨"用"直"来报是行不通的。比如对于德国、日本在二战中犯下的罪行，"以直报怨"其实都难以实行，真要实行就得屠杀很多德国人和日本人。所以，中国对于日本绝对是"以德报怨"，既没有实施报复性的杀戮，也没有提出理所当然的赔偿。日本遭

---

① （元）陈澔，注.金晓东，校点.礼记[B].上海：上海古籍出版社，2016：601.

② （汉）郑玄，注.王锷，点校.礼记注（下册）[B].北京：中华书局，2021：703.

③ （元）陈澔，注.金晓东，校点.礼记[B].上海：上海古籍出版社，2016：601.

受美国两颗原子弹轰炸，国民经济也已经彻底崩溃，对于中国的"以直报怨"也承受不起了。《中庸》说："宽柔以教，不报无道，南方之强也，君子居之。衽金革，死而不厌，北方之强也，而强者居之。"中国人最推崇的还是用宽容怀柔政策来引导人，对于缺德无道的人不以缺德无道报复，这是发展中的南方之强大所在，这也是君子想要居住传道的地方。枕着兵器铠甲睡觉，虽战死也不厌倦战争，这是已经没落的北方之坚强，这是强权主义者的国度。

当然，这段话其实主要不是就国际关系来讲的，而是就一国之内君臣上下关系讲的。孙希旦转吕氏大临曰："天下有道，所谓德、怨之报者皆出于天下之公而已。有德者报以官，有功者报以赏，所谓'以德报德'，民知所劝矣。伤人者报以刑，灭人者报以杀，所谓'以怨报怨'，民知所惩矣"；又自己补充说："德、怨之报得其公，则人皆知怨之不宜树而竞于德矣，故曰'天下之利'"①。在天下治理符合正道时，对于美德和怨恨的所谓报应，都出于对天下人有利的公心。对于道德品行高尚的人就任命他做官，对于立下丰功伟绩的人就给予他奖赏，这就是所谓的"以德报德"，这样民众就知道国家劝导的方向了。对于伤害他人的人就处以刑罚，对于杀害他人的人就要他偿命，这就是所谓的"以怨报怨"，这样民众就知道国家惩罚的行为了。对于美德和怨恨的报应都出于公心，就能让民众知道冤家宜解不宜结，人人因此竞相崇尚美德。《诗经·大雅·抑》说的"无言不雠，无德不报"，意指统治者应该意识到，对于言辞一定要给予是非评判，对于道德一定要给予善恶褒贬。《尚书·商书·大甲》原文："民非后，罔克胥匡以生；后非民，罔以辟四方。""罔克"就是"不能"，也就是这里说的"无能"；"胥"的意思是"相"，相互；"匡"就是"帮助，扶持"或"匡扶"；"以生"就是"以宁"，得到生活安宁②。民众如果没有君主引导，就不能相互合作而共同生活；君主如果没有民众响应，就不能真正治国平天下。

子曰："以德报怨，则宽身之仁也；以怨报德，则刑戮之民也。"郑玄注："宽，犹爱也，爱身以息怨，非礼之正也。仁，亦当言'民'，声之误。"③"宽"相当于"爱"，也就是爱惜；"仁"也应该像后一句为"民"，读音接近导致的错误。郑玄认

---

① （清）孙希旦，撰.礼记集解（下）[B].北京：中华书局，1989：1300.

② 王世舜，王翠叶，译注.尚书[B].北京：中华书局，2012：401.

③ （汉）郑玄，注.王锷，点校.礼记注（下册）[B].北京：中华书局，2021：704.

为以德报怨的人是"爱惜羽毛",出于爱惜自身而不愿意得罪人,这不符合礼的正义。孔颖达进一步解释说:"言'子曰'者广明以礼相报之义,'宽身之仁'者,若以直报怨是礼之常也,今'以德报怨'但是宽爱己身之民,欲苟息祸患,非礼之正也。"说"子曰"就是要推广和明示依照礼做出回报的意思,如果孔子说的"以直报怨"是常礼,那么"以德报怨"只是宽待厚爱属下民众,为的是苟且平息祸患,并不是依照礼做出回报的正道。也就是说,"宽身之仁"不过是苟且偷安而已,类似于"妇人之仁",并不符合"以直报怨"的正道。但是,陈澔转方氏曰:"以德报怨,则忘人之怨,虽不足以有惩,而众将德之而有裕矣,故曰'宽身之仁'。以怨报德,则忘人之德,既不足以有所劝,而众且怨之而不容矣,故曰'刑戮之民'。"[1]以德报怨的人忘掉了别人的怨恨,这样虽然不能起到惩戒坏人的作用,但民众将赞赏他的宽厚美德,而他自己也因此心胸宽广,所以称他有心宽体胖的仁德。以怨报德的人忘掉了别人的美德,既不能劝导世人崇尚美德,又要受到众人的怨恨和排斥,所以称这样的人为"挨千刀的"。孙希旦引吕氏大临曰:"以德报怨,虽过于宽而本于厚,未害其为仁也。以怨报德,则反易天常,天下之乱民,法所当诛者也";又自言曰:"以德报怨,则天下无不释之怨矣。虽非中道,可以宽容起身,亦仁之一偏也。若以怨报德,则为人情之所共忿,而刑戮必及之矣。"[2]以德报怨虽然过于宽大但本义是忠厚,并没有损害仁爱之德。以怨报德则是违反天理伦常,是搞乱天下的刁民,理当受到刑罚诛戮。君主如果能够以德报怨,天下怨恨无不冰消瓦解。虽然以德报怨不符合中庸之道,但能从宽容待人做起,也算是偏向仁的一端。如果有人竟然以怨报德,那是人情所共同愤慨的恶德,自然应该以刑戮待之。这两种解释都有道理,但也都得掌握好度。上文已经解释过,像南京大屠杀这样的罪恶,即便以直报怨也要追杀很多人,最终一定会变成"以怨报怨";不能"以德报怨"也会使自己始终活在仇恨中,这对于中国人的身心健康也不利,所以以德报怨才是理性的选择。但是,这并不意味着罪大恶极的战犯也不要处以极刑,也不意味着受教唆的士兵不要教育改造。《曲礼》说:"太上贵德,其次务施报","以德报怨"是最高尚的美德,"以直报怨,以德报德"其实次于"以德报怨"。但是,如果"以德报怨"导致了"姑息养奸",

---

① (元)陈澔,注.金晓东,校点.礼记[B].上海:上海古籍出版社,2016:601.
② (清)孙希旦,撰.礼记集解(下)[B].北京:中华书局,1989:1300—1301.

那就成了"宽身之仁"，最终必然深受其害。

子曰："无欲而好仁者，无畏而恶不仁者，天下一人而已矣。"是故君子议道自己，而置法以民。无欲无求而心好仁爱，无知无畏而厌恶不仁，这样的人天下难得一见。所以君子议论道德仁义问题都只要求各人尽自己所能，并以此原则制定法律让民众遵守。

陈澔转方氏曰："欲而好仁，则知者利仁之事也；畏而恶不仁，则畏罪者强仁之事也。若所好生于无欲，所恶生于无畏，非中心安仁者不能，故曰'天下一人而已'。"①因为有所欲求而喜好仁爱，这是精明的人利用仁爱来达到目的；因为畏惧担忧而厌恶不仁，这是害怕遭受罪罚而勉强做仁爱的事。如果喜好仁爱是出于无欲无求的本心，厌恶不仁是出于无所畏惧的真心，那除了心中本就安于仁爱的人都做不到，所以说"天下一人而已"。陈澔又转吕氏曰："安仁者，天下一人而已，则非圣人不足以性仁。苟志于仁矣，无恶也，则众人皆可以为仁。以圣人所性而议道，则道无不尽；以众人之可为而制法，则法无不行。"②所谓能安心于仁道的人也就一人而已，指的当然是按照天生本性就能遵循仁道的圣人。因为"人之初，性本善"，所以如果人人都立志遵从仁道，那世间就没有不可救药的恶人了，每个人都可以成为仁人。以众人所能达到的善来制定法律，法律也就能得到普遍遵行。"一人而已，喻少也。自己，自尽己所能行。"③所谓"一人而已"是说很少而并非就只有一人而已，"自己"就是尽个人自己所能。子曰："道不远人，人之为道而远人，不可以为道"；"君子以人治人，改而止"（《中庸》）。"议道自已"，大意是说议论道德或道义问题，不能远离具体的个人，要讨论道德问题却离开具体的个人，就不可能把道德或道义问题讨论清楚。君子总是根据个人自己的情况来要求人，能够改正不承担个人义务的错误，承担力所能及的责任就适可而止，而不强人所难提出力所难及的要求。比如，不能指责不会游泳的人没有对落水者施加救助，也不能指责普通民众不能治乱扶危。这才是真正的"好仁"，否则就成了"吃人"。

子曰："仁有三，与仁同功而异情。"与仁同功，其仁未可知也。与仁同过，然后其仁可知也。仁者安仁，知者利仁，畏罪者强仁。仁者右也，道者左也。仁者人

---

① （元）陈澔，注．金晓东，校点．礼记[B].上海：上海古籍出版社，2016：602.

② （元）陈澔，注．金晓东，校点．礼记[B].上海：上海古籍出版社，2016：602.

③ （汉）郑玄，注．王锷，点校．礼记注（下册）[B].北京：中华书局，2021：704.

也，道者义也。厚于仁者薄于义，亲而不尊；厚于义者薄于仁，尊而不亲。道有至，义有考。至道以王，义道以霸，考道以为无失。施行仁道有"以仁为安""以仁谋利""以仁避祸"三种可能，它们发挥仁道的功用相同但施行仁道的实情却有差别。因为发挥仁道的功用大致相同，所以实施仁爱的实情不得而知。考察实行仁道体现出来的不足，就可以发现它们施行仁道的实情不同。真正仁爱的人对仁道心安理得，自作聪明的人利用仁道谋利，害怕罪罚的人勉强不违背仁道。仁好比是右手，道好比是左手。仁，体现在爱人；道，体现在正义。重视仁爱的人往往忽视道义，体现在能亲民却不尊贤；重视道义的人往往忽视仁爱，体现在能尊贤但不亲民。仁道有兼行仁义的至道，有重视义而忽视仁的义道，有重视仁而忽视义的考道。遵行仁义并重的至道可以称王，重视义而忽视仁可以称霸，重视仁而忽视义为的是稽考没有过失。

郑玄注："三，谓安仁也、利仁也、强仁也。利仁、强仁，功虽与安仁者同，本情则异"；"功者，人所贪也。过者，人所辟也。在过之中，非其本情者，或有悔者焉"；"右也、左也，言相须而成也。人也，谓施以人恩也。义也，谓断以事宜也"；"言仁义并行者也，仁多则人亲之，义多则人尊之"；"此读当言'道有至、有义、有考'，字脱一'有'耳。有至，谓兼仁义者。有义，则无仁矣。有考，成也，能取仁义之一成之，以不失于人，非性也"[①]。"仁有三"指安仁、利仁、强仁三种情况，"与仁同功而异情"是说利仁、强仁与安仁功用相同，但其中的本意实情则有异。"功"是人人都想要的，"过"是人人都想避的，所以在"过"中最能体现非其本意实情的东西，或者让他们后悔的过失和不足。所谓的"右"和"左"只是为了表明仁和道相辅相成，"人"是说施恩于人，也就是爱人；"义"是说判断事之所宜，也即是正义。言下之意，仁和义必须并行，仁多则有人亲近，义多则有人尊敬。"道有至，义有考"应当读作"道有至、有义、有考"，脱漏了一个"有"字。"有至"是说兼有仁和义，"有义"意味着没有仁，"有考"就是有成，能够取仁和义之一以成就功业，只是勉强不背离为人之道而已，并非真正率性之谓道，也就是利仁、强仁而非安仁。陈澔转吕氏曰："安仁、利仁、强仁，三者之功，同归于仁，而其情则异，此尧舜性也，汤武身之，王霸假之，所以异也。桓公九合诸侯，一匡天下，虽汤武之举，不

---

① （汉）郑玄，注.王锷，点校.礼记注（下册）[B].北京：中华书局，2021：704.

过乎是，而其情则不同，故其仁未可知也。过者人所避，有不幸而致焉，周公使管叔以殷畔，过于爱兄而已；孔子对陈司败以昭公知礼，过于讳君而已，皆出乎情，而其仁可知也。"；又转引应氏曰："至道浑而无迹，故得其浑全精粹以为王；义道严而有方，故得其裁割断制以为霸。尽稽考之道，而事不轻举焉，亦可以无失矣" [①]。以仁为安、以仁谋利、以仁避罪都能发挥仁道的功用，但施行仁道的实情则有差异，这就是尧舜率性安仁、汤武身体力行、王霸假以仁道的差别。齐桓公九次召集诸侯会盟，一起匡正天下礼乐，汤武革命之功也不过如此，但齐桓称霸和汤武称王的情形是不同的，这种功业中的仁道差别并不可知。过失是所有人都想避免的，很多都是不幸导致的，比如周公派管叔治殷地导致叛乱，其过在于周公爱兄长；孔子回答陈司败说昭公知礼，其过在于为忌讳君主名望，这些过失都是出于真情，足以可知安仁之心。至道如天地氤氲化生万物，浑然天成而了无痕迹，得天地浑然天成之精粹要道者为王；义道如春雷震动致万物复苏，威猛严厉而刚正不阿，能雷厉风行断事建制者为霸。考道尽力稽考先王治道，不轻易作为，如此也不会有大的失误。"至道"是仁义兼备的完美理想，尧舜禹汤文武是代表；"义道"是高举义旗治乱扶危，春秋五霸是代表；"考道"其实比较接近"仁道"，由于太过仁慈，虽然在道德上没有过失，但在乱世往往遭遇失败。

《中庸》说："仁者，人也，亲亲为大；义者，宜也，尊贤为大。亲亲之杀，尊贤之等，礼所生也。"仁就是爱人，首在亲爱父母亲；义就是适宜，首在尊敬贤才。亲爱天下父母有差别，尊重天下贤才分等级，礼就自然生成了。也就是说仁爱其实是有偏向的，那就是爱自己的父母比爱别人的父母更多，即便别人的父母比自己的父母更优秀也依然更爱自己的父母；正义也是有偏向的，那就是尊敬贤才比尊重普通人更多，如果别人的子女比自己的子女优秀就应该任用别人的子女。"礼"是"仁"和"义"的"中和"，是"仁者爱人"和"任人唯贤"的统一。如果只讲"仁"就会"任人唯亲"，如果只讲"义"就会"大义灭亲"。能够做到"仁至义尽"，就是"至道"或"王道"。

---

① （元）陈澔，注.金晓东，校点.礼记[B].上海：上海古籍出版社，2016：602.

3.仁道

子言之："仁有数，义有长短小大。中心憯怛，爱人之仁也。率法而强之，资仁者也。《诗》云：'丰水有芑，武王岂不仕。诒厥孙谋，以燕翼子。武王烝哉！'数世之仁也。《国风》曰：'我今不阅，皇恤我后。'终身之仁也。"仁有气数，义有长短大小。心有慈悲恻隐，是博爱众生的仁义。遵循理法勉强爱人，这是要从仁爱中取利。《诗·大雅·文王有声》说："丰河水边长芑草，武王岂能不事考？遗其子孙万世谋，子承父业皆王侯。武王真乃圣明君！"这说的就是数世传承的仁。《国风·邶风·谷风》说："我今尚难容自身，何暇顾及后代孙。"这说的就是止于自身的仁。也就是说有些人依靠仁德保守自身，因此得以苟且偷安；有些人却把仁爱世代传承，因此也得到世代尊荣。接着上文的话，这是教人要"安仁"，而不只是"利仁"和"强仁"。

郑玄注："数与长短大小，互言之耳。性仁义者，其数长大。取仁义者，其数短小"；"芑，枸檵。仕之言事也。诒，遗也。燕，安也。烝，君也。言武王岂不念天下之事乎？如丰水之有芑矣，乃遗其后世之子孙以善谋，以安翼其子也。君哉，武王！美之也"；"阅，犹容也。皇，暇也。恤，忧也。言我今尚恐不能自容，何暇忧我后之人乎？"此处"数"与"长短大小"是互参而言，也就是仁和义都有气数的长短大小。出自本性的仁义，气数长久广大；出于功利的仁义，气数短暂微弱。"芑"就是枸檵，"仕"就是政事，"诒"就是遗留，"燕"就是安乐，"烝"就是君王。《诗经》这几句的意思是说，武王岂能不念天下大治之事？就像丰河边长的枸檵，他要为后世子孙深谋远虑，安定护佑子孙后代。武王真是明君啊！诗句是赞美武王的。"阅"的意思是容纳，"皇"是闲暇，"恤"就是忧虑，《国风》这句的意思是说我如今连自己的容身之地尚且需要担忧，哪有闲暇管我的后人呢？陈澔注："仁有数，言行仁之道非止一端，盖为器重，为道远，随其所举之多寡，所至之远近，皆可谓之仁也。义有长短大小，言义无定体，在随事而制宜也。中心憯怛，恻隐之端也，故为爱人之仁。率循古人之成法而勉强行之，此为求仁之事。资仁，取诸人以为善也，即上文'强仁'之意。《诗·大雅·文王有声》之篇，言丰水之傍，以润泽生芑谷，喻养成人才也，……是欲传其孙之谋而燕安翼辅其子耳。曾玄以下皆孙也。故夫子以为数世之仁。盖中心憯怛，所发者深，故所及者远也。《国风·邶风·谷风》之篇，今，《诗》作'躬'。阅，容也。言我身且不见容，何暇忧后事乎？此但欲以仁终其身而已耳。盖勉强资仁，所发者浅，故所及者近也。"[1] "仁有数"是说施行仁不止一个方面，比如作为器用的仁使人品性厚重，作为道德的仁让人走得长远，伴随施行仁政所涉及人和事的多少众寡，所涉及地域和时间的远近长短，都可以说包含着仁。"义有长短小大"是说义本身没有固定的形体，全在于随具体事物而制定适宜的措施。"中心憯怛"是恻隐之心的端倪，所以是关爱他人的仁心。"率法而强之"就是遵循前人既定的法度勉强施行仁政，这就是所谓追求仁政。"资仁"就是取法于人以完善自己，意思就是上文说的"强仁"（感觉应该是"利仁"，"率法而强之"才是"强仁"）。引用《诗·大雅·文王有声》，以丰河水滋养河畔的芑谷生长，比喻君王培养造就人才的用意，这是为了把基业传给孙辈而爱护扶佑儿子。曾孙、玄孙以下都称孙，所以孔子认为这是数代人传承的仁爱。大概心中有恻隐同情，就能唤起深厚的仁爱，所以能传承久远。引用《国风·邶风·谷风》的诗句中，"今"在《诗经》原文中作"躬"，"阅"的意思是容纳，所引诗句的意思是说我自己尚且不得安身，哪能顾及后人的事呢？这是只想着自己不违仁以保其身，大概是因为勉强利用仁来保护自身的人，其仁爱之心的感发非常肤浅，所以所能涉及的人近，所能延续的时间短。《孟子·公孙丑上》指出，仁与不仁是荣辱之道，仁道自然得荣耀，不仁必然受耻辱。

　　孟子曰："仁则荣，不仁则辱。今恶辱而居不仁，是犹恶湿而居下也。如恶之，莫如贵德而尊士。贤者在位，能者在职；国家闲暇，及是时明其政刑，虽大国，必畏之矣。《诗》云：'迨天之未阴雨，彻彼桑土，绸缪牖户。今此下民，或敢侮予？'孔子曰：'为此诗者，其知道乎！能治其国家，谁敢侮之？'今国家闲暇，及是时般乐怠敖，是自求祸也。祸福无不自己求之者。《诗》云：'永言配命，自求多福。'《太甲》曰：'天作孽，犹可违；自作孽，不可活'，此之谓也。"

　　子曰："仁之为器重，其为道远，举者莫能胜也，行者莫能致也。取数多者，仁也。夫勉于仁者，不亦难乎？"是故君子以义度人，则难为人，以人望人，则贤者可知已矣。仁如果从器用看就像器物有轻重区别，如果从道体看就像走路有远近差异。

---

① （元）陈澔，注.金晓东，校点.礼记[B].上海：上海古籍出版社，2016：603.

重物举不胜举，道路永远走不完。所以选取数量相对多的，就把它称作仁。人若能尽力行仁道，不也难能可贵吗？因此，君子如果以绝对的义来要求人，那就让人没法做人了；如果让人和人互相参照，那么贤者也就显而易见了。这是强调仁义的相对性和具体性，反对绝对和抽象的礼节仁义。

孙希旦转吕氏大临曰："仁为器重，为道远，随其所举之多少，所至之远近，皆可谓之仁。故管仲之功，微子之去，箕子之囚，比干之死，皆得以仁名之，语仁之尽则尧、舜其犹病诸，此仁所以取数之多也。举莫能胜，行莫能致，勉之者之为难也。以义度人，尽义以度人者也。以人望人者，举今之人相望也。尽义以求人，非圣人不足以当之，故难为人。举今之人以相望，则大贤愈于小贤，小贤愈于不贤，故贤者可知已矣。此亦以数而言仁也"；且自谓"仁之取数多，故人皆可以与于仁，然非胜其重，致其远，则不足以尽仁之道，故勉于仁者难其人也"；又转陆氏佃曰："以义度人，若《春秋》是也。齐桓、晋文，皆罪人也，以诸侯望之，可谓贤矣，故曰'春秋无义战'，彼善于此则有之"①。仁就像器物有轻重，行路有远近，不论能举起多少，走得远还是近，都可以称作仁。所以，管仲相桓公霸诸侯的功业，微子离开纣王的举动，箕子被纣王囚禁并贬为奴，比干劝谏纣王被杀，都可以说是仁人，但要说极尽仁道则尧舜也还没做到，这就是所谓"取数多者，仁也"，也就是说仁也是相对而言的。举重总有举不起的，走路永远走不到头，尽力而为、量力而行也属难能可贵。就义来说，所谓"以义度人"，就是以义的绝对标准来衡量人；所谓"以人望人"，就是让今天的人彼此互相参照。用义的绝对标准来衡量人，除了圣人就没有人能够得上标准，这就像用仁的最高标准来衡量人，那样就人人都是不仁不义了，那样也就让人没法做人了；让今天的人彼此互相参照，那么大贤超过小贤，小贤超过不贤，所以贤与不贤也就可以分辨了。这也是从相对数量来衡量仁德。"以义度人"就是像《春秋》中所说的那样，齐桓公、晋文公都是不义之罪人，但就诸侯之间的相对而言，他们又可以称作贤人，所以说："春秋时期就没有正义战争，但是，那个诸侯相对好于这个或许是有的。"

孟子曰："春秋无义战。彼善于此，则有之矣。征者上伐下也，敌国不相征也。"（《孟子·尽心下》）也就是说，从绝对意义上说，诸侯争霸都是不义战争，只有天子

---

① （清）孙希旦，撰.礼记集解（下）[B].北京：中华书局，1989：1303—1304.

才能征伐，诸侯争霸不是征伐，因此也就是不义；但是，从相对意义上来说，同为诸侯争霸，还是有比较仁义和不仁不义的区别的。所以，也不能把仁义作相对主义的理解，它们也有绝对意义。"不仁不义"和"仁至义尽"虽然都不是绝对的，但是，仁和不仁、义和不义的区别绝对存在。

子曰："中心安仁者，天下一人而已矣。"《大雅》曰："德辖如毛，民鲜克举之。我仪图之，惟仲山甫举之，爱莫助之。"《小雅》曰："高山仰止，景行行止。"能心安理得地遵行仁道的，天下也就只有那一些圣人而已。正如《诗经·大雅·烝民》说的，"美德其实轻如羽毛，民众却鲜有人能举起。我心仪意图已久，见仲山甫能举行，却对他爱莫能助。"《诗经·小雅·车辖》则说："高山令人仰慕，善行让人效行。"人的道德客观上有高低差别，但道德并不是不可承受的重，人应该仰慕学习那些道德高尚的人。

郑玄注："辖，轻也。鲜，罕也。仪，匹也。图，谋也。爱，犹惜也。言德之轻如毛耳，人皆以为重，罕能举行之者。作此诗者，周宣王之大臣也。言我之匹谋之，仲山甫则能举行之，美之也。惜乎！时人无能助之者，言贤者少"；"仰高勤行者，仁之次也。景，明也。有明行者，谓古圣贤也"[1]。"辖"的意思是轻，"鲜"就是鲜有或稀罕，"仪"就是匹配，"图"就是图谋，"爱"就是爱惜。也就是说我辈只是图谋而已，仲山甫则能践行，这是赞美仲山甫。可惜啊！当时没有人能协助仲山甫，也就是说贤才太少。因为仰慕高名而勤于践行，这其实是出于功利目的的"利仁"，仅次于中心"安仁"。"景"的意思是光明，"景行"就是光明的前行者，指的是古代的圣贤，他们就像指路明灯。陈澔注：《大雅·烝民》之篇，"言德之在人，其轻如毛，非难能也，而民少能举之者，尹吉甫于仪匹之中图谋之，求其能举德者，乃惟仲山甫能举之。我爱其人，使其或有不及，我思效忠以助之，今吉甫虽爱山甫而欲助之，而山甫全德，吉甫无可以致其助者也"；《小雅·车辖》之篇，"言有高山，则人瞻望而仰之；有景大之德行，则人视法而行之"[2]。《诗经·大雅·烝民》这两句诗是说，道德对于人来说轻如羽毛，其实并非难能可贵之事，但民众却很少有人推崇美德。尹吉甫一直心仪且在谋划，希望找到能推崇美德的人，结果发现了仲山甫正是这样

---

① （汉）郑玄，注.王锷，点校.礼记注（下册）[B].北京：中华书局，2021：706.

② （元）陈澔，注.金晓东，校点.礼记[B].上海：上海古籍出版社，2016：604.

的人。尹吉甫敬爱仲山甫，如果仲山甫尚有不足需要帮助，尹吉甫很乐意效忠协助他。虽然尹吉甫敬爱且愿意协助他，但却发现仲山甫是德才完全，并不需要尹吉甫的协助。《诗经·小雅·车辖》这句则是说，见到高山大川，人就会瞻望仰慕，见到崇高德行，人就会模仿效行。

子曰："《诗》之好仁如此，乡道而行，中道而废，忘身之老也，不知年数之不足也；俯焉日有孳孳，毙而后已。"《诗经》这么赞美仁道，是教人要向着仁道前行，若非精疲力竭绝不半途而废，以至于忘了自己日渐衰老，不知年数所剩无几，心无旁骛地孜孜以求，生命不息求仁不止。

陈澔注："夫子引此两诗而赞之曰：'诗人之好仁如此哉！'中道而废，言力竭而止，若非力竭则不止也。不足，少也，人老则未来岁月少矣。俯焉，无他顾之意。孳孳，勤勉之貌。毙，死也"；又转应氏曰："前章言仁重且远，而人不可以全责，此又总叙而勤勉之"①。夫子引用《诗经·大雅·烝民》和《诗经·小雅·车辖》并赞叹说："诗人是多么地热爱仁德啊！"希望更多的人能像诗人一样向着仁道前行。"中道而废"，是说竭尽全力之后才停止，如果没有竭尽全力就不会停止。"不足"是说少了，人老了未来的岁月就越来越少了，如果竭尽全力才停止就会忘记自己老了。"俯焉"就是心无旁骛，"孳孳"是用以描述勤勉的样子，"毙"就是死。"仁者，人也"，求仁就是努力探求人生的价值，所以是每个人一辈子的事情。子曰："朝闻道，夕死可矣。"（《论语·里仁》）早晨能够得知为人之道，即使当晚死去也没有遗憾。一个人没有理想信念和追求，生活漫无目标，每天犹如行尸走肉，一旦有了理想信念，比如确立了共产主义理想信念，决心为中华民族伟大复兴而奋斗终生，甚至随时准备为之牺牲，这就是"朝闻道，夕死可矣"。在战争年代，革命先烈很多就是这样过完了自己所乐意过的短暂人生。毫无疑问，英雄的牺牲令人遗憾，但对于革命者自己来说，"求仁而得仁，又何怨？"（《论语·述而》）人的一生得到了自己所追求的东西，还有什么遗憾呢？"乡道而行"，就是要确立人生的道路，并且坚定不移地前行。仁道就是人道，就是人生的正确道路。冉求曰："非不说子之道，力不足也。"子曰："力不足者，中道而废。今女画。"（《论语·雍也》）冉求曾表示不是自己不喜欢孔子的学说，而是力量不够做不到。孔子反驳他说，如果真的是力量不够，你可能会因

---

① （元）陈澔，注.金晓东，校点.礼记[B].上海：上海古籍出版社，2016：604.

为精疲力竭导致半途而废，如今你其实是画地为牢，止步不前。人之所以一生碌碌无为，就是因为不懂得"好仁"，也就是不懂得去探求人生的价值，以致稀里糊涂地过完一生。

子曰："我未见好仁者，恶不仁者。好仁者，无以尚之；恶不仁者，其为仁矣，不使不仁者加乎其身。有能一日用其力于仁矣乎？我未见力不足者。盖有之矣，我未之见也。"（《论语·里仁》）我从未见过喜爱仁德的人，也没见过厌恶不仁的人。人如果喜爱仁德，那就再好不过了；如果厌恶不仁，他对仁德的态度是不使不仁的事发生在自己身上。有谁能一整天把精力都用在仁德方面吗？我没见过能这样做却力量还不够的。或许有这样的人，只是我没有见过罢了。言下之意，只要人能"好仁"，"乡道而行"，"日有孳孳，毙而后已"，"人皆可以为尧舜"（《孟子·告子下》）。

子曰："仁之难成久矣！人人失其所好。"故仁者之过易辞也。仁之所以难以做到持之以恒，是人容易偏离对仁的喜好。而真正的仁者如果有过错，应该容易说清道明。陈澔注："仁之难成，私欲间之也，私意行，则所好非所当好，故曰'失其所好'也。苟志于仁，虽或有过，其情则善，故不待多言而可辨。故曰'易辞也'。"[1]仁道之所以难以贯彻实行，是因为人有私欲夹杂其间。人一旦有了私欲，其所好就不是所当好的仁德，这就是"失其所好"。人如果立志求仁道，即便还会有过失，但因为情感出发点是好的，所以不待多言而自然能辨别是非，这就是"易辞"。子曰："丘也幸，苟有过，人必知之。"我孔丘真幸运，如果有错误，别人一定会指出来让我知道，这就是孔子的"仁者之过易辞"。仁者没有私心杂念，所以如果有错能接受别人批评指正，也能进行自我批评。

颜渊问仁。子曰："克己复礼为仁。一日克己复礼，天下归仁焉。为仁由己，而由人乎哉？"颜渊曰："请问其目。"子曰："非礼勿视，非礼勿听，非礼勿言，非礼勿动。"颜渊曰："回虽不敏，请事斯语矣。"（《论语·颜渊》）当颜渊问什么是仁的时候，孔子说："克制自己，使言语和行动都走到礼上来，就是仁。一旦做到了这些，天下的人都会称许你有仁德。实行仁德要靠自己，难道是靠别人吗？"颜渊说："请问实行仁德的具体途径。"孔子说："不合礼的事不看，不合礼的事不听，不合礼的事不言，不合礼的事不做。"颜渊说："我虽然不聪敏，请让我照这些话

① （元）陈澔，注.金晓东，校点.礼记[B].上海：上海古籍出版社，2016：604.

去做。"

子曰："恭近礼，俭近仁，信近情，敬让以行此，虽有过，其不甚矣。夫恭寡过，情可信，俭易容也。以此失之者，不亦鲜乎?"《诗》曰："温温恭人，惟德之基。"谦恭就差不多符合礼仪，勤俭就差不多符合仁爱，诚信就差不多符合情义，以恭敬礼让之心践行这三条，即便还会有过失，也不会太严重。谦恭就能减少过失，情义可以增强信任，勤俭容易得到包容。能做到这些而仍然产生过失，不也是世所鲜有的事吗? 所以《诗经·大雅·抑》说："温良恭俭让，道德之根基。"子禽问于子贡曰："夫子至于是邦也，必闻其政，求之与? 抑与之与?"子贡曰："夫子温、良、恭、俭、让以得之。夫子之求之也，其诸异乎人之求之与?"(《论语·学而》)子禽曾经问子贡，孔子每到一国必定能了解该国政事，这是他寻求他人得到的呢? 还是人家主动提供给他的? 子贡告诉他，孔子是依靠温和、纯良、恭敬、勤俭、谦让得到的。如果说孔子也是寻求他人得到的，那他和别人寻求的办法也是不同的，孔子靠的是温良恭俭让的德行。

孙希旦转吕氏大临曰："恭则不侮，得礼之意，近乎礼矣。俭则不夺，得仁之意，近乎仁矣。言语必信，存心正行，近乎情矣。三者之行，以敬让行之，虽有过差，其情则善，故不甚矣。不侮人，则人亦不侮，斯寡过矣。近乎情，则不志乎欺，斯可信矣。不夺人则知足，斯易容矣。如是而失之者，鲜可与进于德矣"；又自言："仁者，德之全也。引《大雅·抑》之诗，言人能有上三者之行，则可以为德之基而渐进于仁也"①。为人谦恭就不会遭受侮辱，这就是理解了以礼相待的本意，所以说接近于通达礼义。生活俭朴则不需要争夺，这就是理解了仁道的本意，所以说接近于有仁德。说话诚实就能取信于人，这就是理解了诚意正心的本意，所以说接近于通情达理。怀着恭敬礼让之心践行这三条，即便仍然还可能会有过错，但因为从真情实意出发，所以也不会有太大的过错了。一个人说话做事不侮辱他人，通常也就不会受他人侮辱，这就是少有过错的原因。为人处世能通情达理，就是不自欺欺人，所以受人信任。不与人争夺是懂得知足，这样也就容易得到包容。如果做到这样还会有大的过错，那只能说是道德上不可救药的人了。仁本身是对道德的综合概述，引用《诗经·大雅·抑》这句诗，就是要告诉人，能够做到以上三者就有了培养美

---

① (清)孙希旦，撰.礼记集解(下)[B].北京：中华书局，1989：1304.

德的基础，可以逐渐修养仁德。

"恭近礼，俭近仁，信近情"，大致对应"居处恭，执事敬，与人忠"。樊迟问仁。子曰："居处恭，执事敬，与人忠。虽之夷狄，不可弃也。"（《论语·子路》）樊迟问什么是仁，孔子说："为人处世谦恭有礼，执掌事务勤俭敬业，与人交往忠实守信。就是到边远的少数落后地区去，这些也是不能废弃的。"由此可见，谦恭有礼是对为人处世态度的一个总概括，勤劳俭朴而与世无争是着重于处世方面，忠实守信而真诚待人着重于为人方面。子曰："刚毅木讷，近仁。"（《论语·子路》）刚强、坚毅、质朴、慎言，这差不多就是仁的品德。有子曰："信近于义，言可复也；恭近于礼，远耻辱也；因不失其亲，亦可宗也。"（《论语·学而》）有子认为诚信或守信就接近于义，所以"信近于情"大概指的是慷慨正义之情。不过，子路问曰："何如斯可谓之士矣？"子曰："切切偲偲，怡怡如也，可谓士矣。朋友切切偲偲，兄弟怡怡。"（《论语·子路》）当子路问"怎样才可以称为士"时，孔子说："互相帮助督促而又和睦相处，就可以叫作士了。朋友之间互相勉励督促，兄弟之间和睦相处。"这里说的"切切偲偲，怡怡如也"，就是"信近于情"。曾子曰："吾日三省吾身：为人谋而不忠乎？与朋友交而不信乎？传不习乎？"（《论语·学而》）这句话大概也呼应了"恭近礼，俭近仁，信近情"或"居处恭，执事敬，与人忠"，意思是说我每天都要反省自身，为人谋事却不忠诚尽职吗？与朋友交往却不忠实守信吗？教人谦恭有礼却自己不遵行吗？谦恭有礼是道德修养的总概括，所以说"温温恭人，惟德之基"。

子曰："仁之难成久矣，惟君子能之。"是故君子不以其所能者病人，不以人之所不能者愧人。是故圣人之制行也，不制以已，使民有所劝勉愧耻，以行其言。礼以节之，信以结之，容貌以文之，衣服以移之，朋友以极之，欲民之有壹也。《小雅》曰："不愧于人，不畏于天。"是故君子服其服，则文以君子之容；有其容，则文以君子之辞；遂其辞，则实以君子之德。是故君子耻服其服而无其容，耻有其容而无其辞，耻有其辞而无其德，耻有其德而无其行。是故君子衰绖则有哀色，端冕则有敬色，甲胄则有不可辱之色。《诗》云："惟鹈在梁，不濡其翼。彼记之子，不称其服。"仁道，常人往往都难以持之以恒地践行，唯有君子才能做到。因此，君子不以自身所能来贬斥他人，也不以他人做不到的事来羞辱他。也就是说圣人规制人的行为，不以自己为标准进行规制，而只是使民众能有所激励且知愧疚羞辱，从而能身体力行自己说过的话。用礼义来节制人，用诚信来约束人，用容貌来美化人，用衣服来感动人，用朋友互相激励，为的是使民众有共同的核心价值观。《小雅》说："若对人没有愧疚，对天就没有畏惧。"因此，既然穿着打扮像个君子，就要体现出君子的仪容；有了君子的仪容，就要体现出君子的言辞；言辞已经体现得像个君子，就要用君子的美德来充实自己。所以君子以衣着打扮像个君子却没有君子仪容为耻，以有君子的仪容却没有君子的文辞为耻，以有君子的文辞却没有君子的美德为耻，以有君子的美德却没有君子的行动为耻。所以，君子服丧戴孝就会有哀伤的神色，端衣玄冠就会有恭敬的神色，身披甲胄就有不可屈辱的神色。《诗经》说："鹈鹕端立在鱼梁，滴水不曾沾翅膀。道貌岸然伪君子，实在不配美衣裳。"

郑玄注："能成仁道者，少也"；"以中人为制，则贤者劝勉，不及者愧耻，圣人之言乃行"[1]。真正能成就仁道的人很少，所以只能按"中等"人的标准规制，这样"中等"以上的贤人就会得到激励，"中等"以下的人则知道愧疚耻辱，于是圣人的教导才行得通。陈澔转吕氏曰："圣人制行以立教，必以天下之所能行者为之法，所以为达道也。惟不制乎己，故民知跂乎此而有所劝勉，知不及乎此而有所愧耻，则于仁也知所向矣。"[2]圣人规制行为举止教导人，必定以天下人都能达到的标准立法，确立的是天下人都行得通的人间正道。正因为圣人不以自己为规制的标准，所以民众不仅知所趋附而且得到劝勉，知道达不到标准就应该感到愧疚耻辱，这样仁道的方向也就明确无疑了。

子曰："圣人，吾不得而见之矣；得见君子者，斯可矣。"子曰："善人，吾不得而见之矣；得见有恒者，斯可矣。亡而为有，虚而为盈，约而为泰，难乎有恒矣。"（《论语·述而》）圣人，我是没有机会看到了；能够见到君子，也就可以了。孔子又说："善人，我是没有机会见到了，能见到有操守的人就可以了。没有却装作有，空虚却装作充盈，穷困却装作富裕，这样就难以有操守。""圣人"和"善人"是完美无缺的人，实际上只是理想的人，并非真实存在。但"圣人"和"善人"可以作为人类道德修养的努力方向，因此只要不拿它们来要求现实的仁也并非没有价值。"君子"和"有恒者"，介于"圣人"和"凡人"之间，"善人"和"恶人"之间，其实就是儒家推崇的"仁人"。子曰："中人以上，可以语上也；中人以下，不可以语上也。"（《论语·雍也》）德行修养在中等以上的人，可以给他讲"圣人"；德行修养

① （汉）郑玄，注.王锷，点校.礼记注（下册）[B].北京：中华书局，2021：708.
② （元）陈澔，注.金晓东，校点.礼记[B].上海：上海古籍出版社，2016：605.

在中等以下的人，就没必要跟他讲"圣人"。这不是孔子对人有偏见和歧视，恰恰是他尊重不同的人。对普通民众提"圣人"的要求，这不是勉为其难吗？子曰："舜其大知也与！舜好问而好察迩言，隐恶而扬善，执其两端，用其中于民。其斯以为舜乎！"（《中庸》）舜可真是个有大智慧的人啊！他喜欢向远来的人提问请教而且喜欢认真体察身边的人说话，他总是遏制恶德而发扬美德，抓住远近善恶等两个极端，找到适中的标准在民众中运用。这就是舜之所以是大舜啊！

《诗经·小雅·何人斯》说："我闻其声，不见其身。不愧于人，不畏于天。"听他说话侃侃而谈，从不见他亲自上场。对人若能问心无愧，对天地又何须畏惧？伪君子说起来比谁都高尚，做起来比谁都卑贱；要求别人像圣人一样"大公无私"，自己以人性为借口"自私自利"。共产主义道德遵循"严于律己，宽以待人"的原则，共产主义崇高道德理想就像圣人一样，推崇"大公无私""毫不利己"甚至"我将无我"；社会主义和共产主义道德反对"自私自利"、"损人利己"和"损公肥私"，但对于普通民众并不要求人"大公无私"，只要求"先公后私"。毛泽东曾明确指出："公是对私来说的，私是对公来说的。公和私是对立的统一，不能有公无私，也不能有私无公。我们历来讲公私兼顾，早就说过没有什么大公无私，又说过先公后私。个人是集体的一分子，集体利益增加了，个人利益也随着改善了。"①

二、义

孟子说"苟为后义而先利，不夺不餍。未有仁而遗其亲者也，未有义而后其君者也。王亦曰仁义而已矣，何必曰利？"（《孟子·梁惠王上》）如果把义放在后而把利摆在前，人们不夺得一切是不会满足的。反过来说，从来没有仁爱的人却抛弃父母的，从来也没有重义的人却不顾君王的。所以，大王只说仁义就行了，何必说获利呢？"国不以利为利，以义为利也"（《大学》），治国理政不是"争权夺利"，而是"务民之义"。治理不善的国家人人都在争权夺利，治理良好的国家人人都受益于仁义。

① 毛泽东.毛泽东文集（第8卷）[M].北京：人民出版社，1999：134.

1. "贵贱皆有事于天下"

子言之："君子之所谓义者，贵贱皆有事于天下。天子亲耕，粢盛秬鬯，以事上帝，故诸侯勤以辅事于天子。"君子所谓的正义，就是不论贵贱都必须有事功于天下，不能不劳而获。所以天子也要亲自耕种籍田，收获农产品盛满祭器，用来侍奉上天先帝，由此诸侯也勤劳地辅佐侍奉天子。反过来，"无事而居位食禄，是不义而富且贵"①，无所事事地享受高官厚禄，是不符合正义的富贵。子曰："饭疏食饮水，曲肱而枕之，乐亦在其中矣。不义而富且贵，于我如浮云。"（《论语·述而》）吃粗粮，喝清水，弯起胳膊当枕头，生活的快乐就在其中了。不能干正义事业却享受大富大贵，对于我来说就像浮云一般。言下之意，如果没有机会和能力干一番大事业，那就享受简单纯朴的快乐生活；如果享受了高官厚禄就得干一番大事业。正义其实就是无功不受禄，无德不受位；而且禄与功相配，德与位相配。我们常说"何德何能"，就是对正义的质疑。即便是贵为天子，也不是天生为贵。"天子亲耕于南郊，以共齐盛；王后蚕于北郊，以共纯服。"（《礼记·祭统》）天子在南郊亲耕籍田，以提供祭品；王后在北郊亲自养蚕，以提供祭服。"黍稷曰粢，在器曰盛"；"秬音巨，黑黍"；"鬯，敕亮反，香酒"②。"粢"就是黍稷，"盛"就是用祭器盛；"秬"发音同巨，是指黑黍；"鬯"同"畅"，香酒；这是表示天子后妃要用自己的劳动所得来侍奉上帝，因此才能获得"天命"且享受"天子"大位和"天禄"。"天之历数在尔躬，允执其中。四海困穷，天禄永终。"（《论语·尧曰》）天子获得"天命"，拥有"天子"大位，就要坚持公平正义。如果导致了天下贫困，天子的"天禄"也就终结了。天子尚且如此，遑论诸侯卿大夫及士庶人？孟子曰："民为贵，社稷次之，君为轻。是故得乎丘民而为天子，得乎天子为诸侯，得乎诸侯为大夫。诸侯危社稷，则变置。牺牲既成，粢盛既洁，祭祀以时，然而旱干水溢，则变置社稷。"（《孟子·尽心下》）孟子认为，百姓最为重要，土谷之神次之，君主最轻。所以得民心者为天子，得天子心者为诸侯，得诸侯心者为大夫。诸侯危害江山社稷，那就废除封号改立。牺牲既已肥壮，祭品又已清洁，祭祀也按时进行，但还是遭受旱灾

---

① （汉）郑玄，注.王锷，点校.礼记注（下册）[B].北京：中华书局，2021：709.
② （汉）郑玄，注.王锷，点校.礼记注（下册）[B].北京：中华书局，2021：709.

水灾，那就改立土谷之神。到孟子这里，即便是神灵没有事功于人，也会遭到人的抛弃而变更改立。确实，民众求神拜佛如果不灵，就不会再继续盲目地信神了。国家领导者如果不能造福民众，当然最终也会被民众抛弃，这就是领导者和民众之间的"义"。

子曰："下之事上也，虽有庇民之大德，不敢有君民之心，仁之厚也。"是故君子恭俭以求役仁，信让以求役礼，不自尚其事，不自尊其身；俭于位而寡于欲，让于贤；卑己而尊人，小心而畏义，求以事君；得之自是，不得自是，以听天命。《诗》云："莫莫葛藟，施于条枚。凯弟君子，求福不回。"其舜、禹、文王、周公之谓与！有君民之大德，有事君之小心。《诗》云："惟此文王，小心翼翼。昭事上帝，聿怀多福。厥德不回，以受方国。"臣下侍奉君上，虽然有遍及民众的伟大功德，也不敢以君主之心待民，这才是臣下仁德广厚的表现。所以君子谦恭勤俭地力求遵行仁道，诚实守信地力求遵行礼义，绝不自吹自擂取得的事功，也不妄自尊大宣扬自身；勤俭尽职而清心寡欲，遇见贤才就退位让贤；谦卑视己而尊敬他人，小心谨慎而敬畏正义，反求诸己以侍奉君主；得到赏识能够自知是非，得不到赏识也自知是非，明辨是非而听从天命。就如《诗经·大雅·文王之什》所言，"密密藤蔓，缠绕枝干。坦荡君子，求福不攀。"这说的就是舜、禹、文王、周公吧！他们既有做民之君主的伟大功德，又有侍奉君主的谦卑小心。又如《诗经·大雅·大明》所言，"这位君主是文王，小心翼翼坦荡荡。明德亲民事上天，祖述尧舜福佑添。文王大德必受命，天下拥戴百姓亲"。

郑玄注："庇，覆也。无君民之心，是思不出其位"，"庇"就是覆盖或庇护，"无君民之心"是思考问题不超出自己的职位，大臣不能以君主自居；"役之言为也"，"求以事君者，欲成其忠臣之心也"，"役仁"就是为仁道或行仁政，君子要谦恭勤俭地行仁道，尽职尽责侍奉君主，竭尽忠君爱民之心；"得之自是，不得自是，以听天命"，就是"不易道，徼禄利也"，始终不渝地遵行仁政爱民之道，把功名利禄看破；"凯，乐也。弟，易也。言乐易之君子，其求福修德以俟之，不为回邪之行以要之，如葛藟之延蔓于条枚，是其性也"，"凯乐君子"就是心胸宽广的君子，他总是修养自己的德行以静待命运的安排，从来用迂回曲折的办法邀功请赏，就像那葛藟蔓藤缠绕树枝，这是君子的本质属性使然；"昭，明也。上帝，天也。聿，述也。怀，至也。言述行上帝之德，以至于多福也。方，四方也。受四方之国，谓王天下"，就是

说文王明白和遵行天地大德所以得到上天的福佑，最终成为天子称王于天下①。

"无偏无陂，遵王之义；无有作好，遵王之道；无有作恶，遵王之路。无偏无党，王道荡荡；无党无偏，王道平平；无反无侧，王道正直。"（《尚书·洪范》）没有个人偏倚，遵行王者正义；没有个人喜好，遵行王者之道；没有个人厌恶，遵循王者之路。不要营私结党，王道坦坦荡荡；不要结党营私，王道坦坦平平；不要歧路旁出，王道如砥正直。所谓臣下侍奉君上，说到底就是臣服于王道。所谓臣服于王道，又不过是遵循正义。我们常说"内容即王道""技术即王道""销量即王道"等，"王道"不过是表示决定性作用。在政治上，正义即王道。

子曰："先王谥以尊名，节以壹惠，耻名之浮于行也。"是故君子不自大其事，不自尚其功，以求处情；过行弗率，以求处厚；彰人之善而美人之功，以求下贤。是故君子虽自卑而民尊敬之。过去的君王封赐谥号表示尊崇名望，通常按其生平事迹最突出的方面确定一个谥号，谥号带来的名望如果超过实际行事的功绩就应该自以为耻。所以，君子不会自己夸大所做事情的重要性，也不会自己夸耀所取得的功绩，而只求符合实际情形；好大喜功的过激行为不去跟随，一心求真务实地做好本职工作；表彰他人的善行且赞美他人的功绩，以求贤若渴的态度关爱属下。因此，君子虽然把自己看得很卑微而民众却对他尊敬有加。

郑玄注："谥者，行之迹也。名者，谓声誉也。言先王论行以为谥。以尊名者，使声誉可得而尊言也。壹，读为'一'。惠，犹善也。言声誉虽有众多者，节以其行一大善者为谥耳。在上曰浮，君子勤行成功，声誉逾行是所耻。"②"谥"表明行止之轨迹或一生事迹，"名"就是声誉名望，也就是先王根据人的行事确定谥号。"以尊名"就是使其获得声誉而且有尊号。"壹"读作"一"，"惠"就是善，"节以壹惠"就是人的一生可能有诸多声誉，但只选择其行事最突出的成就确定谥号。"浮"就是高于实际，君子依靠勤俭行事获得成功，如果声誉高于实际行事的成就，这是君子的耻辱。陈澔注："以求处情，谓君子所以不自大尚其事功者，以求处情实，不肯虚为矫饰也。过行弗率，以求处厚者，谓若有过高之行，则不敢率循，惟求以处乎笃厚之道而已，本分上不可加毫末也。"③"以求处情"是说君子之所以不骄傲自夸所做事

---

① （汉）郑玄，注.王锷，点校.礼记注（下册）[B].北京：中华书局，2021：709—710.

② （汉）郑玄，注.王锷，点校.礼记注（下册）[B].北京：中华书局，2021：710—711.

③ （元）陈澔，注.金晓东，校点.礼记[B].上海：上海古籍出版社，2016：606—607.

功，是因为只想实事求是而不愿意自我美化。"过行弗率，以求处厚"是说过头的事不敢跟着去做，只求踏踏实实做好本职工作而已，不在本分工作中添加丝毫个人目的。

子曰："君子疾没世而名不称焉。"（《论语·卫灵公》）君子担心死后自己的名字不被人称道，或许也要担心死后自己的名望与实际不相称。毛泽东的七律《读〈封建论〉呈郭老》写道："劝君少骂秦始皇，焚坑事业要商量。祖龙魂死秦犹在，孔学名高实秕糠。百代都行秦政法，'十批'不是好文章。熟读唐人《封建论》，莫从子厚返文王。"① "孔学名高实秕糠"是相对"祖龙魂死秦犹在"说的，指的是在实现中国政治统一上，孔子的学说并不能发挥作用；同时，从政治发展趋势来说，秦朝建立的君主专制也比封建制度先进，孔子"吾从周"的理想也有缺陷。我们今天讲中华优秀传统文化和诸子百家学说，也要注意其历史局限性和封建主义本质属性，要着眼于推动中华优秀传统文化创造性转化和创新性发展。当然，"孔学名高实秕糠"仅就"封建论"和"返文王"而说的，并非完全否定儒家思想。

子曰："后稷天下之为烈也，岂一手一足哉！唯欲行之浮于名也，故自谓便人。"后稷开创了造福天下百姓的伟业，岂止教会一个人用自己的手脚谋生！但他希望自己的行事功业超过所获声名，所以称自己是一个熟悉耕种的人。

郑玄注："烈，业也。言后稷造稼穑，天下世以为业，岂一手一足？喻用之者多无数也"；"自谓便人"，"亦言其谦也，辟仁圣之名。云自便习于此事之人耳"②。"烈"的意思是业，指的是后稷肇造耕作稼穑，天下从此世世代代有了农业。这哪里是一人缔造的功业？也就是说他创造了利在千秋万代的伟业。"自谓便人"是说他谦逊，避开仁人圣人的名号，只说自己是惯习农耕稼穑的人而已。陈澔注："后稷教民稼穑，为周之始祖，其功烈之在天下，岂一人之手，一人之足，遵而用之哉？固当以仁圣自居矣，惟欲行过于名也，故自谓便习民事之人而已。"③后稷是教会民众农耕稼穑的人，是周人的始祖，其功业造福天下百姓，哪里是一个人靠自己的手脚去遵循利用的技艺？如此"利在当代，功在千秋"的伟业，当然可以以仁人圣人自居了，只不过后稷希望自己行事的功业超过所得的声名，所以自称是熟悉农耕稼穑的人而已。

---

① 吴正裕，主编.毛泽东诗词全编鉴赏[M].北京：人民文学出版社，2017：598.

② （汉）郑玄，注.王锷，点校.礼记注（下册）[B].北京：中华书局，2021：711.

③ （元）陈澔，注.金晓东，校点.礼记[B].上海：上海古籍出版社，2016：607.

子曰："若圣与仁，则吾岂敢？抑为之不厌，诲人不倦，则可谓云尔已矣。"公西华曰："正唯弟子不能学也。"（《论语·述而》）后世称孔子为"孔圣人"，但孔子自己曾说："如果说圣人和仁人，那我怎么敢当！我不过是朝着圣人与仁人的方向不懈努力且从不厌倦，教导别人朝着圣人与仁人的方向不懈努力且不知疲倦，那样的话顶多可以说说而已。"公西华说："这正是我们弟子学不到的。"所以学习诸子百家思想和中华优秀传统文化，不能迷信古人是道德高尚的仁人或圣人，更不能哀叹人心不古而试图复古，重要的是学习古人开创千秋万代的伟业，造福子孙后代和全人类。

2.君道

子言之："君子之所谓仁者，其难乎！"《诗》云："凯弟君子，民之父母。"凯以强教之，弟以说安之。乐而毋荒，有礼而亲，威庄而安，孝慈而敬，使民有父之尊，有母之亲，如此而后可以为民父母矣。非至德其孰能如此乎？今父之亲子也，亲贤而下无能；母之亲子也，贤则亲之，无能则怜之。母亲而不尊，父尊而不亲。水之于民也，亲而不尊；火尊而不亲。土之于民也，亲而不尊；天尊而不亲。命之于民也，亲而不尊；鬼尊而不亲。孔子曾说过，君子常说的仁者，其实很难做到！仁者正如《诗经》中说的"庄严和乐的君子，德行就像民众的父母"。"凯"就像父亲强有力地教导民众，"弟"就像兄长在和乐中引导民众。要使民众享受快乐但不荒淫无度，遵守礼节但觉得亲密，感受威严却又心情安定，懂得孝慈又懂得敬爱，使民众既感受到类似父亲的尊严，又感受到类似母亲的亲近，这样就可以说是做民众的父母了。如果不是道德品行高尚的仁者，又哪能做到这样呢？现在父亲爱儿子，亲爱贤能的而轻贱无能的；母亲爱儿子，贤能的就亲爱，无能的就可怜。母亲懂得亲爱却不懂得尊敬，父亲懂得尊敬而不懂得亲爱。民众对于水，往往想要亲近而不懂尊敬；对于火则懂得尊敬而不敢亲近。民众对于土地，也是每天亲近而不懂尊敬；对于天则心怀尊敬而无法亲近。民众对于政令，往往是亲近而不尊敬；而对鬼神则敬而远之。

陈澔转昌氏曰："强教之者，以道驱之，如佚道使民，虽劳不怨者也。说安之者，得其心之谓也，说以使民，民忘其劳；说以犯难，民忘其死者也。乐，说安也，毋荒则有教矣；威庄，强教也，安则说矣；孝慈，说也，敬则有教矣。强教则父之尊存焉，说安则母之亲存焉。此言君子仁民之道如此，非圣人莫能与也。"①"强教之"就是遵照道义驱使民众，就如孟子说以正道使用民力，民众即便劳苦也不怨恨。"说安之"就是深得民心，高兴地去使唤，以致忘了劳苦；高兴地去受难，以致舍生忘死。"乐而毋荒"，"乐"就是"说安"，"毋荒"则是有礼；"威庄而安"，"威庄"其实就是"强教"，"安"也就是"说"；"孝慈而敬"，"孝慈"也是"说"，"敬"则是有教养。对民众强力施教就使官员保有类似父亲的尊严，让民众和乐安定就能使官员保有类似母亲的亲情。这是说君子仁爱民众的方法应该如此，大概非圣人不能做到这样。孙希旦注："强教，谓强劝而教训之。说安，谓和悦而安定之。毋荒也，有礼也，威庄也，敬也，皆强教之效，而使民有父之尊者也。乐也，亲也，安也，孝慈也，皆说安之效，而使民有母之亲者也。于二者兼之而不偏，则可谓之仁，可以谓之民父母矣。"②"强教"就是用强制要求来统治民众，"说安"则是用和气取悦来安定民众。"毋荒"就是有礼节，"威庄"则是有敬意，这些都是"强教"的效果，由此可使民众感受父亲的尊严。快乐，亲爱，安定，孝慈，这些都是"说安"的效果，由此可使民众感受母亲的亲爱。把这两方面都兼顾而不要有失偏颇，就可以称作仁政，也可以称作民众的父母。"下，谓卑下之也。命，谓君之政令。鬼，谓鬼神。父母之尊、亲，以其情言之；水火之尊、亲，以其势言之；土与天之尊、亲，以其体言之；命与鬼之尊、亲，以其道言之也。尊、亲之道，各有所偏主，而兼之者之所以为难也。""下"就是卑下，对无能的人卑下对待；"命"指的是君主的政令，"鬼"包括鬼和神。对父母或尊或亲，是从感情上说的；对水火的或尊或亲，是从情势上说的；对天地或尊或亲，是从体会上说的；对政令鬼神或尊或亲，是从是否合乎道义上说的。或尊或亲的规律，就是人往往各有偏好，要二者兼而有之很困难。"或见尊，或见亲，以其严与恩所尚异也。命，谓四时政令，所以教民勤事也。鬼，谓四时祭祀，所以训民事君也。"③事物之所以受尊敬或受亲近，是因为人们对威严和恩爱的崇尚不同。"命"指的是朝廷按时颁发的政令，目的是教导勤俭做事。"鬼"指的是按季节举行的祭祀，其目的是训诫民众忠于君主。民众对于天子政令能够了解却不太尊敬，对鬼神虽然心怀敬畏但其实也是敬而远之。

① （元）陈澔，注.金晓东，校点.礼记[B].上海：上海古籍出版社，2016：607.

② （清）孙希旦，撰.礼记集解（下）[B].北京：中华书局，1989：1309.

③ （汉）郑玄，注.王锷，点校.礼记注（下册）[B].北京：中华书局，2021：712.

子曰："攻乎异端，斯害也已！"（《论语·为政》）为政不论是靠施恩还是施威，宽容还是威猛，若专注于一个方面而不管其他祸害就必定要发生。正确的方法还是"执其两端用其中于民"，也就是恩威并施、宽猛相济。《左传》孔子关于"政宽则民慢，慢则纠之以猛。猛则民残，残则施之以宽。宽以济猛；猛以济宽，政是以和"的言说[①]，完整地阐释了恩威并施、宽猛相济的内涵。其中引用《诗经》的诗句语言优美，承载了中国政治文化源远流长的优良传统，值得为政者世代传诵熟背。值得注意的是，恩威并施都只是实施的方法，宽猛相济是为了经世济民，它们都应出于仁政爱民的目的，而不应该是为了统治利益的小恩小惠或残暴专制。"作民之父母"首要的是像父母爱自己的孩子，应该是完全为着孩子的成长。在为了孩子成长的前提下，今天出现虎妈猫爸也不是问题，只要父母分工合作就能恩威并施、宽猛相济。

子曰："夏道尊命，事鬼敬神而远之，近人而忠焉，先禄而后威，先赏而后罚，亲而不尊；其民之敝，蠢而愚，乔而野，朴而不文。殷人尊神，率民以事神，先鬼而后礼，先罚而后赏，尊而不亲；其民之敝，荡而不静，胜而无耻。周人尊礼尚施，事鬼敬神而远之，近人而忠焉，其赏罚用爵列，亲而不尊；其民之敝，利而巧，文而不惭，贼而蔽。"夏朝的治国之道重视政令，对鬼神敬而远之，亲近民众而忠于民事，受禄在先而施威在后，奖赏在先而惩罚在后，所以民众感到亲切但不懂尊敬，由此造成夏朝民众诸多弊病，比如蠢笨而愚顽，骄横而粗野，质朴而无华。殷商统治者尊敬鬼神，带领民众侍奉鬼神，祭祀在先而尊礼在后，惩罚在先而奖赏在后，所以民众懂得尊敬却没有亲情，由此造成殷代民众诸多弊病，比如胸怀激荡而不得宁静，争强好胜而不知耻辱。周人尊崇礼仪而崇尚施恩，对鬼神也是敬而远之，也是亲近民众而忠于民事，其赏罚体现在授爵列位，民众感到亲切但不懂得尊敬，由此造成周代民众诸多弊病，比如自私自利且投机取巧，文过饰非而不知惭愧，贼臣逆子而深藏不露。

陈澔进行过详细的注解，并转引应氏加以完善，注文摘录如下供深研参考。大致以为夏朝之政强调"亲民"，但造成民众对国君"亲而不尊"，有点像被父母溺爱的孩子；殷代为矫正此弊端注重培养"敬畏"，但民众最终对国君"尊而不亲"，有点像畏惧父亲的孩子；为此周代强调君臣"礼节"，但实际上培养了民众的虚情假意，

---

① （清）吴楚材，吴调侯，选注.古文观止[B].上海：上海古籍出版社，2016：75—76.

其实还是"亲而不尊",有点像特别会糊弄父母的孩子。夏商周三代治国之道,起初各有所尊,最终则各有弊病。

先禄后威,先赏后罚,皆是忠厚感人之意。故民虽知亲其上,而尊君之意则未也,故曰"亲而不尊"。蠢愚、骄傲、鄙野、质朴之敝,皆忠厚之末流也。殷人欲矫其敝,故以敬畏为道,以事神之道率民,先其鬼之不可知者,后其礼之可知者;先其罚之可畏,后其赏之可慕。尊则尊矣,而尊爱之情,则无由生也,故曰"尊而不亲"。流荡而不知静定之所者,尊上鬼神之敝;务自胜以免刑而无耻者,先罚后赏之敝也。周人见其然,故尊礼以矫后礼之失,尚施惠以为恩,亦如夏时之近人而忠,其赏罚亦无先后,但以爵列之高下为准,如车服土田之赏有命数之异,刑罚之施有八辟之议,及命夫命妇不躬坐狱讼之类,皆是也。故亦如夏世之亲而不尊,其后民皆便利而多机巧,美文辞而言不怍,贼害而蔽于理,皆尊礼太过,文没其实之所致。

三代之治,其始各有所尊,其终各有所敝。夏之道,惟思尽心于民,惟恐人之有所不正,不得不重其文告之命,远神近人,后威先禄,皆其忠实之过而徇于近也。近则失之玩,故商矫之而尊神焉。君民上下情不相接,率民事神,先鬼先罚,后礼后赏,而远于物也。远则失于亢,故周矫之而尊礼焉。礼文委曲而徇人,礼繁文胜,巧利而贼,其敝又有甚者焉。凡此非特见风气既开,而浇漓之日异,抑亦至德之不复见而已欤?[1]

子曰:"夏道未渎辞,不求备,不大望于民,民未厌其亲。殷人未渎礼,而求备于民。周人强民,未渎神,而赏爵刑罚穷矣。"夏朝治国之道不喜欢花言巧语,对民众言行不求全,也不期望他们贡献多大,所以民众尚未厌倦尊亲之礼。殷商国君并非有意要亵渎礼,但以鬼神的名义对民众求全,导致周朝继承强悍无礼的强民,周人对

① (元)陈澔,注.金晓东,校点.礼记[B].上海:上海古籍出版社,2016:608.

鬼神敬而远之，靠赏赐爵位和施加刑罚治国，以致最终穷尽了这些方法。

郑玄注："未渎辞者，谓时王不尚辞，民不亵为也。不求备，不大望，言其政宽，贡税轻也。强民，言承殷难变之敝也。赏爵刑罚穷矣，言其繁文备设。"①"未渎辞"就是夏王不喜欢花言巧语，民众也不胆大妄为。可以说夏代民风古朴，而国君"不求备，不大望于民"，也就是政令宽松，纳贡税收轻，这也是符合周代所谓的"礼"。"殷人未渎礼，而求备于民"，相对于夏朝是一个大转变，它以鬼神的名义对民众求全责备，由此也导致民众桀骜不驯。"强民"是说周继承了殷民桀骜不驯的弊病。以至于周代治国，不仅穷尽了赏赐爵位和严刑峻法，而且导致了繁文缛节周全至备。陈澔注："未渎辞，以其尊命也；未渎礼，以其后礼也；未渎神，以其敬神而远之也。不求备，不大望于民，即省刑罚薄税敛之事。未厌其亲，尊君亲上之心自不能忘也。言夏之民未厌其亲，则殷周之民不然。强民，言殷民不服，而成王周公化之之难也。赏爵刑罚之制，至周而详悉备具，无以复加，故曰穷矣。穷，极也。一说：赏爵不能劝善，刑罚不能止恶，故曰穷。"②夏代不喜欢巧言令色，是因为民众尊崇政令；殷商不亵渎礼仪，是因为礼本就不如鬼神重要；周代不亵渎鬼神，是因为对鬼神敬而远之。也就是说，夏代民众尚未厌烦尊亲国君，而殷民则不然，民众情感都转移到鬼神身上了。"强民"说的就是殷民敬畏鬼神而不服君王，所以成王和周公很难对他们进行教化。所以，赏赐爵位和施加刑罚的制度，到周代都已经非常详尽完备，可以说到了无以复加的地步，因此说"穷矣"，"穷"就是穷尽。也有另一种说法，是说赏赐爵位也不能劝人从善乐，施加刑罚也不能制止罪恶了，所以说"穷矣"，也就是穷途末路了。

子曰："虞、夏之道，寡怨于民。殷、周之道，不胜其敝。"舜和夏代的治国之道，很少积怨于民。但到了商周两代，却有防不胜防的弊病。孙希旦转吕氏大临曰："虞、夏之道质，质者责人略，故寡怨于民。殷、周之道文，文者责人详，民之不从，则穷刑赏以驱之，故不胜其敝。"③舜和夏代的治国之道质朴，质朴意味着不对民众求全，所以民众也就不会怨声载道。商周时期的治国之道注重文明礼仪，文明礼仪往往对人求全，如果民众不遵从就穷尽刑罚赏赐之能事以驱赶他们，所以难免弊

---

① （汉）郑玄，注．王锷，点校．礼记注（下册）[B].北京：中华书局，2021：713.

② （元）陈澔，注．金晓东，校点．礼记[B].上海：上海古籍出版社，2016：608—609.

③ （清）孙希旦，撰．礼记集解（下）[B].北京：中华书局，1989：1311.

病丛生。"胜，犹任也。言殷、周极文，民无耻而巧利。后世之政难复。"①"胜"就是胜任，也即是商周极端强调文明礼仪，导致民众也无耻之极，极尽投机取巧谋利之能事，在这方面可以说后世之政无以复加。

子曰："虞、夏之质，殷、周之文，至矣！虞、夏之文，不胜其质；殷、周之质，不胜其文。"舜和夏代的质朴，商和周的文饰，各自都达到了极致！虞、夏形式上之文饰，不如它内在的质朴；商和周内在的质朴，不如它形式上的文饰。孙希旦转方氏愨曰："至矣者，言其质文不可复加也。加乎虞、夏之质，则为上古之洪荒；加乎殷、周之文，则为后世之虚饰。"②"至矣"是说"虞、夏之质，殷、周之文"到了无以复加的地步，"虞、夏之质"再增加一分就是上古的洪荒原始，"殷、周之文"再增加一分则是后世的虚伪粉饰。"言王者相变，质、文各有所多"③这样意味着从尧舜禹到夏商周，越往前越是质朴，越往后越是文饰。子曰："先进于礼乐，野人也；后进于礼乐，君子也。如用之，则吾从先进。"（《论语·先进》）这句话或许也可以理解为，先生于礼乐的人，是粗野之人；后生于礼乐的人，是谦谦君子。如果让我来选用人，那么我选用先生于礼乐的人。也就是说孔子更看重内在质朴，而不是形式文明。当然，"文"与"质"又是密不可分的，棘子成曰："君子质而已矣，何以文为？"子贡曰："惜乎，夫子之说，君子也。驷不及舌。文犹质也，质犹文也。虎豹之鞟犹犬羊之鞟。"（《论语·颜渊》）棘子成说："君子有好的内在本质就行啦，要外在文饰做什么呢？"子贡说："可惜呀！您竟然这样谈论君子！须知一言既出，驷马难追啊！外在文饰如同内在本质，内在本质也如同外在文饰，它们是一体的。如果不是文饰不同，虎豹的皮毛如同犬羊的皮毛。"这就像过去说书人讲的和今天电视剧演的《三国演义》，虽然内容一样但不同表现形式会形成不同的效果。子曰："周监于二代，郁郁乎文哉！吾从周。"（《论语·八佾》）周代礼乐是借鉴夏朝和商朝礼乐改进的，多么丰富多彩的文明礼仪啊！我主张追随周代的礼乐。周礼当然已经包括了内在礼义，而不只是外在礼仪。在政治上讲"文"和"质"，就是希望国家治理体系和治理能力要现代化，但是仁政爱民的内在本质不能变。

子言之曰："后世虽有作者，虞帝弗可及也已矣。"君天下，生无私，死不厚其

---

① （汉）郑玄，注.王锷，点校.礼记注（下册）[B].北京：中华书局，2021：713.
② （清）孙希旦，撰.礼记集解（下）[B].北京：中华书局，1989：1311.
③ （汉）郑玄，注.王锷，点校.礼记注（下册）[B].北京：中华书局，2021：713.

《礼记》的政德修养

子；子民如父母，有憯怛之爱，有忠利之教；亲而尊，安而敬，威而爱，富而有礼，惠而能散；其君子尊仁畏义，耻费轻实，忠而不犯，义而顺，文而静，宽而有辨。《甫刑》曰："德威惟威，德明惟明。"非虞帝其孰能如此乎？后世虽然也有众多贤明君王，但虞舜是不可企及的典范。君王治天下，就要像舜帝一样生之时没有私心，死之时也不偏爱儿子；对待民众就要像父母对待子女，既有母亲不求回报的慈爱，又有严父忠实利他的教导。这样就能使君主既能亲民又受尊敬，既能安民又受敬畏，既有威望又受爱戴，既能富民又有礼节，既能受惠又能散财。受其感染的君子尊崇仁爱而敬畏正义，耻于浪费但不贪实利，忠君爱民而不犯上作乱，坚守道义而顺应天时，文质彬彬而静待天命，宽容大度而明辨是非。《甫刑》说："道德权威的威严，正在明德带来光明。"除非是舜帝又有谁能如此？

"三代之道，或亲而不尊，或尊而不亲，不免流于一偏。若虞帝则子民如父母，有母之亲，故有憯怛之爱；有父之尊，故有忠利之教。"[1]夏商周三代的治国之道，君臣或者能亲近而不能尊敬，或能尊敬而不能亲近，所以都难免会有失偏颇。但像虞舜则是对待民众就像父母对待子女，因为有母爱般的亲密，所以有君主对民众有感同身受之爱；有父亲一样的尊严，所以君主对民众忠实利民之教。"死不厚其子，言既不传位，又无以丰饶于诸臣也。"[2]舜帝治天下，有生之年不谋私利，死了也没有私心偏袒自己的儿子，既没有把帝位传给才德不够的儿子，也没有封赏臣下使他们获利。"憯怛之爱，犹慈母之爱，非责报于其子也，非要誉于他人也，发于诚心而已。忠利之教者，若使契为司徒，教以人伦，作为衣裳、舟楫、臼杵、弧矢、宫室、棺椁、书契，使天下利用而不倦，是皆有教人以善之诚，无所不利之功者也。"[3]"憯怛之爱"就像慈母之爱，并不求子女的回报，也不求获得他人的赞誉，完全是发自内心无私之爱。"忠利之教"就像契担任司徒之职，教导民众遵守人伦大道及制作衣裳、舟楫、臼杵、弧矢、宫室、棺椁、书契等，使天下民众广泛利用且乐此不疲，其中体现的是教人改善的诚意和普遍受益的功劳。或谓"有忠利之教者，言其实心于利民而教之也"[4]，"忠利之教"就是出于全心全意为人民谋利益而教育民众。父亲教育

---

① （清）孙希旦，撰.礼记集解（下）[B].北京：中华书局，1989：1312.

② （汉）郑玄，注.王锷，点校.礼记注（下册）[B].北京：中华书局，2021：714.

③ （元）陈澔，注.金晓东，校点.礼记[B].上海：上海古籍出版社，2016：609.

④ （清）孙希旦，撰.礼记集解（下）[B].北京：中华书局，1989：1312.

儿子绝不是为了自己的利益，而完全是为了儿子的成长发展。"生无私，有天下而不与也。死不厚其子，传诸贤而为天下得人也。生死无所私，而心乎斯民，真若父母之于子。亲而尊至惠而能散，犹元气之运，妙用无迹，此《中庸》所谓用其中于民也。"①生之时无私人利益，富有天下却完全不谋私利。死之时不偏爱儿子，传贤不传子，为天下得贤明君主。生死都没有私心，全心全意为人民服务，真正像父母对待子女。从"亲而尊"到"惠而能散"，说的是明君之德就像天地元气一样运行，有无穷妙用却了无痕迹，这也就是《中庸》中说的"用其中于民"。从"亲而尊"到"惠而能散"，再到"宽而有辨"，这种相反相成的两个方面永远罗列不完，但概而言之其实就是"执其两端，用其中于民中"。

子曰："舜其大知也与！舜好问而好察迩言，隐恶而扬善，执其两端，用其中于民。其斯以为舜乎！"(《中庸》)这段话从"虞帝弗可及也已矣"到"非虞帝其孰能如此乎"，自始至终要总结的"君道"其实就是"用其中于民"。"喜怒哀乐之未发，谓之中"；"中也者，天下之大本"(《中庸》)，"中庸之道"用在治国理政上，就是领导者不能从个人喜怒哀乐出发，而要中正无私，这是"中"的第一层意思。在此基础上，"执其两端，用其中于民"，"中"其实是变化不居的或说是灵动的，抓住两个极端就能大致知道"中"。就是从这个意义上，朱熹说了"中"的第二层意思，也就是"中者，不偏不倚，无过不及之名"②。可以说前者是"中"的本体，后者是"中"的运用。舜传贤不传子，是第一层意思的"中"，也就是本性之"中"，也可以称为"仁"。"舜好问而好察迩言，隐恶而扬善，执其两端，用其中于民"，则是"中"的第二层意思，即"中"的运用，所以称为"知"。今天的领导者要学习修养"喜怒哀乐之未发，谓之中"的美德和"执其两端，用其中于民"的智慧。

3.臣道

子言之："事君先资其言，拜自献其身，以成其信。"是故君有责于其臣，臣有死于其言。故其受禄不诬，其受罪益寡。侍奉君主要先深谋远虑政治理想，然后真

---

① （元）陈澔，注.金晓东，校点.礼记[B].上海：上海古籍出版社，2016：609.
② （宋）朱熹，撰.四书章句集注[B].北京：中华书局，2016：17.

诚地献身于实现这些理想，如此才能建立君臣之间的信任。因此，君主要对大臣政治问责，大臣为政治理想要不惜牺牲生命。享受俸禄就不能诬陷欺骗他人，只有这样才能不遭受罪责。

"资，谋也。献，犹进也。言臣事君，必先谋定其言，乃后亲进为君言也"；"死其言者，竭力于其所言之事。死而不负，于事不信，曰诬"①。"资"就是谋划或深谋远虑，"献"就是进献，"事君先资其言，拜自献其身"就是说大臣侍奉君主，要先深入理解和深谋远虑君主的政令、言论或理论，然后再诚恳地建言献策补充完善或落实君主的政令、言论或理论，这样才能体现大臣的真信、真懂、真用。君主对大臣落实君主的政令、言论或理论问责，"臣有死其言"就是大臣竭尽全力践行君主的政令、言论或理论。忠臣即便付出生命，也不背负君主的政令、言论或理论，如果在做事的时候不相信君主的政令、言论或理论，那就是诬陷欺骗。君主的大臣享受高官厚禄而不诬陷欺骗，也就不太可能会遭受罪责。也有的认为"资，凭藉也。古之为臣，其经世之学，皆豫定于胸中。至于事君，则前定之规模，先形于言以为藉，然后自献其身以成其信。自献者，非屈己以求售也。如《书》之'自靖自献，致命而无所愧也。''畎亩幡然'之数语，《说命》《对扬》之三篇，此伊、傅先资之言也。齐桓问答而为书，燕昭命下而有对，此管、乐先资之言也。言于先而信于后，无一不酬者。后世若登坛东向之答，草庐三顾之策，亦庶几焉"；"受禄不诬，言不素餐也"②。"资"就是凭借依靠，古代士人出任重臣，其经世济用实学已成竹在胸。到了真正为人臣侍奉君主之时，其规划的宏伟蓝图，已经预先体现在他的言论中，君主可以通过它进行预判，如此之后再出任官职就能形成君臣信任。"自献"并不是低三下四地求官，而是如《尚书》中说的"自我完善后自主奉献，牺牲生命也不会后悔"。"畎亩之中得幡然醒悟"寥寥数语，《说命》《对扬》诸多篇章，就是伊尹、傅说出任辅宰预先所凭借的言论。为答齐桓公之问而著书立说，因燕昭王礼贤下士而进行对答，这就是管仲、乐毅出任卿相预先所凭借的言论。士人之言论在先而君主之信任在后，以上诸君无一不是酬答君主厚爱。后世登坛东向之《登坛对》、三顾茅庐之《隆中对》，也是差不多的意思。"受禄不诬"，则是说不尸位素餐。这是把孔子的

① （汉）郑玄，注.王锷，点校.礼记注（下册）[B].北京：中华书局，2021：714.
② （元）陈澔，注.金晓东，校点.礼记[B].上海：上海古籍出版社，2016：610.

话解释为向君主推销自己的治国理论，争取得到君主的赏识而为官治国。这个解释适合于"学而优则仕"的理想，孔子孟子都曾身体力行，也可供今天的读书人参考。不过，作为官员而不是"国师"，可能更重要的是理解君主的政治意图或政治理想，如果自己也认同就要尽心竭力地去践行。

古人所谓的"欺君之罪"，最主要的就是对君主阳奉阴违，不尽心竭力落实政令。在我们社会主义国家没有"一言堂"，国家的道路、理论、制度是党领导人民做出的选择，党的路线、方针、政策是全党共同决策的结果，各级领导干部和党员群众都必须坚定理想信念，坚决执行中央决策。2012年1月23日，习近平总书记在十八届中央纪委二次全会上的讲话中特别强调"革命理想"和"铁的纪律"，它们是共产党人政德的最基本要求。

> 我们党是靠革命理想和铁的纪律组织起来的马克思主义政党，纪律严明是党的光荣传统和独特优势。我们党有八千五百多万党员，在一个幅员辽阔、人口众多的发展中大国执政，如果不严明党的纪律，党的凝聚力和战斗力就会大大削弱，党的领导能力和执政能力就会大大削弱。毛泽东同志说过："加强纪律性，革命无不胜。"邓小平同志指出："我们这么大一个国家，怎样才能团结起来、组织起来呢？一靠理想，二靠纪律。组织起来就有力量。没有理想，没有纪律，就会像旧中国那样一盘散沙，那我们的革命怎么能够成功？我们的建设怎么能够成功？"革命战争年代，我们党团结带领人民打败穷凶极恶的敌人、夺取中国革命胜利，靠的是铁的纪律保证。新的历史条件下，我们党要团结带领人民全面建成小康社会、基本实现现代化，同样要靠铁的纪律保证。党面临的形势越复杂、肩负的任务越艰巨，就越要加强纪律建设，越要维护党的团结统一，确保全党统一意志、统一行动、步调一致前进。[①]

子曰："事君，大言入则望大利，小言入则望小利。"故君子不以小言受大禄，不

---

① 中共中央文献研究室，编.十八大以来重要文献选编（上）[M].北京：中央文献出版社，2014：131.

以大言受小禄。《易》曰："不家食，吉。"人臣侍奉君主，有关天下大事的言论被君主采纳就有望利于解决天下大事，有关具体事情的观点被君主采纳就有望利于解决具体事情。所以，君子不以才疏学浅而谋高官厚禄，也不以雄才大略而屈就卑官薄禄。正如《周易·大畜》所言，"不在家啃老，这才是吉利。"这段话其实是教人不要一心只想"升官发财"，而要多为治国平天下出谋划策。

　　郑玄注："大言，可以立大事也。小言，可以立小事也。入，为君受之。利，禄赏也"；"臣受禄，各用其德能也"；"君有大畜积，不与加食之而已。必以禄贤者，贤有大小，禄有多少"①。"大言"就是可以解决大事的言论，"小言"就是可以解决小事的言论。"入"就是被君主接受，"利"就是俸禄赏赐。大臣接受俸禄和赏赐，都用各自的德行和才能来衡量。君主有众多积蓄，但不用来和家人共享，而是要用作贤才的俸禄，才能有大小之别，俸禄也就有多少区分。陈澔的注解有所不同，以为"不家食，吉，《大畜》之象辞也。谓大畜之君子，才德所蕴者大，则当食禄于朝，以有为于天下，而不食于家则吉。此言不以大言受小禄，所谓达可行于天下而后行之者也"；又转引吕氏曰："大言，所言者大也；小言，所言者小也。利及天下，泽及万世，大利也。进一介之善，治一官之事，小利也。谏行言听，利斯从之矣。先儒谓利为禄赏，人臣事君，各效其忠而已，言入而遂望其禄赏，乃小人之道，非所以事君也。所谓不以小言受大禄，不以大言受小禄者，此君之所以报臣，非臣之所以望君也。受之有义，亦称其大小而已。小言而大禄，则报逾其分，大言而小禄，则君不我知，亦不可受也。"②"不家食，吉"，这是《周易·大畜》的主旨解释词，意思是学养深厚的君子，既然蕴含巨大的才能和德行，就理所当然应该享受朝廷俸禄，以为天下百姓做出贡献，而不应该满足在家里自食其力，这样才是大吉大利。言下之意也就是德才兼备的人，应该能够得到国家的重用，并施展才能造福百姓，而不是被埋没于蝇营狗苟中。如果能让天下人都人尽其才，政令必定也就行得通。所以，"大言"也可以理解为讨论天下大事，"小言"就是讨论个人小事。让天下人普遍获利，而且功在千秋，这就是"大利"；推举一人就是荐尽一个善人，为官一任造福一方百姓，这就是"小利"。劝谏的事得到施行，提出的建言得到听从，天下百姓也随

① （汉）郑玄，注.王锷，点校.礼记注（下册）[B].北京：中华书局，2021：715.
② （元）陈澔，注.金晓东，校点.礼记[B].上海：上海古籍出版社，2016：610.

之获利。过去认为"利"就是俸禄，但是，人臣侍奉君主也是效忠而已，如果自己的言论被君主采纳就渴望俸禄赏赐，这是小人谋求利益的方式，而不是侍奉君主的道义。所谓"不以小言受大禄，不以大言受小禄"，不过是君主酬报大臣的原则，而不是大臣所应该期望君主的。大臣接受利禄和赏赐也应有道义，也就是大小要相称。谋划小事的人却享受厚禄，君主对他的酬报就过分了；谋划大事的人却俸禄微薄，这是君主不认识我的才能，也不可接受。

"大言入则望大利"绝非"大言不惭"地想要"升官发财"，陈澔和吕大临的注解对郑玄注释的发挥非常值得赞赏。儒家的理想是修身、齐家、治国、平天下，所以，"大言"应该是有关治国平天下的言论，像诸葛亮的《隆中对》；"小言"就是有关修身齐家的言论，像诸葛亮的《诫子书》。诸葛亮也是"不以大言受小禄"的典范，在刘备三顾茅庐之前，"卧龙"想必也能谋得一官半职，只不过他"每自比于管仲、乐毅"，不屑于"升官发财"而已。所以，"望大利"绝不仅是"受大禄"，而应该是渴望为天下百姓带来大利，也就是治国平天下。今天想要从政的人理当继承"修身、齐家、治国、平天下"的远大志向，而不是为"升官发财"挖空心思还"大言不惭"。与此同时，"大言入则望大利"也提醒我们"空谈误国，实干兴邦"，要禁止官员"拍脑袋决策、拍胸脯蛮干，然后拍屁股走人"①，要禁止商业界靠大吹大擂做广告牟利的行为。

子曰："事君不下达，不尚辞，非其人弗自。"《小雅》曰："靖共尔位，正直是与。神之听之，式谷以女。"侍奉君主不以人身依附，不要阿谀逢迎，也不要把不合适的人推荐安插。就如《诗经·小雅·小明》所言，"治国恭敬尽职，为人公允正直。天听自我民听，福禄用以赏赐"。

郑玄注："不下达，不以私事自通于君也。不尚辞，不多出浮华之言也。弗自，不身与相亲"；"靖，治也。尔，女也。式，用也。谷，禄也。言敬治女位之职事，正直之人，乃与为伦友。神听女之所谓，用禄与女"②。"不下达"就是不因为私事与君主私下沟通，"不尚辞"即不在君主面前说华而不实的话，"弗自"不求身影相随地与君主相亲近。"靖"就是治，"尔"就是女亦即你，"式"就是用，"谷"就是俸

① 习近平.习近平谈治国理政[M].北京：外文出版社，2014：419.
② （汉）郑玄，注.王锷，点校.礼记注（下册）[B].北京：中华书局，2021：714.

禄。也就是说官员应尽忠职守、公平正直，与道德品行高尚的人为友。神灵也会听到你的心声，并且用福禄来赏赐你。郑玄大致以为这是强调追求成为君主宠幸的身边近臣，要尽忠职守地治国理政，这样自然会得到君主的赏识。陈澔的理解有所不同，以为"下达，谓趋乎污下，如曰'吾君不能'，如曰'长君之恶''逢君之恶'，皆是也。伊尹使君为尧舜之君，孟子非尧舜之道不陈，则谓之上达也。尚辞，利口捷给也。自，所由以进者也。《小雅·小明》之篇，言人臣能安靖恭敬其职位，惟正直之道是与，则神明听之，将用福禄与汝矣。以，与也"①。"下达"就是使趋向污浊低下，如孟子"责难于君谓之恭，陈善闭邪谓之敬，吾君不能谓之贼"中讲的"吾君不能"（《孟子·离娄上》），如孟子"长君之恶其罪小，逢君之恶其罪大"中说的"长君之恶""逢君之恶"（《孟子·告子下》），也就是预先认定自己君主做不到像个圣人，而且不断地助长和逢迎他做道德堕落的事。像"伊尹耻其君不为尧、舜"（《近思录》），孟子"非尧舜之道，不敢以陈于王前"（《孟子·滕文公上》），就是所谓的"上达"。"尚辞"就是伶牙俐齿，专挑君主爱听的话说。"自"就是由自己引荐给君主。《诗经·小雅·小明》中的诗句，是说为人臣者如果能尽忠职守地治理政务，始终遵守正义公平原则，神灵明君听闻其好名声，将会用福禄来赏赐他。陈澔的注释大致意味着这里强调尽忠职守。孙希旦引吕氏大临曰："以下达之事事其君，则贼其君者也。尚辞而实不称，则欺其君者也。非其人而自达，枉己以事君者也"；又自言"自，由也，所由以进者也。非其人而由之以进，则己先不正，而无以正君矣。如杨龟山之于蔡京，吴康斋之于石亨，犹不免为贤者之累，况其下者乎！"②大臣以使君主道德堕落的方式来侍奉君主，这是陷害君主的贼臣；在君主面前花言巧语而不顾实际，这是欺君罔上的奸臣；不是合适的人却引荐给君主，这是曲意逢迎的弄臣。"自"就是由，由自己得到引荐。不是合适的人却通过自己得到引荐，说明自己本身不正直，当然也不可能使君主正直。如宋朝杨时引荐蔡京、明朝吴与弼引荐石亨，皇帝为贤能大臣失误受拖累，更何况还不如他们的人呢！

从道德上来说，"下达"就是道德堕落，"上达"则是道德水平提高；但是，从学问上来说又要"下达"才能"接地气"，所以"下学而上达"才是合理的选择。子曰：

---

① （元）陈澔，注.金晓东，校点.礼记[B].上海：上海古籍出版社，2016：610—611.

② （清）孙希旦，撰.礼记集解（下）[B].北京：中华书局，1989：1313.

"君子上达，小人下达。"（《论语·宪问》）君子向上去通达仁义，小人向下去通达财利。很多人因此空谈仁义道德，而不关心民生福祉。子曰："莫我知也夫!"子贡曰："何为其莫知子也?"子曰："不怨天，不尤人。下学而上达。知我者其天乎!"（《论语·宪问》）孔子感叹世人不理解他，以为他是一个空谈仁道的人。其实孔子的仁道是天道和人道的统一，天命固然不可违，但人仍能尽力而为。所以不能空谈天命就不顾民生，解决好民生问题才是真正听从了天命。"天视自我民视，天听自我民听"，天道其实就是人道，这个道理天知道，人难道不知道吗？所以，不能把这里的"事君不下达"片面地理解为"上达"，而要注意联系"靖共尔位，正直是与"来理解，也就是强调官员要尽忠职守、公平正直，全心全意为人民服务，没有任何私心杂念。

"事君不下达，不尚辞，非其人弗自"说到底是强调侍奉君主不要通过人身依附来达到升官发财的目标，不要依靠阿谀逢迎求得君主的宠幸，不要通过安插自己的人形成权力集团。这是封建时代官场最突出的现象，也是政治生态不好的基本表现。今天还要注意防止这种"人身依附"，才能建立风清气正的政治生态。

不少地方和单位，都有家长式的人物，他们的权力不受限制，别人都要唯命是从，甚至形成对他们的人身依附关系。我们的组织原则中有一条，就是下级服从上级，说的是对于上级的决定、指示，下级必须执行，但是不能因此否定党内同志之间的平等关系。不论是担负领导工作的党员，或者是普通党员，都应以平等态度互相对待，都平等地享有一切应当享有的权利，履行一切应当履行的义务。上级对下级不能颐指气使，尤其不能让下级办违反党章国法的事情；下级也不应当对上级阿谀奉承，无原则地服从，"尽忠"。不应当把上下级之间的关系搞成毛泽东同志多次批评过的猫鼠关系，搞成旧社会那种君臣父子关系或帮派关系。一些同志犯严重错误，同这种家长制作风有关，就是林彪、江青这两个反革命集团所以能够形成，也同残存在党内的这种家长制作风分不开。总之，不彻底消灭这种家长制作风，就根本谈不上什么党内民主，什么社会主义民主。①

① 邓小平.邓小平文选（第2卷）[M].北京：人民出版社，1994：331.

子曰："事君远而谏，则谗也。近而不谏，则尸利也。"侍奉君主如果远离职权却犯颜直谏，这必定是谄媚奸佞。但作为近臣却不敢谏诤，则是尸位素餐。孙希旦转孔氏曰："远而谏，谓与君疏远，强欲谏争，则是谗佞之人，望欲自达也"；又转吕氏大临曰："既无言责，又远于君，非其职而谏之，陵节犯分，以求自达，故曰谗。有言责之臣，不谏则旷厥官，怀禄固宠，主于为利，故曰尸利"①。"远而谏"，是说与君主距离远却强行想要谏诤，这是谄媚奸佞之人，目的是想要飞黄腾达。既没有言官犯颜直谏的职责，又与君主疏远不为君主所熟识，却超越本职强行向君主谏诤，如此不顾礼节和本分寻求腾达，就是谄媚。但有直言犯谏职责的大臣，如果不谏诤则是荒疏其官职的责任，如此享受厚禄和宠信却只为获利，就是"尸利"。"尸，谓不知人事，无辞让也"②，"尸"就是不知为人处世和辞让礼节，尸位素餐。其实这两种人都是利己主义，前一种人是"未得之也，患得之"的投机分子，既有可能一鸣惊人，也有可能祸从口出。后一种则是"既得之，患失之"的保守分子，既有可能"明哲保身"，也有可能"被打入冷宫"。子曰："鄙夫可与事君也与哉？其未得之也，患得之；既得之，患失之。苟患失之，无所不至矣。"（《论语·阳货》）这种患得患失的鄙俗之人哪能侍奉君主？他们都只是依附君主而已。"事君"应该是与君主"共事"，实现治国平天下的政治抱负。

子曰："迩臣守和，宰正百官，大臣虑四方。"君主身边近臣的职守是协调各方，冢宰辅佐君主端正朝廷百官，大臣则深谋远虑天下大事。"迩，近也。和，为调和君事者也。齐景公曰：'唯据与我和。'宰，冢宰。冢宰主治百官。"③"迩"就是近，"和"就是调和君主的各方面事宜的人，如齐景公说的"只有梁丘据与我相调和"，"宰"就是冢宰，冢宰主管百官。陈澔转方氏语："所谓守和者，过于和，则流而为同；不及于和，则乖而为异。故在于能守，守则适中，而无过不及之患矣"；陈澔转应氏语："宰，以职言；大臣，以位言。自三公以下皆是，不特六卿。其序则先君德而后朝廷，先朝廷而后天下"④。所谓"守和"，意味着过于强调和则同流合污，达不到和则乖戾冲突，所以强调"守和"就是"守中"，也就是无过头与不及的隐患。"宰"

---

① （清）孙希旦，撰.礼记集解（下）[B].北京：中华书局，1989：1314.

② （汉）郑玄，注.王锷，点校.礼记注（下册）[B].北京：中华书局，2021：715.

③ （汉）郑玄，注.王锷，点校.礼记注（下册）[B].北京：中华书局，2021：715—716.

④ （元）陈澔，注.金晓东，校点.礼记[B].上海：上海古籍出版社，2016：611.

是从职责来说的"主宰","大臣"则是从职位来说的,"三公"以下都是,不只是"六卿"而已。按顺序来说,首要的是君主"执其两端,用其中于民"的德行,其次是"宰正"朝廷官员致"其身正,不令而行",如此之后是所谓"周公吐哺,天下归心"。"迩臣,谓侍御、仆从之臣。迩臣日在君侧,虑其便辟、侧媚,欲其知和而不同,献可替否,以成君德也。冢宰统百官,故欲其以正率之。大臣,谓卿大夫也。大臣谋虑四方之大事,非徒治一职而已。宰非不虑四方也,而以正百官为急,百官正则四方无不正矣。"[1] "迩臣"指的是君主的侍卫、御夫、随从、仆役等,他们整日待在君王之侧,忧虑的是君主的宠幸偏爱,希望君主秉持和而不同的原则,提出切实可行的方法,废弃不可行的方法,以成就君主允执厥中的美德。"冢宰"统领百官,所以思虑以正道率领他们。"大臣"指的是国君的卿、大夫,大臣要谋虑天下大事,而不只是做本职而已。冢宰也不是不思虑天下大事,不过是以管好百官为重,百官身正天下无有不正。"迩臣"有点像现代国家元首的"顾问"或特别委员会成员;"宰"当然就是首相或总理,只不过君主并非像今天君主立宪制国家的君主没有实权而已;"大臣"则是正式的政府高级官员,或许相当于现在部长级以上吧。

子曰:"事君欲谏不欲陈。"《诗》云:"心乎爱矣,瑕不谓矣。中心藏之,何日忘之?"侍奉君主应该总想阻止他的过错而不是总想指出他的过错,就像《诗·小雅·隰桑》说的,"我的心里敬爱你,相距太远不能语。话就藏在我心里,何曾一日忘记你?""谏者,止君之失;陈者,扬君之失也";"《诗·小雅·隰桑》之篇。瑕,《诗》作遐。本谓我心爱慕此贤者,思相与语,以其相去遐远,故不得共语。然欲发之言,藏于我心,何日而忘之乎?此记者借以为喻,言我有爱君之心,欲谏其过,胡不言乎?纵未得进谏,亦藏于心而不忘,但不以语他人耳"[2]。"谏"是阻止君主的过失,"陈"是指出君主的过失,侍奉君主当然要尽量阻止君主的过失,而不是等到君主有了过失再指出。"陈,谓言其过于外也"[3],"陈"甚至有对外宣扬君主过失的意思。这里引用的《诗·小雅·隰桑》诗句,"瑕"原诗为"遐"。诗的本意是说我内心爱慕这个贤人,想要与他说说情话,但是因为相去甚远,所以至今没有说过话。然而想和他说的话,早就深藏在我心里,哪一天可曾忘怀?这是记录孔子"事君欲

① (清)孙希旦,撰.礼记集解(下)[B].北京:中华书局,1989:1314.

② (元)陈澔,注.金晓东,校点.礼记[B].上海:上海古籍出版社,2016:611.

③ (汉)郑玄,注.王锷,点校.礼记注(下册)[B].北京:中华书局,2021:716.

谏不欲陈"这句话的人借来做比喻的，意思是说我心中敬爱君主，想要劝阻他的过失，只是还没有说出来。纵然没有机会进谏，然而话在心里不曾忘却，只是不告诉他人而已。

《孝经·事君章》中有子曰："君子之事上也，进思尽忠，退思补过，将顺其美，匡救其恶，故上下能相亲也。《诗》云：'心乎爱矣，遐不谓矣。中心藏之，何日忘之。'"君子侍奉君王，入朝为政要思虑尽忠职守，退居室家要思虑补救过失，要顺承发扬君主美德，要匡正补救君主恶德，如此君臣上下才能相互亲敬。这段话表达的意思正与"事君欲谏不欲陈"一致，所引用的诗句则完全相同。今天的中国人没有君主需要尽忠，但中国共产党人要对党忠诚、为党分忧、为国尽责、为民奉献。与此同时，对于党可能犯的错误当然也应该竭力阻止，而不是以"旁观者清"的姿态指出甚至夸大党的错误。

子曰："事君，难进而易退，则位有序；易进而难退，则乱也。"故君子三揖而进，一辞而退，以远乱也。侍奉君主要难以请进来却容易退出来，这样职位就以"能者上，平者让，庸者下"有序流动；如果容易请进来却难以退出来，那"选贤任能"的机制就乱套了。所以，在平时的相会中君子也是三次揖让才进屋，一次告辞就退出，为的是不扰乱正常生活。

陈澔转吕氏曰："所谓有序者，小德役大德，小贤御大贤之谓也。所谓乱者，贤不肖倒置之谓也，君信我可以为师，非学焉而后臣之，则不进也；信我可以执国政，虽待以季孟之间，亦不进也。膰肉不至即行，灵公问陈而即行，君子之道，正君而已。枉己者，未有能直人者也。人之相见，三揖至于阶，三让以宾升；而其退也，一辞而出，主人拜送，宾去不顾。若主人之敬未至而强进，主人之意已懈而不辞，则宾主之分乱矣。可仕可已，可见可辞，进退之一也。"① 所谓"有序"就是"天下有道，小德役大德，小贤役大贤"（《孟子·离娄上》），政治清明的时候，德行较差的人受德行较好的人管理，才能较差的人受贤能的人管理。所谓"乱"就是贤能和不肖颠倒了。君主相信我可以作为国师来请教，却非"学焉，而后臣之"（《孟子·公孙丑下》），亦即不是先当老师请教然后才当大臣对待，就不会入朝为官；相信我可以执掌国家大政，虽"以季、孟之间待之"（《论语·微子》），也就是虽然用低于鲁

---

① （元）陈澔，注.金晓东，校点.礼记[B].上海：上海古籍出版社，2016：611—612.

国季氏而高于孟氏的规格来对待，也不入朝为官。前者未能体现"将大有为之君，必有所不召之臣；欲有谋焉，则就之。其尊德乐道，不如是，不足与有为也"（《孟子·公孙丑下》），也就是说真正有大作为的君主，必定有自己不敢要求招之即来的大臣，因为想要谋划治国平天下的大事，所以会像刘备三顾茅庐一样屈就诸葛亮。谋划大事不是君臣尊卑贵贱的问题，而是君主是否尊重美德乐于问道的问题，做不到礼贤下士的君主就不足与谋，那当然就不入朝做官了。但是，像鲁国季氏、孟氏那样是"陪臣执国命，三世希不失矣"（《论语·季氏》），大臣僭越君主执掌国家命脉，这样的国家最多能延续三代，所以君子不会追求这样的位高权重。"孔子为鲁司寇，不用。从而祭，燔肉不至，不税冕而行"（《孟子·告子下》）孔子担任鲁国司寇，但不被重用，跟随着去祭祀，祭肉也不见送来，孔子未脱祭冕便离去；"卫灵公问陈于孔子，孔子对曰：'俎豆之事，则尝闻之矣；军旅之事，未之学也。'明日遂行。"（《论语·卫灵公》）卫灵公向孔子询问陈兵作战的事，孔子回答说："祭祀礼仪方面的事情，我听说过；用兵打仗的事，从来没有学过。"第二天就离开了卫国。孔子不做官的这两件事，都是因为与国君政见不同，属于"道不同，不相为谋"（《论语·卫灵公》），离开也是要以正道引导君主的意思。一个人如果对君主卑躬屈膝，治理国家就不可能使人正直。所以，过去人们相见的礼节是三次作揖谦让才走到门前台阶下，又三次作揖谦让宾客才先登台阶；而宾客告退的时候，只需要一次告辞就退出，主人也只作揖回拜一次，宾客径自离开不顾了。如果主人没有足够的敬意就勉强进家，主人心意已经懈怠了却不告辞，那么宾主之间的名分就乱了。可以留下做官，也可以辞官不做；有意可以相见，无意可以辞别，进退的道义是一样的。还是强调"事君"也是君臣共事的意思，为的不是升官发财而是治国平天下，所以，"道不同，不相为谋"。

当然，古代是"家天下"，所以"君"是天下国家的"主"，"臣"相当于管家的"仆"，君主辞退办事不力的大臣理所当然。所以，"乱，谓贤否不别"；"进难者，为主人之择己也"，"退速者，为君子之倦也"①。这就像今天的私营企业，有没有能力都不能辞退就乱套了；入职之所以难就是需要等待老板选择自己，辞退很快就是自己厌倦了就可以辞职，但老板辞退人可能麻烦一点。所以，古代的士人离开一个国家，

---

① （汉）郑玄，注.王锷，点校.礼记注（下册）[B].北京：中华书局，2021：716.

有点像今天"雇佣"另找"东家"的味道。孔子、孟子都曾像到处找工作的大学生，而且很长时间都到处碰壁，孔子好像后来搞起了民办教育，或许还包括公务员考试教育培训，不像今天的学者旱涝保收地激扬文字。在人民民主专政的社会主义国家，"民"就是天下国家的"主"。但是，也不能不管何德何能，"尸位素餐"也要"作主"。不择手段谋求领导职务，死皮赖脸不愿意退下来；"请神容易送神难"，专家学者也有占着岗位不愿意退的。"难进而易退，则位有序；易进而难退，则乱也"，还是值得今天提倡的君子进退之道。

子曰："事君，三违而不出竟，则利禄也。人虽曰'不要'，吾弗信也。"

"违，犹去也。利禄，言为贪禄留也。臣以道去君，至于三而不遂去，是贪禄，必以其强与君要也"①。"违"就是离去，"利禄"是说因贪图俸禄而留下或留下不走，其实是想要更高的俸禄。臣如果与君"道不同，不相为谋"就该选择离开君主，却一而再、再而三最终仍然没有离境，这是贪图更多俸禄，必以其所强向君主提要求。子曰："臧武仲以防求为后于鲁，虽曰不要君，吾不信也。"（《论语·宪问》）臧武仲凭借防邑请求立他的后代为鲁国的卿大夫，虽然有人说他不是要挟国君，我是不信的。陈澔补充说："不出竟，实无去志也。谓非要利可乎"；又引吕氏曰："孔子去鲁，迟迟吾行，以不忍于父母之国也。孟子去齐，三宿出昼，冀齐王之悔悟也。然卒出竟以去，君子之义可见矣。"②不离开国境其实无意要走，如果不是想要更多的利禄又是什么呢？就像今天的人以辞职来要求更高的薪资。但是，孔子离开鲁国时迟迟未行，实在是因为不舍得生养自己的父母之邦；而孟子离开齐国，也在边地住了三宿才离开，是希望齐王能悔悟当以仁道治国。他们都不是想要获得更高的俸禄，却最终都离境而去，君子"道不同，不相为谋"之义由此可见。"人臣以道去君，或犹有望其道之行，而不忍遽出其竟者，若孟子三宿而后出昼是也。然至于三违，则我之必不合于君，而君之必不能行其道，听其言亦可见矣。如是而犹不出竟，则必其贪慕爵禄，而有所求于君，而非真有不忍去其君之意也。"③人臣因为与君主道不同而离去，因为期望君主最终能施行自己的治国方案，所以恋恋不舍不忍遽然离去，就像孟子在边界昼邑住了三宿。但是，如果君主三次否定自己的治国方案，那就说明自

---

① （汉）郑玄，注.王锷，点校.礼记注（下册）[B].北京：中华书局，2021：716.

② （元）陈澔，注.金晓东，校点.礼记[B].上海：上海古籍出版社，2016：612.

③ （清）孙希旦，撰.礼记集解（下）[B].北京：中华书局，1989：1315.

己的治国方案必定不合君主之意，君主必定不可能施行自己的治国方案，听其言就已经知其行了。如果这时候还不离开国境而去，那必定是因为贪慕高官厚禄，试图向君主有更高的要求，本意并非舍不得离开国君。

孔圣人尚且因"道不同，不相为谋"，离开"父母之邦"去周游列国"求学问道"，今天的人出国留学甚至定居海外很正常。但是，"迟迟吾行，以不忍于父母之国"，也是人之常情，对于生养自己的父母之国没有不忍离别之情就是不仁不义，到了国外也会让人觉得他是为"利禄"而来的势利小人，甚至被骂"滚回中国"。如果周游列国之后再次发现"道不同，不相为谋"要回到父母之国，尤其是发现父母之国已经是"利禄"最好的国家，到那时候就不仅仅是别人甚至连自己都会觉得无耻了。

子曰："事君慎始而敬终。"侍奉君主要慎重确立君臣关系并敬畏终结君臣关系。"轻交易，绝君子所耻"①，轻易确立君臣关系，就难以避免君子所不齿的道义。"谓慎始，不敢苟进。敬终，不敢苟去也。孔子于鲁，以微罪行；孟子于齐，三宿而后出昼。盖君子虽难进易退，而其去亦必有其道也"②。所谓"慎始"就是不敢轻易入职，"敬终"则是不够轻易去职。如"孔子则欲以微罪行，不欲为苟去。"（《孟子·告子下》）孔子离开鲁国时，是有意想要背着个小罪名而走，不想随便离开。孟子离开齐国时，在昼地住了三宿才离境。大概君子虽然难以请进来但容易退出来，但是其离职退出也有道义。

子曰："事君可贵可贱，可富可贫，可生可杀，而不可使为乱。"人臣侍奉君主，君主可使人臣高贵或低贱，富有或贫穷，甚至掌握生杀予夺权力，但没有办法驱使他为非作歹。也就是说，为人臣者要以道事君，决不能助纣为虐扰乱世界。"乱，谓违废事君之礼"③，"乱"就是废弃了侍奉君主的正礼。"在物者有命，故可贵可贱，可生可杀；在己者有义，故不可使为乱也"④，身外之物不由自己控制，所以贫穷富贵甚至死生操之君主，但是，是否坚持正义完全在于自己，所以不能任由君主驱使扰乱道德伦常。"臣之事君，富贵、贫贱、生杀，唯君所命，其不可夺者，吾之理义而

① （汉）郑玄，注.王锷，点校.礼记注（下册）[B].北京：中华书局，2021：716.
② （清）孙希旦，撰.礼记集解（下）[B].北京：中华书局，1989：1315.
③ （汉）郑玄，注.王锷，点校.礼记注（下册）[B].北京：中华书局，2021：716—717.
④ （元）陈澔，注.金晓东，校点.礼记[B].上海：上海古籍出版社，2016：612.

已。凡违理义者，皆乱也。"①人臣侍奉君主，富贵、贫贱、生杀受制于君命，不可剥
夺的唯有天理正义而已，凡是违背天理正义的都是作乱。

　　子曰："事君，军旅不辟难，朝廷不辞贱。处其位而不履其事，则乱也。"故君
使其臣，得志则慎虑而从之，否则孰虑而从之。终事而退，臣之厚也。《易》曰："不
事王侯，高尚其事。"侍奉君主，行军作战不回避死难，在朝为官不推辞卑职。处在
其位不谋其政，政事就乱了。所以君主发出政令指使大臣办事，如果政令符合自己
意志就审慎考虑并遵从执行，如果政令不符合自己的意志也要深思熟虑后遵从执行。
违心之事完成之后就告退，这是人臣的忠厚之举。就如《易经》所言，"不再侍奉王
侯，保持高风亮节"。

　　郑玄注："军旅不辟难，朝廷不辞贱"，"言尚忠且谦也"；"履，犹行也"；"使，
谓使之聘问师役之属也"；"虑而从之，此己志也，欲其必有成也。否，谓非己志也。
孰虑而从之，又计于己利害也。终事而退，非己志者，事成则去也"；"臣致仕而去，
不复事君也。君犹高尚其所为之事，言尊大其成功也"②。"军旅不辟难，朝廷不辞
贱"，是说为人臣者忠诚且谦恭，行军打仗不回避困难危险，入朝为官不推辞卑贱官
职。"履"相当于履行，若处在某个职位却不履行分内之事，职权和责任就混乱了。
"虑而从之"是指对于合乎自己意志的事，想方设法使其务必成功。"否"指的是不
符合自己意志的事，"孰虑而从之"指深思熟虑给自己带来的利害得失。"终事而退"，
指的是不符合自己意志的时候，事情做完就离职告退。这样，尽管臣子辞职离去不
再侍奉君主，君主仍然会觉得他做事高尚，也就会尊重他取得的成功。陈澔转吕氏
曰："乱者，如丝之不治而无绪也。臣受君命，虽有所合，不敢以得志而自满，故慎
虑而从之，乃临时而惧，好谋而成者也。有所不合，又非所宜辞，亦不敢怨于不得
志。故孰虑而从之，卒事则致为臣而去，故可以自免而不累上，故曰'臣之厚也'。
《易·蛊》之上九，事之终，且无位也，有似乎仕焉而已者，故曰'不事王侯'，乃
可以'高尚其事'，而不见役于人也。"③"乱"就像丝不整治就没有头绪，臣子受命
做事，虽然事情正合自己的心意，也不敢志得意满，所以审慎思虑后遵从执行，这
是孔子说的"必也临事而惧，好谋而成者也"（《论语·述而》），也就是面临君主布

① （清）孙希旦，撰.礼记集解（下）[B].北京：中华书局，1989：1315.
② （汉）郑玄，注.王锷，点校.礼记注（下册）[B].北京：中华书局，2021：716.
③ （元）陈澔，注.金晓东，校点.礼记[B].上海：上海古籍出版社，2016：612.

置的事不敢掉以轻心，深谋远虑务必完成。如果君主布置的事和自己的心意不合，但又不宜推辞不做，也不敢抱怨君主布置事情不考虑自己的想法。所以只能深思熟虑具体情况后尽量遵照执行，事情做完之后就辞去臣属职位离去，由此既可以减免自己的罪责也可以不拖累君上，所以说是"为人臣的忠厚道义"。最后所引是《易经·蛊卦》的上九爻辞，意思是事情已经结束了，且发展到最后阶段了，犹如为官致仕到头了，所以说"不再侍奉王侯"，如此功成身退是高尚的，不再见他受制于人了。言下之意，只要还是人臣就不能不遵君命，即便遇到君主的命令不合心意，也只能尽量做到既遵守君命又符合道义。孙希旦转吕氏大临曰："《易》，蛊之上九之辞。唯不事王侯，乃可以高尚其事，若委质而仕，反欲高尚而不事事，则旷官尸利，无所逃罪也。"①这里所引《易经·蛊卦》上九爻辞，是说只有不为臣侍奉王侯才可以自视高尚地做事，如果已经放弃清高自傲出来做官了，反而又想装作高尚而不侍奉君主做事，那就是荒废官职而尸位素餐了，其罪无所逃遁。

"军旅不辟难，朝廷不辞贱"，用今天的话来说就是官员做事不能挑三拣四、拈轻怕重；"处其位而不履其事，则乱也"，就是要守土有责、守土尽责；"得志则慎虑而从之，否则孰虑而从之"，就是不能合意的就执行，不合意的就不执行。"终事而退，臣之厚也"，大概是对待错误的政策，在执行中要尽力减少负面影响，而且要想方设法改正和弥补损失。不论在革命还是和平时期，上级的政策都有可能出现偏差，这时候不能完全不执行，不执行就会受到打击，所以只能尽量深思熟虑地执行，以尽量减少损失和弥补过失。相反，那些明知错误却迎合甚至利用错误的人，最终成了受党纪国法处分的历史罪人。

子曰："唯天子受命于天，士受命于君。"故君命顺，则臣有顺命；君命逆，则臣有逆命。《诗》曰："鹊之姜姜，鹑之贲贲。人之无良，我以为君。"天子受命于上天，士人受命于国君。所以，君命如果顺应天命，那么大臣就有了能顺利执行的命令；君命如果违逆天命，那么大臣接受的就是无法执行的命令。《诗经·国风·鄘风·鹑之奔奔》说："喜鹊成双又成对，鹌鹑也是双双飞。这人淫乱没良心，我们把他当国君。"

郑玄认为"天子受命于天，士受命于君"，"言皆有所受，不敢专也。唯，当为'虽'字之误也"；"臣受顺，则行顺；受逆，则行逆。如其所受于君，则为君不易

---

① （清）孙希旦，撰.礼记集解（下）[B].北京：中华书局，1989：1315—1316.

矣";"姜姜、贲贲，争斗恶貌。良，善也。言我以恶人为君，亦使我恶，如大鸟姜姜于上，小鸟贲贲于下"①。天子和士人各有所受命，受命不是天子才专有的，士人也有受命。"唯"应当为"虽"，是文字的错误。大臣所受君命如果顺应天命，那大臣执行君命就能顺利；如果所受君命违逆天命，那么大臣执行君命就会受阻。如果大臣所受之命都来自君主，那么做君主可真是不容易啊。《诗经》中的"姜姜、贲贲"是表示凶恶争斗的样子，"良"就是善良，诗句的意思是说我们以恶人作为君主，这使我们也只能学着作恶，这就像大鸟在上面强力争斗，小鸟在下面奋力斗争。陈澔转吕氏曰："天道无私，莫非理义。君所以代天而治者，推天之理义以治斯人而已。'天叙天秩''天命天讨'莫非'天'也。臣之受命于君者，命合乎理义，为顺天命；不合，则为逆天命。顺则为臣者将不令而行，逆则为臣者虽令不从矣。"②上天待人之道没有偏私，无非就是主持真理正义。君主是代表天治理天下的人，应该推行天理正义治理众人。所谓"上天叙述天下秩序""违犯天命受天讨伐"，无不强调"天"的意志。大臣从君主那里接受命令，这命令如果合乎天理正义，就是顺应天命；如果不符合天理正义，就是违逆天命。君命顺应天命，大臣执行起来就能不必强令而自行，君命违逆天命，大臣执行起来就是三令五申也行不通。"鹊之姜姜，鹑之贲贲"，《诗经·国风·鄘风·鹑之奔奔》原文为"鹊之彊彊，鹑之奔奔"，《毛诗传笺》以为"刺宣姜者，刺其与公子顽为淫乱，行不如禽鸟"，"奔奔、彊彊，言居有常匹，飞则相随之貌。刺宣姜与顽非匹偶"③。郑玄在《礼记注》和《毛诗传笺》中所言似有不同，或许可以理解为君臣中的争宠夺爱，以致乱了天理伦常？

说到底，"天视自我民视，天听自我民听"，君主听从上天的命令，其实就是听从民众的命令。大臣代表君主，君主代表上天，上天代表民众，民众才最尊贵。所以，孟子曰："民为贵，社稷次之，君为轻。是故得乎丘民而为天子，得乎天子为诸侯，得乎诸侯为大夫。"（《孟子·尽心下》）百姓最尊贵，国家仅次之，国君最为轻。所以得民心者做天子，得天子心者做诸侯，得诸侯心者做大夫。治国理政能够把民心看得最宝贵，也就具备了最基本、最可靠的政德。

---

① （汉）郑玄，注.王锷，点校.礼记注（下册）[B].北京：中华书局，2021：717.

② （元）陈澔，注.金晓东，校点.礼记[B].上海：上海古籍出版社，2016：613.

③ （汉）毛亨，传.郑玄，笺.毛诗传笺[B].北京：中华书局，2018：70.

三、道

"人道敏政，地道敏树。夫政也者，蒲卢也。故为政在人，取人以身，修身以道，修道以仁。仁者，人也，亲亲为大；义者，宜也，尊贤为大。亲亲之杀，尊贤之等，礼所生也。在下位，不获乎上，民不可得而治矣。"人民的情况决定了国家治理要道，土地的性质决定了树木生长之道。治国理政就像种植蒲草芦苇要找到适宜的土地，所以说为政的重点在于了解国人，从本国人民具体情况出发，用先进思想理论改造国民，使国民懂得互相仁爱。仁爱就是人道，最重要的是亲爱亲人；正义就是正其宜，最重要的是尊敬贤才。亲爱亲人有差异，尊敬贤才有等级，礼的产生就是为了确定差别。在承认差别的基础上，要让在下位的人获得在上位者的关爱，否则民众就不能得到善治。也就是说，治国之道就像大自然中万物生长之道，要使万物自身获得各自所需的生长条件，这样它们就能独立自主地生长了。所以，"人道"就是要实实在在帮助人获得生存和发展条件，"天道"或"地道"就是要遵循天地万物自身生长规律。"道"是"人道""天道""地道"的"一以贯之"，也就是"天人合一"或"主观和客观的统一"。

1.人道

子曰："君子不以辞尽人。故天下有道，则行有枝叶；天下无道，则辞有枝叶。"是故君子于有丧者之侧，不能赙焉，则不问其所费；于有病者之侧，不能馈焉，则不问其所欲；有客不能馆，则不问其所舍。故君子之接如水，小人之接如醴；君子淡以成，小人甘以坏。《小雅》曰："盗言孔甘，乱是用餤。"

郑玄认为"君子不以辞尽人"，是说"不见人之言语则以为善，言其余行，或时恶也"；"行有枝叶，所以益德也。言有枝叶，是众虚华也。枝叶依干而生，言行亦由礼出"；"辟有言而无其实"；"水相得合而已，酒醴相得则败，淡无酸酢，少味也"；"盗，贼也。孔，甚也。餤，进也"[①]。君子之所以不依据言论全面评判人，是因为没有见到人而只依据言论可能会觉得他品德善良，但如果了解了他各方面的行

---

① （汉）郑玄，注.王锷，点校.礼记注（下册）[B].北京：中华书局，2021：718.

为，或许就会发现不时也有恶行。"行有枝叶"，是说人的行为能增益美德，就像树木的枝叶能让人阴凉；"辞有枝叶"则是哗众取宠，或许就像过多枝叶需要修剪才有利于结果。枝叶都是依赖树干生长的，言行也都要遵循礼义，要避免口惠而实不至。《小雅》诗所引句中，"盗"就是盗贼，"孔"就是甚为，"饯"就是进献，也就是说有所图谋的话总是很甜美，扰乱人心的乱事因此滋生。乱臣总要献礼物。陈澔补充说："不以辞尽人，谓不可以言辞而尽见其人之实，盖有言者不必有德也。行有枝叶，根本盛而条达者也。辞有枝叶，则芜辞蔓说而已。此皆世教盛衰所致，故以有道无道言之。"① "不以辞尽人"，就是说不能靠言论看清一个人的真实品质。子曰："有德者必有言，有言者不必有德；仁者必有勇，勇者不必有仁。"（《论语·宪问》）大概如孔子所言，有美德的人必定有好名声，但有好名声不一定有德。有仁德的人一定勇敢，但好勇的人不一定有仁德。"行有枝叶"，是一个人道德根底深，所以言行举止良好；"辞有枝叶"，则不过像杂草蔓藤丛生，只是言辞上说得天花乱坠。这些都是道德教化盛衰不同导致的，所以说"天下有道"或"天下无道"。孙希旦则以为"君子不以辞尽人，不以言而决人之贤否也。天下有道，则人尚行，故行有枝叶；天下无道，则人尚辞，故辞有枝叶。行有枝叶，则行有余于其言；言有枝叶，则言有余于其行。故以言观人者，皆不足以尽其贤否之实也。然君子之行己，则但致力于行，而不可致饰于言，故不为无实之言以取悦于人也。君子与人以实，一时若无可悦，而其后不至于相负，如水之淡可久。小人悦人以言，一时虽可以结人之欢，而其后至于相怨，如醴之甘而必败。吕氏大临曰：凡言之甘而不出乎诚心者，必将有以盗诸人，故曰'盗言孔甘，乱是用饯'。"② "君子不以辞尽人"，是说不依据言论来评判一个人是否贤良。如果社会风气良好，应该人人崇尚实际行动，所以能够实干兴邦；如果社会风气不好，人人喜欢夸夸其谈，所以难免空谈误国。"行有枝叶"，就是做事稳扎稳打，慎言敏行；"言有枝叶"，就是说话添枝加叶，言过其实。所以如果光靠言论来观察人，很难准确判断是否真正贤能。君子立身行事，始终身体力行，绝不虚言自饰，所以不会靠不实之言取悦于人。君子以诚待人，虽然一时不能取悦于人，但也不至于事后有愧于人，所以君子之交淡如水却可以长久。小人靠言语取悦

① （元）陈澔，注.金晓东，校点.礼记[B].上海：上海古籍出版社，2016：613.
② （清）孙希旦，撰.礼记集解（下）[B].北京：中华书局，1989：1317.

于人，虽然能一时结交欢心，但事后必定互相怨恨，就像甜酒必将变质败坏。吕大临认为，凡是甜言蜜语，都不是出自内心的真诚，必定对人有所图谋，所以说图谋算计的话总是很甜美，这意味着偷情盗物就要发生。

子曰："君子不以口誉人，则民作忠。"故君子问人之寒则衣之，问人之饥则食之，称人之美则爵之。《国风》曰："心之忧矣，于我归说。"君子不只口头上称赞人，这样民众才会变得忠诚。所以君子询问人是否受寒就该提供衣服，询问人是否饥饿就是准备赡养，称赞人有美德就该授予爵位。就如《国风》说的，"我心中忧虑啊，我将归向何方？"

郑玄注："誉，绳也"，"《左传》：'以绳为誉'"；"有言则不可以无实"；"欲归其所说忠信之人也"[1]。"誉"也就是"绳"，如《左传》"绳"和"誉"相通，而"绳"在《说文解字》里即"偶"字，称赞、表扬的意思；有称赞人的语言就不能没有实际行动；民众称赞我就是希望我做个言必信的忠诚之人。陈澔以为"誉者，扬人之善而过其实者也"；"《国风·曹风·蜉蝣》之篇，诗人忧昭公之无所依，故曰：其于我而归税乎？"[2]"誉"就是赞扬人善但言过其实，《国风·曹风·蜉蝣》篇表达了诗人忧虑昭公无所归依，所以说"这对我来说是归宿吗？"。孙希旦则说："以口誉人，言徒誉之以口，而不根于实心也。君子不以口誉人，其言必本于心，忠之道也，故民化之而作忠。引《国风·曹风·蜉蝣》之篇，言忧其人则欲其于我归宿，不以口誉人之事也"[3]。"以口誉人"就是只是口头赞誉，并非真心实意。君子不在口头上表示赞赏，说话都是发自真心实意，这就是忠诚做人的道理，民众受其感染都会变得忠诚。引用《国风·曹风·蜉蝣》篇之所说表示的担忧，就是希望他让我有个好的归宿，而不只是口头上说好。这里把"以口誉人"解释为口头称赞，或言过其实的称赞，或者心口不一的称赞，从下文来看，还是直接解释为称赞比较好。重点不在于"过誉"或"口誉"，而是停留在口头上，没有实际行动，所以以下文将论及"口惠而实不至"。"于我归说"原诗的意思应该是"归宿"，但在这里强调的还是"言"和"行"的关系，读作"税"反倒不好理解。

子贡问君子，子曰："先行其言而后从之。"（《论语·为政》）子贡问君子的德行，

① （汉）郑玄，注.王锷，点校.礼记注（下册）[B].北京：中华书局，2021：718.
② （元）陈澔，注.金晓东，校点.礼记[B].上海：上海古籍出版社，2016：614.
③ （清）孙希旦，撰.礼记集解（下）[B].北京：中华书局，1989：1317.

孔子说:"先将要说的话实行了,然后再说出来。"子曰:"古者言之不出,耻躬之不逮也。"(《论语·里仁》)古代的人之所以不轻易把话说出来,是因为他们以说出来了又做不到为耻。"言顾行,行顾言,君子胡不慥慥尔!"(《中庸》)说话能顾及行动,行动能虑及说过的话,这才是忠厚君子!

子曰:"口惠而实不至,怨菑及其身。"是故君子与其有诺责也,宁有已怨。《国风·卫风·氓》曰:"言笑晏晏,信誓旦旦。不思其反。反是不思,亦已焉哉!"口头上承诺许多好处但实际上不能兑现,由此造成的怨恨会让自己遭殃。因此,君子与其有许诺不能兑现的罪责,宁愿因为不许诺而遭人抱怨。就像《国风·卫风·氓》诗句说的,"欢声笑语意绵绵,海誓山盟情深深。不思人心爱反复。人心反复不曾防,如今伤心欲断肠。"

郑玄注:"善言而无信,人所恶也";"已,谓不许也","言诸而不与,其怨大于不许";"此皆言相与为婚礼,而不终也。言始合会,言笑和说,要誓甚信,今不思其本,恩之反覆,反覆之不思,亦已焉哉。无如此人,何怨之深也"[1]。能言善辩但言而无信,人所普遍厌恶甚至怨恨;"已"的意思是不许,意思是说口头上许诺了但实际上没有兑现,由此带来的怨恨比一开始不许诺还大。《国风》所引诗句,是说许下了婚约,但没有善终。想起新婚宴尔之时,欢声笑语其乐融融,信誓旦旦海枯石烂,而今忘本抛诸脑后,恩爱颠覆成了怨恨,恩爱颠覆都不反思,彼此决心恩断情绝。爱之越深恨之越深,痴男怨女怨恨最深。陈澔转吕氏曰:"有求而不许,始虽咈人之意,而终不害乎信,故甚怨小。诺人而不践,始虽不咈人意,而终害乎信,故其责大";又自言"《国风·卫风·氓》之篇,晏晏,和柔也。旦旦,明也。始焉不思其反覆,今之反覆,是始者不思之过也。今则无如之何矣,故曰'亦已焉哉'"[2]。当人有求于己时不许诺,虽然一开始让人不满意,但是最终不会损害诚心,所以怨恨小。许下了诺言但不去践行,虽然一开始让人满意,但最终不能信守诺言,所以受指责反而更大。《国风·卫风·氓》篇中,"晏晏"的意思是和顺温柔,"旦旦"意思是明白无误,诗句的意思是说一开始没有考虑到可能会违背誓言,现在违背誓言正是一开始没有思虑所致。现在已经无可奈何了,所以说"也只能结束了"。孙希旦补充说:

① (汉)郑玄,注.王锷,点校.礼记注(下册)[B].北京:中华书局,2021:718—719.

② (元)陈澔,注.金晓东,校点.礼记[B].上海:上海古籍出版社,2016:614.

"引《卫风·氓》之篇，言约誓者不思其后之反覆，以至于乖离，犹轻诺者不思其后之不能践，以至于见怨也"①。引用《卫风·氓》篇的诗句，是要说婚约盟誓者没有思考以后感情会变化甚至破裂，就像轻易许诺的人不思考以后不能践行诺言，以至于遭受他人怨恨。

有子曰："信近于义，言可复也。"（《论语·学而》）诚信就是符合道义，这样诺言才能兑现。不符合道义的诺言，即便想守信也没法兑现。老子说："夫轻诺必寡信，多易必多难。"轻易许下的诺言必定很少能信守，开始的轻易必定带来后来的困难。花花公子最懂得花言巧语，但那些情话都是没法兑现的谎言。就像西方政客在竞选的时候满嘴承诺，但当选之后根本就兑现不了诺言。或许很多时候也不是他们不想兑现，而是那些根本就是不可能兑现的承诺。既要让工人缩减劳动时间，又要让人提高工资福利，除了像过去一样去侵略和掠夺别国，怎么可能实现呢？这就是有子说的"信近于义，言可复也"，所以，子曰："巧言令色，鲜矣仁！"（《论语·学而》）花言巧语和颜悦色，这种人很少真有仁德。

子曰："君子不以色亲人。情疏而貌亲，在小人则穿窬之盗也与？"

孙希旦说："君子待人以诚，故不以色亲人。亲人以貌，而不在于诚心，此必有所利于人，而又恐人之所窥其实也，故拟之以穿窬之盗。"②君子诚心诚意与人交往，所以不靠和颜悦色与人亲近。如果只是外在表现得与人亲近，其实内心并不想亲近，那必定是有利益的图谋算计，但又怕人看出来为了利益而与人亲近，所以把这种与人亲近比作打洞翻墙偷东西。陈澔转吕氏曰："穿窬之盗，欺人之不见以为不义而已。色亲人者，巧言、令色、足恭，无诚心以将之。情疏貌亲，主于为利，亦欺人之不见。孔子曰：'色厉而内荏，譬诸小人，其犹穿窬之盗也与？'孟子曰：'士未可以言而言，是以言餂之也。'是皆穿窬之类也。二者亦欺人之不见以为不义，故所以为穿窬也。"③"穿窬之盗"，不过是打着亲近幌子的不义之举而已。"色亲人"，就如"巧言、令色、足恭"，也就是说形容举止的恭敬并非诚心诚意。子曰："巧言、令色、足恭，左丘明耻之，丘亦耻之。匿怨而友其人，左丘明耻之，丘亦耻之。"（《论语·公冶长》）花言巧语，和颜悦色，毕恭毕敬，左丘明认为这种行为可耻，我也

① （清）孙希旦，撰.礼记集解（下）[B].北京：中华书局，1989：1317—1318.
② （清）孙希旦，撰.礼记集解（下）[B].北京：中华书局，1989：1318.
③ （元）陈澔，注.金晓东，校点.礼记[B].上海：上海古籍出版社，2016：614.

认为它可耻。把怨恨暗藏于心勉强和人做朋友，左丘明认为这种行为可耻，我也认为可耻。明明感情疏远却要装作很亲密，主要是为了谋取个人利益，自欺欺人以为别人看不出来。子曰："色厉而内荏，譬诸小人，其犹穿窬之盗也与?"(《论语·阳货》)外表严厉而内心怯懦，打个比喻来形容这种小人，大概像个打洞翻墙的盗贼吧。孟子曰："士未可以言而言，是以言餂之也；可以言而不言，是以不言餂之也，是皆穿窬之类也。"一个士人不可以不该说的话也说，这是用言语来迎合以便自己取利；可以说的话却不说，这是用沉默来迎合以便自己取利，这些都是和打洞翻墙类似的。

子曰："情欲信，辞欲巧。"情意应该真切，言辞应该巧妙。郑玄认为"巧，谓顺而说也"①，也即是说"巧"是和顺而愉悦。但想必也不是"巧言令色"之"巧"。孔颖达认为这一句是"既称情疏而貌亲，故更明情貌信实"，"辞欲巧者，言君子情貌欲得信实，言辞欲得和顺美巧，不违逆于理，与巧言令色者异"②。因为前文已经讲了感情疏远却装作亲密的情况，这里进一步讲感情诚信和表现真实的情况，所以，这里的"辞欲巧"说的是君子与人相交，希望内心情真意切而无虚情假意，说话彬彬有礼而不互相伤害，这和"巧言令色"完全不同。陈澔认为"情欲信，即《大学》意诚之谓也。巧，当作考，即《曲礼》'则古昔称先王'之谓也。否则为无稽之言矣"；又引石梁王氏曰："辞欲巧，决非孔子之言。'巧言令色，鲜矣仁'。"③"情欲信"，也就是《大学》说的"意诚"或"诚意"；"巧"应为"考"，也就是《曲礼》说的"效法古昔，称述先王"，否则就成荒谬滑稽的话语了。应该说孔颖达的注疏是最好的，没有必要因为一句"巧言令色"，就认为说话不能讲究"技巧"了，更不能认为说话很投机、有礼貌也不好了。石梁王时潜说了很多"非孔子之言"，很多时候都是自己理解不到位，喜欢质疑也代表了读《礼记》和儒家的一类人。

"情欲信，辞欲巧"，是情感真诚与言行合礼的统一，这才是真正的文明礼貌。孔子曰："侍于君子有三愆：言未及之而言谓之躁，言及之而不言谓之隐，未见颜色而言谓之瞽。"(《论语·季氏》)陪侍君子时常有三种失礼：没有轮到他发言而抢先发言叫作轻浮急躁，轮到他发言却不说话叫作虚伪隐瞒，不看人脸色而贸然说话

---

① （汉）郑玄，注.王锷，点校.礼记注（下册）[B].北京：中华书局，2021：719.

② （唐）孔颖达，撰.礼记正义（下册）[B].北京：北京大学出版社，2014：1488.

③ （元）陈澔，注.金晓东，校点.礼记[B].上海：上海古籍出版社，2016：614.

叫作有眼无珠。"言及之而不言"就不符合"情欲信",太过谦让就变成虚伪了;"言未及之而言"和"未见颜色而言"可能符合"情欲信",但不符合"辞欲巧",容易让人厌烦和伤人感情。即便是"仗义执言",也要注意"辞欲巧"。子贡问友,子曰:"忠告而善道之,不可则止,毋自辱焉。"(《论语·颜渊》)子贡问与朋友的相处之道。孔子说:"忠心地劝告他并好好地开导他,如果不听从也就罢了,不要自取侮辱。"子游曰:"事君数,斯辱矣;朋友数,斯疏矣。"(《论语·里仁》)劝谏君主过于频繁,就会遭受侮辱;劝告朋友过于频繁,反而会被疏远。其实,如果没有"情欲信,辞欲巧",君主和朋友都会觉得劝告就是羞辱,朋友也就是疏远而已,君主可是会杀人的!即便是今天,给朋友或领导提意见和建议时,也要特别注意"情欲信,辞欲巧",不要自以为高人一等,不要让人感到受了羞辱!

2.天地之道

子言之:"昔三代明王,皆事天地之神明,无非卜筮之用,不敢以其私亵事上帝。"是故不犯日月,不违卜筮。卜、筮不相袭也。大事有时日;小事无时日,有筮。外事用刚日,内事用柔日。不违龟筮。夏商周三代的圣明君王,都祭祀天地及各类神灵,大体没有什么事不进行占卜或算卦的,这是不敢以自己的私意来侍奉上帝。因此,不能冲犯祭祀天地和神灵的日月,不能违背卜筮的结果。占卜和筮算也不能因袭相混。大事有固定的时日,小事没有固定的时日,临时筮算决定。在郊外举行的事定在奇数日,在室内举行的事定在偶数日,都不能违背龟卜和筮算。

郑玄注:"言动任卜筮也","神明,谓群神也";"日月,谓冬夏至、正月及四时也","所不违者,日与牲、尸也";"袭,因也","大事则卜,小事则筮";"大事,有事于大神,有常日也";"有事于小神,无常时、常日","有筮,临时有事筮";"顺阴阳也","阳为外,阴为内","事之外内,别乎四郊"[①]。"无非卜筮之用"是说行动由龟卜和蓍筮来决定,"神明"是指诸神。"日月"是冬至、夏至、正月及春夏秋冬四季,"不违"是指祭祀的牺牲和神主不违背占卜。"袭"就是因袭,也就是大事用占卜,小事有筮算。"大事有时日"指的是由大神决定的事必须有固定的时日,"小事无时

---

① (汉)郑玄,注.王锷,点校.礼记注(下册)[B].北京:中华书局,2021:719.

日"是说由小神决定的事没有固定的时日，"有筮"是说临时进行筮算。"外事用刚日，内事用柔日"，是顺应阴阳属性，阳代表外向、阴代表内敛，事有内外和四季郊祭区别。孔颖达疏："'昔三代明王'者谓夏殷周，'皆事天地之神明'者谓祭事天地及诸神明也，'无非卜筮之用'者言皆须卜筮，唯九月大享帝于明堂，不用卜也，故《曲礼》下篇言'大飨不问卜'，郑云莫适卜也，以其总飨五帝不知主何帝而卜之，故不卜矣。所以必须卜者，不敢以其私亵奉事上帝，故皆卜之也。"①"昔三代明王"指的是夏商周三代，"皆事天地之神明"是说祭祀天地及诸神，"无非卜筮之用"是说都要占卜或筮算。唯有九月大享帝祭在明堂举行不用占卜，所以《曲礼》下篇说"大飨不问卜"，郑玄说这是因为不适宜占卜，大飨一并祭飨天上五帝因此不知以哪个帝为主来占卜，所以就不占卜。之所以要占卜，是国君不敢以其私意来侍奉上帝，所以其他事情都占卜。"吕氏以为冬夏至祀天地，四时迎气用四立，他祭祀之当卜日者，不可犯此素定之日。非此，则其他自不可违卜筮也。"②吕大临认为冬至、夏至祭祀天地，就是"不犯日月"；春夏秋冬迎节气在立春、立夏、立秋、立冬，就是"大事有时日"；其他祭祀的时辰可以当日占卜的，不要冲犯这些长期确定的日子，就是"小事无时日，有筮"。

这段说得充满封建迷信色彩，但其实迷信主要是表明郑重其事的态度。比如"大事有时日；小事无时日"，就像今天世界各国都会确定国庆日，但全国性会议则可能临时决定。问题是怎么决定呢？如果领导人随便决定就很不严肃，"无非卜筮之用"不过是表示神圣而已。2008年8月8日晚上8时北京奥运会开幕，这个时间定得很科学吗？恐怕只能说定得很有文化。中国人都能接受，正是古人搞了几千年"迷信"的结果。小轿车牌照究竟给谁呢？上海用拍卖，这是钱说了算；北京用摇号，这是"天"说了算。哪种方式更让人服气？估计大多数认同"天"说了算，毕竟没有钱的人占多数，而"天"说了算让每个人机会均等，这也是民主啊！占卜的要义是"不敢以其私亵奉事上帝"，充满迷信色彩的占卜其实也充满民主色彩呢。至于祭祀天地也不过像今天确定一个世界地球日，只不过在这一天隆重举行表示敬畏地球母亲而已，这对于教育人们敬畏自然应该会有更好的效果。立春至于迎接春神之类，

---

① （汉）郑玄，注．王锷，点校．礼记注（下册）[B]．北京：中华书局，2021：719—720.

② （元）陈澔，注．金晓东，校点．礼记[B]．上海：上海古籍出版社，2016：615.

其实建立在古人对季节变化的科学把握上。二十四节气与气候实际变化相关性看，古人的天文学知识非常了不起，足以应对农业生产和生活的需要。所以，看似迷信的祭祀天地鬼神，其实还有科学色彩呢。人们常说的专制和迷信竟然有民主和科学，这是无稽之谈吗？

子曰："牲牷、礼乐、齐盛，是以无害乎鬼神，无怨乎百姓。"郑玄注："牷，犹纯也"，"音全，纯色也，本亦作'全'"；"齐，音粢，本亦作'齍'"①。"牷"读作"全"，纯色的意思，指祭祀用的牲畜选用纯色良种；"齐"读作"粢"，也写作同音的"齍"，古代盛谷物的祭器，指祭器盛满祭品。孔颖达疏："牲牷之等、礼乐之侪、粢盛之实，皆不违龟筮，是以此等所用无亏害于神明，无见怨于百姓，以其无非卜筮之用，动顺于礼故。"②祭祀牲畜的选用、祭祀礼乐的选配、祭祀食品的完备，都不违背卜筮要求，所以祭祀物品不亏待神明，不受百姓抱怨，这就是凡事都进行卜筮，行动顺应礼义。陈澔以为"详文理'不违龟筮'四字，当在'牲牷、礼乐、齐盛'之下，以其一听于龟筮，故神人之心皆顺也"③。也就是说从文理上看，上一句话最后的"不违龟筮"应该在"牲牷、礼乐、齐盛"之后，意思是祭祀筹备妥当之后，还要用乌龟进行卜筮，这样才能不损害鬼神的意志，也才能不被百姓抱怨。很显然，孔颖达也表达了和陈澔一样的意思。孙希旦则认为"'子曰'二字，疑当在'不违龟筮'之上。言不违龟筮，故用牲牷、礼乐、齐盛以祭祀，而无害乎鬼神，神降之福，故无怨乎百姓"④。从"皆事天地之神明，无非卜筮之用，不敢以其私亵事上帝"来看，孔颖达和陈澔的意思比孙希旦准确。"事天地之神明"在前，"卜筮之用"在后，"不敢以其私亵事上帝"就是"无害乎鬼神，无怨乎百姓"。这里的关键是"不敢以其私亵事上帝"或"无害乎鬼神，无怨乎百姓"，"事天地之神明"其实还可能"以其私亵事上帝"，古人认为"占卜"就是听鬼神"发言"，所以强调"不违卜筮"或"不违龟筮"。正如上面说过的，摇号决定小轿车牌照"无怨乎百姓"，而官员决定就会怨官员、拍卖就会怨有钱人。当然，资本主义社会宣扬"私有财产神圣不可侵犯"，但贫穷的百姓可能以为"私有财产神圣不可侵犯"的说法"害乎鬼神"，当他们活不下

① （汉）郑玄，注.王锷，点校.礼记注（下册）[B].北京：中华书局，2021：720.
② （唐）孔颖达，撰.礼记正义（下册）[B].北京：北京大学出版社，2014：1489.
③ （元）陈澔，注.金晓东，校点.礼记[B].上海：上海古籍出版社，2016：615.
④ （清）孙希旦，撰.礼记集解（下）[B].北京：中华书局，1989：1319.

去的时候去偷、去抢，他们认为鬼神是站在自己一边的，革命者更是坚信统治者是"神人共愤"。

子曰："后稷之祀易富也，其辞恭，其欲俭，其禄及子孙。"诗曰："后稷兆祀，庶无罪悔，以迄于今。"后稷祭天容易完备，因为他言辞恭敬，他的欲望俭朴，所以福禄惠及子孙。因此《诗经·大雅·生民》说："后稷肇始祭苍天，问心无愧待万民，福禄延续到如今。"

郑玄注："富之言备也。以传世之禄，共俭者之祭，易备也"；"兆，四郊之祭处也。迄，至也。言祀后稷于郊以配天，庶几其无罪悔乎？福禄传世，乃至于今。"①"富"的意思是完备，以世代相传的俸禄，供奉俭朴的祭祀，很容易做到完备。"兆"是四郊的祭祀处，"迄"是至，至文王、武王之时。也就是说在郊外祭祀后稷并以他配天，告诉子孙后代周人从后稷开始得天命，应该没有罪过和悔恨了吧？因此福禄能世代相传，以至于当今的成王。孔颖达疏："后稷乃帝喾之子，世有禄位，后稷又祭祀恭俭，以世禄之饶供俭薄之祭，故易丰备也"；"其禄及子孙者，以后稷祭祀其辞恭敬，其欲节俭，神之降福，故禄及子孙"；"诗曰'后稷兆祀'者，是《大雅·生民》之篇，美成王尊祖配天，所以尊后稷配天者，以后稷生存之时，于四郊之兆域祭祀于天，而事皆合礼，庶几无罪过悔恨，故迄至于今文武之时而有天下。"②后稷是帝喾之子，世代享有俸禄和爵位，祭祀后稷又只须恭敬俭朴，以世享厚禄供奉俭朴的祭祀，当然很容易做到丰厚完备。"后稷兆祀"出自《诗经·大雅·生民》篇，赞美周成王尊敬祖先并以先祖配天，之所以尊敬后稷并以后稷配天，是因为后稷活着的时候在四郊有专门的地点祭天，立身行事也完全合乎礼仪，差不多没有过失要悔恨，所以直到文王武王之后享有天下。陈澔强调："兆，《诗》作'肇'，始也。以迄于今，明其禄及子孙也。"③也就是认为"兆"的意思并非郑玄和孔颖达说的"四郊之祭处"，而是"肇始"；"以迄于今"是说明周人先祖的俸禄一直延续到子孙后代。孙希旦补充说："后稷之祀，见于《生民》之篇，其辞则曰'以兴嗣岁'而已，无祈祷之辞，是恭也。其所欲则秬、秠、穈、芑，'取萧祭脂，取羝以軷'而已，是俭也。兆，始也，今《毛诗》作'肇'。言自后稷始为祭祀，以迄于今，而无罪悔，唯其

---

① （汉）郑玄，注.王锷，点校.礼记注（下册）[B].北京：中华书局，2021：720.

② （唐）孔颖达，撰.礼记正义（下册）[B].北京：北京大学出版社，2014：1490.

③ （元）陈澔，注.金晓东，校点.礼记[B].上海：上海古籍出版社，2016：615.

易备故也。"①后稷的祭祀记载在《诗经·大雅·生民》篇，祭祀词只说"以此兴盛后世子孙"而已，并没有祈祷福禄的话语，这是对上天的恭敬。祭祀所要求的物品只是秬、秠、穈、芑，"采来香蒿配牛脂，大肥公羊剥了皮"而已，这是俭朴。"兆"就是肇始，《毛诗》写作"肇"，也就是从后稷开始祭天，以至于当今对天无罪过悔恨，说到底就是做到简易而完备。确实，查阅毛亨传、郑玄笺《毛诗传笺》为"后稷肇祀"，而笺云："庶，众也。后稷肇祀上帝于郊，而天下众民咸得其所，无有罪过也，子孙蒙其福以至于今，故推以配天焉。"②"庶"就是庶民或民众，后稷在郊外祭祀上帝，天下众民因此一视同仁而各得其所，后稷也因此没有留下罪过和悔恨，所以子孙后代蒙先祖福佑直到今天，因此后代子孙推举后稷配天受祭。

由此可见，祭天也是祭祖，就是把德高望重被认为最早获得"天命"的"先祖"当天来祭祀，其本意是告诫子孙后代不要忘了先祖是怎么获得天命的，后代子孙要继承先祖的德行才能保有天命。所以，祭天其实是表示不忘"上天"，牢记"天命"。1945年6月11日，毛泽东在中国共产党第七次全国代表大会上的闭幕词《愚公移山》中说："我们也会感动上帝的。这个上帝不是别人，就是全中国的人民大众。"③2016年10月21日，习近平总书记在纪念红军长征胜利80周年大会上的讲话中指出："老百姓是天，老百姓是地。"④2016年11月29日，习近平总书记在纪念朱德同志诞辰130周年座谈会上的讲话中指出："'天视自我民视，天听自我民听。'今天，全党同志无论职位高低，都要把人民拥护不拥护、赞成不赞成、高兴不高兴、答应不答应作为衡量一切工作得失的根本标准。"⑤2021年2月20日在党史学习教育动员大会上的讲话中说："江山就是人民，人民就是江山，人心向背关系党的生死存亡。"⑥所以，共产党人也最好有某种礼仪"祭祀天地"，以唤起对人民的敬畏之情，以告诫不忘初心，牢记使命。

子曰："大人之器威敬。"天子无筮，诸侯有守筮。天子道以筮。诸侯非其国，

① （清）孙希旦，撰.礼记集解（下）[B].北京：中华书局，1989：1320.

② （汉）毛亨，传.郑玄，笺.毛诗传笺[B].北京：中华书局，2018：385.

③ 毛泽东.毛泽东选集（第3卷）[M].北京：人民出版社，1991：1102.

④ 习近平.在纪念红军长征胜利80周年大会上的讲话[M].北京：人民出版社，2016：15.

⑤ 习近平.在纪念朱德同志诞辰130周年座谈会上的讲话[M].北京：人民出版社，2016：11.

⑥ 习近平.在党史学习教育动员大会上的讲话[M].北京：人民出版社，2021：15.

不以筮，卜宅寝室。天子不卜处大庙。天子的器物体现天子的威严敬畏。天子通常不用蓍草占卜，而诸侯居守国中用蓍草占卜。但天子出行于道中会用蓍草占卜。诸侯出了本国国境，不再用蓍草占卜，只占卜住宅寝室吉凶。天子不占卜所处大庙的吉凶。

郑玄注："大人之器威敬"，"言其用之尊严"；"天子无筮"，"谓征伐、出师若巡守也。天子至尊，大事皆用卜也"；"诸侯有守筮"，"守筮，守国之筮。国有事则用之"；"天子道以筮"，"始将出，卜之"，"道有小事则用筮"；"入他国，则不筮，不敢问吉凶于人之国也"，"诸侯受封乎天子，因国而国，唯宫室欲改易者，得卜之耳"；"卜可建国之处吉，则宫庙吉可知"[1]。天子使用的器物体现天子的尊严。天子征战讨伐、出动军队或巡视考察，因为地位最尊贵，所以这些大事都用乌龟占卜。诸侯通常居守国内，有时用蓍草占卜。天子出行先用乌龟占卜，但如果途中有小事，也只用蓍草占卜。诸侯进入别国，就不再用蓍草占卜，不能在别人的国家占卜吉凶。因为诸侯受封于天子，因袭先祖之国而有国，所以，只有宫室想要改造时，才可以卜吉凶。天子占卜可以建国的地方肯定是吉利的，因此宫庙自然也是吉利的，处于太庙也就无须占卜。孔颖达疏："以上经明在国内事上帝神明及国内诸事无非卜筮之用，此一节更明天子诸侯用卜筮有出行之义。"[2]这是因为上文已经明确了在国君国内要侍奉上帝神明，而且诸事都要用占卜来决定，这一节进一步明确天子和诸侯出行时也要占卜。陈澔以为"非其国不筮，谓凶行在他国，不欲人疑其吉凶之问也。宅，居也。诸侯出行，则必卜其所处之地，虑他故也"[3]。也就是说诸侯在别的国家不筮卜，虽然在他国行动可能有凶险，但不想让人质疑他在占卜吉凶，而产生不信任的感觉。"宅"就是居所，诸侯出行会占卜其处所，考虑的是其他原因，或是安全原因。郑玄和陈澔的解释有所不同，郑玄大概以为诸侯因为受封建国，所以应该谨记"唯天子受命于天"，不应该像天子一样占卜问"天命"，只能占卜住宅寝室的吉凶，或许更加符合周代实际。陈澔则以为诸侯既然出了国境，不应该在他人之国占卜国家吉凶，而只能关心居所的吉凶，意思似乎含混不清。

"大人之器威敬"，体现在只有天子才能用乌龟占卜，而诸侯只能用蓍草占卜。

① （汉）郑玄，注.王锷，点校.礼记注（下册）[B].北京：中华书局，2021：720—721.
② （唐）孔颖达，撰.礼记正义（下册）[B].北京：北京大学出版社，2014：1491.
③ （元）陈澔，注.金晓东，校点.礼记[B].上海：上海古籍出版社，2016：615—616.

但事实上，天子用乌龟占卜也只是"不敢以其私亵事上帝"，也就是国家大事不敢一人做主。但不管怎么说，只有"天子"才能通过乌龟得知"天命"，诸侯则应当听"君命"，而不能越过天子直达"天命"，这就是"天子受命于天，士受命于君"。子曰："臧文仲居蔡，山节藻棁，何如其知也？"（《论语·公冶长》）臧文仲供养了产自蔡地的龟，龟室有雕刻成山形的斗拱和画着藻草的梁柱，他这样做怎么能说是明智呢？樊迟问知。子曰："务民之义，敬鬼神而远之，可谓知矣。"（《论语·雍也》）努力从事人民认为重要的工作，尊敬鬼神但要不沉迷于鬼神，这样可以称得上是明智了。也就是说只有"天子"才需要占卜，以防自己一意孤行背离了"天命"。诸侯、卿、大夫听命于天子，务民之义，做民之父母。

子曰："君子敬则用祭器。"是以不废日月，不违龟筮，以敬事其君长。是以上不渎于民，下不亵于上。天子尊敬臣下就用祭祀器具招待他们，所以他们不会忘记朝聘日期，不会违背龟筮占卜的指示，按时敬献贡礼侍奉天子。因此，国君不轻慢民众，民众不亵慢国君。郑玄注："谓朝聘待宾客崇敬，不敢用燕器也"；"用龟筮，问所贡献也"；"言上之于下以直，则下应之以正，不亵慢也"[1]。这是说举行朝聘之礼时，为了表示对宾客的崇敬，不敢用宴饮的餐具而要用祭祀的器具。"不违龟筮"是指通过龟筮询问进贡献礼。"上不渎于民，下不亵于上"是说君上以平直对待臣下，臣下以正直报答君上，对君上不敢有所亵慢。孔颖达疏："君谓天子，言长者，兼诸侯相朝，小国之于大国也"[2]。"君"就是天子，之所以说"长"是包括诸侯相互朝会时小国国君会见大国国君。孙希旦说："上有以全其尊，故不渎于民；下有以致其敬，故不亵于上。"[3]天子诸侯能保全臣民的尊敬，这就是不轻慢民众；臣民对天子诸侯致以敬意，所以说不亵慢天子诸侯。

"上不渎于民，下不亵于上"，是中国古人对政治道德的完整表述。执政者的政德是"上不渎于民"，民众的政德是"下不亵于上"，二者或相辅相成或相悖相杀。对执政者来说，"民为贵，社稷次之，君为轻"（《孟子·尽心下》）；对民众来说，"君子有三畏：畏天命，畏大人，畏圣人之言。"（《论语·季氏》）当然，这个"畏"是"敬畏"，是由敬重、敬爱、敬佩产生"依偎"，而不是靠暴力产生的"畏惧"。只有

---

① （汉）郑玄，注.王锷，点校.礼记注（下册）[B].北京：中华书局，2021：721.

② （唐）孔颖达，撰.礼记正义（下册）[B].北京：北京大学出版社，2014：1491.

③ （清）孙希旦，撰.礼记集解（下）[B].北京：中华书局，1989：1321.

尊敬才能避免亵渎，尊敬民众必然赢得民众尊敬。中国共产党人最敬重的就是人民，最敬畏的就是民心。2021年7月1日，习近平总书记在庆祝中国共产党成立100周年大会上的讲话中说：

> 江山就是人民、人民就是江山，打江山、守江山，守的是人民的心。中国共产党根基在人民、血脉在人民、力量在人民。中国共产党始终代表最广大人民根本利益，与人民休戚与共、生死相依，没有任何自己特殊的利益，从来不代表任何利益集团、任何权势团体、任何特权阶层的利益。①

---

① 习近平.在庆祝中国共产党成立100周年大会上的讲话[M].北京：人民出版社，2021：11—12.

第七章
"为上易事"

子言之曰："为上易事也，为下易知也，则刑不烦矣。"

子曰："好贤如《缁衣》，恶恶如《巷伯》，则爵不渎而民作愿，刑不试而民咸服。"《大雅》曰："仪刑文王，万国作孚。"

子曰："夫民，教之以德，齐之以礼，则民有格心；教之以政，齐之以刑，则民有遁心。"故君民者，子以爱之，则民亲之；信以结之，则民不倍；恭以莅之，则民有孙心。《甫刑》曰："苗民匪用命，制以刑，惟作五虐之刑曰法。是以民有恶德，而遂绝其世也。"

子曰："下之事上也，不从其所令，从其所行。上好是物，下必有甚者矣。故上之所好恶，不可不慎也，是民之表也。"

子曰："禹立三年，百姓以仁遂焉，岂必尽仁？《诗》云：'赫赫师尹，民具尔瞻。'《甫刑》曰：'一人有庆，兆民赖之。'《大雅》曰：'成王之孚，下土之式。'"

子曰："上好仁，则下之为仁争先人。故长民者章志、贞教、尊仁，以子爱百姓；民致行己，以说其上矣。《诗》云：'有梏德行，四国顺之。'"

子曰："王言如丝，其出如纶；王言如纶，其出如綍。故大人不倡游言。可言也，不可行，君子弗言也；可行也，不可言，君子弗行也。则民言不危行，而行不危言矣。《诗》云：'淑慎尔止，不愆于仪。'"

子曰："君子道人以言，而禁人以行。"故言必虑其所终，而行必

· 271 ·

稽其所敝，则民谨于言而慎于行。《诗》云："慎尔出话，敬尔威仪。"《大雅》曰："穆穆文王，于缉熙敬止。"

子曰："长民者，衣服不贰，从容有常，以齐其民，则民德壹。《诗》云：'彼都人士，狐裘黄黄。其容不改，出言有章。行归于周，万民所望。'"

子曰："为上可望而知也，为下可述而志也，则君不疑于其臣，而臣不惑于其君矣。《尹吉》曰：'惟尹躬及汤，咸有壹德。'《诗》云：'淑人君子，其仪不忒。'"

子曰："有国者章义瘅恶，以示民厚，则民情不贰。《诗》云：'靖共尔位，好是正直。'"

子曰："上人疑则百姓惑，下难知则君长劳。故君民者，章好以示民俗，慎恶以御民之淫，则民不惑矣。臣仪行，不重辞，不援其所不及，不烦其所不知，则君不劳矣。《诗》云：'上帝板板，下民卒瘅。'小雅曰：'匪其止共，惟王之邛。'"

子曰："政之不行也，教之不成也，爵禄不足劝也，刑罚不足耻也。故上不可以亵刑而轻爵。《康诰》曰：'敬明乃罚。'《甫刑》曰：'播刑之不迪。'"

子曰："大臣不亲，百姓不宁，则忠敬不足，而富贵已过也。大臣不治，而迩臣比矣。故大臣不可不敬也，是民之表也；迩臣不可不慎也，是民之道也。君毋以小谋大，毋以远言近，毋以内图外，则大臣不怨，迩臣不疾，而远臣不蔽矣。叶公之顾命曰：'毋以小谋败大作，毋以嬖御人疾庄后，毋以嬖御士疾庄士、大夫、卿、士。'"

子曰："大人不亲其所贤，而信其所贱，民是以亲失，而教是以烦。《诗》云：'彼求我则，如不我得。执我仇仇，亦不我力。'《君陈》曰：'未见圣，若己弗克见。既见圣，亦不克由圣。'"

子曰："小人溺于水，君子溺于口，大人溺于民，皆在其所亵也。夫水近于人而溺人，德易狎而难亲也，易以溺人。口费而烦，易出难悔，易以溺人。夫民闭于人而有鄙心，可敬不可慢，易以溺人。故君子不可以不慎也。《太甲》曰：'毋越厥命，以自覆也。若虞机张，往省括于厥度，则释。'《兑命》曰：'惟口起羞，惟甲胄起兵，惟衣裳在笥，惟干戈省厥躬。'《太甲》曰：'天作孽，可违也。自作孽，不可以逭。'《尹吉》曰：'惟尹躬天见于西邑夏，自周有终，相亦惟终。'"

子曰："民以君为心，君以民为体。心庄则体舒，心肃则容敬。心好之，身必安之。君好之，民必欲之。心以体全，亦以体伤；君以民存，亦以民亡。《诗》云：'昔吾有先正，其言明且清，国家以宁，都邑以成，庶民以生。谁能秉国成？不自为正，卒劳百姓。'《君雅》曰：'夏日暑雨，小民惟曰怨。资冬祁寒，小民亦惟曰怨。'"

子曰："下之事上也，身不正，言不信，则义不壹，行无类也。"

子曰："言有物而行有格也，是以生则不可夺志，死则不可夺名。故君子多闻，质而守之；多志，质而亲之；精知，略而行之。《君陈》曰：'出入自尔师虞，庶言同。'《诗》云：'淑人君子，其仪一也。'"

子曰："唯君子能好其正，小人毒其正。故君子之朋友有乡，其恶有方。是故迩者不惑，而远者不疑也。《诗》云：'君子好仇。'"

子曰："轻绝贫贱而重绝富贵，则好贤不坚而恶恶不著也。人虽曰不利，吾不信也。《诗》云：'朋有攸摄，摄以威仪。'"

子曰："私惠不归德，君子不自留焉。《诗》云：'人之好我，示我周行。'"

子曰："苟有车，必见其轼。苟有衣，必见其敝。人苟或言之，必闻其声；苟或行之，必见其成。《葛覃》曰：'服之无射。'"

子曰："言从而行之，则言不可饰也。行从而言之，则行不可饰也。故君子寡言而行，以成其信，则民不得大其美而小其恶。《诗》云：'自圭之玷，尚可磨也；斯言之玷，不可为也。'《小雅》曰：'允也君子，展也大成。'《君奭》曰：'昔在上帝，周田观文王之德，其集大命于厥躬？'"

子曰："南人有言曰：'人而无恒，不可以为卜筮。'古之遗言与？龟筮犹不能知也，而况于人乎？《诗》云：'我龟既厌，不我告犹。'《兑命》曰：'爵无及恶德，民立而正。事纯而祭祀，是为不敬，事烦则乱，事神则难。'《易》曰：'不恒其德，或承之羞。''恒其德，侦。妇人吉，夫子凶。'"

本章内容源自《礼记·缁衣》，《缁衣》原为《诗经·国风》的一篇，《毛诗传笺》说："《缁衣》，美武公也。父子立为周司徒，善于其职，国人宜之，故美其德，以明有国善善之功焉。"①《缁衣》是赞美武公的诗，桓公、武公父子都在周担任教化人民的司徒之职，因为善于履职尽责教化民众，所以受到国人称赞，国人用《缁衣》这首诗来赞美他们的美德，以表明他们实现国家善治的伟大功绩。在《礼记·缁衣》篇首，郑玄又说："善其好贤者之厚，故述其所称之诗以为其名。"②也就是说《礼记·缁衣》是为了弘扬国家厚爱贤才的风尚，所以借用郑国人赞美武公的诗篇来命名。值得注意的是，桓公、武公虽然是诸侯国君，但这里赞美的是他们担任周司徒时的美德，所以《礼记·缁衣》着重讨论的是处理上下级关系中人君要以身作则，从而使君臣上下同心同德共事国政。孙希旦就明确说："此篇言君上化民，人臣事君，及立身行己之道。其曰《缁衣》者，取次章之语以名篇。"③《礼记·缁衣》讲君主教化民众，人臣侍奉君主，以及个人立身行道。篇名《缁衣》，取自第二章"好贤如《缁衣》"。然而，"出土资料郭店楚墓竹简、上海博物馆藏战国楚竹书两篇简本《缁衣》皆无今本首章文字。王锷《礼记成书考》认为今本第二章应该是原本首章，故取篇首文字命名"④。取篇首文字命名应该是古人的习惯，《论语》和《孟子》都是这样的，所以王锷的说法有理有据。但《礼记正义》有专门说明："此篇凡二十四章，唯此云'子言之曰'，余二十三章皆云'子曰'，以篇首宜异故也。"⑤也就是明确认为篇首应当就是今本"子言之曰"这句。本书关注的是"义理"，"为上易事也，为下易知也，则刑不烦矣"，倒是很好的点睛之句。

一、"民具尔瞻"

"在下位不获乎上，民不可得而治矣"（《中庸》），在下位的人得不到上司的引导，百姓也就不可能得到善治。"赫赫师尹，民具尔瞻"，赫赫威严的师尹，可供万

① （汉）毛亨，传.郑玄，笺.毛诗传笺[B].北京：中华书局，2018：105—106.

② （汉）郑玄，注.王锷，点校.礼记注（下册）[B].北京：中华书局，2021：721.

③ （清）孙希旦，撰.礼记集解（下）[B].北京：中华书局，1989：1322.

④ 胡平生，张萌，译注.礼记（下）[B].北京：中华书局，2017：1071.

⑤ （唐）孔颖达，撰.礼记正义（下册）[B].北京：北京大学出版社，2014：1493.

民共同瞻仰！这是赞美尹师的忠诚。"时日曷丧，予及汝偕亡"，你这所谓的太阳什么时候灭亡，我愿意跟你同归于尽！这是民众对夏桀的诅咒。夏桀不听从伊尹的规劝，商纣王杀害比干、囚禁箕子、使微子出奔，众叛亲离的桀纣迷信严刑峻法，最终难免灭亡的命运。

1. "易事"和"易知"

子言之曰："为上易事也，为下易知也，则刑不烦矣。"如果上级容易侍奉，下级容易理解，这样刑罚就简单了。

郑玄注："言君不苟虐，臣无奸心，则刑可以措。"[①]君主如果不是狂暴肆虐，臣民就不生奸诈之心，如此刑罚也可以置之不用。孔颖达疏曰："为上谓君，君上以正理御物，则臣事之易也"；"为下谓臣，臣下无奸诈，则君知其事易也"；"君易事，臣易知，故刑辟息止，不烦动矣"；"然此篇题《缁衣》，而入文不先云《缁衣》者，欲见君明臣贤如此后，乃可服缁衣也"[②]。"为上"指的是君上，君上以正道真理待人接物，那么臣下侍奉他就很容易；"为下"指臣下，臣下如果没有奸诈之心，那么君上也很容易了解他们；君上容易侍奉，臣下容易了解，所以刑罚可以息止，没有必要动用；本篇名为《缁衣》，但开篇却不先讲《缁衣》，是要人知道必先君臣内在贤明如此，才能谈得上外在缁衣朝服。陈澔转吕氏曰："上好信，则民莫敢不用情。易知者，以用情故也。若上以机心待民，则民亦以机心待其上，奸生诈起，欲刑之不烦，不可得矣。"[③]君主如果好讲诚信，则民众不敢不坦诚。之所以易知，就是因为坦诚。如果君主用机巧心算计民众，则民众也以机巧心逃避算计。奸诈之风兴起，即便想要减少刑罚，也是不可能了。

古人常说"伴君如伴虎"，《周易·履》卦辞说："履虎尾，不咥人。亨"，就像大臣跟在老虎后面，不被吃掉就是万事大吉了。暴君喜怒无常，以此体现"天威"，也就是像老天爷一样阴晴不定又让人无可奈何。但是，这其实是君主的"淫威"，就像人们不喜欢的"淫雨"。"天地氤氲，万物化醇；男女构精，万物化生"（《系辞传

---

① （汉）郑玄，注.王锷，点校.礼记注（下册）[B].北京：中华书局，2021：721.

② （唐）孔颖达，撰.礼记正义（下册）[B].北京：北京大学出版社，2014：1493.

③ （元）陈澔，注.金晓东，校点.礼记[B].上海：上海古籍出版社，2016：617.

下》），天地交融和合，浊物化为醇厚；阴阳精气形成，万物衍化生成。天地和合才能化生万物，天崩地裂只能摧毁万物。《象》曰："'履'，柔履刚也。说而应乎乾，是以'履虎尾，不咥人'。亨，刚中正，履帝位而疚，光明也。"履卦说的是柔和刚相处之道，下卦为"兑"，上卦为"乾"，意思是下级要以喜悦的心情应对上级刚正的品格，这样就能尾随老虎行走也不被咬。之所以说亨通，也是因为上级刚直中正，也就是处在帝王之位心无愧疚，光明正大。《履》的卦辞其实是讲臣民和君主各自的当行之道，或君臣应该各自履行的职责，那就是君主应该中正待民，臣民应该顺承君命。《象》曰："上天下泽，'履'。君子以辩上下，定民志。"上天用阳光雨露滋养天下万物，这就是"履"。君子由此辨别上下职责，坚定民众志向。

"为上易事也，为下易知也，则刑不烦矣"，是君主和臣民关系的理想状态；与之相对，则是"上有政策，下有对策，作奸犯科"。"上有政策，下有对策"，除了下级官员有问题以外，也有可能是上级不好侍奉，对下级的考核不合理。固然有"刁民"喜欢"作奸犯科"，但也有可能是官员"刁难"民众。"为上易事也，为下易知也，则刑不烦矣"，对今天治国理政仍有重要启示，那就是政府必须加强法治建设，使政府行为全面纳入法制轨道，使政府和民众有法可依。中共中央、国务院印发的《法治政府建设实施纲要（2021—2025年）》提出了"全面实行政府权责清单制度""深入推进'放管服'改革""持续优化法治化营商环境""强化依法决策意识""全面加强依法行政能力建设"等众多举措，既有利于处理上下级政府关系也有利于处理政府与企事业单位和民众关系，既有利于防止政府滥用权力也有利于加强民众对政府的信任。

（四）推进政府机构职能优化协同高效。……厘清政府和市场、政府和社会关系，推动有效市场和有为政府更好结合。强化制定实施发展战略、规划、政策、标准等职能，更加注重运用法律和制度遏制不当干预微观经济活动的行为。构建简约高效的基层管理体制，实行扁平化和网格化管理。推进编制资源向基层倾斜，鼓励、支持从上往下跨层级调剂使用行政和事业编制。

全面实行政府权责清单制度，推动各级政府高效履职尽责。……调整完善地方各级政府部门权责清单，加强标准化建设，实现同一事项的规范统一。严格执行市场准入负面清单，普遍落实"非禁即入"。

（五）深入推进"放管服"改革。分级分类推进行政审批制度改革。依托全国一体化政务服务平台等渠道，全面推行审批服务"马上办、网上办、就近办、一次办、自助办"。坚决防止以备案、登记、行政确认、征求意见等方式变相设置行政许可事项……

（六）持续优化法治化营商环境。……依法平等保护各种所有制企业产权和自主经营权，切实防止滥用行政权力排除、限制竞争行为……

（十）强化依法决策意识。各级行政机关负责人要牢固树立依法决策意识，严格遵循法定权限和程序作出决策，确保决策内容符合法律法规规定……防止个人专断、搞"一言堂"。

……

（三十四）全面加强依法行政能力建设。推动行政机关负责人带头遵守执行宪法法律，建立行政机关工作人员应知应会法律法规清单。坚持把民法典作为行政决策、行政管理、行政监督的重要标尺，不得违背法律法规随意作出减损公民、法人和其他组织合法权益或增加其义务的决定……①

2. "好贤"和"恶恶"

子曰："好贤如《缁衣》，恶恶如《巷伯》，则爵不渎而民作愿，刑不试而民咸服。"《大雅》曰："仪刑文王，万国作孚。"君主如果喜欢贤人如《郑风·缁衣》所说的那样，厌恶恶人如《小雅·巷伯》所说的那样，那么不用爵位引诱就能使民众有志向，不用刑罚恐吓就能使民众畏服。就如《大雅·文王》说的，"追随文王好榜样，万国民众都信服"。

郑玄注："《缁衣》《巷伯》，皆《诗》篇名也。《缁衣》首章曰：'缁衣之宜兮，敝

---

① 中共中央.国务院印发.法治政府建设实施纲要（2021—2025年）.http://www.gov.cn/zhengce/2021—08/11/content_5630802.htm.

予又改为兮。适子之馆兮，还予授子之粲兮。'言此衣缁衣者，贤者也，宜长为国君。其衣敝，我愿改制，授之以新衣，是其好贤，欲其贵之甚也。《巷伯》六章曰：'取彼谗人，投畀豺虎。豺虎不食，投畀有北。有北不受，投畀有昊。'此其恶恶，欲其死亡之甚也。爵不渎者，不轻爵人也。试，用也。咸，皆也。"①《缁衣》《巷伯》都是《诗经》的篇名，《缁衣》开头就说："黑色朝服正适宜，破了为你做新衣。先到官署办公去，回来请你穿新衣。"这是说穿黑色朝服的人是贤人，适宜长期做国君。如果他的衣服破了，我愿意为他重做，让他穿上新衣，这是表示仁爱贤能的人，非常希望他能富贵。《巷伯》六章说："捉取那谗言小人，投喂给豺狼虎豹。豺狼虎豹若不吃，还有北边蛮荒地。北边蛮夷也不受，交给老天去收拾。"这是表示对恶人的极端厌恶，很希望他不得好死。所谓"爵不渎"，是说不轻易授人以爵。"试"就是使用，"咸"就是全都，也即是不必使用刑罚民众全都畏服。陈澔转引吕氏曰："好贤必如《缁衣》之笃，则人知上之诚好贤矣，不必爵命之数劝，而民自起愿心以敬上，故曰'爵不渎而民作愿'。恶恶必如《巷伯》之深，则人知上之诚恶恶矣，不必刑罚之施，而民自畏服，故曰'刑不试而民威服'。文王好恶得其正，而一出乎诚心，故为天下之所仪刑，德之所以孚乎下也。"②君主如果喜爱贤才像《缁衣》所说的那么坚定，那么人人都会知道君主诚心诚意喜爱贤才，那样不必用爵位或命令一再劝告，民众自己就心悦诚服地敬爱君主，这就是"爵位不轻易授予而民众自愿顺从"。君主如果厌恶恶人如《巷伯》那么深，那么人人都知道君主发自内心地厌恶恶人，那么不用施行刑罚而民众就自然畏服，这就是"刑罚不用而全民畏服"。文王就是因为喜好和厌恶都符合正道，而且都是出于诚心诚意，所以成为天下人追随的榜样，这就是君主的美德感化天下民众。

"好贤如《缁衣》，恶恶如《巷伯》"，就是分清是非善恶，用今天的话来说就是划清革命派和反动派，分清人民和敌人。

中国人民在几十年中积累起来的一切经验，都叫我们实行人民民主专政，或曰人民民主独裁，总之是一样，就是剥夺反动派的发

---

① （汉）郑玄，注.王锷，点校.礼记注（下册）[B].北京：中华书局，2021：722.
② （元）陈澔，注.金晓东，校点.礼记[B].上海：上海古籍出版社，2016：617.

言权，只让人民有发言权。

人民是什么？在中国，在现阶段，是工人阶级，农民阶级，城市小资产阶级和民族资产阶级。这些阶级在工人阶级和共产党的领导之下，团结起来，组成自己的国家，选举自己的政府，向着帝国主义的走狗即地主阶级和官僚资产阶级以及代表这些阶级的国民党反动派及其帮凶们实行专政，实行独裁，压迫这些人，只许他们规规矩矩，不许他们乱说乱动。如要乱说乱动，立即取缔，予以制裁。对于人民内部，则实行民主制度，人民有言论集会结社等项的自由权。选举权，只给人民，不给反动派。这两方面，对人民内部的民主方面和对反动派的专政方面，互相结合起来，就是人民民主专政。①

"爵不渎而民作愿，刑不试而民咸服"，简单地说就是"以德服人"产生的"心悦诚服"，这样就不需要付诸法律诉讼了。子曰："听讼，吾犹人也。必也使无讼乎！"（《论语·颜渊》）审理诉讼案件，我同别人一样。只是我想要没有诉讼！也就是说孔子更希望教导民众遵纪守法，希望君主和国家能使民众心悦诚服。孟子曰："以力假仁者霸，霸必有大国；以德行仁者王，王不待大。汤以七十里，文王以百里。以力服人者，非心服也，力不赡也；以德服人者，中心悦而诚服也，如七十子之服孔子也。《诗》云：'自西自东，自南自北，无思不服。'此之谓也。"倚仗武力而假借仁义就是称霸，想要称霸就必须成为大国；依靠道德感化推广仁义就是称王，想要称王不必非得成为大国。商汤以方圆七十里，文王则以百里称王。倚仗武力去征服人，并不能使人信服，别人只是力不从心而已；以德服人才是心悦诚服，就是孔子的七十二个学生对老师的佩服。《诗经》说："来自西方或东方，来自南方或北方，人人心中都佩服。"说的就是心悦诚服。"爵不渎而民作愿，刑不试而民咸服"，可以理解为"我们对于反动派和反动阶级的反动行为，决不施仁政。我们仅仅施仁政于人民内部，而不施于人民外部的反动派和反动阶级的反动行为"，"人民犯了法，也要受处罚，也要坐班房，也有死刑，但这是若干个别的情形，和对于反动阶级当

① 毛泽东.毛泽东选集（第4卷）[M].北京：人民出版社，1991：1475.

作一个阶级的专政来说,有原则的区别"①;"解决人民内部矛盾,不能用咒骂,也不能用拳头,更不能用刀枪,只能用讨论的方法,说理的方法,批评和自我批评的方法,一句话,只能用民主的方法,让群众讲话的方法。"②

子曰:"夫民,教之以德,齐之以礼,则民有格心;教之以政,齐之以刑,则民有遁心。"故君民者,子以爱之,则民亲之;信以结之,则民不倍;恭以莅之,则民有孙心。《甫刑》曰:"苗民匪用命,制以刑,惟作五虐之刑曰法。是以民有恶德,而遂绝其世也。"君主对民众,如果是用美德进行教导,用礼节加以规范,那么天下民众都有心归化;如果是用政令进行教训,用刑罚加以惩戒,那么民众就会纷纷逃离。所以,治理民众的君主,要像爱自己的子女一样爱民众,民众也就会把他当作父母亲看待;要用诚信来和他们真心结交,那么民众就不会背叛君主;要经常谦恭有礼地莅临他们,那么民众就会心悦诚服。与此相反,就如《尚书·吕刑》所言,"因为苗民不遵从政令,蚩尤就用刑罚来控制他们,制定了五种酷刑称作法。结果民众都成了刁民,最终蚩尤之国也断绝了世代相传。"

郑玄注:"格,来也","遁,逃也";"莅,临也","孙,顺也";"《甫刑》,《尚书》篇名。匪,非也。命,谓政令也。高辛氏之末,诸侯有三苗者作乱,其治民不用政令,专制御之以严刑,乃作五虐蚩尤之刑,以是为法,于是民皆为恶,起倍畔也。三苗由此见灭,无后世,由不任德"③。"格"就是到来,道德和礼乐吸引民众到来;"遁"就是遁逃,政令和刑罚使民众遁逃。"莅"就是莅临,"孙"就是顺从,谦恭待人会使民众顺从。《甫刑》是《尚书》的篇名,"匪"就是非或不,"命"就是政令,"匪用命"就是不服从政令。说的是帝喾高辛统治末期,诸侯中有称作"三苗"的乱政,治理民众不是依靠政令而是专靠严刑来遏制,制作了五种暴虐的蚩尤之刑,以此作为限制民众的法度,于是民众都成为恶人,起来叛乱造反。三苗因此被灭掉,没有诸侯国流传后世,是因为不遵守道德。孙希旦认为"格,至也,谓至于善也。遁,逃也,谓苟逃刑罚而已。子,如《中庸》'子庶民'之子,言亲民如子也。子以爱之,信以结之,恭以莅之,皆教德齐礼之事。亲、孙、不倍,则民之格也。匪用

---

① 毛泽东.毛泽东选集(第4卷)[M].北京:人民出版社,1991:1475—1476.

② 毛泽东.毛泽东文集(第8卷)[M].北京:人民出版社,1999:291.

③ (汉)郑玄,注.王锷,点校.礼记注(下册)[B].北京:中华书局,2021:722—723.

命,《书》作'弗用灵'。灵,善也。因《甫刑》之言,以极言尚刑之失也。"① "格"的意思是"至",也就是达到善良;"遁"的意思是逃脱,也就是姑且逃脱了刑罚而已。"子"如《中庸》说的"子庶民",也就是亲民如子。"子以爱之,信以结之,恭以莅之",是"教之以德,齐之以礼"要做的事,也就是说,用道德引导民众、用礼节规范民众,就是把民众当儿子来爱、用诚信来结交民众、以谦恭的态度与民众相处。"亲""孙""不倍",就是"则民有格心"。民众对君主的亲近、顺从、不背叛,就是所谓民众有了善心。"匪用命"在《尚书》原文中为"弗用灵","灵"就是"善",也就是苗民不是善良的民众。引用《甫刑》是为了极力证明崇尚刑罚的过失。

这段话不免让人联想到子曰:"道之以政,齐之以刑,民免而无耻;道之以德,齐之以礼,有耻且格。"(《论语·为政》)用政令来训导百姓,用刑罚来制约百姓,百姓能够免罚就不会感到可耻。如果用道德来引导百姓,用礼节来规范百姓,百姓就会有廉耻和自律。孙希旦的注释显然受此影响,专爱挑毛病的石梁王氏曰:"仿《论语》为此言,意便不足。"②意思是说这段话完全是仿照《论语》说的,意思不完整。说这段话是仿照《论语》说的,这或许没有问题,但意思其实还是有所发挥,至少按照郑玄的解读是有所发挥。可以说在治国"方略"的基础上,有了"方式"和"方法"的发挥,并举了一个蚩尤的案例。《甫刑》也称《吕刑》,因为是周穆王的大臣吕侯建议制定刑律,该篇有王曰:"若古有训,蚩尤惟始作乱,延及于平民。罔不寇贼鸱义,奸宄夺攘矫虔。苗民弗用灵,制以刑,惟作五虐之刑曰法。杀戮无辜,爰始淫为劓、刵、椓、黥。"意思是说古时本来有教化,从蚩尤开始作乱,影响了平民百姓。导致民众纷纷成了寇贼,野蛮好斗,奸诈阴险,强取豪夺,骄横狂暴。因为苗民不遵守政令,所以蚩尤用刑罚来控制,其中有五种暴虐之刑称作法律。大肆杀戮之余还殃及无辜,开始大量使用割鼻子、割耳朵、宫刑、墨黥等酷刑。也就是说蚩尤本是诸侯国,最终其因为依靠严刑峻法治国,不重视道德、礼乐和政令,最终导致国家败亡。

当今世界其实存在着片面强调"依法治国"的倾向,尤其是以美国为代表的发达资本主义国家,严重依赖警察、法官、律师维持社会秩序。实际上,美国一贯对

① (清)孙希旦,撰.礼记集解(下)[B].北京:中华书局,1989:1323.
② (元)陈澔,注.金晓东,校点.礼记[B].上海:上海古籍出版社,2016:617—618.

外宣传自己是"自由的灯塔",而不是"法治国家"。像弗里德曼这样的自由主义者,其实经常批评美国通过立法保护律师、医生、农民等众多职业的特权。如今枪支管控、种族矛盾、妇女堕胎等社会问题,都成为重大的法律问题。甚至总统竞选结果也成为法律问题,不满选举结果的民众甚至冲击国会。这说明道德堕落了依法治国也将难以为继,社会主义中国强调以德治国和依法治国相统一,而且长久来说必须首先强调以德治国。2016年12月9日,习近平总书记在中共中央政治局第三十七次集体学习时强调坚持依法治国和以德治国相结合,推进国家治理体系和治理能力现代化。

> 法律是准绳,任何时候都必须遵循;道德是基石,任何时候都不可忽视。在新的历史条件下,我们要把依法治国基本方略、依法执政基本方式落实好,把法治中国建设好,必须坚持依法治国和以德治国相结合,使法治和德治在国家治理中相互补充、相互促进、相得益彰,推进国家治理体系和治理能力现代化。
>
> 法律是成文的道德,道德是内心的法律。法律和道德都具有规范社会行为、调节社会关系、维护社会秩序的作用,在国家治理中都有其地位和功能。法安天下,德润人心。法律有效实施有赖于道德支持,道德践行也离不开法律约束。法治和德治不可分离、不可偏废,国家治理需要法律和道德协同发力。[①]

子曰:"下之事上也,不从其所令,从其所行。上好是物,下必有甚者矣。故上之所好恶,不可不慎也,是民之表也。"下层民众侍奉上层精英,不是听从他们的号令,而是跟从他们的行为。上层精英如果喜好某种事物,下层民众的喜爱必定有过之而无不及。所以,上层精英对于喜好和厌恶,都不可以不慎重对待,因为精英是民众的表率。

郑玄注:"言民化行,不拘于言";"甚者,甚于君者也";"言民之从官,如影逐表"[②]。这是说民众的行为变化,不局限于君主的言传,更多地来自身教。"甚"就是

---

① 习近平.习近平谈治国理政(第2卷)[M].北京:外文出版社,2017:133.

② (汉)郑玄,注.王锷,点校.礼记注(下册)[B].北京:中华书局,2021:723.

胜于君主，君主喜爱一种东西，民众的喜好必定有过之而无不及。也就是说民众追
随官员，就像影子追逐动作仪表。陈澔以为这段话正如《大学》曰：'其所令反其
所好，而民不从'"①，君主命令民众做与君主自己的喜好相反的事，民众是不会听从
的。孙希旦说："令之被民也浅，行之感民也深。故上之所好，民亦好之，非令所能
禁也。上之所恶，民亦恶之，非令所能劝也"；又转引吕氏大临曰："一国之风俗，
出于上之好恶。好恶之端，其发甚微，其风之行，或至于不可止，其俗之成，或至
于不可败，此不可不慎也"②。君主的政令影响民众较浅，君主的行为影响民众深远。
上层人士所喜好的东西，普通民众也会跟着喜好，这是政令所不能禁止的。上层人
士所厌恶的东西，普通民众也会跟着厌恶，这也是政令所劝阻不了的。一个国家的
民风世俗，出自上层社会的喜好。好恶风气最初微妙难明，一旦形成风气就难以阻
止，成为风俗习惯之后甚至难以改变，所以不能不慎重对待。

中国政府前些年普遍采购奥迪A6作为公务用车，结果奥迪A6也成为中国民众
热捧的车，甚多民众家庭用车也购买奥迪A6，结果其销量竟然超过了更适合家用的
奥迪A4。2012年12月4日，中共中央政治局审议通过了关于改进工作作风、密切联
系群众的"八项规定"，其中第八条包括"严格执行住房、车辆配备等有关工作和生
活待遇的规定"。但是，喜爱外国品牌而鄙视国产品牌，这种风气一旦形成就难以改
变。政府采购公务用车首选本国自主品牌，这是有汽车生产能力国家的通例。爱国
主义如果不能体现在"行"中，思想政治理论课说再多都"不行"。中国新能源车产
业要实现"换道超车"，也需要政府发挥上行下效的带头作用，否则政府补贴也将被
认为是欺骗而不发生作用。习近平总书记在很多场合、很多方面，都特别强调领导
干部要为全党全社会做表率。

新形势下加强和规范党内政治生活，重点是各级领导机关和领
导干部，关键是高级干部特别是中央委员会、中央政治局、中央政
治局常务委员会的组成人员，高级干部特别是中央领导层组成人员
必须以身作则，模范遵守党章党规，严守党的政治纪律和政治规矩，

① （元）陈澔，注.金晓东，校点.礼记[B].上海：上海古籍出版社，2016：618.
② （清）孙希旦，撰.礼记集解（下）[B].北京：中华书局，1989：1323.

坚持不忘初心、继续前进，坚持率先垂范、以上率下，为全党全社会作出示范。

各级领导干部特别是高级干部要从自身做起，给下级带个好头。

中央委员会的同志要在党言党、在党忧党、在党为党，带好头、做好表率。

鱼和熊掌不可兼得，当官就不要发财，发财就不要当官，这是两股道上跑的车。对领导干部配偶和子女等经商办企业，党纪国法都有明确规定，问题是没有落实好。对领导干部，要求就是要严一些，正所谓"其身正，不令而行；其身不正，虽令不从"。

正所谓"子帅以正，孰敢不正"？上面没有先做到，要求下边就没有说服力和号召力。

领导机关和领导干部做出样子，下面就会跟着来、照着做。各级领导机关和领导干部，尤其是中央机关和中央国家机关、高级领导干部要强化带头意识，时时处处严要求、作表率①。

子曰："禹立三年，百姓以仁遂焉，岂必尽仁？《诗》云：'赫赫师尹，民具尔瞻。'《甫刑》曰：'一人有庆，兆民赖之。'《大雅》曰：'成王之孚，下土之式。'"禹确立为帝三年后，百姓就学会了仁道，哪是人生而有仁德呢？这就像《诗经·小雅·节南山》说的，"德高望重的尹太师，民众全都瞻仰你。"又像《尚书·周书·甫刑》说的："天子一人有仁德，天下百姓有依赖。"还有《诗经·大雅·下武》说的，"成就王者有诚信，天下臣民都效法。"

郑玄认为"禹立三年，百姓以仁遂焉，岂必尽仁"，"言百姓效禹为仁，非本性能仁也。遂，犹达也。"②"遂"相当于"达"，民众最终也达到了仁德修养，这是因为效仿大禹行仁道的结果，并不是说百姓天生就能行仁道、达仁德。陈澔说："岂必尽仁者，言不必朝廷尽是仁人而后足以化民也。得一仁人为民之表，则天下皆仁矣。所谓君仁莫不仁也。此所以禹以一仁君立三年，而百姓皆以仁遂，故引《诗》《书》

---

① 习近平谈"初心"系列之六：坚持率先垂范.以上率下，为全党全社会作出示范.http://dangjian.people.com.cn/n1/2019/0709/c117092—31221981.html.

② （汉）郑玄，注.王锷，点校.礼记注（下册）[B].北京：中华书局，2021：723.

以明之。《诗·小雅·节南山》之篇，赫赫，显盛貌；师尹，周太师尹氏也；具，俱也。《大雅·下武》之篇，言武王能成王者之德，孚信于民，而天下皆法式之。"①与郑玄以民众非天生尽是仁人不同，陈澔理解的"岂必尽仁"没有必要朝廷中尽是仁人才能感化民众，只需要一个人做表率就能使天下民众追随仁道。这正如孟子说的"君仁莫不仁"（《孟子·离娄上》），君主仁爱，天下人没有不仁爱的。所以，大禹这样的仁君统治三年百姓也就都有了仁爱之心，引用《诗经》和《尚书》就是为了证明这个道理。《诗经·小雅·节南山》中，"赫赫"是描述威严显赫的样子，"师尹"是姓尹的周太师，"具"就是"俱"，也就是说尹太师德高望重受到民众瞻仰。《诗经·大雅·下武》则是说武王能继承和完善王者的美德，获得天下民众的信服，所以天下诸侯都效法武王德行。孙希旦没有对"尽仁"做解读，只是说"遂，成也。以仁遂，言民之仁无不成也。然此非民之皆能仁也，由禹好仁，故民皆化于仁尔"②。"遂"就是成就或养成，"以仁遂"就是民众的仁德都养成了。然而，并非民众自然而然就能养成仁德，而是由于禹喜好仁德，所以民众受其感化也养成了仁德。

说民众的美德依赖于执政者的表率，可能会让人觉得与"人之初，性本善"相悖，这是对"性善论"的误解导致的。孟子的"性善论"只是说"无恻隐之心，非人也"；"恻隐之心，仁之端也"（《孟子·公孙丑上》）也即是说"性善"只是"善根"或"端倪"，这种"为仁"的"端"或"根"需要"发"和"育"才能"遂"和"尽"。如果受到了误导或者摧残，"善端"或"善根"就会变为"恶行"和"恶德"。当今世界由于受资本主义民主自由的影响，越来越不关注执政者的道德品质和思想理论。以选票作为唯一标准选出来的领导人，往往只不过是个时尚人物，所以，很多国家出现体育明星、电影演员、媒体大亨当选为国家元首。有些国家首脑形象邋遢、性爱混乱、言语滑稽、行事荒谬，按照其本国传统政治文化标准也像个小丑。这些人虽然靠媚俗获得了选举胜利，但是，事实证明完全没有执政能力，很快就把国家搞得一团糟，最终纷纷丢掉政权。

中国文化历来强调"德才兼备，以德为先"，对于国家领导者尤其强调要思想品德高尚。由李郁文作词、王双印作曲的歌曲《大海航行靠舵手》（原名《干革命靠的

---

① （元）陈澔，注.金晓东，校点.礼记[B].上海：上海古籍出版社，2016：618.

② （清）孙希旦，撰.礼记集解（下）[B].北京：中华书局，1989：1323.

是毛泽东思想》）唱道："大海航行靠舵手，万物生长靠太阳；雨露滋润禾苗壮，干革命靠的是毛泽东思想。鱼儿离不开水呀，瓜儿离不开秧，革命群众离不开共产党，毛泽东思想是不落的太阳。鱼儿离不开水呀，瓜儿离不开秧，革命群众离不开共产党，毛泽东思想是不落的太阳。"有些人可能会觉得这是搞个人崇拜，但美国不也称自己的建国者为"国父"吗？美国首都华盛顿矗立的华盛顿纪念碑，不也像阳光雨露一样滋养美国民众的心灵吗？创立国家的主要领导者，他们的道德品行和思想理论，真的就像阳光雨露滋养着人民；人民就像鱼儿离不开水、瓜儿离不开秧一样，离不开伟大的领袖、伟大的政党！毛泽东永远是中国人民心中的红太阳，中国人民将世世代代高举毛泽东思想的伟大旗帜。

子曰："上好仁，则下之为仁争先人。故长民者章志、贞教、尊仁，以子爱百姓；民致行己，以说其上矣。《诗》云：'有梏德行，四国顺之。'"上流社会的人如果喜好仁德，那么普通民众就会争先恐后地实行仁爱。所以治国理政的人一定要有明确的价值导向、要以正确的价值观教育人、要致力于尊崇仁政爱民，也就是像爱自己的子女一样爱百姓；那么民众就会致力于自我奉献，以此来取悦上流社会的喜好。《诗经·大雅·抑》说："若能让人觉悟美好德行，天下各国都会顺从。"

郑玄注："章，明也"；"贞，正也"；"民致行己者，民之行皆尽己心"；"梏，大也，直也"①。也就是治理百姓的君主要章明志向、端正教化、遵循仁道，民众就会竭尽善心做善事。天子能遵循正义大德行事，天下各国诸侯都会顺从。陈澔说："章志者，明吾好恶之所在也；贞教者，身率以正也。所志所教莫非尊仁之事，以此为爱民之道，是以民皆感其子爱之心，致力于行己之善而悦其上，如子从父母之命也。《诗·大雅·抑》之篇。梏，当依《诗》作觉。言有能觉悟人以德行者，则四国皆服从之也。"②"章志"就是明确国君的好恶之所在，"贞教"就是身体力行做出正确表率，如果国君的喜好和教导都是仁爱，并且以仁爱之心去爱护民众，民众就会感觉到国君把自己当子女一样爱，因此民众也各尽所能地做好事以让国君喜欢，就像子女听从父母的教导一样。所引《诗经·大雅·抑》篇的诗句，"梏"依照《诗经》原文应当为"觉"，意思是有能教导民众遵行仁爱美德的王者，天下各国诸侯都会臣服顺从

---

① （汉）郑玄，注．王锷，点校．礼记注（下册）[B].北京：中华书局，2021：724.
② （元）陈澔，注．金晓东，校点．礼记[B].上海：上海古籍出版社，2016：618.

他。孙希旦说："仁者，民之所固有，上好之则下为之矣。章，明也。章志者，明己之志，使民皆知我之好仁而恶不仁也。贞教者，以正道导民，使民皆知所以为仁而去不仁也。志之在己，与教之及民者，皆在于尊尚仁道以爱其民，则民莫不尽力于行仁，以趋上之所好也。梏，《尔雅》云：'直也。'今《毛诗》作'觉'。""仁"，这是民众所固有的善根，如果君主喜好仁德，民众就会去爱人。"章"就是章明，"章志"就是明确君主的价值取向，也就是要让民众知道君主喜爱仁德而厌恶不仁道。"贞教"，就是用正确的价值观引导民众，使民众都知道仁爱之道并且去除不仁之心。正确的价值观首先在于君主自身，其次要通过教育向民众推广。这一切的关键是君主要尊崇仁道并仁爱民众，果真如此民众自然各尽所能地尽仁道，以回应君主对仁爱的推崇。"梏"，据《尔雅》所云是"直"的意思，而《毛诗传笺》中为"觉"。由此，我们也了解郑玄和陈澔的不同解释之依据。

"无竞维人，四方其训之。有觉德行，四国顺之"，《诗经·大雅·抑》这两句诗对今天的中国特别有意义。"无竞，竞也。训，教。觉，直也。郑玄笺云：'竞，强也。'人君为政，无强于得贤人，得贤人则天下教化于其俗。有大德行，则天下顺从其政。"[1]毛亨认为"无竞"就是"竞"，"无竞维人"就是说让人不能与之竞争的唯有贤人，所以竞争的也就是贤人。"训"就是"教训"，那时候觉得最优秀的人才是贤人，也就是能给人正确的世界观、人生观、价值观教导的人。"觉"就是"直"，看来郑玄是接受了毛亨的解释，但是，从上下文来看陈澔把"觉"理解为"觉悟"似更合理。郑玄自己又补充说，"竞"就是强，"无竞维人"就是一个国家无比强大的是贤人。君主治国理政，没有比得到贤人更能使国家富强的了，得到贤人就能教导天下民众形成新的风俗习气。一旦有贤人使人觉悟了新的德行，天下各国民众都会顺从他的政治主张。当今世界最迫切的需要其实不仅是科技创新，更重要的是人类的道德觉醒或创新。正是道德觉醒或创新赶不上科技创新，才造成了当今人类面临诸多社会问题。西方民主、自由、人权等价值观，基本的价值导向都是从个人出发走向个人成就，它完全不能适应科学技术发展造成的全球化现实。民主、自由、人权在国内造成的影响，是越来越严重的贫富差距、政治冲突、社会分裂和环境破坏。在国际上造成的影响，除了国内负面影响在世界范围内放大以外，正在把世界推入

---

[1] （汉）毛亨，传.郑玄，笺.毛诗传笺[B].北京：中华书局，2018：413.

自我毁灭的战争的危险之中。美国鼓动欧洲等发达国家，即便损害自身利益也要围堵打压中国、俄罗斯、伊朗等国。所有这一切，从价值导向来看，就是从"自我"到"自我"，而完全容不下"他者"。中国人的价值取向，归根结底就是一个"仁"字，它的核心要义就是"二个"。

颜渊问仁。子曰："克己复礼为仁。一日克己复礼，天下归仁焉。为仁由己，而由人乎哉?"(《论语·颜渊》)颜渊曾向孔子请问什么是仁，孔子说："克制自己恢复礼义就是仁。哪一天能克制自己恢复礼义，天下人就都归于仁道了! 实行仁道要从自己开始，哪能要求从别人做起呢?""仁者爱人，有礼者敬人。"(《孟子·离娄下》)仁者就是懂得爱人，有礼者就是懂得敬人。仁爱、仁道、人道、人权，这些词西方也用并且非常熟悉。但是，西方在讲仁爱、仁道、人道、人权的时候，或者是伸张我的权利或者是给予我的施舍，从来没有"克己复礼"的意思；更不懂得"为仁由己"，而总是指责别人。人类"自由竞争"太过了，以至于不管是非善恶了，是该强调"克己复礼"的时候了。

3. "言"与"行"

子曰："王言如丝，其出如纶；王言如纶，其出如綍。故大人不倡游言。可言也，不可行，君子弗言也；可行也，不可言，君子弗行也。则民言不危行，而行不危言矣。《诗》云：'淑慎尔止，不愆于仪。'"君王的话可能轻描淡写像"丝语"，但传出去就会被放大变成绶带般的"授命"；君主的话如果最初像绶带般的"授命"，传出去就会被放大变成像抬棺材粗绳的"死令"。所以大人物切不可倡导浮夸无用的话。可以言说但不能付诸实践的话，君子就不会把它说出来；可以付诸实践但不能明说的言论，君子也不会把它付诸实践。这样民众也就不说自己做不到的话，不做违背自己言论的事。正如《诗经》说的，"好好注意你的举止，不要在礼仪上有过错。"

郑玄注："言出弥大。纶，今有秩啬夫所佩也。綍，引棺索也"；"游，犹浮也。不可用之言也"；"危，犹高也。言不高于行，行不高于言，言行相应也"；"淑，善也。愆，过也。言善慎女之容止，不可过于礼之威仪也"[①]。言语传出去后会不断被夸

---

① （汉）郑玄，注.王锷，点校.礼记注（下册）[B].北京：中华书局，2021：724.

大，"纶"是有秩和啬夫这些小官所佩的绶带，"绹"是抬棺材用的粗绳索，这是说言语像丝线、绶带、粗绳一样被不断放大。"游"的意思是浮游，"游言"就是没有用的虚言。"危"是高的意思，也就是言语不高于行为，行为不高于言语，言行相一致。"淑"就是美善，"慝"就是过错，也就是说要好好注意自己的仪容举止，不要在礼仪上不得体。陈澔转引吕氏曰："大人，王公之谓也。游言，无根不定之言也。《易》曰：'诬善之人其辞游。'为人上者，倡之以诚悫笃实之言，天下犹有诈以罔上者；苟以游言倡之，则天下荡然虚浮之风作矣，可不慎乎？可言而不可行，过言也。可行而不可言，过行也。君子弗言弗行，则言行不越乎中，民将效之。言不敢高于行，而言之必可行也；行不敢高于言，而必为可继之道也。"① "大人"指的是王公大臣，"游言"是没有根底、漂浮不定的言语，如《易经》说的"诬蔑善行的人言辞游离不定"。作为管理者，即便一再倡导诚恳笃实的话，天下尚且有欺君罔上的人；如果倡导浮夸虚言，那么天下就会虚伪浮夸之风盛行，岂能不慎重呢？可以大言不惭地说但却不能付诸实践的话，就是过头的大话。可以偷偷摸摸地做但不能坦坦荡荡说出来的事，这就是做过头了的事。君子不说这样的话语，也不做这样的事，就是言行不偏离中正，民众都将效仿他。言论不高过行为，这样的言论就必定可以付诸实践；行为不高过言论，这样的行为必定符合长久之道。孙希旦说："王者之言，宣之为政教，成之为风俗，其端甚微，其末甚大，苟以游言倡之，则天下亦相帅为游言，而虚浮之风作矣。"② 君王的话，用以宣传就是政治教化，宣传有成效就变成风俗，所以最初无关宏旨的话，最终影响却非常大，如果君王带头说浮夸的话，那么天下就会争相浮夸，虚伪浮夸的风气就必然盛行。

子曰："君子道人以言，而禁人以行。"故言必虑其所终，而行必稽其所敝，则民谨于言而慎于行。《诗》云："慎尔出话，敬尔威仪。"《大雅》曰："穆穆文王，於缉熙敬止。"

陈澔注："道，化诲之也。道人以言而必虑其所终，恐其行之不能至，则为虚诞也。禁，谨饬之也。禁人以行而必稽其所敝，虑其末流之或偏也。如是则民皆谨言而慎行矣。"③ "道"就是教化教诲人，用言语教化教诲人必须考虑其最终效果，要担

① （元）陈澔，注.金晓东，校点.礼记[B].上海：上海古籍出版社，2016：619.

② （清）孙希旦，撰.礼记集解（下）[B].北京：中华书局，1989：1324.

③ （元）陈澔，注.金晓东，校点.礼记[B].上海：上海古籍出版社，2016：619.

心他做的时候达不到说的要求，那样教导人的话就成了虚伪荒诞的说教。"禁"就是谨防整饬人，也就是用行为谨防整饬人必须考察可能产生的弊病，要担心追随者最终可能有失偏颇。这样民众就能谨慎说话而慎重做事了。孙希旦说："道者，率其为善；禁者，防其为恶。于言曰'道'，于行曰'禁'，互相备也。敝，败也。人之言行，有其初本善，而其流不能无失者，故君子之于言，于其始而遂虑其所终，君子之于行，于其成而先稽其所败。故其见于言行者，皆可法于当时，传于后世，其民则效之，而言无不谨，于行无不慎也。"①"道"就是引导人从善，"禁"就是防止人作恶。对于言语用"引导"，对于行为则用"防止"，引导和防止相互完善。"敝"就是失败，人的言行有些本意是很好的，但流行之后就容易产生过失。所以，君子对于言论，在一开始就要考虑其最终可能产生的后果；对于行为，在它未完成之前就要考察它可能遭遇的失败。唯有如此，君子的一言一行，才能既可以为当时的人所效法，又可以流传于后世。民众效法这样的君子，就能够言语无不谨慎，做事无不慎重。陈澔又转引朱子云："穆穆，深远之意。於，叹美词。缉，继续也。熙，光明也。敬止，无不敬而安所止也"；转吕氏曰："进取于善者，夷考其行而不掩，犹不免于狂，况不在于善者乎？故曰'言必虑其所终'。夷惠之清和，其末犹为隘与不恭，故曰'行必稽其所敝'。文王之德亦不越敬其容止而已。"②"穆穆"就是深远的意思，"於"是感叹词，"缉"就是继续，"熙"就是光明，"敬止"就是文王虔诚敬天而觉得心安理得。即便一心向善的人，如果考察他的行为而不加掩盖，可能也难免有狂妄自大的弊病，更何况那些不是一心向善的人呢？所以说"对于言语一定要考虑其最终实行的结果"。伯夷、柳下惠即便清静平和，学习他们的人也有狭隘和玩世不恭的末流，所以"对于行为一定要考察其最终可能产生的弊病"。文王的崇高品德，说到底也不过是言行举止的庄重而已。

"言必虑其所终，而行必稽其所敝"，就是所谓圣人的"先见之明"。比如，"阳明是一位豪杰之士，他的学术像打药针一般，令人兴奋"，但到了晚明，"阳明这边的末流，也放纵得不成话，如何心隐、李卓吾等辈，简直变成一个'花和尚'！他们提倡的'酒色财气不碍菩提路'，把个人道德、社会道德一切藩篱都冲破了"③。阳明

① （清）孙希旦，撰.礼记集解（下）[B].北京：中华书局，1989：1324—1325.

② （元）陈澔，注.金晓东，校点.礼记[B].上海：上海古籍出版社，2016：619.

③ 梁启超.中国近三百年学术史（新校版）[M].北京：商务印书馆，2016：4.

"心学"强调诚意正心，最初强调的实为"存天理，灭人欲"，但是在反对朱熹"理学"和弘扬阳明"心学"的过程中，"天理"不断被贬斥而"人心"不断被拔高，最终"人心"等同于"人欲"。王阳明本人固然没有这样的弊病，但他"亲炙"的弟子身上却明显体现了，到了"末流"弟子就重病缠身了。究其根源，阳明"心学"本来就存在片面夸大"心"的弊病，他没有做到"言必虑其所终，而行必稽其所敝"，所以被称为"半个圣人"。

子曰："长民者，衣服不贰，从容有常，以齐其民，则民德壹。《诗》云：'彼都人士，狐裘黄黄。其容不改，出言有章。行归于周，万民所望。'"

孙希旦注："贰，差忒也。衣服之不忒，言貌之有常，皆德之所发也。故以此化民，而民之德亦归于一也。"[①]"贰"就是差错，穿衣得体，仪容端庄，都是品德的表现。君主以此教化民众，民众的德行也会看齐。"黄衣，则狐裘大蜡之服也。诗人见而说焉。章，文章也。忠信为周。"[②]"黄衣"就是年终祭农神时穿的狐裘大衣，"狐裘黄黄"表示世人见了感到喜悦。"章"就是文章或文采，"周"就是忠信。陈澔转马氏曰："狐裘黄黄，服其服也。其容不改，文以君子之容也。出言有章，遂以君子之辞也。行归于周，实以君子之德也。"[③]"狐裘黄黄"就是衣着大方得体，"其容不改"是说君子容貌文质彬彬，"出言有章"是说君子谈吐礼貌文雅，"行归于周"是说君子行为忠实守信。也就是君主要在衣着、容貌、言辞、行为各方面，都成为万民希望学习的榜样。毛泽东衣着俭朴大方、容貌安详镇定、言辞诚恳感人、行为大公无私，毫不夸张地说，他就是中国人心目中伟大领袖的标准形象。与此相反，现在很多西方领导人不注意自己的形象，蓬头垢脸、邋邋遢遢、形容猥琐、胡言乱语，活脱脱一个小丑却自诩为亲民，真是对民众的莫大侮辱。

二、"好是正直"

为上者喜怒无常，为下者无所适从。但如果为上者亲小人，其结果必然是远贤臣。子曰："举直错诸枉，能使枉者直。"（《论语·颜渊》）把正直的人提拔起来治理

---

① （清）孙希旦，撰.礼记集解（下）[B].北京：中华书局，1989：1324—1325.

② （汉）郑玄，注.王锷，点校.礼记注（下册）[B].北京：中华书局，2021：725.

③ （元）陈澔，注.金晓东，校点.礼记[B].上海：上海古籍出版社，2016：619—620.

不正直的人，就能使不正直的人也变得正直。孟子曰："是以惟仁者宜在高位。不仁而在高位，是播其恶于众也。"（《孟子·离娄上》）只有仁人应该处于统治地位，不仁的人处于统治地位，就会把他的罪恶扩散给群众。

1."疑"与"惑"

子曰："为上可望而知也，为下可述而志也，则君不疑于其臣，而臣不惑于其君矣。《尹吉》曰：'惟尹躬及汤，咸有壹德。'《诗》云：'淑人君子，其仪不忒。'"作为君主能让臣下一望而知，作为臣下能让君主谙熟于心，那么君主就不会猜疑大臣对己不忠，大臣也不会困惑于君主对己不信。就如《尹诰》说的，"伊尹躬亲侍奉汤，君臣同心又同德"。又如《诗经·曹风·鸣鸠》说的，"贤淑美人真君子，举止仪态真般配。"

郑玄注："志，犹知也"；"吉，当为'告'。告，古文'诰'，字之误也。《尹诰》，伊尹之诰也。《书序》以为《咸有壹德》，今亡。咸，皆也。君臣皆有壹德不贰，则无疑惑也。"[1]"志"相当于"知"，"吉"应当是"告"，而"告"就是古文的"诰"，这是字形相近的错误。《尹诰》就是伊尹对太甲所作的诰。《书序》认为《尹诰》就是《咸有壹德》，如今已经亡佚不见（应该指的是"今文尚书"中亡佚，但"古文尚书"确有《咸有壹德》篇）。"咸"就是"皆"，君臣上下同心同德，也就没有猜疑困惑了。陈澔注："君之待臣，表里如一，故曰'可望而知'。臣之事君，一由忠诚，其职业皆可称述而记志。此所以上下之间，不疑不惑也。"[2]君主对臣下表里如一，所以臣下对君主一望而知。臣下侍奉君主忠诚不贰，所以君主对臣下了然于胸。这就是说君臣上下，彼此没有猜疑困惑。孙希旦注："志犹识也，可述而志，谓其言可称述而记识也。上以诚待下，而见于貌者平易而可亲，下以诚事上，而见于言者终始之不可逾，则君臣之间情意交乎，而无所疑惑矣。"[3]"志"就如"识"，亦即"多见而识之"之"识"（《论语·述而》），"可述而志"就是说的话可以称道并记住。君主以坦诚对待臣下，表现在外貌上平易可亲；臣下以忠诚侍奉君主，表现在语言上始终不渝，

① （汉）郑玄，注.王锷，点校.礼记注（下册）[B].北京：中华书局，2021：725.

② （元）陈澔，注.金晓东，校点.礼记[B].上海：上海古籍出版社，2016：620.

③ （清）孙希旦，撰.礼记集解（下）[B].北京：中华书局，1989：1325.

如此君臣之间情感交融，所以彼此没有猜疑困惑。

中国古人希望政府官员和民众的关系就像父母与子女，而君主和大臣的关系则像夫妇关系。君主是所谓的"天下一人"，自称是"寡人"，君主和后妃其实也是君臣关系。

子曰："有国者章义瘅恶，以示民厚，则民情不贰。《诗》云：'靖共尔位，好是正直。'"治理国家的人要好善嫉恶，以此明示轻重厚薄，如此民众便一心向善。正如《诗经·小雅·小明》所言："兢兢业业尽职守，国君好此正直人。"

郑玄注："章，明也。瘅，病也"；"章义，《尚书》作'善'"；"共，音恭，本亦作'恭'"①。"章"就是章明，"瘅"就是病或疾。"章义"，在《尚书》中为"章善"。"共"读音为"恭"，字形也应该是"恭"。陈澔转吕氏曰："明之斯好之矣，明之斯恶之矣。善居其厚，恶居其薄，此所以示民厚也。好恶之分定，民情所以不贰也。《诗经·小雅·小明》之篇，引之以明章善之义。"②明确了善才能喜好善，明确了恶才能厌恶恶。善人将获得厚遇，恶人将被轻薄，这是向民众明示厚待的对象。君主对善恶的区分已经明确，民众的感情也就有归依了。

子曰："上人疑则百姓惑，下难知则君长劳。故君民者，章好以示民俗，慎恶以御民之淫，则民不惑矣。臣仪行，不重辞，不援其所不及，不烦其所不知，则君不劳矣。《诗》云：'上帝板板，下民卒瘅。'小雅曰：'匪其止共，惟王之邛。'"君上喜欢猜疑就会使民众困惑，由此导致民众难知又会使为政者劳心。所以为政者应该倡导善行以引导社会风气，禁戒恶行以抵御民众贪心，这样民众就不会迷茫困惑了。臣下应以身作则展示美德善行，而不要只是用言辞赞颂美德善行，不要援引高不可攀的道德榜样苛求于人，不要引用高深莫测的道理烦扰人，这样君主也就不用为德行焦虑操劳了。《诗经·大雅·板》说："为君如若不公正，下民必定要遭殃。"《诗经·小雅·巧言》则说："大臣不能恪尽职守，君主只能日夜操劳。"

郑玄注："难知，有奸心也"；"淫，贪侈也。《孝经》曰：'示之以好恶，而民知禁'"；"仪，当为'义'，声之误也。言臣义事则行也。重，犹尚也。援，犹引也。不引君所不及，谓必使其君所行如尧、舜也，不烦以其所不知，谓必使其知虑如圣

---

① （汉）郑玄，注.王锷，点校.礼记注（下册）[B].北京：中华书局，2021：726.

② （元）陈澔，注.金晓东，校点.礼记[B].上海：上海古籍出版社，2016：620.

人也。凡告喻人，当随其才以诱之"①。"难知"就是有奸诈之心；"淫"就是贪婪奢侈，"御民之淫"如《孝经》说的"向民众明示好恶，民众就知道禁忌"。"仪"应当为"义"，意思是说如果大臣忠义，事情就好办了。"重"就是崇尚，"不重辞"就是不崇尚辞藻华丽，或不喜欢花言巧语。"援"就是"引"，"不引君所不及"意思是不要求君主行事向尧、舜看齐。"不烦以其所不知"，是说不苛求君主像圣人一样深谋远虑。但凡想要向人晓以大义，都应该因材施教、循循善诱。陈澔转引方氏曰："示民不以信，则为上之人可疑；可疑，则百姓其有不惑乎者？事君不以忠，则为下之人难知；难知，则君长其有不劳者乎？章其所好之善，故足以示民而成俗；慎其所恶之恶，故足以御民而不淫。若是，则上下无可疑者，故曰'民不惑矣'。臣有可仪之行，而所重者不在乎辞，则凡有所行者，无伪行矣。苟有所言者，无虚辞矣"；又引吕氏曰："以君之力所不能及而援其君，则君难从；以君之智所不能知而烦其君，则君难听。徒为难从难听以劳其君而无益，非所以事君也"②。对民众不能坦诚相待，就是君主和官员对民众有所猜疑；既然受到猜疑，民众又岂能不困惑惊恐？民众侍奉君主不是忠心耿耿，就是民众的真实情感难以知晓；君主和官员不知道民众的真实情感，又岂能不焦虑劳累呢？为政者彰明国家所倡导的善行，就足以引导民众形成良好风尚；审慎避免国家所反对的恶行，就足以控制民众的贪欲。果能如此，那么君民上下互相不再猜疑，所以说"民众不再困惑"。"臣仪行，不重辞"，是说臣民有值得学习的善行，不过度进行言辞赞美，这样人们行事就不会沽名钓誉；因此，所有赞美之词，都不是虚词。"不援其所不及，不烦其所不知，则君不劳矣"，是因为援引君主力所不能及的榜样来要求君主，君主势必难以追从；引用君主智力所不能及的道理来烦扰君主，君主势必难以听从。徒劳无益地用难听难从的榜样和道理来苛求君主，这不是臣下侍奉君主的正道。"上帝，喻君也，板板，辟也。卒，尽也。瘅，病也。此君使民惑之诗"；"匪，非也。邛，劳也。言臣不止于恭敬其职，惟使王之劳。此臣使君劳之诗也"③。所引《诗经》中，"上帝"指的就是君主，"板板"就是邪僻或偏颇，"卒"就是尽或全都，"瘅"就是病，用比喻的说法就是"君主行事不正，百姓尽皆染病"，这是引证国君使民众困惑的诗。《小雅》诗句中，"匪"就是非，"邛"就

① （汉）郑玄，注.王锷，点校.礼记注（下册）[B].北京：中华书局，2021：726—727.

② （元）陈澔，注.金晓东，校点.礼记[B].上海：上海古籍出版社，2016：620—621.

③ （汉）郑玄，注.王锷，点校.礼记注（下册）[B].北京：中华书局，2021：726—727.

是操劳或劳累，意思是说如果大臣不能恪尽职守，就会使国君日夜操劳，这是印证大臣使国君操劳受累的诗。

2. "教" 与 "亲"

子曰："政之不行也，教之不成也，爵禄不足劝也，刑罚不足耻也。故上不可以亵刑而轻爵。《康诰》曰：'敬明乃罚。'《甫刑》曰：'播刑之不迪。'" 政令如果得不到执行，教化就不可能成功，这样爵禄就不足以劝导民众，刑罚也不足以使民众耻辱。所以君上绝不可随意赏罚以致亵渎刑律而轻慢爵位。应如《康诰》所言，"敬重明察你的惩罚"；又如《甫刑》所言，"实行刑罚一定要有道理，该受刑罚的是不听教化的人"。

郑玄以为此 "言政教，所以明赏罚"；"康，康叔也，作诰，《尚书》篇名也"；"播，犹施也。'不'，衍字耳。迪，道也，言施刑之道"①。这段话讲政教就是教人知道国家的奖赏和惩罚；"康" 就是康叔，康叔作的诰称《康诰》，是《尚书》中一篇的名；"播" 就是实施，"不" 是个衍生多余的字，"迪" 就是道，"播刑之不迪" 就是实施刑罚的方法。陈澔转吕氏曰："政不行，教不成，由上之人爵禄刑罚之失当也。爵禄非其人，则善人不足劝；刑罚非其罪，则小人不足耻。此之谓亵刑轻爵。"② 政令得不到执行，政教就不会成功，这是由于朝廷以爵位俸禄进行奖赏惩罚失当导致。爵位和俸禄奖赏给了不适当的人，善人就得不到鼓励劝进；刑罚处分与罪行不一致，小人做了坏事也不觉得耻辱。这就是所谓亵渎刑律和轻慢爵位。因此，孙希旦说："刑罚必加于有罪，则民知所耻，民知所耻则政行；爵禄必加于有德，则民知所劝，民知所劝则教成。所刑者不必有罪，则刑亵而民不耻；所爵者不必有德，则爵轻而民不劝矣。播刑之不迪者，言民之不迪者，乃施之以刑也。今《书》无 '不' 字。"③ 刑罚只能施加于犯罪的人，这样民众才知道耻辱，民众知道耻辱才能推行政令；爵禄只能授予有德的人，这样民众才接受劝导，民众能接受劝导才能使教化成功。如果受刑罚的人并非都有罪行，那么刑律就受到了亵渎而民众受了刑罚也不会觉得耻辱；

---

① （汉）郑玄，注. 王锷，点校. 礼记注（下册）[B]. 北京：中华书局，2021：727.

② （元）陈澔，注. 金晓东，校点. 礼记 [B]. 上海：上海古籍出版社，2016：621.

③ （清）孙希旦，撰. 礼记集解（下）[B]. 北京：中华书局，1989：1326—1327.

如果得到爵禄的人并非都有德行，那么爵禄就受到了轻视而不足以劝导民众了。"播刑之不迪"是说只有民众不接受教化，才能对他们施加刑罚。如今《尚书》没有"不"字，但按照孙希旦的解释好像应该有。郑玄解作"施刑之道"也通，但必须去除"不"字。

"不教而杀谓之虐"（《论语·尧曰》），没有经过政治教化就以触犯刑法把民众杀了，这是暴君虐待民众。"播刑之不迪"，就是只对那些不听教化的民众实行刑罚。孟子则更进一步提出先"制民之产"，再"谨庠序之教"，"然后从而刑之"，也就是先要保障民生，然后要进行道德教化，只有这样还犯罪的人才该受刑罚，否则就是君主"罔民"，就像民众"欺君罔上"。

> 无恒产而有恒心者，惟士为能。若民，则无恒产，因无恒心。苟无恒心，放辟邪侈，无不为已。及陷于罪，然后从而刑之，是罔民也。焉有仁人在位，罔民而可为也？是故明君制民之产，必使仰足以事父母，俯足以畜妻子，乐岁终身饱，凶年免于死亡。然后驱而之善，故民之从之也轻。今也制民之产，仰不足以事父母，俯不足以畜妻子，乐岁终身苦，凶年不免于死亡。此惟救死而恐不赡，奚暇治礼义哉？王欲行之，则盍反其本矣。五亩之宅，树之以桑，五十者可以衣帛矣。鸡豚狗彘之畜，无失其时，七十者可以食肉矣。百亩之田，勿夺其时，八口之家可以无饥矣。谨庠序之教，申之以孝悌之义，颁白者不负戴于道路矣。老者衣帛食肉，黎民不饥不寒，然而不王者，未之有也。

子曰："大臣不亲，百姓不宁，则忠敬不足，而富贵已过也。大臣不治，而迩臣比矣。故大臣不可不敬也，是民之表也；迩臣不可不慎也，是民之道也。君毋以小谋大，毋以远言近，毋以内图外，则大臣不怨，迩臣不疾，而远臣不蔽矣。叶公之顾命曰：'毋以小谋败大作，毋以嬖御人疾庄后，毋以嬖御士疾庄士、大夫、卿、士。'"如果大臣不受君主亲近信任，其治下百姓也就不能服从政令，那是大臣对君主忠诚崇敬还不够，但君主授予的职务俸禄却过高。大臣因此不能治事，而近臣却为此攀比。所以说对大臣不能树立尊严，因为他们是民众处世的表率；对近臣则不能不谨慎挑选，因为它们是民众为人的引导。君主不能和侍臣谋划国家大事，也不能和外臣讨论身边近臣的事，不用宫中内臣谋划宫廷外的事，大臣就不会抱怨无权治事，身边近臣也就不能搬弄是非，而边远小臣则不会被埋没。楚国大夫叶公子高过世前留书说："不要因为侍臣的计谋而败坏了大臣的宏图，不要因为宠爱的妃子而厌恶正宫夫人，不要因为宠幸的侍臣而厌恶有名望的公侯、卿、大夫、士。"很显然，这段话是强调执政者要公事公办，不能凭个人喜好办事。即便是"家天下"的君主尚且如此，更何况"天下为公"时代的官员呢？

陈澔注："大臣不见亲信，则民不服从其令，故不宁也。此盖由臣之忠不足于君，君之敬不足于臣，徒富贵之太过而然耳。由是迩臣之党，相比以夺大臣之柄，而使之不得治其事。故大臣所以不可以不敬者，以其为民所瞻望之仪表也。迩臣所以不可不慎者，以君之好恶系焉，乃民之所从以为道者也。人君不使小臣谋大臣，则大臣不至于怨乎不以；不使远臣间近臣，则近臣不至于疾其君；不使内之宠臣图四方宣力之士，则远臣之贤无所壅蔽，而得见知于上矣"；"（君）毋以小谋败大作，谓不可用小臣之谋，而败大臣所作之事也。疾，毁恶之也。庄，犹正也，敬也，君所取正而加敬之谓也"[①]。大臣不受君主亲近信任，民众就不会服从他的号令，所以说不安宁。这大概是由于大臣的忠诚还不能让君主满足，君主对于大臣的尊重也还不够却让他太快得到了高官厚禄。于是君主身边近臣产生攀比，想方设法剥夺大臣的权力，让他没办法治理政事。所以说对大臣不可不尊重，因为他们是民众仰望学习的榜样。对近臣之所以不可不慎重，是因为他们是君主好恶之所系，民众会把他们当作道德的楷模。君主不利用近臣谋划大臣，大臣就不至于不停地抱怨君主；也不使用远臣离间近臣，近臣就不至于在君主面前搬弄是非；不使用内宫的宠臣图谋压制四方的实权大臣，那么远臣中的贤才就不会被埋没，而能够脱颖而出被君主发现。叶公所说的"君毋以小谋败大作"就是不要用身边侍臣的计谋来败坏大臣所谋划的大事，"疾"就是诋毁厌恶，"庄"犹如"正"或"敬"，君主认定为正统并加以尊敬的意思。

郑玄注："忠敬不足，谓臣不忠于君，君不敬其臣"；"迩，近也。言近以见远，言大以见小，互言之。比，私相亲也"；"民之道，言民循从也"；"图，亦谋也。言凡谋之，当各于其党，于其党，知其过，审也。大臣柄权于外，小臣执命于内，或

① （元）陈澔，注.金晓东，校点.礼记[B].上海：上海古籍出版社，2016：621—622.

时交争，转相陷害"；"迩臣不疾"，"疾，犹非也"；"叶公，楚县公叶公子高也，临死遗书曰顾命。小谋，小臣之谋也。大作，大臣之所为也。嬖御人，爱妾也。疾，亦非也。庄后，嫡夫人齐庄得礼者。嬖御士，爱臣也。庄士，亦谓士之齐庄得礼者，今为大夫、卿、士"①。"忠敬不足"是说大臣不忠于君主，君主不尊敬大臣；"迩"就是近，"迩臣"就是在君主身边伺候的近臣，这里大小远近互言臣属彼此影响，"比"就是私下交往、勾结的意思；"民之道"是说民众遵循随从，也就是学习大臣的做法；"图"就是"谋"，意思是凡是君主要谋划事情，应该分别找相关的大臣，而且对于相关的官员，还要知道他们可能过激，一定要审慎。大臣在外朝执掌权柄，近臣在内庭执行君命，或许时有互相争权，由此可能互相陷害；"迩臣不疾"，"疾"的意思如"非"，也就是近臣没有非议或不搬弄是非。"叶公"，是楚国大夫沈诸梁，字子高，为楚县尹，僭称公，临死留下的书信叫"顾命"。"小谋"指身边小臣的谋划，"大作"指朝廷大臣的作为。"嬖御人"指君主的爱妾也，"疾"同上文也是非议或搬弄是非的意思，"庄后"指按照大婚之礼正式迎娶的夫人。"嬖御士"指君主宠爱的近臣，"庄士"指按照朝廷礼仪有庄重名分的大臣，也就是大夫、卿、士。

子曰："大人不亲其所贤，而信其所贱，民是以亲失，而教是以烦。《诗》云：'彼求我则，如不我得。执我仇仇，亦不我力。'《君陈》曰：'未见圣，若己弗克见。既见圣，亦不克由圣。'"为政者不亲近应当亲近的贤人，却信任那理当鄙视的小人，民心也因此日渐散失，教导民众只能遭到厌烦。就如《诗经·小雅·正月》中说的，"彼时求我捧上天，就如高攀不到我。一旦得手空阁锁，想要出力不用我"。又如《尚书·周书·君陈》中说的，"未能得见圣贤时，仿佛圣贤不得见。已经见得圣贤人，不学圣人不学贤"。

郑玄注："亲失，失其所当亲也。教烦，由信贱也。贱者，无壹德也"；"君始求我，如恐不得我"，"既得我仇仇然不坚固，亦不力用我，是不亲信我"②。"亲失"就是失其所当亲，也就是不亲近贤臣。"教烦"是因为信用低下，"贱"就是没有始终如一的品德，所以说教没有人相信而只能让人厌烦。《诗经》所引诗句是说，国君最初好像求贤若渴，唯恐不能得到我，但是，一旦得到我却不坚定了，也不真正任用我，

---

① （汉）郑玄，注.王锷，点校.礼记注（下册）[B].北京：中华书局，2021：727—728.
② （汉）郑玄，注.王锷，点校.礼记注（下册）[B].北京：中华书局，2021：728—729.

其实是不信任我。陈澔注："亲善远恶，人心所同，所谓举直错诸枉则民服。今君既不亲贤，故民亦不亲其上，教令徒烦，无益也。"①亲近善人远离恶人，这是人心普遍愿望，这也就是孔子说的"举直错诸枉，则民服"（《论语·为政》），举荐正直的人治理不正直的人，民众就会服从。如果君主不亲近贤才，民众也就不亲近君主，君主的教导政令只能让人厌烦，完全不会发生作用。

3. "民"与"君"

子曰："小人溺于水，君子溺于口，大人溺于民，皆在其所亵也。夫水近于人而溺人，德易狎而难亲也，易以溺人。口费而烦，易出难悔，易以溺人。夫民闭于人而有鄙心，可敬不可慢，易以溺人。故君子不可以不慎也。《太甲》曰：'毋越厥命，以自覆也。若虞机张，往省括于厥度，则释。'《兑命》曰：'惟口起羞，惟甲胄起兵，惟衣裳在笥，惟干戈省厥躬。'《太甲》曰：'天作孽，可违也。自作孽，不可逭。'《尹吉》曰：'惟尹躬天见于西邑夏，自周有终，相亦惟终。'"小民不小心溺水身亡，君子则可能在"口水战"中溺亡，统治者在人民战争的汪洋大海中溺亡，这都是因为他们各自亵慢不慎造成的恶果。水因为近在身边所以就容易淹死人，道德容易被轻慢而难以被亲爱，所以也很容易使人因违背道德而遭到唾弃。口头空话太多就容易遭人厌烦，但话容易说出来却不能后悔，所以人很容易因言语招致杀身之祸。民众并非都是通情达理的，有些人甚至心中有卑鄙的想法，所以民众只能尊敬而不可以轻慢，不尊敬或轻慢民众往往遭万民唾弃。所以，君子对于道德问题不能不慎重啊！就像《太甲》说的，"切勿偏离你的使命，以致自我覆灭。要像虞人机弩张开准备射箭时，向前方省察机括与拟射物，然后才能释放箭矢。"又如《说命》所言，"言语不慎带来羞辱，甲胄散乱易起兵变，朝祭衣裳不慎失礼，妄动干戈易遭杀戮。"《太甲》还说："上天作孽，尚可避开。自己作孽，不可逃脱。"《尹诰》则说："伊尹先祖曾见过西边邑夏，其君主自始至终以忠信待人，因此大臣才始终忠诚。"

郑玄以为此"言人不溺于所敬者。溺，谓覆没不能自理出也"；"水，人所沐浴

① （元）陈澔，注.金晓东，校点.礼记[B].上海：上海古籍出版社，2016：622.

自洁者。至于深渊、洪波，所当畏惧也，由近人之故，或泳之游之，亵慢而无戒心，以取溺焉。有德者，亦如水矣。初时学其近者、小者，以从人事，自以为可，则侮狎之。至于先王大道，性与天命，则遂扞格不入，迷惑无闻，如溺于大水矣。难亲，亲之当肃敬，如临深渊"；"费，犹惠也。言口多空言，且烦数也。过言一出，驷马不能及，不可得悔也。口舌所覆，亦如溺矣"；"民不通于人道，而心鄙诈，难卒告谕，人君敬慎以临之则可，若陵虐而慢之，分崩怨畔，君无所尊，亦如溺矣"；"慎所可亵，乃不溺矣"；"越之言蹶也。厥，其也。覆，败也。言无自颠蹶女之政教，以自毁败。虞，主田猎之地者也。机，弩牙也。度，谓所拟射也。虞人之射禽，弩已张，从机间视括与所射参相得，乃后释弦发矢。为政亦当以己心参于群臣及万民，可，乃后施也"；"兑，当为说，谓殷高宗之臣傅说也。作书以命高宗，《尚书》篇名也。羞，犹辱也。衣裳，朝祭之服也。惟口起辱，当慎言语也。惟甲胄起兵，当慎军旅之事也。惟衣裳在笥，当服以为礼也。惟干戈省厥躬，当恕己不尚害人也"；"违，犹辟也。遄，逃也。《尚书》作'天作孽，犹可违也。'《尚书》作'弗可逭'"；"《尹吉》，亦《尹诰》也。天，当为'先'字之误。忠信为周。相，助也，谓臣也。伊尹言：尹之先祖，见夏之先君臣，皆忠信以为自终。今天绝桀者，以其自作孽。伊尹始仕于夏，此时就汤矣。夏之邑在亳西。"[1]这段话是说人不会溺亡于自己所敬重的事物，所谓"溺亡"就是遭到灭顶之灾而不能自我逃离。比如水通常是人用来沐浴清洁的东西，但深渊和洪波却是人应当畏惧的，由于水在人们生活中无时不在，经常有人在水中游泳，所以人们对水就容易轻慢而无戒心，以致有人在水中溺亡。所谓"上善若水"，道德也像水一样。人们一开始就近学到日常小德，就以为足以用来为人处世了，所以就对道德修养漫不经心。对于先王治国之道、圣人讲人性和天命等大德，却格格不入、迷惑不解或闻所未闻，因此做出大逆不道的事就像对深渊、洪波的无知而溺亡。"德易狎而难亲也"之"难亲"，是说道德容易让人亲近就轻慢而难在既亲近又敬重。"口费而烦，易出难悔，易以溺人"，"费"如"惠"，意思是说口头上的空话很多，而且不厌其烦地重复。不知道有过错的话一旦说出来，四匹马拉的快车也追不回来，想后悔也来不及了，所以逞口舌之能给人造成的颠覆，也像不知道水之深浅造成的溺亡一样。民众并非都通情达理，甚至有些还居心叵测

① （汉）郑玄，注.王锷，点校.礼记注（下册）[B].北京：中华书局，2021：729—731.

难以教化，君主应以如临深渊的敬畏和谨慎对待他们，如果君主高高在上藐视和亵慢他们，民心必定分崩离析且滋生怨恨叛逆，君主不懂得敬畏和尊重，民众也会像不知道深渊和洪波危险而溺亡。唯有审慎对待那些容易亵慢的事物，才不致陷入灾难深渊而溺亡。《太甲》所引句中，"越"就是"颠"，"厥"则是"其"，"覆"就是败，整句是说不要自己颠覆了政治教化，以致最终自我毁灭；"虞"是主管田猎圈地的人，"机"就是类似扳机的弩牙或弩机钩弦，"度"就是将要射时瞄准。虞人射禽兽时，弓弩已拉开伸张后，从弩机钩弦处看瞄准机括与所射参照物，彼此成一条线后才松开弓弦释放箭矢。为政者也应当以自己的心和群众亦即民众的心相参照，感觉到认同后才实施政令。《兑命》之"兑"应当为"说"，也就是高宗的大臣傅说，《说命》是《尚书》记载傅说作书劝高宗的篇名。"羞"如"辱"，"衣裳"指上朝或祭祀的服装。"惟口起辱"是说应当慎重言语以免侮辱人，"惟甲胄起兵"就是应当慎重兴兵作战之事，"惟衣裳在笥"就是应当按照礼仪穿着衣服，"惟干戈省厥躬"就是应当遵循"己所不欲，勿施于人"的恕道。所引《太甲》中的话，"违"相当于"辟"或"避开"，"逭"是逃脱的意思。《尚书》原文第一句作"天作孽，犹可违也"，上天制造的罪孽，人类还可以避开；后一句"弗可逭"，人类自己制造的罪孽，那就不可逃脱了，劝人不要自取灭亡。《尹吉》就是前文已经引用过的《尹诰》，这里的"天"应该是"先"字的误写。忠信就是"周"，"相"就是"助"，指的是臣下。伊尹的意思是说，自己的先祖曾见过夏朝过去的君臣，彼此自始至终坚持坦诚和忠诚。如今上天要灭绝夏桀，是夏桀自己作孽的结果。伊尹最初在夏朝做官，如今已经是商汤辅臣。夏的都城在始仕于夏，此时就汤矣。商汤时都城亳，夏之都邑在亳的西边。

陈澔对《说命》引文的解释值得参考："傅说告高宗，谓言语所以文身，轻出则有起羞之患；甲胄所以卫身，轻动则有起戎之忧。衣裳所以命有德，谨于在笥者，戒轻与也；干戈所以讨有罪，严于省躬者，戒轻动也。"[1]言语可以用来体现人的文雅，但是轻言则有带来羞辱的隐患；甲胄可以用来防卫自身安全，轻举妄动则要担忧引起兵戎之事。衣裳是用来赏赐有德之人的，谨慎地保存在笥中就是为了避免轻易赏赐于人；干戈是用来讨伐罪人的兵器，要严谨地反躬自省后才能使用，而不能

---

① （元）陈澔，注.金晓东，校点.礼记[B].上海：上海古籍出版社，2016：623.

轻举妄动。孙希旦转引吕氏大临曰："小人，谓民也。君子，谓士大夫。大人谓王、公。凡人覆没于祸患，不能以自出者，皆在其易而亵之也。水之德至柔，民狎之而不戒，此取溺之道也。古之君子，辞达而已，若于己则费，于人则烦，其甚至于害身丧德，易出而不可悔，非口之溺人乎？民愚且贱，上之所易也。惟愚，故蔽于心而不可理喻；惟贱，故有鄙心，多怨而无耻。为王、公者，慢而不敬，则轻身轻上，无所不至，此民之溺人也。引《大甲》，言为政者如虞人之射禽，张机省括而后发，则无溺于民之患。《兑命》言庶政不可不慎，《大甲》言祸患之来，莫非自取，《尹诰》言君以忠信有终，皆君所自致也。"①"小人"指的是普通民众，"君子"指的是士大夫，"大人"指的是国王、公侯。人但凡遭遇祸患而不能自救，都是因为自己有所懈怠和轻慢。比如水的特性最为柔弱，民众因此喜欢亵玩而没有戒心，这就是导致溺亡的原因。所以，古代的君子，说话言辞达意就够了，如果非要自己说得痛快，可能会导致别人厌烦，甚至发生祸害生命背离道德的事，话就是这样容易说出去却没法后悔，岂不是祸从口出而自取灭亡？民众头脑愚钝而地位卑贱，所以被上流社会的人所轻慢。但是，正因为他们头脑愚钝，所以心智闭塞而对很多事难以理喻；正因为地位卑贱，所以有卑鄙贪婪心，多怨恨而不知耻。王公大人如果对他们轻慢而不尊敬，他们就会轻视自己的生命也轻视王公大人，没有什么事情不敢干，这就是人民像汪洋大海一样可以让王公大人溺亡的原因。引用《大甲》中的话，就是告诫为政者要像守护山林的虞人射禽兽，张开机弩后要先用机括瞄准再发射，这样就不会有溺亡于民怨沸腾的隐患。引用《兑命》则是告诫为政者关于庶民的政事不可不谨慎，又引用《大甲》强调遭受祸患其实都是自取的，《尹诰》最后强调君主能够始终获得臣民忠信以待，也都是君主自己忠信待人的结果。

子曰："民以君为心，君以民为体。心庄则体舒，心肃则容敬。心好之，身必安之。君好之，民必欲之。心以体全，亦以体伤；君以民存，亦以民亡。《诗》云：'昔吾有先正，其言明且清，国家以宁，都邑以成，庶民以生。谁能秉国成？不自为正，卒劳百姓。'《君雅》曰：'夏日暑雨，小民惟曰怨。资冬祁寒，小民亦惟曰怨。'"民众把君主当作主心骨，君主把民众当作身体寄托。内心端庄则身体舒泰，内心肃静则容貌可敬。心中有喜好的东西，身体安之若素。君主喜好的东西，民众必定也想

① （清）孙希旦，撰.礼记集解（下）[B].北京：中华书局，1989：1328—1329.

要。心依靠身体才能保全，也因为身体而受伤；君主依靠民众得以生存，也因为民众导致死亡。《诗经》有言："过去先君能正人，言语简明又透彻，国家因此得安宁，都城因此得以建成，庶民因此得安生。谁能秉持国之柄？勿要自觉能正人，鞠躬尽瘁为百姓。"《尚书·周书·君雅》又言："夏天酷热多暴雨，小民无奈抱怨天。到了冬天冰雪寒，小民无奈又怨天。"

陈澔转引方氏曰："民以君为心者，言好恶从于君也。君以民为体者，言休戚同于民也。体虽致用于外，然由于心之所使，故曰：'心好之，身必安之。'心虽为主于内，然资乎体之所保，故曰：'心以体全，亦以体伤。'"① "民以君为心"是说民众的好恶跟从君主之好恶，"君以民为体"是说君主和民众休戚与共。身体虽然从事外在之用，然而却受内心所役使，所以说"心之所好，即身之所安"，如苏轼《定风波·南海归赠王定国侍人寓娘》中所言"此心安处是吾乡"，我的心安定的地方就是我的家乡。心虽然是身体的内在主宰，但必须依赖身体才能保全，所以说"心靠身体保全，也因身体而受伤"。君主也依靠民众才能生存，但也因违背民意招致灭亡，这就是《荀子·王制》和《荀子·哀公》中说的"君者舟也，庶人者水也，水则载舟，水则覆舟"，君主就像船，庶民就像水，水可以承载船，也能覆灭船。"《诗》云"和"《君雅》曰"部分，郑玄注："先正，先君长也。谁能秉国成，伤今无此人也。成，邦之八成也。谁能秉行之，不自以所为者正，尽劳来百姓忧念之者与？疾时大臣专功争美"；"'昔吾有先正'，从此至'庶民以生'，总五句，今《诗》皆无此语，余在《小雅·节南山》篇，或皆逸《诗》也"；"雅，《书序》作'牙'，假借字也。《君雅》，周穆王司徒作，《尚书》篇名也。资，当为'至'，齐、鲁之语，声之误也。祁之言是也，齐西偏之语也。夏日暑雨，小民怨天。至冬是寒，小民又怨天，言民恒多怨，为其君难。"② "先正"就是先前的伟大君主，"谁能秉国成"是伤感现在没有这样的人了，"成"就是治理邦国的八种成规（《周礼·天官·小宰》）。"谁能秉行之"，或指不自以为是而尽力为百姓排忧解难？这是痛心于当时大臣普遍向君主争功邀赏。从"昔吾有先正"到"庶民以生"，这五句诗在《诗经》上并没有，其余三句在《小雅·节南山》篇有，前五句或许都是《诗经》中没有收录的诗

① （元）陈澔，注.金晓东，校点.礼记[B].上海：上海古籍出版社，2016：624.
② （汉）郑玄，注.王锷，点校.礼记注（下册）[B].北京：中华书局，2021：732.

句。《君雅》的"雅"在《书序》中写作"牙"，是假借或通假字。《君雅》是周穆王的司徒所作，《尚书·周书》的篇名。"资"应当写作"至"，是齐、鲁地区的话造成的发音错误。"祁"也就是"是"，齐国西部的话。夏天酷暑多雨，小民抱怨上天。到了冬天寒冷，小民又抱怨上天，这是说民众总是爱抱怨，所以做他们的君主很难。

三、"民立而正"

哀公问曰："何为则民服？"孔子对曰："举直错诸枉，则民服；举枉错诸直，则民不服。"（《论语·为政》）鲁哀公问："怎么做才能使百姓顺服呢？"孔子回答道："把正直的人提拔上来管理不正直的人，百姓就会顺服；把不正直的人提拔上来管理正直的人，百姓就不会顺服。""举直错诸枉"就是为民众树立正确的榜样，使民众成为正直的人。

1. "正"与"义"

子曰："下之事上也，身不正，言不信，则义不壹，行无类也。"

孙希旦转陈氏祥道曰："下之事上，以身为本，而信以成之也。身正，然后无好异之行，是以有类。言信，然后有不可移之义，是以义主于壹。身不正，则动皆反常矣，其形于可见之行者斯无类；言不信，则德二三矣，其见于事君之义者斯不壹。"[1]臣下侍奉君主，以身体力行为本，而靠诚信最终完成。立身行事端正，就没有偏离伦常的行为，所以会有很多同类。言语诚实守信，就是坚定不移遵循正义，因此正义就主导一切。如果立身行事不正，一切行动就都偏离了伦常，所以人们看到人人各行其是；如果言语不诚实守信，那么道德也就成了说三道四，体现在侍奉君主上的忠义也莫衷一是。郑玄认为"类，谓比式"[2]，行为没有对比的范式或规范。陈澔则说："义不壹，或从或违也。行无类，或善或否也。"[3]也就是说，"义不壹"就是

---

① （清）孙希旦，撰.礼记集解（下）[B].北京：中华书局，1989：1329—1330.

② （汉）郑玄，注.王锷，点校.礼记注（下册）[B].北京：中华书局，2021：732.

③ （元）陈澔，注.金晓东，校点.礼记[B].上海：上海古籍出版社，2016：624.

人们对正义没有一致的认同，遵从或违背正义都说不清了。"行无类"就是道德莫衷一是造成行无依归，一旦是非善恶都不能判断了，人们也就不知道何去何从了。

子曰："言有物而行有格也，是以生则不可夺志，死则不可夺名。故君子多闻，质而守之；多志，质而亲之；精知，略而行之。《君陈》曰：'出入自尔师虞，庶言同。'《诗》云：'淑人君子，其仪一也。'"君子言论能得到实物验证而行为符合公序良俗，所以活着没有人能剥夺他的志愿，死了没有人能剥夺他的美名。所以君子要多听前人说过的话，质证合理后就严格遵循；要多记前人做过的事，质证可行后就亲自实行；精研前人的智慧，汲取其中精华并加以具体运用。如《尚书·周书·君陈》所言："君主政令在发出之前，意见先从外面传进来，又经过君臣共同讨论后才发出，所以庶民都说和自己想到了一块。"《诗经》则说："贤淑美人真君子，心仪彼此真一致。"

郑玄注："物，谓事验也。格，旧法也"；"质，犹少也。多志，谓博交泛爱人也。精知，孰虑于众也"；"自，由也。师、庶，皆众也。虞，度也。言出内政教，当由女众之所谋度，众言同，乃行之，政教当由壹也"①。"物"就是在事物中得到验证，"格"指既成的法度。"质"相当于"少"，"多志"是说广泛交往且博爱众人，"精知"则是为众人深思熟虑。"自"就是"由"或"从"，"师""庶"都是众人的意思，"虞"是"度"或"谋"，整句的意思是说君主从朝廷发出来的政教，应当出自众臣共同谋划，众臣普遍认同才付诸实施，政府教导民众就应当统一口径。陈澔转引吕氏曰："有物则非失实之言，有格则无逾矩之行，归于一而不可变，生乎由是，死乎由是，故志也，名也，不可得夺也。多闻，所闻博也。多志，多见而识之者也。质，正也。不敢自信，而质正于众人之所同，然后用之也。守之者，服膺勿失也。亲之者，问学不厌也。虽由多闻多识而得之，又当精思以求其至约而行之。略者，约也。此皆义壹行类之道也。"②"有物"就不是失实之虚言，"有格"就不是不合规矩的恶行，也就是行有归依而非朝秦暮楚，不论生还是死都始终如一，因此说有志向，因此才有名望，因此不可剥夺。"多闻"就是学问广博，"多志"就是见多识广，"质"就是质证，也就是不敢自以为是，而质证于众人取得一致意见，然后才敢拿来运用。"守之"就

① （汉）郑玄，注.王锷，点校.礼记注（下册）[B].北京：中华书局，2021：733.
② （元）陈澔，注.金晓东，校点.礼记[B].上海：上海古籍出版社，2016：624.

是"拳拳服膺而弗失之"（《中庸》），心悦诚服而一刻不离。"亲之"就是"学而不厌"（《论语·述而》），求学问道从不厌倦。"精知，略而行之"，是说虽然获得知识是依靠"多闻，择其善者而从之，多见而识之"（《论语·述而》），也就是依靠"博学之"（《中庸》）或"博学于文"（《论语·颜渊》），但是，行动却要"审问之，慎思之，明辨之"（《中庸》）或"约之以礼"（《论语·颜渊》）。"略"就是"约"，"约之以礼"，"非礼勿视，非礼勿听，非礼勿言，非礼勿动"（《论语·颜渊》）。

所谓"多闻"和"多志"就是"多识前言往行"，用今天的话说就是"博闻强识"，"识"和"志"读音一样，都是"记取"的意思。《周易·大畜》之《象》曰："天在山中，大畜。君子以多识前言往行，以畜其德。"《大畜》卦乾下艮上，表示天在山中，比喻天子礼贤下士，以积蓄自己的美德。另一方面，子张学干禄，子曰："多闻阙疑，慎言其余，则寡尤；多见阙殆，慎行其余，则寡悔。言寡尤，行寡悔，禄在其中矣。"（《论语·为政》）子张请教求取官职俸禄的方法。孔子说："多听别人说且对有疑问的事不乱议论，谨慎地说出其他确切无疑的观点，这样说话就可以少遭人怪罪；多观察别人做事且对没把握的事先不做，谨慎地做好那些真正有把握的事，这样就能减少自己事后懊悔。言语少过失，行动很少需要后悔，官职俸禄自然就有了。"不论君主还是官员，都要以天下国家为重，尊重民意；而不能自以为是，胆大妄为。

子曰："唯君子能好其正，小人毒其正。故君子之朋友有乡，其恶有方。是故迩者不惑，而远者不疑也。《诗》云：'君子好仇。'"只有君子才喜好纠正自己的诤友，小人往往仇恨纠正自己的人。所以，君子交朋结友要有志向，他疾恶如仇也要有方法。唯有如此才能使亲近的人不困惑，而疏远的人也不质疑。如《诗经·周南·关雎》所说的，成为"君子的好伴侣"。

郑玄注："正，当为'匹'，字之误也。匹，谓知识朋友"；"乡、方，喻辈类也。小人徼利，其友无常也"；"迩者不惑"，"言其可望而知。迩，近也"；"仇，匹也"[1]。"正"应当是"匹"，是文字的错误；"匹"，指的是认知或结交朋友。"乡"和"方"比喻同辈或同类，如过去常说的"我辈"或"族类"，因为小人唯利是图，所以没有固定的朋友。"仇"也是"匹"，也就是"朋辈"。陈澔说："旧读'正'为'匹'，今从吕氏说读如字。盖君子与君子以同道为朋，小人与小人以同利为朋矣，君子固好

---

① （汉）郑玄，注.王锷，点校.礼记注（下册）[B].北京：中华书局，2021：733.

其同道之朋矣，小人亦未尝不好其同利之朋。不当言毒害其匹也，小人视君子如仇雠，常有祸之之心，此所谓'毒其正'也。君子所好不可以非其人，故曰'朋友有乡'；所恶不可以及善人，故曰'其恶有方'。前章言'章善瘅恶以示民厚，则民情不贰'，今好恶既明，民情归一，故迩者远者不惑不疑也。《诗·周南·关雎》之篇，言君子有良善之仇匹，引以证同道之朋。"①过去把"正"读作"匹"，现在按吕大临的解释还是读作"正"。大概君子是因为是同道中人所以成为朋友，小人是因为共同的利益所以成为朋友，小人对于利益一致的朋友也未尝不是真心喜欢。所以不能说小人就会毒害朋友，而是说小人视君子为仇敌，常有祸害君子之心，所以"毒其正"是毒害正人君子。君子不应该错爱坏人，所以说他"交朋友有指向"；君子也不应该厌恶好人，所以说他"厌恶人有方法"。前面的章节讲过"好善疾恶以表明君主厚待之人，这样民众就会一心向善"，到这里既然好恶已经明确且民众也能好善疾恶，所以不论远近亲疏都不再有困惑迟疑了。孙希旦说："正，谓益者之友，能正己之失者，唯君子能好之，若小人则反毒害之矣。方亦乡也。君子所交之朋友，有一定之乡，必其善者也；其所恶亦有一定之方，必其不善者也。是以能见信于远迩也。"②孙希旦也是把"正"字读作它本身的音，而且认为意思如"益者三友"（《论语·季氏》）说的"益者之友"，也就是能纠正自己过失的诤友。"唯君子能好其正，小人毒其正"，就是说唯有君子能喜欢诤友，如果是小人则反倒要毒害他。"方"也就是"乡"，君子交友有一定的方向，那必定是善良的人；他厌恶人也有一定的方法，那一定是不善的人。因此远近的人都能信任他。

2. "义"与"利"

子曰："轻绝贫贱而重绝富贵，则好贤不坚而恶恶不著也。人虽曰不利，吾不信也。《诗》云：'朋有攸摄，摄以威仪。'"轻易绝交贫贱的人而难以绝交富贵的人，这是喜好贤才不坚定而厌恶恶人不明确。这种人虽然有人说他不贪利，但我是不会相信的。《诗经·大雅·既醉》说："朋友互相有所取，摄取威信和礼仪。"

---

① （元）陈澔，注.金晓东，校点.礼记[B].上海：上海古籍出版社，2016：624—625.
② （清）孙希旦，撰.礼记集解（下）[B].北京：中华书局，1989：1331.

陈澔转引马氏曰："贤者宜富贵，而富贵者未必皆贤。恶者宜贫贱，而贫贱者未必皆恶。于其贫贱而轻有以绝之，则是好贤不坚也。于其富贵而重有以绝之，则是恶恶不著也。是志在于利而不在于道，人虽曰不利者，吾不信也。"①贤能的人理当富贵，但富贵的人未必都贤能。邪恶的人理当贫贱，但贫贱的人未必都邪恶。对于那些贫贱的人轻而易举就绝交，这是喜好贤才不坚定。对于富贵的人则要有重大过错才绝交，这是厌恶恶行不明确。这种人志在得利而非道义，人们虽然说他不贪利，但我是不会相信这样的话的。孙希旦也说："贫贱者未必不贤也，而轻于绝之，则必有以贤而见绝者，而好贤之心不坚矣。富贵者未必不恶也，而重于绝之，则必有以恶而见容者，而恶恶之心不著矣。如此，则其交也，徒以势利而不以道义也。"②贫贱的人未必不是贤才，却因小过错轻易就和他绝交，如此必定有贤才被断绝，这是喜爱贤才的心不坚定。富贵的人未必不邪恶，却要很重的过错才和他绝交，这是厌恶邪恶的心不显著。如果这样的话，与人交往不过是趋炎附势而已，根本不是以道义为准则。郑玄以为"言此近徼利也"；"攸，所也。言朋友以礼义相摄正，不以贫富贵贱之利也"③。也就是说，这么做接近唯利是图了。所引《诗经》中诗句，"攸"就是"所"，也就是朋友之交应该有所摄取，应该互相摄取礼义以纠正自己，而不是以贫富贵贱互相摄取利益。也就是说，不应该贫富贵贱之间互相利用，各取所需之利。

子曰："私惠不归德，君子不自留焉。《诗》云：'人之好我，示我周行。'"私相授受的小恩小惠不能修养美德，所以君子不会自己留下这些礼物或和这样的人做朋友。正如《诗经》所言，"你若果真对我好，为我指明忠信道。"

"私惠，谓不以公礼相庆贺，时以小物相问遗也。言其物不可以为德，则君子不以身留此人也。相惠以亵渎、邪辟之物，是为不归于德，归，或为'怀'"；"行，道也。言示我以忠信之道"④。"私惠"，就是不以国家公用礼物互相庆贺，而是不时以私人小礼物互相慰问馈赠。"不自留"是说这种礼物不能修养道德，所以君子不出于自身而挽留赠礼物的人。也就是说，互相馈赠亵渎公义的邪僻礼物，不能归入德行高尚之列。"归"或许为"怀"，也就是私下赠礼不是怀有明德的表现。《诗经》引文

① （元）陈澔，注.金晓东，校点.礼记[B].上海：上海古籍出版社，2016：625.
② （清）孙希旦，撰.礼记集解（下）[B].北京：中华书局，1989：1331.
③ （汉）郑玄，注.王锷，点校.礼记注（下册）[B].北京：中华书局，2021：734.
④ （汉）郑玄，注.王锷，点校.礼记注（下册）[B].北京：中华书局，2021：734.

中的"行"就是道,"示我周行"就是向我指明忠信之道。陈澔说:"上文言好恶皆当循公道,故此言人有私惠于我,而不合于德义之公,君子决不留之于己也。《诗·小雅·鹿鸣》之篇,周行,大道也。言人之好爱我,示我以大道而已,引以明不留私惠之义。"①上文已经说了好恶都应当遵循公道,所以此处再言若有人私下赠君子礼物却不符合道德仁义的公理,君子决不留下来自己享用。所引《诗经·小雅·鹿鸣》篇中的"周行"就是大道,意思是说人如果喜爱我,告诉我明德大道就是了,以此表明不留存私人礼物的意思。孙希旦说:"君子爱人以德,苟有私惠于我,而不归于德义之公,则君子不以其身留之。齐景公待孔子以季、孟,而不能行其道,则孔子去之矣。齐王馈孟子以兼金,而不能处以礼,则孟子辞之矣。周行,大道也,引《诗》,言人之相好,当相示以大道,而不可以私惠也。"②君子喜爱人应该是因为美德,如果有人私下施惠于君子,但却不符合道德仁义的公理,那么君子是不会为了自身而留下礼物的。齐景公说可以给孔子介于季孙和孟孙之间的待遇(《论语·微子》),但却不想实行孔子推崇的仁道,所以孔子就离开了齐国。齐王馈赠给孟子上好的金子,但却不能以礼相待,所以孟子推辞不接受(《孟子·公孙丑下》)。"周行"就是大道,引用《诗经》的话就是要说,人与人之间相互友好,应该以美德大道相示,而不是施予小恩小惠。郑玄认为"君子不自留"的是人,也就是不慰留赠礼物的人,但如果公务需要还是可以慰留。陈澔和孙希旦都认为是礼物,也就是不留下礼物供自己享用,或许是把礼物送交朝廷充公。两种解释都合理,就是在今天也应该把礼物上交充公,并且不和这种人做私人朋友。

子曰:"苟有车,必见其轼。苟有衣,必见其敝。人苟或言之,必闻其声;苟或行之,必见其成。《葛覃》曰:'服之无射。'"君子如果有了马车,必定能见他乘坐出行;如果裁了新衣,必定能见他穿到破旧。这就像君子如果要说话,必定是掷地有声地说;如果有所行动,必定能见到成效。正如《诗经·周南·葛覃》中说的,"穿着得体不生厌"。

郑玄以为此"言凡人举事,必有后验也。见其轼,谓载也。敝,败衣也。衣或在内,新时不见。射,厌也,言己愿采葛,以为君子之衣,令君子服之。无厌,言

① (元)陈澔,注.金晓东,校点.礼记[B].上海:上海古籍出版社,2016:625.
② (清)孙希旦,撰.礼记集解(下)[B].北京:中华书局,1989:1331.

不虚也。"① 这段话是说君子言必信而行必果，言行都能得到检验。"见其轼"的意思是承载，君子如果有车就能见他承载。"敝"是破败的衣服，衣服或许穿在里面，新的时候见不到，但破败了能见到。"射"就是厌倦，诗句的意思是说自己愿意去采葛，为君子纺织裁制衣服，让君子常穿不厌。无厌也表示不虚言让人厌烦。陈澔转吕氏曰："此言有是物必有是事，登车而有所礼则凭轼，有轼则有车，无车则何所凭而式之乎？衣之久必敝，有衣然后可敝，无衣则何敝之有？言必有声，行必有成，亦犹是也。盖诚者物之终始，不诚无物，引《葛覃》言实有是服乃可久服而无厌也。"② 这段话的意思是说拥有物品是为了满足需要，也就是物尽其用。登车要符合礼节就必须凭靠在车轼上，为此当然需要有车，没有车如何依礼凭靠在车轼上？衣服穿久了必定破败，但没有衣服何谈破败？说话必定掷地有声，做事必定功业有成，也是一样的道理。大概的意思是说至诚无伪就是尊重事物从始至终的发展过程，人不能做到至诚无伪就不能认识事物本身，不能做到物尽其用。引用《葛覃》是要真正懂得"拥有"衣服，才可以长久穿着也不厌倦。孙希旦则说："敝当作'蔽'。车成则必驾之，而见其轼之高；衣成则必衣之，而见其蔽于体。人有言行，不可得而掩，亦犹是也。引《葛覃》者，证有衣必见其蔽之义。"③ 孙希旦则认为"敝"应该是遮蔽的意思，也就是衣服遮蔽身体。车子做成了就必定用来驾驶，而且能见到车轼的高大可供凭靠。衣服做好了就必定用来穿，而且能看出可以很好地遮蔽身体。人的言行也应该像这样光明磊落，而不应该遮遮掩掩。

这段话先从车和衣讲起，感觉陈澔的解释最好，也就是君子对物着重发挥其功用，而不是贪婪地占有。紧接着讲的道理郑玄阐释得最好，也就是言必信而行必果。两句合起来就是"物尽其用，人尽其才"。最后引用《葛覃》的诗句，是说这样的君子不遭人厌烦。孙希旦强调一个"蔽"字，以为整句都在强调言行不可遮蔽，应该也抓住了精髓。子曰："君子坦荡荡，小人长戚戚。"（《论语·述而》）君子总是坦坦荡荡，小人经常哀哀戚戚。君子对于车和衣服这些东西是坦坦荡荡的，绝不会因为自己的车马和穿着不如人而唉声叹气。子曰："衣敝缊袍，与衣狐貉者立，而不耻者，其由也与？'不忮不求，何用不臧？'"（《论语·子罕》）穿着破旧的袍子，与穿

① （汉）郑玄，注.王锷，点校.礼记注（下册）[B].北京：中华书局，2021：734.

② （元）陈澔，注.金晓东，校点.礼记[B].上海：上海古籍出版社，2016：626.

③ （清）孙希旦，撰.礼记集解（下）[B].北京：中华书局，1989：1332.

着狐貉皮衣的人站在一起，却不觉得羞耻的，大概只有仲由吧!《诗经》上说："不怀
嫉妒不贪求，什么生活不自由?"

3. "德"与"命"

子曰："言从而行之，则言不可饰也。行从而言之，则行不可饰也。故君子寡言
而行，以成其信，则民不得大其美而小其恶。《诗》云：'自圭之玷，尚可磨也；斯言
之玷，不可为也。'《小雅》曰：'允也君子，展也大成。'《君奭》曰：'昔在上帝，周
田观文王之德，其集大命于厥躬?'"说过的话随后就要去践行，那么说话也就没法
掩饰了。先做了再说出来，那么行为也就不可能掩饰了。所以，君子总是言行一致，
因此能成就良好信誉，这样民众也不敢夸大美德而掩饰恶行。正如《诗经》所言，
"白玉如有瑕疵，尚且可以磨掉；说话留下污点，没有办法洗清。"《小雅》则说："至
诚君子，浑然天成。"《君奭》说："昔年在天之帝，想必也是全面观察文王的美德，
才把统治天下的大命授予他吧?"

郑玄注："从，犹随也"；"以行为验，虚言无益于善也。寡，当为'顾'，声之
误"；"玷，缺也。言圭之缺，尚可磨而平之，言之缺，无如之何"；"允，信也。展，
诚也"；"奭，召公名也，作《尚书》篇名也。古文'周田观文王之德'为'割申劝
宁王之德'，今博士读为'厥乱劝宁王之德'，三者皆异，古文近之。'割'之言'盖'
也，言文王有诚信之德，天盖申劝之，集大命于其身，谓命之使王天下也。"[1] "从"
就是随从，"言从而行之，则言不可饰也"是说以行为来检验言语，虚言对于教人从
善没有作用。"寡"应当是"顾"，是发音相近造成的错误，也就是"言顾行，行顾言"
(《中庸》)。"玷"就是缺陷，意思是白玉的缺陷可以通过磨平来去除，言语存在缺陷
却没有办法收回。"允"就是忠信，"展"就是诚信，忠信的人就会有诚信。奭是召公
的名，《君奭》是《尚书》中一篇的名。古文尚书中"周田观文王之德"为"割申劝
宁王之德"，现在的博士读作"厥乱劝宁王之德"，三者彼此都不一样，古文尚书应
该接近正确。"割"就是"盖"，意思是说文王本来有诚信之德，所以上天大概因此
进一步劝导他。"集大命于厥躬"就是把各种使命都交给他，也就是命令他作为天下

---

① （汉）郑玄，注.王锷，点校.礼记注（下册）[B].北京：中华书局，2021：735.

的王。陈澔说："从，顺也，谓顺于理也。言顺于理而行之，则言为可用，而非文饰之言矣。行顺于理而言之，则行为可称，而非文饰之行矣。言之不怍，则为之也难。寡言而行，即讷于言而敏于行之意。以成其信，谓言行皆不妄也。大其美者，所以要誉；小其恶者，所以饰非，皆言之所为也。君子寡言以示教，故民不得如此"；"《君奭》，《周书》，言昔者上帝降割罚于殷，而申重奖劝文王之德，集大命于其身，使有天下。《抑》诗证'言不可饰'，《车攻》诗证'行不可饰'，引《书》亦言文王之实有此德也"①。"从"就是顺从，也就是顺从理。言论顺从于事理然后再去践行，这样的言语就是切实可行的言论而不是哗众取宠的言论。行为顺从于事理然后再说出来，这样的行为也就值得称道学习，而不是装模作样的行为。说过的话都问心无愧，要做到这样并不容易。"寡言而行"就是"讷于言而敏于行"（《论语·里仁》），也就是说话谨慎而做事敏捷。"以成其信"就是说言行都不虚妄，也就是言必信而行必果。"大其美"就是沽名钓誉，"小其恶"就是粉饰恶行，说的都是言语的作用。所以君子以少说话来教导人，民众就不会花言巧语了。《君奭》是《尚书·周书》中的一篇，引文的意思是说上天对殷降下分割土地的惩罚，同时对文王的美德给予重奖和宣扬，把上天的使命都集中在他身上，让他拥有天下。《抑》诗是要引证"言语不可虚饰"，《车攻》诗是要引证"行为不可伪饰"，引用《书》也是要强调文王确实有美德。

子曰："南人有言曰：'人而无恒，不可以为卜筮。'古之遗言与？龟筮犹不能知也，而况于人乎？《诗》云：'我龟既厌，不我告犹。'《兑命》曰：'爵无及恶德，民立而正。事纯而祭祀，是为不敬，事烦则乱，事神则难。'《易》曰：'不恒其德，或承之羞。''恒其德，侦。妇人吉，夫子凶。'"南方人有句俗话说："人如果没有恒常心，不可以去占卜算卦。"这是古人流传下来的话吧？乌龟占卜和蓍草筮算尚且不能知道那种反复无常的人，更何况是人呢？对于反复无常的小人，正如《诗经·小雅·小旻》中说的，"我们的乌龟都已经厌烦了，不会再告知我们吉凶之道了"。所以《说命》说："爵位不能授予恶人，这样才能为民众树立榜样。为求爵位而去祭祀，这是对神灵大不敬，一再祈求神灵则乱了祭祀礼义，这样侍奉神灵也很难得到保佑。"《周易·恒卦》九三爻说："一个人没有恒常的德行，或许将要承受他人的羞辱。"当

---

① （元）陈澔，注.金晓东，校点.礼记[B].上海：上海古籍出版社，2016：626.

然，六五爻也说了，"恒常的德行，也要正确看待，妇人从一而终跟随丈夫是吉利的，但男子如果也是一味追随他人就有凶险了"。

"恒，常也。不可以为卜筮，言卦兆不能见其情，定其吉凶也"；"犹，道也。言亵而用之，龟厌之，不告以吉凶之道也"；"恶德，无常之德。纯，犹皆也。言君祭祀，赐诸臣爵，毋与恶德之人也。民将立以为正，言仿效之疾。事皆如是，而以祭祀，是不敬鬼神也。恶德之人使事烦，事烦则乱。使事鬼神，又难以得福也"；"羞，犹辱也。侦，问也，问正为侦。妇人，从人者也。以问正为常德则吉，男子当专行干事，而以问正为常德，是亦无恒之人也"①。"恒"就是恒常，"不可以为卜筮"是说算卦的预兆不能发现他的实情，难为他确定吉凶。"犹"就是"道"，"我龟既厌，不我告犹"是说占卜的人亵渎了占卜，连乌龟都厌恶他，所以不告诉他趋吉避凶的方法。《兑命》引文中，"恶德"就是变化无常的德行，"纯"就是都一样，"爵无及恶德"是说君主在祭祀的时候，赐予诸臣酒具爵，但不能赐予道德不好的人。"民将立以为正"是说民众将以受赐者作为榜样，急于学习效仿他们。"事纯而祭祀，是为不敬"是说事理本来都是这样，但在祭祀中不分善恶就是不敬鬼神。"事烦则乱，事神则难"是说恶德之人使祭祀变得麻烦，变得麻烦后就容易出乱子。以不正确的方式侍奉鬼神，即便祭祀也难以得到福佑。"羞"就是羞辱，"侦"就是询问正道，"妇人"是跟随他人的人。人如果能以询问探求正道作为恒常之德就会吉利，但是男子还是应当专注于做事，如果只是把探求正道作为恒常之德，其实也是无恒常之心的人。

陈澔补充说："《论语》言不可以作巫医，是为巫为医。此言为卜筮，乃是求占于卜筮。龟筮犹不能知，言无常之人，虽先知如龟筮，亦不能定其吉凶，况于人乎?《诗·小雅·小旻》之篇，犹，谋也。言卜筮烦数，龟亦厌之，不复告以所谋之吉凶也。"②子曰："南人有言曰：'人而无恒，不可以作巫医。'善夫!""不恒其德，或承之羞。"子曰："不占而已矣。"(《论语·子路》)孔子在《论语》中说的"不可以作巫医"，是说不能做巫师和医师。《礼记·缁衣》此处所言是"不可以为卜筮"，也就是不可以去用乌龟占卜或用蓍草算卦。"龟筮犹不能知"，是说反复无常的人，即便是像神鬼和蓍草这样的先知，已无法判定他们反复无常会导致吉还是凶，更何况是

① （汉）郑玄，注.王锷，点校.礼记注（下册）[B].北京：中华书局，2021：735—736.
② （元）陈澔，注.金晓东，校点.礼记[B].上海：上海古籍出版社，2016：627.

人呢?《诗经·小雅·小旻》之篇中的"犹"是"谋"的意思,也就是说反复无常的人占卜筮算次数太多,乌龟都对他厌烦了,不再告诉他所谋之事吉利还是凶险。这里的"谋"解释为"谋划",与郑玄解释为"道"或"趋吉避凶之道"不同,感觉都说得通,但郑玄的"道"似乎更符合上下文讲的恒常之道。孙希旦接着解读《兑命》中的引文:"民立而事定者,言以爵加人,而立之为大夫,必其有恒而行正道者。若无恒之人,专求之于鬼神,是为诐渎不敬。其事烦则乱于典礼,而事神难以得福也。引《易·恒卦》九三爻辞,以明无恒之取羞;引六五爻辞,又以明所谓恒者,当因义而制其变通,而不可如妇人之专一也。"①孙希旦这里的断句是"民立而事定",这和郑玄"民立而正"不一样,所以意思也就不一样。"民立而事定"是说为人加爵立为大夫,必定选择有恒心且行正道的人,如果不是有恒心的人而专务求鬼神,这种人就是诐媚和亵渎鬼神,也是对鬼神的大不敬。这种人令鬼神厌烦而且搞乱了祭祀典礼的本意,即便他们以祭品侍奉鬼神其实也得不到福佑。引用《周易·恒卦》九三爻辞,是要明确没有恒心会自取其辱;引用六五爻辞,则是为了进一步明确,所谓有恒心的人,也应当根据礼义而进行变通,而不是像依附于人的妇人一样。

陈澔转引应氏曰"引《兑命》有误,当依今《书》文";又转引冯氏曰"此篇多依仿圣贤之言,而理有不纯,义有不足者多矣"②,应该说都符合我们今天阅读后的感受。《尚书·商书·说命》并无"民立而正",原文有"官不及私昵,惟其能;爵罔及恶德,惟其贤";"无启宠纳侮,无耻过作非。惟厥攸居,政事惟醇。黩于祭祀,时谓弗敬。礼烦则乱,事神则难"③。意思是说加官不虑及私下和自己亲昵与否,而只考虑其才能;晋爵不包括有恶德的人,只包括有贤德的人。不要启用宠臣而招致侮辱,不要耻于认错而为非作歹。君主应该允执厥中,这样政事才能纯正合理。试图任凭自己的心意祭祀,那就是对所祭奠鬼神不敬。礼仪烦琐就必然混乱,那样侍奉神也难得护佑。《尚书》这个意思还是很好的,也符合这段话的上下文,就是强调君主不能"无法无天"。"天命"、"天理"或"天意",就是人不能违背的永恒道理。之所以说没有恒心的人不能占卜,是因为他们通过一次又一次的占卜,要使"天命""天理""天意"符合自己的"命运""人欲""心意",那不是"心比天高"了吗?

---

① (清)孙希旦,撰.礼记集解(下)[B].北京:中华书局,1989:1333.

② (元)陈澔,注.金晓东,校点.礼记[B].上海:上海古籍出版社,2016:627.

③ 王世舜,王翠叶,译注.尚书[B].北京:中华书局,2012:419.

那又何必占卜呢?

引用《周易·恒卦》是要教人认识"永恒"和"无恒"或"恒常"与"无常"。《彖》曰:"天地之道恒久而不已也";"日月得天而能久照,四时变化而能久成。圣人久于其道而天下化成。观其所恒,而天地万物之情可见矣"。天地之道就是天长地久却变化不已,日月在天空中长存又交替照临,四季在天地间不停变化却又能一再生成。圣人长久地观察天地之道,从而知道天下万物的演化生成规律。一旦观察到了天地永恒之道,天地万物的性情也就清楚了。《象》曰:"雷风,恒。君子以立不易方。"《恒卦》上卦是雷,下卦是风,风雷激荡,这就是大自然中生生不息永恒发展的力量,君子以此自然现象确立了永恒不变的方法。也就是说,真正的永恒并不是僵死的不变,恰恰相反,唯有因时而变且开风气之先才能恒久。本段引用九三爻辞"不恒其德,或承之羞",是说要学习"天地之道恒久而不已也",也就是像太阳东升西落、春夏秋冬四季变化等永恒不变的美德,一个人"不恒其德"就像太阳今天东升西坠,明天太阳从西边出来了,这种人就是"反复无常"的小人;"或承之羞"就是说这种小人或许要承受别人的羞辱,"太阳从西边出来了"就是羞辱小人的话。《象》曰:"'不恒其德',无所容也。"何止"或承之羞",直接就为众人所不容。但是,这也不意味着每个人都必须"日出而作,日落而息","朝九晚五"年复一年、日复一日地过单调日子。太阳每天升起的时间还不一样呢,日月还有阴晴圆缺,更有四季日照长短变化。在不变中包含着无数的变化,在变化中也包含着永恒不变,这就是天地之道。所以又引用六五爻辞"恒其德,贞,妇人吉,夫子凶",恒久的德行,也要问是否贞正,对于妇人来说是吉利,对于男子来说则有凶险。《象》曰:"妇人贞吉,从一而终。夫子制义,从妇凶。"当然,这是受古代"男尊女卑"观念的禁锢,也就是说女子从一而终跟随丈夫是吉利的,但男子应该因事制宜、因时制宜甚至因人制宜,如果也像妇人只懂得追随人就不好了。今天我们只需要男女平等看待就可以了,如《象》所言"雷风相与,巽而动,刚柔皆应,恒",风雷激荡、闻风而动、刚柔相应,这就是长久之道。

第八章
"有道德者所行"

鲁哀公问于孔子曰:"夫子之服,其儒服与?"孔子对曰:"丘少居鲁,衣逢掖之衣。长居宋,冠章甫之冠。丘闻之也:君子之学也博,其服也乡。丘不知儒服。"

哀公曰:"敢问儒行。"孔子对曰:"遽数之,不能终其物。悉数之,乃留,更仆未可终也。"

哀公命席。孔子侍曰:"儒有席上之珍以待聘,夙夜强学以待问,怀忠信以待举,力行以待取。其自立有如此者。"

"儒有衣冠中,动作慎;其大让如慢,小让如伪,大则如威,小则如愧。其难进而易退也。粥粥若无能也。其容貌有如此者。"

"儒有居处齐难,其坐起恭敬,言必先信,行必中正,道途不争险易之利,冬夏不争阴阳之和;爱其死以有待也,养其身以有为也。其备豫有如此者。"

儒有不宝金玉,而忠信以为宝;不祈土地,立义以为土地;不祈多积,多文以为富;难得而易禄也,易禄而难畜也。非时不见,不亦难得乎!非义不合,不亦难畜乎!先劳而后禄,不亦易禄乎!其近人有如此者。

儒有委之以货财,淹之以乐好,见利不亏其义;劫之以众,沮之以兵,见死不更其守;鸷虫攫搏,不程勇者;引重鼎,不程其力;往者不悔,来者不豫;过言不再,流言不极,不断其威,不习其谋。其特立有如此者。

"儒有可亲而不可劫也，可近而不可迫也，可杀而不可辱也。其居处不淫，其饮食不溽，其过失可微辨而不可面数也。其刚毅有如此者。"

"儒有忠信以为甲胄，礼义以为干橹；戴仁而行，抱义而处；虽有暴政，不更其所。其自立有如此者。"

"儒有一亩之宫，环堵之室，筚门圭窬，蓬户瓮牖；易衣而出，并日而食；上答之，不敢以疑；上不答，不敢以谄。其仕有如此者。"

"儒有今人与居，古人与稽；今世行之，后世以为楷；适弗逢世，上弗援，下弗推，谗谄之民，有比党而危之者；身可危也，而志不可夺也；虽危，起居竟信其志，犹将不忘百姓之病也。其忧思有如此者。"

"儒有博学而不穷，笃行而不倦，幽居而不淫，上通而不困；礼之以和为贵，忠信之美，优游之法；举贤而容众，毁方而瓦合。其宽裕有如此者。"

"儒有闻善以相告也，见善以相示也，爵位相先也，患难相死也，久相待也，远相致也。其任举有如此者。"

儒有澡身而浴德，陈言而伏，静而正之，上弗知也；粗而翘之，又不急为也；不临深而为高，不加少而为多；世治不轻，世乱不沮；同弗与，异弗非也。其特立独行有如此者。

儒有上不臣天子，下不事诸侯；慎静而尚宽，强毅以与人，博学以知服；近文章，砥厉廉隅；虽分国，如锱铢；不臣，不仕。其规为有如此者。

儒有合志同方，营道同术；并立则乐，相下不厌；久不相见，闻流言不信；其行本方立义；同而进，不同而退。其交友有如此者。

温良者，仁之本也。敬慎者，仁之地也。宽裕者，仁之作也。孙接者，仁之能也。礼节者，仁之貌也。言谈者，仁之文也。歌乐者，仁之和也。分散者，仁之施也。儒皆兼此而有之，犹且不敢言仁也。其尊让有如此者。

"儒有不陨获于贫贱，不充诎于富贵，不慁君王，不累长上，不闵有司，故曰儒。今众人之命儒也妄，常以儒相诟病。"

　　孔子至舍，哀公馆之，闻此言也，言加信，行加义："终没吾世，不敢以儒为戏。"

　　在中国几千年国家治理的历史中，儒家思想长期充当政治意识形态主流，以致西方直接把中国称作"儒教中国"①。受此影响，中国商人也曾争做"儒商"，中国军人也曾争做"儒将"。"儒商"不是唯利是图的生意人，"儒将"不是只懂杀伐的一介武夫，而是像学而优则仕的士人一样，懂得修身、齐家、治国、平天下，是有高度思想政治自觉的人。在诸子百家中，道家主要关注人的精神自由，墨家特别重视技术和组织，法家依靠法律主导国家政治，农家最关心农业生产，儒家的特点就是特别关注政治，而且是通过思想文化来主导政治。更具体地说，儒家是通过思想政治教育来主导国家政治意识形态，从而成为中国经济、政治、文化和社会的主导力量。直到今天，中国人的道德和审美情趣，总体上还是受儒家思想影响最大。以"孝悌"为本的"仁"和以"忠信"为本的"义"，堪称中国人认同度最高的"普适价值"。"仁"和"义"的"中和"其实就是"礼"，"彬彬有礼"或"儒雅"则是中国人认同度最高的审美标准。中国人常赞赏一个人是"君子""仁人""义士"，这是道德的评价，从审美角度的评价则是"落落大方""雍容大度""温文尔雅"。本书本章内容来自《礼记·儒行》，郑玄认为"以其记有道德者所行。儒之言优也，和也，言能安人、能服人"②，也就是说，《儒行》记载道德高尚的行为，体现了儒家言论的优点是致力于实现中和，所以能使人心灵安宁、让人信服。《孔子家语》有"儒行解第五"，也就是解读儒者的德行，其开篇有个背景介绍：孔子在卫，冉求言于季孙曰："国有圣人而不能用，欲以求治，是犹却步而欲求及前人，不可得已。今孔子在卫，卫将用之。已有才而以资邻国，难以言智也，请以重币迎之。"季孙以告哀公，公从之。孔子既至，舍哀公馆焉。公自阼阶，孔子宾阶，升堂立侍。孔子在卫国，冉求对季孙氏说："国家有圣人却不能任用，这样想治理好国家，就像倒着走而又想赶上前面的人，是不可能的事。现在孔子在卫国，卫国将要任用他。我们自己有人才却让他去帮助邻国，这难以说是明智之举。请用厚重的聘礼把他迎接

①　（美）约瑟夫·列文森，著.郑大华，任菁，译.儒教中国及其现代命运[M].桂林：广西师范大学出版社，2019.
②　（汉）郑玄，注.王锷，点校.礼记注（下册）[B].北京：中华书局，2021：774.

回来。"季孙氏把冉求的建议禀告鲁哀公，鲁哀公听从了这一建议。孔子回到鲁国后，住进鲁哀公安排的馆舍。哀公走大堂东面的主人台阶，孔子走大堂西面的宾客台阶，进入大堂后孔子站立陪侍哀公。宋代吕大临说："儒者之行，一出于义理，皆吾性分所当为，非以是自多而求胜于天下也。此篇之说，有夸大胜人之气，少雍容深厚之风，窃意末世儒者将以自尊其教，谓'孔子言之'，殊可疑。然考其言，不合于义理者殊寡，学者果践其言，亦不愧于为儒矣，此先儒所以存于篇也与？"[①]儒者的行为应当一概出于道义和天理的要求，都是每个人各自社会属性和分工所应当做的，而不应该自我夸大并寻求天下无双的地位。《儒行》的言说有夸大其词、争强好胜的气势，而缺少雍容大度、深厚纯朴的风气，我私下以为这是战国末期的儒者为了儒学自立自强的言说，所谓"孔子言之"其实很值得怀疑。然而，仔细考察《儒行》的言说，不合乎孔子宣传的义理的地方其实很少，后世学者如果真能践行这些言论，亦完全不会愧对儒者的称号，这就是过去的儒者继续留存此篇的原因吧？或许还有一个更直接的原因，《儒行》比较集中地讲儒者德行。北宋中期进士及第，皇帝要赐予《儒行》。今天学习《儒行》，也有利于比较系统地思考人类道德行为准则。

一、儒者

孔颖达说："儒者，濡也，以先王之道能濡其身"；"儒行有不同，或以逊让为儒，或以刚猛为儒，其与人交接常能优柔，故以儒表名"[②]。"儒"就是相濡以沫的"濡"，追求以先王之道来滋养身心；儒者的行为方式并不相同，或者以谦逊退让体现为儒雅，或者以刚毅威猛体现为儒将，但儒者待人接物常能优裕宽柔，所以用"儒者"来表明名号。"仲尼祖述尧、舜，宪章文、武；上律天时，下袭水土。"（《中庸》）孔子总结了尧、舜、禹的历史传说，继承了文王、武王的典章制度，与时俱进，因地制宜。由此可见，孔子作为儒家学说主要创立者，以历史主义、人文主义和自然主义为主要特征。

---

① （清）孙希旦，编.礼记集解（下）[B].北京：中华书局，1989：1398.
② （唐）孔颖达，撰.礼记正义（下）[B].北京：北京大学出版社，2014：1581.

1.儒服

陈澔转应氏曰："儒之名始见于《周官》，曰儒以道得名，末世不充其道，而徒于其服。哀公觇孔子之被服儒雅，而威仪进趋，皆有与俗不同者，怪而问之。孔子不敢以儒自居也，故言不知儒服。"① "儒"这个名号最早见于《周官》书中，其中讲到"儒者"以"道"得名，也就是求学问道的人都称作"儒"。但是，因为出于末世，他们的"道"得不到实行，只剩下服饰表明他们的追求。哀公看到孔子穿着儒雅而且仪表堂堂，气度与凡人很不同，所以出于奇怪而发问。而孔子不敢以"儒者"自居，所以说自己不知道"儒服"。

鲁哀公问于孔子曰："夫子之服，其儒服与?"孔子对曰："丘少居鲁，衣逢掖之衣。长居宋，冠章甫之冠。丘闻之也：君子之学也博，其服也乡。丘不知儒服。"鲁哀公问孔子说："先生穿的衣服，就是儒者的服装吗?"孔子回答说："孔丘我年少时住在鲁国，穿腋下宽阔的大袖衣。长大之后住在宋国，戴殷商传统的章甫帽。孔丘我听说：君子学识应当渊博，衣服则随家乡习俗。孔丘我不知道有儒者服。"

郑玄注："哀公馆孔子，见其服与士大夫异，又与庶人不同，疑为儒服而问之"；"逢，犹大也。大掖之衣，大袂禅衣也，此君子有道艺者所衣也。孔子生鲁，长而之宋而冠焉。宋，其祖所出也。衣少所居之服，冠长所居之冠，是之谓乡。言不知儒服，非哀公意不在儒，乃今问其服。庶人禅衣，袂二尺二寸，祛尺二寸"；"章甫，殷冠也"②。这是哀公在馆舍招待孔子，见到孔子穿的衣服和士大夫的有差别，而且又与庶民百姓的不同，所以怀疑孔子穿的是"儒者之服"，故问他。"逢"就是"大"，"逢掖之衣"就是"大掖之衣"，指的是大袖无里衣裳（《礼记·玉藻》中"禅"为"绹"，郑玄注："有衣裳而无里"），这是表示君子追求德艺双馨的着装。孔子出生在鲁国，成年后到宋国才戴帽子。孔子先祖也出自宋国。穿幼时所居地的服装，戴成年后所居地的帽子，这就是孔子所谓的穿戴随家乡。说"丘不知儒服"，也是讽刺哀公心意不在"儒学"，如今却只问"儒服"。当时庶人穿的大袖禅衣，袖长二尺二寸，袖口宽一尺二寸。"章甫"则是殷商时期戴的帽子。孔颖达《礼记正义》中说："逢犹

---

① （元）陈澔，注.金晓东，点校.礼记[B].上海：上海古籍出版社，2016：660.

② （汉）郑玄，注.王锷，点校.礼记注（下册）[B].北京：中华书局，2021：774.

盛大之貌,《诗》云'维柞之枝,其叶蓬蓬',是逢为盛大之貌也。云大掖之衣,大袂禅衣也者,谓肘掖之所宽大,故云大袂禅衣也。"[1]"逢"表示盛大的样子,如《诗经》中说的"柞木之枝,绿叶蓬勃","逢"就是蓬勃繁茂的样子。"逢掖之衣"就是"大掖之衣",也就是"大袂禅衣",因为衣服肘腋宽大,所以称作"大袂禅衣"。陈澔也说:"《郊特牲》云:'章甫,殷道也。'盖缁布冠,殷世则名章甫。章,明也。所以表明丈夫,故谓之章甫耳"[2]。"儒"据《礼记·郊特牲》说,"章甫"是殷商的道行,大概是黑布做的帽子,在商代称作"章甫"。"章"就是"明"的意思,也就是表明要做"丈夫",所以谐音叫作"章甫"?

　　按照上面诸注解释,"儒者"最早应该泛指士人或后世说的"文人"。"儒者"的打扮和庶人不同,也与士大夫不同。这意味着,"儒服"或"儒者之服"事实上还是存在的,只不过没有明确统一的礼仪而已。这样很容易理解,就像今天的知识分子的打扮,与普通工人、农民或者官员、商人,还是会有一些区别。这种区别体现为比普通民众的打扮要干净整洁,但是又不像权贵追求庄严华美;它大概试图保持了庶民特有的质朴简洁,又吸取权贵气质中的庄重典雅,其本意或是为了表示追求"德艺双馨"。孔子虽回答鲁哀公说"不知儒服",但孔子对于着装并非毫不用心。所谓没有别的意思,其实大有深意。穿着家乡常人的打扮,就是不忘祖国养育之恩。只不过,孔子不希望哀公首先关注外在的"儒服",而希望他把心思用到"儒者"追求的"道"上。儒者也不应该把重点放在外在衣着,而应该放在"博学于文"上。就像今天有些文化人有独特的打扮,或光头或长发或破衣或花衣,总之是要搞得与众不同。如果只是表明不想像权贵一样衣冠楚楚,而想表示自己的心和普通民众在一起,这就是追求"德艺双馨"的表现!但是,这些都是个人外在的表现形式,更重要的是思想家的思想的出发点和立足点、艺术家的心灵及其艺术的内容,要始终站在广大民众这边。如果思想家一心只想帮助统治者统治民众,打扮得像个普通民众就没有意义。如果艺术家内心瞧不起民众,就是穿上破洞牛仔衣裤也和牧民没有关系。今天的艺人往往都是开豪车、住豪宅、穿名牌,比一般的官僚权贵更加奢靡豪华,这也说明他们是多么脱离民众!如此又何谈德艺双馨?同样,住豪华别墅、

① (唐)孔颖达,撰.礼记正义(下)[B].北京:北京大学出版社,2014:1583.
② (元)陈澔,注.金晓东,点校.礼记[B].上海:上海古籍出版社,2016:660.

开豪华轿车、戴世界名表、穿名牌服装的人，绝对不可能是哲学家、思想家、理论家或文学家。

2.儒行

儒者就是士人，他们"学而优则仕"，是统治阶级的后备队，"儒行"就是讨论他们的德行。今天的大学生和知识分子其实也是领导干部的重要后备力量，《儒行》这篇文章可用于教导大学生、知识分子和领导干部的道德行为。

哀公曰："敢问儒行。"孔子对曰："遽数之，不能终其物。悉数之，乃留，更仆未可终也。"哀公接着说："请问儒者德行。"孔子回答说："想要一下子就说完，就不能把相关事宜都说清楚。如果想要详细说清楚，就必须久留，以至于更换侍臣也未必能说完。"

郑玄注："遽，犹卒也。物犹事也。留，久也。仆，大仆也，君燕朝，则正位、掌摈相。更之者，为久将倦，使之相代。"①"遽"就是"卒"或卒遽、仓促急遽，"物"就是"事"或事宜，"留"就是"久"或久留，"仆"就是大仆，君主宴请或朝聘宾客时，大仆处于正位掌管引导宾客行礼。"更仆"是说大仆引导宾客时间长了疲倦，需要更换他人代替。陈澔则说："卒遽而数之，则不能终言其事；详悉数之，非久留不可。仆，臣之摈相者。久则疲倦，虽更代其仆亦未可得尽言之也。"②仓促急遽想要把儒者德行简单罗列出来，则无论如何也不能罗列完整；如果想要详尽地逐个说明，则非久留不可。孙希旦补充说："哀公问孔子之言，知儒者之所以异于人者不在服，故进而问其行。仆，侍御之人，若夏官大仆、小臣之属也。言儒者之行，遽数之则不能尽其事，尽数之乃当久留，至于仆侍之人怠倦而更代，犹未可尽，极言儒行之广博而深厚也。"③哀公通过前面问孔子"儒服"的话，已经知道儒者之所以异于常人不在于服装，所以进一步问儒者的德行。"仆"就是侍候御前的人，像夏朝官员中的"大仆""小臣"之类。这是说儒者的德行，想要一下子说完就说不清楚，想要说清楚就得久留，以至于侍臣也疲倦了需要更换也不见得能说完，意在强调儒者德行

---

① （汉）郑玄，注.王锷，点校.礼记注（下册）[B].北京：中华书局，2021：774—775.

② （元）陈澔，注.金晓东，点校.礼记[B].上海：上海古籍出版社，2016：660.

③ （清）孙希旦，编.礼记集解（下）[B].北京：中华书局，1989：1399.

广博深厚。

哀公命席。孔子侍曰:"儒有席上之珍以待聘,夙夜强学以待问,怀忠信以待举,力行以待取。其自立有如此者。"哀公命人为孔子布置座席,孔子侍坐哀公说:"儒者有如铺陈摆设好的美玉等待有人来聘问,他夙兴夜寐勤学是期待回答时代问题,他心怀忠诚笃信是期待获得推举任事,他身体力行做事是期待德才足以取用。他的自立自强就像这个样子。"

郑玄注:"哀公命席","为孔子布席于堂,与之坐也。君适臣,升自阼阶,所在如主";"席,犹铺陈也。铺陈往古尧、舜之善道,以待见问也。大问曰聘。举,见举用也。取进取位也"[①]。哀公命人为孔子在堂上布置席位,请他坐下。君主到臣属处,从主人所行台阶登堂,进入堂内也如同主人。"席"就是铺陈摆放,也就是铺陈摆放好了往古尧舜的治国之道,以等待君主来询问。正式询问就叫"聘","举"就是被推举任用,"取"就是主动进取职位。陈澔也说"公于是命设席,使孔子坐侍而言之";又转引吕氏曰:"席上之珍,自贵而待贾者也。儒者讲学于间燕,从容乎席上,而知所以自贵以待天下之用。强学以待问,怀忠信以待举,力行以待取,皆我自立而有待也。德之可贵者人必礼之,学之博者人必问之,忠信可任者人必举之,力使可使者人必取之。故君子之用于天下,有所待而不求焉"[②]。听了孔子的话,哀公于是命人设置席位,使孔子坐下来为哀公详细讲述。"席上之珍",意指自认有尊重之物而等待好买家的人。儒者四处讲学而间或受宴请,在宴席上也从容不迫,因为知道自己身上有可贵的品质,只是等待时机用来治天下。勤奋好学以等待时代英雄来询问,忠诚守信以期待知人善任者来推举任用,身体力行以等待获取发挥能力的机会,这些都是儒者自立自强而善待时机的表现。品德高贵的人必定受到礼遇,学问广博的人必有人询问,忠诚守信而可堪重任的人必定有人推举,有能力役使可使用之才的人必会来取用。所以君子之受用于天下,只需要等待时机而不需要汲汲以求。孙希旦说:"侍,侍坐也。珍,玉也。席,筵也。待聘,谓待诸侯聘问之事而用之也。此以玉之待聘,喻君子之待问、待举、待取也。儒者之强学,所以自致其知,非为君之来问也,而自可以待问。儒者之怀忠信,所以自立其本,非为君之举我也,

---

① (汉)郑玄,注.王锷,点校.礼记注(下册)[B].北京:中华书局,2021:775.

② (元)陈澔,注.金晓东,点校.礼记[B].上海:上海古籍出版社,2016:660.

而自可以待举。儒者之力，所以自尽其道，非为君之取我也，而自可以待取。犹玉之在席上，非有求于人，而聘问者自不能舍也。夫无求于世，而其君自不能舍，则可谓能自立矣。"[1] "侍"就是侍坐，"珍"就是美玉，"席"就是筵席，"待聘"是说等待诸侯聘问治国事宜并任用自己。这是以美玉等待被用来比喻君子等待询问、推举和取用。但是，儒者勤奋苦学，是因为自己想要获得知识，不是专为等待君主来询问，而自然可以接受询问。儒者忠诚守信，是把它看作安身立命之本，不是专为博取君主举用，而自然可以被举用。儒者身体力行，是把它看作君子应尽道义，并不是专为君主来取用，而自然可以被取用。就像美玉摆放在席上，它并不有求于人，但是人自然不能舍弃。唯有自己不求于人，而君主自然不能舍弃，才可谓自立自强。

子曰："不患无位，患所以立；不患莫己知，求为可知也。"（《论语·里仁》）不要担忧没有自己的职位，要担忧立足本职的能力。不要担忧没人知道自己，要去追求让人知道的本领。求名求利或许是人之常情，但是，一个人何德何能，堪当何职何位，要有准确的定位。"德薄而位尊，知小而谋大，力小而任重，鲜不及矣。"（《周易·系辞下》）德行浅薄却地位尊崇，智能低下却图谋大事，力量弱小却负担重任，很少有不招致灾祸的。2018年11月26日，习近平总书记主持中共中央政治局第十次集体学习并讲话就特别强调"德才兼备"，它表明我们党和我国文化历来强调的政德。

德才兼备，方堪重任。我们党历来强调德才兼备，并强调以德为先。德包括政治品德、职业道德、社会公德、家庭美德等，干部在这些方面都要过硬，最重要的是政治品德要过得硬。选人用人必须把好政治关，把是否忠诚于党和人民，是否具有坚定理想信念，是否增强"四个意识"、坚定"四个自信"，是否坚决维护党中央权威和集中统一领导，是否全面贯彻执行党的理论和路线方针政策，作为衡量干部的第一标准。同时，要加快干部知识更新、能力培训、实践锻炼，要把那些能力突出、业绩突出，有专业能力、专业素养、专业精神的优秀干部及时用起来[2]。

---

① （清）孙希旦，编.礼记集解（下）[B].北京：中华书局，1989：1400.

② 习近平主持中共中央政治局第十次集体学习并发表重要讲话.http://www.gov.cn/xinwen/2018—11/26/content_5343441.htm?cid=303.

3.容貌

"儒有衣冠中，动作慎；其大让如慢，小让如伪，大则如威，小则如愧。其难进而易退也。粥粥若无能也。其容貌有如此者。"儒者衣着端正合礼，做事谨慎合德；他大度谦让就像轻慢，小节谦让就像虚伪，大度时好像要威风，小心时好像有愧疚。他难以请进来但容易辞退。他谦卑温和就像没有能力。儒者通常的容貌就是像这个样子。

陈澔认为"中，犹正也。《论语》曰：'君子正其衣冠'"；又引方氏曰："衣冠中者，言衣之在身，冠之在首，皆中于礼。动作慎者，言心之所动，事之所作，皆慎其德也。大让所以自抗，故如慢而不敬；小让所以致曲，故如伪而不诚。方其容貌之大也，则有所不可犯，故如威。及其容貌之小也，则有所不敢为，故如愧。三揖而后进，故曰难进。一辞而遂退，故曰易退。粥粥者，柔弱之状，故若无能也。是皆礼之所以修，道之所以与也"①。"中"相当于"正"，"衣冠中"如《论语》说的"君子端正自己的衣帽"。这与郑玄的解释有所不同，从下一句"动作慎"来看，陈澔的解释更为通畅。方慤则说"衣冠中"就是衣服穿在身上、帽子戴在头上都"中礼"，也就是都符合礼节。"动作慎"是说所思所想、立身行事都注意道德。大事的谦让是自觉抵抗诱惑，所以就像因看不上而不敬重；小事的谦让是为了做到极致，所以就像虚情假意而不诚实。如果他的容貌表现为端庄大气，就是一副不可侵犯的样子，所以说威风凛凛。但如果他的容貌表现为小心谨慎，就是一副战战兢兢的样子，所以说好像有什么愧疚一样。三次作揖谦让之后才进门，这就是所谓的难以请进。一声告辞就退出来，这就是所谓的容易辞退。"粥粥"是柔弱的样子，所以仿佛是软弱无能。这些都是礼仪修养的表现，也是道德修炼的结果。

孙希旦转引张子曰："大让，如让国、让天下，诚心而让，其貌若不屑也。饮食辞辟之间，是小让也，如伪为之，以为仪尔"；又转引吕氏大临曰："衣冠中，谓得其中制，不异于众，不流于俗而已。动作慎，非礼勿履而已。非其义也，禄之以天下弗顾也。辞其大者，若自尊以骄人然，非自尊也，遵道也。辞其小者，若矫饰而不出于情然，非矫饰也，欲由礼也。遵道而不屈于世，若有所威；由礼而不犯非礼，

---

① （元）陈澔，注.金晓东，点校.礼记[B].上海：上海古籍出版社，2016：661.

若有所愧。非义不就，所以难进，色斯举矣，所以易退"[1]。"大让"就如让国、让天下，这是觉得别人更优秀而诚心诚意退让，所以表现得好像完全无意争取。饮食辞让之类是"小让"，表现得好像虚伪做作，是为了符合礼仪。"衣冠中"就是衣冠符合《中庸》中说的"中节"，也就是既不与众不同又同于流俗而已，"动作慎"就是"非礼勿视，非礼勿听，非礼勿言，非礼勿动"，也就是不符合礼的一概不做而已。如果不符合礼义，就是把天下给他当俸禄也不会顾及。辞让天下，好像是自视清高而傲慢待人，其实不是自视清高，而是遵行道义。饮食行止的辞让，好像矫揉造作而不是出于真情，其实也不是喜欢矫揉造作，而是想要尊礼敬人。遵循道义而不屈于世俗，自然就显得威风凛凛；遵守礼仪而不敢非礼待人，所以仿佛有愧于人。若非符合道义就不会迁就，所以说难以请进来；脸色变了就自觉告退，所以说容易辞退。

"大让如慢，小让如伪"，是儒家"礼让为国"的具体表现。子曰："能以礼让为国乎？何有？不能以礼让为国，如礼何？"（《论语·里仁》）能用礼让的原则来治理国家吗？如果能，难道这有什么别的困难吗？如果不能用礼让的原则来治理国家，又怎么能实行礼制呢？所谓"礼让为国"就是"选贤任能"，也就是"贤能者上，平庸者让"。2018年1月11日，习近平总书记在中共十九届中央纪委二次全会上的讲话中，引用朱熹的"内无妄思，外无妄动"要求党的领导干部要"知足""知止"；又引用苏轼《赤壁赋》中的话，要求党的领导干部"以清廉养浩然正气"，体现了共产党人"大让如慢，小让如伪"的"容貌"。

> 古人说，"内无妄思，外无妄动"。党的领导干部更要对组织和人民常怀感恩敬畏之心，对功名利禄要知足，对物质享受和个人待遇要知止。"惟江上之清风，与山间之明月，耳得之而为声，目遇之而成色，取之无禁，用之不竭。"苏轼的这份情怀，正是今人所欠缺的，也是最为珍贵的。生不带来、死不带去。想通这个道理，就一定能够以身作则、以上率下，以清廉养浩然正气。[2]

---

① （清）孙希旦，编.礼记集解（下）[B].北京：中华书局，1989：1400.
② 习近平.习近平谈治国理政（第3卷）[M].北京：外文出版社，2020：507.

二、立身

儒者说到底是学者，学而优则仕，就从士人成了仕人。樊迟请学稼，子曰："吾不如老农。"请学为圃，曰："吾不如老圃。"樊迟出。子曰："小人哉，樊须也！上好礼，则民莫敢不敬；上好义，则民莫敢不服；上好信，则民莫敢不用情。夫如是，则四方之民襁负其子而至矣，焉用稼?"(《论语·子路》) 樊迟向孔子请教种庄稼，孔子说："我不如老农民。"又请教种蔬菜，孔子说："我不如老菜农。"樊迟就出去了。孔子说："真是个小人啊，樊迟这个人！居于上位的人爱好礼仪，民众就没有敢不恭敬的；居于上位的人爱好道义，老百姓就没有敢不服从的；居于上位的人爱好诚信，老百姓就没有敢不用真情待人的。如果能够做到这些，那么，天下百姓就会背负幼子前来归服，何必要自己来种庄稼呢?"儒家不能教人农业、工业、医药等专门技术，而是教人学习仁义礼智信等价值观念。儒者通过意识形态和价值观教育，成为政治上的主导力量。

1.备豫

"儒有居处齐难，其坐起恭敬，言必先信，行必中正，道途不争险易之利，冬夏不争阴阳之和；爱其死以有待也，养其身以有为也。其备豫有如此者。"儒者闲居独处时端庄谨慎，起坐行止都恭敬有礼，说话必定诚实守信，行事必定客观中正，走在路上不为了自己安全让别人危险，居住不把冬暖夏凉的好处全占了；不屑耗费生命于小事是因为期待做大事，用心保养身体是为了以后大有作为。儒者潜心准备就像这个样子。

郑玄注："齐难，齐庄可畏难也。行不争道，止不选处，所以远斗讼。"[1] "齐难"就是斋庄畏难的样子，也就是端庄严肃。因为出行不抢道，居住不挑住处，所以远离争斗诉讼。郑玄的注解太简单了，可以说不知所言。陈澔转吕氏曰："事豫则立，不豫则废，儒者之学皆豫也。拟之而后言，议之而后动。故学有豫则义精，义精则用不匮。若其始不敬，则身不立，不立则道不充。仲弓问仁，子曰：'出门如见大宾，使民如承大祭。己所不欲，勿施于人。'居处齐难，坐起恭敬，言必先信，行必

---

① （汉）郑玄，注.王锷，点校.礼记注（下册）[B].北京：中华书局，2021：776.

中正。所谓'如见大宾，如承大祭'，敬也。道涂不争险易之利，冬夏不争阴阳之和，所谓'己所不欲，勿施于人'，恕也。惟敬与恕，则忿憝欲窒，身立德充，可以当天下之变而不避，任天下之重而不待辞，备豫之至有如此者也。"又引刘氏曰："不争，非特恕也，亦以爱死养身以有为。不争小者近者以害大者远者也。"[①]凡事预则立不预则废，儒者论学强调有备无患。先拟定然后再说出来，先议论然后再去做。所以学问有预先研究才会深明大义，深明大义则用之不竭。如果从一开始就缺乏诚敬，那么就不懂得立身之道，不懂得立身之道当然就不能行道。仲弓问孔子什么是仁，孔子的回答是："出门做事就像要去会见贵宾，使用民力就像承办重大祭祀。自己不希望的事，也不要对别人做。"说的就是安居闲处时清净雅致，起坐行止都端庄恭敬，说话先能取信于人，行事必定客观中正，就是所谓"出门做事就像要去会见贵宾，使用民力就像承办重大祭祀"，意思就是尊敬他人。行走在道途中不争占避险居安的好处，不把冬天的阳光和夏天的阴凉全都占了，就是所谓的"自己不希望的事，也不要对别人做"，说的就是宽恕待人。有了尊敬和宽恕待人之心，愤恨和欲望就会得到控制，也就有了立身修德之道，这样的人可以在天下大变时也不必避世，担任天下的重任而不必斗争。这就是不争小利近利以至于损害了大利远利。

孙希旦也部分引用了郑玄和吕大临的注释，但补充说："儒者之居处必慎，坐起不苟，所以远其身之害；言必先信，行必中正，所以进其身之德，皆所以养其身也。不争险易，不争阴阳，不妄与人争竞者，皆所以爱其死，非贪生也，盖惩其血气之忿，而养其义理之勇，以待夫事之大者而争之也。养其身，非私其身也，盖以我之身乃民物之所托命，故慎以养之，而将以大有为于世也。儒者之备豫如此。"[②]儒者在安居闲处时必定慎独，坐起行止不苟且随意，这是为了远离对身体的祸害；说话能先取信于人，行事必定客观中正，这是为了提高自己的道德修养，这些都是保养或修身的办法。不争着避开危险而抢占安全的地方，不争着避开冷热而抢占暖凉，意思是不轻易和人为小事争斗，这是因为不想耗费生命而不是贪生怕死，大概是有意要遏制自己血气之愤恨，而蓄养义理之勇气，以等待在大事上能与人一争高下。当然，儒者保养修身，也不是爱自己的肉身皮囊，而是因为我的身体是民众幸福的寄

---

① （元）陈澔，注.金晓东，点校.礼记[B].上海：上海古籍出版社，2016：661.
② （清）孙希旦，编.礼记集解（下）[B].北京：中华书局，1989：1401.

托，所以必须谨慎保养，目的是为天下人做大事。儒者就是这样做准备的。

很显然，古代的儒者是完全反对躺平的，相反，特别强调在闲居独处时要"慎独"，保持言行举止端庄恭敬。有些人总觉得"累不累啊"，家就是休息的地方！其实"葛优躺"只能让你腰酸背痛，端庄恭敬倒让你神清气爽，这就是肉身保养和道德修养的一致性。同样，把家搞得跟猪窝似的不会让你轻松愉快而只会萎靡不振，亲自把家整理得干干净净才会让你心情愉悦且感到自我拥有，那才是住旅店所体会不到的家的感觉。这里面重要的其实不是家的大小，而是你在家里的精神面貌。因此，在学校或者在单位，住处没必要去把冬暖夏凉的好处都占了，出行也没有必要非得是安全性最好的车，重要的是充分利用物质条件去做事情。出交通事故致人死亡的往往是四处招摇的好车，那些老老实实做事的人则事业有成且健康长寿。儒者是儒雅君子，不会耗费生命争个人小利，而是处心积虑为天下谋大利！

> 西山苍苍，东海茫茫，吾校庄严，巍然中央。
>
> 东西文化，荟萃一堂，大同爰跻，祖国以光。
>
> 莘莘学子来远方，莘莘学子来远方。
>
> 春风化雨乐未央，行健不息须自强。
>
> 自强，自强，行健不息须自强！
>
> 自强，自强，行健不息须自强！
>
> 左图右史，邺架巍巍，致知穷理，学古探微。
>
> 新旧合冶，殊途同归，肴核仁义，闻道日肥。
>
> 服膺守善心无违，服膺守善心无违。
>
> 海能卑下众水归，学问笃实生光辉。
>
> 光辉，光辉，学问笃实生光辉！
>
> 光辉，光辉，学问笃实生光辉！
>
> 器识为先，文艺其从，立德立言，无问西东。
>
> 孰绍介是，吾校之功，同仁一视，泱泱大风。
>
> 水木清华众秀钟，水木清华众秀钟。
>
> 万悃如一矢以忠，赫赫吾校名无穷。
>
> 无穷，无穷，赫赫吾校名无穷！
>
> 无穷，无穷，赫赫吾校名无穷！

清华大学的老校歌，写出了清华人推崇志高远大、自强不息的天地大德，"其备豫有如此者"。2021年4月19日，在清华大学建校110周年校庆日即将来临之际，习近平总书记来到清华大学考察并勉励清华学子"树立为祖国为人民永久奋斗、赤诚奉献的坚定理想"，"追求更有高度、更有境界、更有品位的人生"，"在真刀真枪的实干中成就一番事业"。

当代中国青年是与新时代同向同行、共同前进的一代，生逢盛世，肩负重任。广大青年要爱国爱民，从党史学习中激发信仰、获得启发、汲取力量，不断坚定"四个自信"，不断增强做中国人的志气、骨气、底气，树立为祖国为人民永久奋斗、赤诚奉献的坚定理想。要锤炼品德，自觉树立和践行社会主义核心价值观，自觉用中华优秀传统文化、革命文化、社会主义先进文化培根铸魂、启智润心，加强道德修养，明辨是非曲直，增强自我定力，矢志追求更有高度、更有境界、更有品位的人生。要勇于创新，深刻理解把握时代潮流和国家需要，敢为人先、敢于突破，以聪明才智贡献国家，以开拓进取服务社会。要实学实干，脚踏实地、埋头苦干，孜孜不倦、如饥似渴，在攀登知识高峰中追求卓越，在肩负时代重任时行胜于言，在真刀真枪的实干中成就一番事业[1]。

2.近人

"儒有不宝金玉，而忠信以为宝；不祈土地，立义以为土地；不祈多积，多文以为富；难得而易禄也，易禄而难畜也。非时不见，不亦难得乎！非义不合，不亦难畜乎！先劳而后禄，不亦易禄乎！其近人有如此者。"儒者不以金玉为宝，而以忠信为宝；不追求拥有土地，而把正义看作立足安身之地；不求多积累物质财富，而以文化积累为富足；难以得到但容易供养，容易供养但难以豢养。不合时机就不相见，

---

[1] 习近平在清华大学考察：坚持中国特色世界一流大学建设目标方向 为服务国家富强民族复兴人民幸福贡献力量.http://www.gov.cn/xinwen/2021—04/19/content_5600661.htm.

岂不是难以得到！不合道义就不合作，岂不是难以豢养！先干事业而后取俸禄，岂不是容易供养！儒者平易近人就要像这个样子。

郑玄注："祈，犹求也。立义以为土地，以义自居也。难畜，难以非义久留也。劳，犹事业。"① "祈"就是祈求或追求，不追求得到土地，而"立义以为土地"，也就是以正义自居，或始终立足于正义。"难畜"就是很难以不正义的方式让他久留。"劳"就是干事业，先干事业后讲俸禄。陈澔转引吕氏曰："儒者之于天下，所以自为者德而已，所以应世者义而已。'赵孟之所贵，赵孟能贱之'；我之所可贵，人不得而夺也。此金玉土地多积，不如信义多文之贵也。难得难畜，主于义而所以自贵也。虽曰自贵，时而行，义而合，劳而食，未始远于人而自异也。"② 儒者对于天下的事情，能够自己掌控的唯有自己的德行而已，能够用来处理世事的唯有正义而已。正如孟子说的，"赵孟能使你尊贵，赵孟也能使你低贱"（《孟子·告子上》）；但我身上的可贵品德，却是别人剥夺不了的。这就是说金玉和土地积攒得再多，也不如拥有信义和文才可贵。君子所以难以得到而且难以供养，主要是因为君子私下把正义看得最宝贵。虽然说是私下把正义看得最宝贵，但他因时而动，随义而合，劳而后食，自始至终也没有远离常人，也没有标新立异。

孙希旦也部分引用吕大临上面的话，但补充说："宝者，人所珍藏也，儒者则内蕴忠信，故曰'忠信以为贵'。土地，各有所宜者，儒者之立义，亦因事制宜，故曰'立义以为土地'。积聚之多，人之所谓富也，儒者则多学于《诗》《书》六艺之文，故曰'多文以为富'。夫儒者之内足乎己而无求于外若此，似乎高峻而不可攀矣，然而难得而易禄也，易禄而难畜也，其先劳后禄，固未尝远人情。而其非时不见，若见为难得者，值其时又未尝不见。其非义不合，若见为难畜者，处以义又未尝不可得而畜也。盖儒者之近人如此。"③ 所谓"宝"就是人们所珍藏的东西，儒者因为珍视内心涵养忠信，所以说"以忠信为可贵"。土地的使用应该各得其宜，儒者也是因时制宜地确定正义的含义，所以说"根据当地情况来确立正义"。积累聚敛的财富多就是人们说的富有，儒者则以多学习《诗》《书》等六艺的文化知识为满足，所以说"以多学文化知识为富足"。儒者就是这样追求内在精神满足而不是外在的物质满足，好

---

① （汉）郑玄，注.王锷点，点校.礼记注（下）[B].北京：中华书局，2021：776.

② （元）陈澔，注.金晓东，点校.礼记[B].上海：上海古籍出版社，2016：662.

③ （清）孙希旦，编.礼记集解（下）[B].北京：中华书局，1989：1401—1402.

像是清高自傲而且是高不可攀。但是，儒者虽然难以被人收买但却对俸禄容易满足，虽然对俸禄容易满足但却难以被人供养使唤，他总是先干事情而后取俸禄，这些嗜好也没有远离人之常情。如果不合时机就不和人相见，这使得他好像是难得一见，但是一旦时机成熟其实随时可见。如果不符合正义就不与人合作，这使得他好像难以伺候，但是如果处以正义其实很容易共处。儒者平易近人大概就是这样。

这里说的"近人"，用今天的话说就是"平凡而伟大"。社会地位与普通民众相近，但是，道德情操却堪称伟大，这也正是道德教育最崇高的理想。共产党员就应该是一个平凡而伟大的人，在平凡的工作中干伟大的事业。2017年8月13日，习近平总书记以普通党员身份参加了所在党支部的专题组织生活会，曾发自肺腑地说了下面的话：

> 希望大家做一个脱离低级趣味的人、高尚的人。同志们现在从事的是一项崇高的事业，在这里工作，升官发财请走别路，贪生怕死莫入此门。榜样是谁呢？张思德、白求恩、焦裕禄、麦贤得，有历史的楷模，也有时代的楷模。这些人都是在普通的岗位上，但他们有一颗金子般发光的心，我希望同志们的参照系就是这些楷模。大家一定要不断反省自己，以殷为鉴，远离危险，严守纪律和规矩，谨小慎微。①

3.特立

"儒有委之以货财，淹之以乐好，见利不亏其义；劫之以众，沮之以兵，见死不更其守；鸷虫攫搏，不程勇者；引重鼎，不程其力；往者不悔，来者不豫；过言不再，流言不极，不断其威，不习其谋。其特立有如此者。"如果委任儒者掌管财物，让他能沉浸于享受自己的喜好，他能够见利思义而不亏良心；如果用众人来胁迫他，用武力来恐吓他，他能够视死如归而不变操守；如有猛禽毒虫咬伤人性命，他会不顾

---

① 习近平.习近平谈治国理政（第2卷）[M].北京：外文出版社，2017：193.

危险英勇搏击；千斤重鼎倾倒要人拉住，他会不自量力迎难而上；他对做过的事无须追悔莫及，对将来的事不会杞人忧天；有过失的话绝不再说一次，流言蜚语从不一追到底，他的威望永远不会断绝，他的谋略从来不用暗中策划。儒者的特立独行就是这样。

郑玄说："淹，谓浸渍之。劫，胁也。沮，谓恐怖之也。鸷虫，猛鸟猛兽也。程，犹量也。重鼎，大鼎也。搏猛引重，不量力堪之与否，当之则往也，虽由负者，后不悔也。其所未见，亦不豫备，平行自若也。不再，犹不更也。不极，不问所从出也。不断其威，常可畏也。不习其谋，口及则言，不豫其说而顺也。"① "淹"就是浸渍或沉浸，"劫"就是胁迫，"沮"就是使他恐怖，"鸷虫"指凶猛的禽兽，"程"就是度量或揣度，"重鼎"就是大鼎，意思是说与凶猛禽兽搏斗或推拉重物，不考量自己力气够不够，只要是应当去就前去，即便因此遭遇挫败，事后也不悔恨。甚至对于从未见识过的事，也毫不犹豫地前往，而且像平时一样镇定自若。"不再"就是不再次做，"不极"就是不追问出处。"不断其威"就是始终让人敬畏，"不习其谋"就是随口而说，虽不预先准备也说得很在理。

陈澔则说："过言出于己之失，知过则改，故不再。流言出于人之毁，礼义不愆，故不极。极，犹终也，言不终为所毁也。不断其威者，言其威容不可得而挫折也。不习其谋者，言其谋必可成，不待尝试而后见于用也。"② 有过错的话是出于自己的过失，理当知错就改，所以不再重复。流言是出于别人的毁誉，自己在礼义上没有过错，所以不能极尽。"极"就是终究，也就是终究不为流言毁誉。"不断其威"是说声威形象不能被损毁，"不习其谋"是说谋虑必定可成，不必预先尝试之后才能被使用。此外，陈澔还转引方氏曰："鸷猛之虫，当攫搏之，不程量其勇而后往，此况儒者勇足以犯难而无顾也。引重鼎不程其力，又况儒者材足以任事而有所胜也。往者不悔，非有所吝而不改也，为其动则当理而未尝至于悔。来者不豫，非有所忽而不防也。为其机足以应变而不必豫耳。过言则失其正，流言则失其原，过言不免乎出，然一之为甚也，矧可再而二乎？流言不免乎闻，必止之以智也，讵可极而穷乎？"③ 凶猛的禽兽，如果有人不得不去与之搏斗（比如就要伤害孩子、老人或国君），

① （汉）郑玄，注．王锷，点校．礼记注（下册）[B].北京：中华书局，2021：776—777.
② （元）陈澔，注．金晓东，点校．礼记[B].上海：上海古籍出版社，2016：662.
③ （元）陈澔，注．金晓东，点校．礼记[B].上海：上海古籍出版社，2016：662.

就不能先考量自己的勇力之后再前往，这种情况下儒者的勇气表现为能奋不顾身。像去推拉重鼎就没必要揣度自己力气大小，更何况其他儒者德才足以胜任的事项呢。之所以说奋不顾身前往而不后悔，并不是说有失误也不悔改，而是说这么做是理所当然而没有必要后悔。对即将到来的事情不做准备，也不是说可以疏忽大意不做防备，而是说需要当机立断去应对而不能犹豫的时候能做决断。有过错的话本身已经偏离了正道，流言意味着已经难以找到出处。有过错的话也是难免的，但是一次就已经够多了，岂能再错第二次呢？流言蜚语也难免会有传闻，只能理智地去制止，岂能穷根究底呢？

孙希旦除了引用以上郑玄和方悫的注释外，还引用吕氏大临曰："见利不亏其义，见死不更其守，所谓'富贵不能淫，贫贱不能移，威武不能屈'也。鸷虫攫搏，不程勇者，自反而缩，千万人吾往矣，其勇也虑胜而后动也。引重鼎，不程其力者，仁之为器重，举之莫能胜也，其自任也不自知其力之不足也"；又自言："鸷虫攫搏，以喻凶暴之威也。勇者，当从《家语》作'其勇'。重鼎，以喻艰巨之任也。言虽有凶暴之威，苟自反而缩，则不自程其勇，而有所必赴也。虽有艰巨之任，苟义所当为，则不自量其力，而有所必任也。"①。这里说的"见利不亏其义"和"见死不更其守"就是孟子所谓"富贵不能淫，贫贱不能移，威武不能屈"（《孟子·滕文公下》），也就是说决不见利忘义而能取义成仁。"鸷虫攫搏，不程勇"则是孟子说的"自反而缩，虽千万人吾往矣"，其勇也"非虑胜而后动"（《孟子·公孙丑上》），也就是说不考虑能否取胜就去与猛禽搏斗，是因为只有这么做才符合道义。就像在朝鲜战争中，面对装备精良的美国人，中国人民志愿军也英勇进攻！"引重鼎，不程其力"，就如前文说过的"仁之为器重，举之莫能胜也"，仁如果看作器具的话是重器，想举起来一个人无论如何胜任不了，但是一个以实行仁道为己任的人并不自觉自己无力胜任，因为"为仁由己"，只要每个人都身体力行仁道，也就是"天下归仁"了。这也像实现中华民族伟大复兴的中国梦一样，一个人谁也胜任不了，但是每个人都可以而且应该以它为使命，根本无所谓"不自量力"。孙希旦的补充也很精彩，"鸷虫攫搏"是用来比喻与凶暴势力的淫威做斗争，"勇者"应当按照《孔子家语》写作"其勇"。"重鼎"则是用来比喻"重任"，也就是艰巨的任务。意思是说，面对凶暴恶势力的

---

① （清）孙希旦，编.礼记集解（下）[B].北京：中华书局，1989：1401—1402.

淫威，如果自我反省觉得理所当然，就不再考虑自己勇力是否足够，而是决心义无反顾地赴死。虽然面对的任务极端艰巨，但如果是按照礼义应该做的，那么就不再考虑自己力量是否足够，而是毫不犹豫承担其重任。

"委之以货财，淹之以乐好，见利不亏其义；劫之以众，沮之以兵，见死不更其守"大致如孟子说的"富贵不能淫，贫贱不能移，威武不能屈"，"此之谓大丈夫"（《孟子·滕文公下》）。"鸷虫攫搏，不程勇者；引重鼎，不程其力"好像不自量力，是一种非理性行为。但是，人类并不是只有理性就够了，任何时候也都需要感性。比如面对日本帝国主义入侵中国时，如果只是"理性"地计算武器装备，抗日战争也只有失败一个结果。正是不愿意亡国灭种的"感性"，让中国人"不自量力"地奋起反抗。同样，在朝鲜战场上，如果只是"理性"对比武器装备，中国人民志愿军也必败无疑，但"保家卫国"的"感性"让志愿军英勇奋战，最终打败了猖狂的敌人。"鸷虫攫搏，不程勇者；引重鼎，不程其力"，体现了"奋力一搏"以"扶大厦之将倾"的大无畏革命精神，没有这种精神就会成为汉奸或者消极抵抗敌人。当然，这种大无畏的革命精神也不是纯"感性"的，它其实是更全面地进行"理性"思考后的"战略上藐视敌人"，它相信只要"奋力一搏"就能使"一切会有变化"。2021年7月1日，习近平总书记在庆祝中国共产党成立100周年大会上的讲话中强调："以史为鉴、开创未来，必须进行具有许多新的历史特点的伟大斗争。敢于斗争、敢于胜利，是中国共产党不可战胜的强大精神力量。实现伟大梦想就要顽强拼搏、不懈奋斗。"[①]为了更好地迎接具有许多新的历史特点的伟大斗争，让我们重温毛泽东关于"美帝国主义是纸老虎"的战略思想和"一个一个地来"的斗争战术吧。

　　一切会有变化。腐朽的大的力量要让位给新生的小的力量。力量小的要变成大的，因为大多数人要求变。美帝国主义力量大要变小，因为美国人民也不高兴本国的政府。

　　……

　　抗日战争的时候，日本很强大，国民党的军队被赶到了偏僻的地区，共产党领导的武装力量，也只能在敌后农村开展游击战争。

---

① 习近平.在庆祝中国共产党成立100周年大会上的讲话[M].北京：人民出版社，2021：17.

日本占领了中国的大城市北京、天津、上海、南京、武汉、广州。但是，日本军国主义，还有德国希特勒，也是照这个规律，没几年就倒了台。

现在美帝国主义很强，不是真的强。它政治上很弱，因为它脱离广大人民，大家都不喜欢它，美国人民也不喜欢它。外表很强，实际上不可怕，纸老虎。外表是个老虎，但是，是纸的，经不起风吹雨打。我看美国就是个纸老虎。

……

我们说美帝国主义是纸老虎，是从战略上来说的。从整体上来说，要轻视它。从每一局部来说，要重视它。它有爪有牙。要解决它，就要一个一个地来。比如它有十个牙齿，第一次敲掉一个，它还有九个，再敲掉一个，它还有八个。牙齿敲完了，它还有爪子。一步一步地认真做，最后总能成功。

从战略上说，完全轻视它。从战术上说，重视它。跟它作斗争，一仗一仗的，一件一件的，要重视。现在美国强大，但从广大范围、从全体、从长远考虑，它不得人心，它的政策人家不喜欢，它压迫剥削人民。由于这一点，老虎一定要死。因此不可怕，可以轻视它。①

子谓颜渊曰："用之则行，舍之则藏，惟我与尔有是夫！"子路曰："子行三军，则谁与？"子曰："暴虎冯河，死而无悔者，吾不与也。必也临事而惧，好谋而成者也。"（《论语·述而》）孔子对颜渊说："如果能得到任用就去，得不到任用就隐藏起来，只有我和你才能做到这样吧！"子路问孔子说："老师您如果统率三军，希望和谁一起共事呢？"孔子说："那种赤手空拳和老虎搏斗或徒步涉水过河，这样死了都不会后悔的人，我是不会和他在一起共事的。我必定找那种遇事小心谨慎，善于谋划而能完成任务的人。"孔子这里讲的都是通常情况下的理性选择，但是，紧急情况下就得有武松景阳冈赤手空拳打死老虎的精神。《义勇军进行曲》，也就是我们

---

① 毛泽东.毛泽东文集（第7卷）[M].北京：人民出版社，1999：71—73.

的国歌唱道:"起来! 不愿做奴隶的人们! 把我们的血肉,筑成我们新的长城! 中华民族到了最危险的时候,每个人被迫着发出最后的吼声:起来! 起来! 起来! 我们万众一心,冒着敌人的炮火,前进! 冒着敌人的炮火,前进! 前进! 前进! 进!"敢于用血肉筑成长城的民族永远不会灭亡! 敢于冒着敌人的炮火前进的民族必将复兴!

三、处世

前文"立身"讲的是"自立"或"特立",但人实际上不可能"自立"或"独立"于世。人的本质属性在于他的社会性,所以人不可能只是"自然人",而必须还是"经济人""政治人""社会人""文化人",也就是在"处世"或"社会关系"中存在。

1.刚毅自立

"儒有可亲而不可劫也,可近而不可迫也,可杀而不可辱也。其居处不淫,其饮食不溽,其过失可微辨而不可面数也。其刚毅有如此者。"儒者可以关系紧密但不会被亲情所劫持,可以平易近人而不可以被胁迫,甚至可以被杀死但不可以被侮辱。他居所不讲究豪华,他饮食不讲究丰盛,他的过失可以勉强辨别但很难当面数落。他坚强刚毅的品格就是这样。

陈澔转吕氏曰:"儒者之立,立于义理而已。刚毅而不可夺,以义理存焉。以义交者,虽疏远必亲。非义加之,虽强御不畏。故有可亲可近可杀之理,而不可劫迫辱也。淫,侈溢也。溽,浓厚也。侈其居处,厚其饮食,欲胜之也,欲胜则义不得立;不淫不溽,所以立义也。其过失可微辨而不可面数,此一句尚气好胜之言,于义理未合。所以贵于儒者,以见义必为,闻过而改者也,何谓可微辨不可面数? 待人可矣,自待则不可也。子路闻过则喜,孔子幸人之知过,成汤改过不吝。推是心也,苟有过失,虽怨詈且将受之,况面数乎?"[1]儒者立身行事,立于正义天理而已。之所以意志刚毅而不可剥夺,就是因为正义天理之心长存。以正义天理作为相交原

① (元)陈澔,注.金晓东,点校.礼记[B].上海:上海古籍出版社,2016:663.

则的人，即使彼此看起来疏远实际上也很亲近。如果以不正义的方式对待他，即便对方强力施压也不畏惧。"淫"就是骄奢淫逸，"溽"就是味道浓厚，居处奢侈豪华，饮食口味厚重，这是人欲战胜了天理，人欲战胜了天理，正义就不可能确立。不贪求奢华，也不贪图美味，正义之心才能确立。"其过失可微辨而不可面数"，这一句本身就是负气好胜之言，并不符合正义天理。儒者最宝贵的品质就是见到正义的事必定要做，听闻自己的过错必定要改，怎么能说过失可以大致辨明而不可以当面数落呢？这么对待别人尚可，对待自己不可。子路听闻指出自己的过失就高兴，孔子以有人知道自己的过失为幸事，成汤改正自己的过错毫无含糊。推广这样的说法，就是要人如果有过失，即便是别人怨恨诅咒也要接受，更何况当面数落呢？不过，这里可以说人都难免犯错误，不能出于私心而有愧于人，凡事对事不对人，所以不被人当面指责。

"儒有忠信以为甲胄，礼义以为干橹；戴仁而行，抱义而处；虽有暴政，不更其所。其自立有如此者。"儒者把忠信看作铠甲头盔，把礼义作为周行天下的干戈；他以仁爱作为最高行为准则，他坚持正义作为处世原则；即便面临暴政威胁，他也不会变更自己的操守。他自立于世就是这样。

郑玄注："甲，凯。胄，兜鍪也。干、橹，小楯大楯也。"[1] "甲"就是铠甲，"胄"就是兜鍪或头盔，"干""橹"是小盾牌和大盾牌，这是用盔甲盾牌比喻忠信礼义的护身作用。孔颖达说："甲胄、干橹，所以御患难，儒者以忠信、礼义御患难，谓有忠信、礼义则人不敢侵侮也。戴仁而行，仁之盛。抱义而处，义不离身。更，改也，不改其志"；"虽与前自立文同，其意异于上也"，"初第一儒言自立者谓强学力行而自修立也，此经自立者谓独怀仁义忠信也"[2]。盔甲盾牌是用来抵御人身安全的，儒者用忠信和礼义来抵御危及人身安全的因素，也就是说有了忠信和礼义就不会受人欺辱了。"更"就是改，"不更其所"就是不改其志。此处与前文都讲"其自立有如此者"，但意思其实不同。孔子回答儒行第一句讲"其自立有如此者"强调勇于学习且身体力行以获得安身立命的本领，此处"其自立有如此者"强调独自坚守仁义忠信的道德操守。陈澔转引吕氏曰："忠信则不欺，不欺者人亦莫之欺也。礼者敬人，敬人者人亦莫之侮也。忠信礼义，所以御人之欺侮，犹甲胄干橹可以捍患也。行则

---

① （汉）郑玄，注. 王锷，点校. 礼记注（下册）[B]. 北京：中华书局，2021：777.
② （唐）孔颖达，撰. 礼记正义（下册）[B]. 北京：北京大学出版社，2014：1587—1588.

尊仁，居则守义，所以自信者笃，虽暴政加之，有所不变也。自立之至者也。首章言自立，论其所信所守，足以更天下之变而不易。二者皆自立也，有本末先后之差焉。"①忠信就是忠实守信不欺人，不欺人的人让别人也不忍欺骗。礼的根本要义是尊敬别人，尊敬别人的人不会受人侮辱。周行天下遵循仁爱之道，居家独处守护正义准则，正是仁义让一个人自信甚笃，虽然身处暴政施压之下，他也有始终不变的操守。这是自立自强的极致。前文开篇就已经讲过自立，主要讲的是信念和操守，有了它们就足够以不变应对天下大变。两个地方都讲自立，但有先后本末的区别。

此处所言"其自立有如此者"，当如孟子所言"居天下之广居，立天下之正位，行天下之大道。得志与民由之，不得志独行其道。"（《孟子·滕文公下》）居住在天下这么广阔的空间，站在天下应该站立的正确位置，行走在天下最光明的正道上。如果人生得志就带领百姓一同走这条正道，如果人生不得志也要独自走这条正道。用今天的话说就是要心怀天下民众、牢牢站在人民立场上、始终不渝地走人间正道，这样就能练就"金刚不坏之身"。2012年11月17日，习近平总书记在十八届中共中央政治局第一次集体学习时的讲话中，把理想信念比作共产党人精神上的"钙"，这和古人说"忠信以为甲胄，礼义以为干橹"有异曲同工之妙。

> 坚定理想信念，坚守共产党人精神追求，始终是共产党人安身立命的根本。对马克思主义的信仰，对社会主义和共产主义的信念，是共产党人的政治灵魂，是共产党人经受住任何考验的精神支柱。形象地说，理想信念就是共产党人精神上的"钙"，没有理想信念，理想信念不坚定，精神上就会"缺钙"，就会得"软骨病"。②

2.出仕为官

"儒有一亩之宫，环堵之室，筚门圭窬，蓬户瓮牖；易衣而出，并日而食；上答

---

① （元）陈澔，注.金晓东，校点.礼记[B].上海：上海古籍出版社，2016：663.
② 习近平.习近平谈治国理政[M].北京：外文出版社，2014：15.

之，不敢以疑；上不答，不敢以谄。其仕有如此者。"儒者只有方圆一亩的围墙院落，四面墙长宽各一丈的房屋，用荆条竹子编织的院门旁开了圭形小门洞，用蓬蒿编织屋门、破瓮口做窗户；一家人只能换穿一件衣服出门，两天的饭并作一天吃；君上答应任用自己，就不敢再生疑虑；君上不置可否，也就不再谄媚求进。他对待出仕为官的态度就是这样。

郑玄以为此"言贫穷屈道，仕为小官也。宫，为墙垣也。环堵，面一堵也。五版为堵，五堵为雉。筚门，荆竹织门也。圭窬，门旁窬也，穿墙为之，如圭矣。并日而食，二日用一日食也。上答者，谓君应用其言。"①这段话是讲在贫穷时仍忠于道义，出仕也只是小官。"宫"指的是墙垣，"环堵"是每面一堵。五版为一堵，五堵为一雉，长三丈高一丈。"筚门"是用荆条竹子编织的门，"圭窬"就是门旁的孔，打穿墙壁形成的，形状如上尖下方的圭。"并日而食"就是两天的饭并作一天吃。"上答"就是君主答应采用他的言论。《礼记正义》疏曰："此明儒者仕宦能自执其操也。一亩，谓径一步，长百步也。折而方之，则东西南北各十步。宫，墙垣也，墙方六丈。环，周回也。方丈为堵，东西南北各一堵。筚门，以荆竹织门也。圭窬，穿墙为之，门旁小户也，上锐下方，状如圭。蓬户，编蓬为户也。瓮牖者，墙牖圆如瓮口也。又云以败瓮口为牖。易衣而出者，合家共一衣，出则更著之也。并日而食者，谓不日日得食，或三日二日，并得一日之食。上，君也。答之，谓己有言语，君答应而用之。不敢疑，谓己决竭心力，不敢疑贰于君也。君不用及不见使，则己宜静默，不敢谄媚求进也。"②这段话是要表明儒者出仕为官能够自觉坚持操守。"一亩"指的是直径一步、周长百步，折合为正方形则是东西南北各十步。"宫"指的是围墙，围墙四方长六丈。"环"，就是四周回环围。正方形边长一丈的围墙为一堵，也可以说东西南北各一堵墙。"筚门"是用荆条或竹子编织的门，"圭窬"是穿凿墙垣而成的，是大门旁的小边门，上尖下方，形状像圭板。"蓬户"就是用蓬蒿编织的户门，"瓮牖"指墙上圆如瓮口的窗户，又有观点以为是用破瓮建成的窗口。"易衣而出者"指全家共有一件外衣，出门则轮流穿。并日而食是说不是每天都吃饭，或是三天、二天并作一天吃。"上"就是君上，"答之"是说大臣提出建议后君主答应采用，"不敢

① （汉）郑玄，注.王锷，点校.礼记注（下册）[B].北京：中华书局，2021：778.

② （唐）孔颖达，撰.礼记正义（下册）[B].北京大学出版社，2014：1588.

疑"是说决定竭尽全力执行，不敢怀疑君主是否全心支持。君主如果不答应采用自己的意见，也不任用自己，就只好静默等候机会，不靠谄媚谋求职位。陈澔注："上答之不敢以疑者，道合则就，即信之而不疑，无患失之心也。上不答不敢以谄者，不合则去，即安之而不谄，无患得之心也。"① "上答之不敢以疑"，是说志同道合就留下来做官，也就是对君主坚信不疑，不再有忧患失去职务的心。"上不答不敢以谄"，意思是说志不同道不合就离去，即心安理得而不谄媚逢迎，这就是没有患得之心也。孙希旦提出："堵雉之说，诸家不同"；"瓮牖者，牖如瓮口，言其室狭而牖小也"；"上答之不敢以疑，自信者笃也。上不答不敢以谄，自守者坚也。此言儒者之仕，将以行道，若不得其志，则辞尊居卑，辞富居贫，至于穷约如此，不欲谄媚以求厚禄也。"② 堵和雉的单位换算，各家所说不同。"瓮牖"是说窗户像个瓮口，意指居室狭小所以窗户也小。"上答之不敢以疑"是因为自信甚笃，坚信君主会真心采纳。"上不答不敢以谄"表明坚守道义，君主不赞同道义就不去谄媚。总的来说，这段话是说儒者要出仕为官，目的是实行道义，如果不能达到实行道义的目标，宁愿辞去尊贵的职务而屈居卑下，辞去富足而屈居贫穷，以至于居住条件窘迫如此，也不会想靠谄媚来获得高官厚禄。

"其仕有如此者"，强调儒者出仕为官的态度，那就是"君子谋道不谋食""君子忧道不忧贫"（《论语·卫灵公》）。儒者所谋所忧之"道"是"仁道"，所以出仕为官也就是为了推行仁政。古代最小的官就是县官，有所谓"七品芝麻官"的说法。但是，县官是天下治理的根基，也最能体现儒者政德。2015年1月12日，习近平总书记在中央党校县委书记研修班学员座谈会上的讲话中，曾特别提到王安石、郑板桥、陶渊明、狄仁杰、包拯、海瑞等县令，他们是儒者"其仕有如此者"的典型代表。

古人讲，郡县治，天下安。我国县的建制始于春秋时期，因秦代推进郡县制而得到巩固和发展。两千多年来，县一直是我国国家结构的基本单元，稳定存在至今。

① （元）陈澔，注.金晓东，点校.礼记[B].上海：上海古籍出版社，2016：663—664.
② （清）孙希旦，编.礼记集解（下）[B].北京：中华书局，1989：1401—1402.

历朝历代都高度重视县级官员选拔任用。古人早就总结出"宰相起于州部,猛将发于卒伍"这一历史现象。历史上,许多名人志士为官从政是从县一级起步的。北宋政治家王安石,二十七岁担任浙江鄞县(今宁波市鄞州区)知县,任职三年,"治绩大举,民称其德",为以后革新变法打下了基础。清代郑板桥长期在河南范县、山东潍县担任知县,其诗句"衙斋卧听萧萧竹,疑是民间疾苦声。些小吾曹州县吏,一枝一叶总关情"千古流传。陶渊明、狄仁杰、包拯、海瑞等很多人都当过县令、知县。①

"儒有今人与居,古人与稽;今世行之,后世以为楷;适弗逢世,上弗援,下弗推,谗谄之民,有比党而危之者;身可危也,而志不可夺也;虽危,起居竟信其志,犹将不忘百姓之病也。其忧思有如此者。"儒者与今人命运与共,以古人稽考是非;今世行事的原则,后世奉为楷模;没有赶上盛世,不攀缘在上位者,不排斥在下位者,阴险奸诈的小人可能成群结党危害他;但是,他们可能危害他的身体,却不可剥夺他的壮志;即便深陷危险之中,起居行止也要伸展志向,仍然不会忘记百姓苦难。他就是这样忧思天下。

郑玄注:"稽,犹合也。古人与合,则不合于今人也。援,犹引也,取也。推,犹进也,举也。危,欲毁害之也。起居,犹举事动作。信,读如'屈伸'之'伸',假借字也。犹,图也。"②"稽"就如"合",与古人检验过的正道相合,而不与今世同流合污。"援"就是援引或录取,"推"就是推进或推举,"危"是想要损伤危害,"起居"就是做事行动,"信"是读作"屈伸"的"伸"的假借字,"犹"就是图谋或谋划。陈澔注:"楷,法式也。上弗援,在上者不引我以升也;下弗推,在下者不举我以进也。危起居,谓因事中伤之也。信其志,谓志不可夺也。时有否泰,道有通塞,然其忧思,则未尝一日而忘生民之患也。"③"楷"就是效法的样板,"上弗援"就是上级高官不引荐我加官升职,"下弗推"就是下级小官不推举我入职为官,"危起居"是说

① 习近平.习近平谈治国理政(第2卷)[M].北京:外文出版社,2017:140.
② (汉)郑玄,注.王锷,点校.礼记注(下册)[B].北京:中华书局,2021:778—779.
③ (元)陈澔,注.金晓东,点校.礼记[B].上海:上海古籍出版社,2016:664.

有人借故造谣中伤他，"信其志"是说其信守的志向不可剥夺。时机可能赶得不好或良好，晋职道路有畅通或堵塞，然而忧国忧民的心思，没有一日能忘怀天下生民面临的忧患。孙希旦说："儒者上有所考于古人，下可以法于来世，虽生弗逢世，至于见危，而其志不可屈，犹且以百姓之病为忧，而不为一己之私计也。盖其忧思之深如此。"[①]儒者上有古人可稽考得失，下可以为来世所效法，即便生不逢时陷入受危害境地，不能施展自己的才华抱负，仍然以百姓之忧为忧，而不为一己私利计较。大概儒者的忧思之深沉就是这样。

　　范仲淹在《岳阳楼记》借着天气和景色变化，写了忧虑和喜悦两种截然不同的心情。也就是"若夫淫雨霏霏"，"登斯楼也，则有去国怀乡，忧谗畏讥，满目萧然，感极而悲者矣"；"至若春和景明"，"登斯楼也，则有心旷神怡，宠辱偕忘，把酒临风，其喜洋洋者矣"。但最后感叹说："嗟夫！予尝求古仁人之心，或异二者之为，何哉？不以物喜，不以己悲，居庙堂之高则忧其民，处江湖之远则忧其君。是进亦忧，退亦忧。然则何时而乐耶？其必曰'先天下之忧而忧，后天下之乐而乐'乎！噫！微斯人，吾谁与归？"这就写出了儒者不论"逆境"还是"顺境"，都有一颗忧国忧民的仁心。"古人与稽"就是范仲淹说的"古仁人之心"；"后世以为楷"的是"不以物喜，不以己悲，居庙堂之高则忧其民，处江湖之远则忧其君"；"身可危也，而志不可夺也"便"是进亦忧，退亦忧"；"虽危，起居竟信其志，犹将不忘百姓之病"是"先天下之忧而忧，后天下之乐而乐"，"其忧思有如此者"。2014年5月4日，习近平总书记在北京大学师生座谈会上发表题为《青年要自觉践行社会主义核心价值观》的讲话，其中特别强调不论顺利的时候还是遇到挫折，都要坚守社会主义核心价值观不动摇。

　　　核心价值观的养成绝非一日之功，要坚持由易到难、由近及远，努力把核心价值观的要求变成日常的行为准则，进而形成自觉奉行的信念理念。不要顺利的时候，看山是山、看水是水，一遇挫折，就怀疑动摇，看山不是山、看水不是水了。无论什么时候，我们都要坚守在中国大地上形成和发展起来的社会主义核心价值观，在时

---

① （清）孙希旦，编.礼记集解（下）[B].北京：中华书局，1989：1401—1402.

代大潮中建功立业，成就自己的宝贵人生。^①

"儒有博学而不穷，笃行而不倦，幽居而不淫，上通而不困；礼之以和为贵，忠信之美，优游之法；举贤而容众，毁方而瓦合。其宽裕有如此者。"儒者学识渊博却不觉得自己穷尽了知识，笃恭前行而不觉得疲怠和厌倦，独自幽居也不起贪淫之心，向上通达而不惧困阻；他对于礼的运用以达到和睦为可贵，以培养民众忠实守信的品德为美，运用优哉游哉的浸淫涵养之法；他既推举贤良之才又包容普通民众，削减过分的方正以实现适宜的和合。儒者的宽容充裕就要像这样。

郑玄注："不穷，不止也。幽居，谓独处时也。上通，谓仕道达于君也。既仕，则不困于道德不足也。忠信之美，美忠信者也。优游之法，法和柔者也。毁方而瓦合，去己之大圭角，下与众人小合也。必瓦合者，亦君子为道不远人。"^② "不穷"就是不停止，"幽居"指的是独处之时，"上通"是说出仕为官能通达君主，也就是没有道德不足的困阻，"忠信之美"就是以忠信为美，"优游之法"就是效法和睦怀柔的方法，"毁方而瓦合"就是去除自己棱角分明的不足，平易近人地与众人和睦共处。之所以必须和众人和睦共处，是因为君子实行仁道就不能远离众人。陈澔注："博学不穷，温故知新之益也。笃行不倦，贤人可久之德也。幽居不淫，穷不失义也。上通不困，达不离道也。礼之体严，而用贵于和。忠信，礼之质也，故以忠信为美。优游，用之和也，故以优游为法。贤虽在所当慕，众亦不可不容。泛爱众而亲仁，亦是意也。毁方而瓦合者，陶瓦之事，其初则圆，剖而为四，其形则方。毁其圆以为方，合其方而复圆，盖于涵容之中，未尝无分辨之意也。故曰'其宽容有如此者'。"^③学识渊博而不认为自己懂得很多，是受益于温习旧知识中领悟新知识。笃定前行而不知疲倦，是因为具有贤人可长久的美德。独处闲居而不起贪淫，表明即便贫穷也不会偏离礼义。向上通达而没有困阻，表明即便飞黄腾达也不会背离正道。礼的本质是严格区分尊卑，但我们运用礼却是以和为贵。忠实诚信，就是礼的内在本质，所以说礼以忠信为美。"优游"就是礼之用产生的和谐，所以说礼之用以优游

① 习近平.青年要自觉践行社会主义核心价值观——在北京大学师生座谈会上的讲话[M].北京：人民出版社，2014：12.

② （汉）郑玄，注.王锷，点校.礼记注（下册）[B].北京：中华书局，2021：779.

③ （元）陈澔，注.金晓东，点校.礼记[B].上海：上海古籍出版社，2016：664.

为法。对贤才虽然是理当仰慕，但是对凡众也不能不包容。广泛地关爱众人且亲近仁人，说的也是这个意思。"毁方而瓦合"是制造陶器的过程，最初陶泥是圆形的，剖切成四块，形状就变成了方的，把这些方块合起来做成陶器又恢复成圆形。大概是在涵泳包容众人之中，并不意味着不要分辨是非善恶。所以说"其宽容大度就是像这样"。孙希旦说："'博学'七句，言行己之宽裕也。'慕贤'二句，言接物之宽裕也。"[①]前面从"博学而不穷"到"优游之法"七句，是要求自己博学多才；后面"举贤而容众，毁方而瓦合"两句，是说待人接物要心胸宽广。也就是说，这段话其实讲的是德才兼备。2019年4月30日，习近平总书记在纪念五四运动100周年大会上的讲话中也讲到这两个方面，号召当代中国青年追求更有高度、更有境界、更有品位的人生。

第五，新时代中国青年要练就过硬本领。青年是苦练本领、增长才干的黄金时期。"青春虚度无所成，白首衔悲亦何及。"当今时代，知识更新不断加快，社会分工日益细化，新技术新模式新业态层出不穷。这既为青年施展才华、竞展风采提供了广阔舞台，也对青年能力素质提出了新的更高要求。不论是成就自己的人生理想，还是担当时代的神圣使命，青年都要珍惜韶华、不负青春，努力学习掌握科学知识，提高内在素质，锤炼过硬本领，使自己的思维视野、思想观念、认识水平跟上越来越快的时代发展。

新时代中国青年要增强学习紧迫感，如饥似渴、孜孜不倦学习，努力学习马克思主义立场观点方法，努力掌握科学文化知识和专业技能，努力提高人文素养，在学习中增长知识、锤炼品格，在工作中增长才干、练就本领，以真才实学服务人民，以创新创造贡献国家！

第六，新时代中国青年要锤炼品德修为。人无德不立，品德是为人之本。止于至善，是中华民族始终不变的人格追求。我们要建设的社会主义现代化强国，不仅要在物质上强，更要在精神上强。

---

① （清）孙希旦，编.礼记集解（下）[B].北京：中华书局，1989：1405.

精神上强，才是更持久、更深沉、更有力量的。青年要把正确的道
德认知、自觉的道德养成、积极的道德实践紧密结合起来，不断修
身立德，打牢道德根基，在人生道路上走得更正、走得更远。面对
复杂的世界大变局，要明辨是非、恪守正道，不人云亦云、盲目跟
风。面对外部诱惑，要保持定力、严守规矩，用勤劳的双手和诚实
的劳动创造美好生活，拒绝投机取巧、远离自作聪明。面对美好岁
月，要有饮水思源、懂得回报的感恩之心，感恩党和国家，感恩社
会和人民。要在奋斗中摸爬滚打，体察世间冷暖、民众忧乐、现实
矛盾，从中找到人生真谛、生命价值、事业方向。

新时代中国青年要自觉树立和践行社会主义核心价值观，善于
从中华民族传统美德中汲取道德滋养，从英雄人物和时代楷模的身
上感受道德风范，从自身内省中提升道德修为，明大德、守公德、
严私德，自觉抵制拜金主义、享乐主义、极端个人主义、历史虚无
主义等错误思想，追求更有高度、更有境界、更有品位的人生，让
清风正气、蓬勃朝气遍布全社会！①

"儒有内称不辟亲，外举不辟怨；程功积事，推贤而进达之，不望其报；君得
其志，苟利国家，不求富贵。其举贤援能有如此者。"儒者如有族内称职者可推举
而不回避亲族，如有族外的人可以推举也不避开和自己有怨恨的人；他只考察长
期积累的事功，推举贤能并促进他达成事功，而不期望得到回报；君主得以实现抱
负，如果有利于治理好国家，他不谋求大富大贵。儒者举荐贤才援引能人就要像
这样。

郑玄注："君得其志者，君所欲为，贤臣成之"；"'推贤而进达之'，旧至此绝
句，皇以'达之'连下为句"②。"君得其志"是说君主想做的事在贤臣辅佐下做成
了，"推贤而进达之"旧版到此就结束了，而皇氏以为"达之"二字与下文相连为
"达之不望其报"。《礼记正义》疏曰："此明儒者举贤能之事君"；"称，举也"，"不辟

---

① 习近平.在纪念五四运动 100 周年大会上的讲话[M].北京: 人民出版社，2019: 10—12.

② （汉）郑玄，注.王锷，点校.礼记注（下册）[B].北京: 中华书局，2021: 779.

亲，举人以理，若祁奚举子祁午是不辟亲"，"外举不辟怨者若祁奚举仇人解狐也"；"儒者欲举人之时，必程效其功绩，累其事，知其事堪可，乃推而进达之，不妄举人也"，"虽进达贤人于君，不求望其报也"；"君任此儒者，辅助其君，使君得其志，意所欲皆成"，"此儒者推贤达士无所求为，唯苟在利益国家，不于身上自求富贵也" [①]。这段话是要说明儒者为君主举贤任能的责任，"称"就是推举，"不辟亲"是说只求推举人称职，就像祁奚推举自己的儿子祁午就是举贤不避亲，"外举不辟怨"则像祁奚推举仇人解狐。儒者想要举贤任能，必定先考察其事功，从他过去做的事看他堪当之事，然后才推举他获得职位或晋职，绝不能凭主观随意推举人。为君主推荐贤能不是为了获得回报，而是希望君主任用贤才，并且在贤才辅佐下做成事情。也就是说，儒者推荐贤才没有自己的目的，完全是因为贤才对于国家有利，不是想要为自己谋求富贵。陈澔转引应氏曰："程算其功，积累其事，不轻荐也。下不求报于人，上不求报于国。" [②] "程功积事"强调计算功绩和积累事功，是表明不轻易推荐人。"不望其报"是说下不求他人回报，上不求国家回报。孙希旦说："不求其报，不望所举者之报也。不求富贵，不求国家之赏也。盖荐贤以为国，而不以为私，此儒者举贤援能之心也。" [③] "不求其报"是说不指望被举荐者的回报，"不求富贵"是指不求国家的封赏，举荐贤才是为了国家公利，而不是为了一己私利，这就是儒者选贤任能的本心。

"内称不辟亲，外举不辟怨"就是"任人唯贤"，"任人唯贤"和"程功积事"就是把人和事统一起来，这就是"选贤任能"的完整含义。2013年6月28日，习近平总书记在全国组织工作会议上的讲话中指出：

> 用什么人、用在什么岗位，一定要从工作需要出发，以事择人，不能简单把职位作为奖励干部的手段。"骏马能历险，力田不如牛。坚车能载重，渡河不如舟。"我们要树立强烈的人才意识，寻觅人才求贤若渴，发现人才如获至宝，举荐人才不拘一格，使用人才各尽其能。只有这样，才能使大批好干部源源不断涌现出来，才能使大

---

① （唐）孔颖达，撰.礼记正义（下册）[B].北京：北京大学出版社，2014：1591.
② （元）陈澔，注.金晓东，点校.礼记[B].上海：上海古籍出版社，2016：664—665.
③ （清）孙希旦，编.礼记集解（下）[B].北京：中华书局，1989：1405.

家的聪明才智充分释放出来。①

"儒有闻善以相告也，见善以相示也，爵位相先也，患难相死也，久相待也，远相致也。其任举有如此者。"儒者听闻善言则彼此相告，遇见善行则互相示范，接受爵位则互相谦让，患难之际则生死与共，久不升迁则互相等待，远在他乡则互相引致。儒者对于任能举贤就像这样。

郑玄注："相先，犹相让也。久相待，谓其友久在下位不升，己则待之乃进也。远相致，谓己得明君而仕，友在小国不得志，则相致达也。"②"相先"就是相互谦让，"久相待"是说朋友长久处于下位不得升迁，自己就等待他升迁后才愿意晋职，这或许是为了表示荣辱与共。"远相致"是说自己得到明君任用获得官职，而朋友在小国郁郁不得志，就把朋友招来共同做事。陈澔转吕氏曰："举贤援能，儒者所以待天下之士也，任举者，所以待其朋友而已，必同其好恶也。故闻善相告，见善相示，必同其忧乐也。故爵位相先，患难相死。彼虽居下，不待之同升则不升；彼虽疏远，不致之同进则不进。此任举朋友加重于天下之士者，义有厚薄故也。"推举贤才援引能人，这就是儒者用以对待天下士人的原则，因此任举其实也就是等待德才兼备的朋友而已。因此闻说善言则互相告知，遇见善行则互相展示，因此也必定同有忧患快乐。因此，对于爵位则互相谦让，对于患难则同生共死。自己虽然也久居人下，但如果不能共同升迁就不想升迁；自己虽然也疏远于君，但不能实现共同进步则不求上进。这样任命推举朋友优先于天下其他士人，是因为礼义有厚薄之分的缘故。孙希旦也同样转引吕大临的注释③。

"久相待也，远相致也"的本义是唯才是举和举贤不避亲，而不是没有原则地结党营私和私相授受。但事实上，中国古代利用同门关系拉帮结派的事非常多，今天也仍然存在相当多类似的情况。2015年1月13日，习近平总书记在中共第十八届中央纪律检查委员会第五次全体会上特别强调：

党内绝不允许搞团团伙伙、结党营私、拉帮结派，搞了就是违

① 习近平.习近平谈治国理政[M].北京：外文出版社，2014：419—420.

② （汉）郑玄，注.王锷，点校.礼记注（下册）[B].北京：中华书局，2021：780.

③ （清）孙希旦，编.礼记集解（下）[B].北京：中华书局，1989：1406.

反政治纪律。如何防微杜渐？要从规矩抓起，要有这个意识。有些干部聚在一起，搞个同乡会、同学会，一段时间聚一下，黄埔一期二期三期的这么论，看着好像漫无目的，其实醉翁之意不在酒，是要结交情谊，将来好相互提携、互通款曲，这就不符合规矩了。这种聚会最好不要搞，这种饭最好不要吃。有的人只要是他工作过的地方，都利用手中的权力"正正规规"地搞团团伙伙，全要搞成他自己的领地，到处插手人事安排，关照自己小圈子里的人，结果他们就成了一根绳上的蚂蚱。^①

3.特立独行

"儒有澡身而浴德，陈言而伏，静而正之，上弗知也；粗而翘之，又不急为也；不临深而为高，不加少而为多；世治不轻，世乱不沮；同弗与，异弗非也。其特立独行有如此者。"儒者像洗澡净身一样用美德沐浴思想，坦陈美德嘉言但静待君主接受，如此潜移默化地端正君主的思想，君主甚至没有知觉；也有可能直白地劝谏君主，但并不会急于求成；他不会冒着坠入深渊的风险来显示自己高妙，也不会把少量德行加在一起夸大美化自己；天下大治不轻易出仕为官，天下大乱也不沮丧隐退；对同类不轻易结交，对异类也不轻易否定。儒者的特立独行就要像这样。

"澡身而浴德"和我们今天说的"照镜子、正衣冠、洗洗澡、治治病"很相似，说的都是"正人先正己"，不过这里要说的是大臣正君主。郑玄注："粗，犹疏也，微也。君不知己有善言正行，则观色缘事而微翘发其意使知之。又必舒而脱脱焉，己为之疾，则君纳之速。君纳之速，怪妒所由生也。不临深而为高，临众不以己位尊自振贵也。不加少而为多，谋事不以己小胜自矜大也。世治不轻，不以贤者并众，不自重爱也。世乱不沮，不以道衰废坏己志也。"^②"粗"就是"疏"，稀疏微小的意思，也就是说君主不知道自己哪些话说得好、哪些事行得正，就察言观色找时机顺

---

① 习近平.习近平谈治国理政（第2卷）[M].北京：外文出版社，2017：152.

② （汉）郑玄，注.王锷，点校.礼记注（下册）[B].北京：中华书局，2021：780.

着君主的意思微妙地引申阐发，使君主知道自己的高明。但是，又必须是舒缓地逐步展示，如果做得太急就会使君主很快变得自视高明。君主突然变得自视高明，怪罪嫉妒贤才也就难免了。"不临深而为高"，是说亲临民众时不因自己地位尊贵而表现得高高在上。"不加少而为多"，是说做事不把自己小的成绩妄自夸大。"世治不轻"是说不使贤才沦为凡众，不自重珍爱。"世乱不沮"，是说儒者不因世道衰败就荒废放弃自己所立的志向。

陈澔认为"翘，与'招其君之过'招字同，举也，举其过而谏之也"；并转引吕氏曰："惟大人能格君心之非，在我者未正，未有能正人者也，故澡身浴德者，所以正己也。陈言而伏者，入告嘉谋而顺之于外也。静而正之者，将顺其美，匡救其恶，常在于未形也。故曰'上弗知也'"；又转引方氏曰："静而正之者，隐进之也。粗而翘之者，明告之也。静而正之，既不见知，然后粗而翘之，然亦缓而不失节，故曰'不急为也'。其行之高，皆自然而已，不必临深以相形，然后显其为高。其文之多，皆素有而已，不必加少以相益，然后成其为多。世治而德常见重，故曰不轻。世乱而志常自若，故曰不沮。与其所可与，不必同乎己也。非其所非，不必异乎己也"；还转引应氏曰："治不轻进，若伯夷不仕于武王；乱不退沮，若孔子历聘于诸国。非但处而特立于一身，亦出而独行于一世。"[1]"翘"与"招其君之过"的"招"相同，意思是"举"，指出君主的过错并劝谏他。唯有品德高尚的人才能矫正君主心中的错误想法，如果自己心中的错误都不能矫正就不可能矫正他人，所以"澡身而浴德"就是为了"正己"，也就是说想要正人就必须像洗澡一样经常沐浴于美德中，先使自己成为清清白白、干干净净的正人君子。"陈言而伏"，就如《尚书·君陈》中说的"尔有嘉谋嘉猷，则入告尔后于内，尔乃顺之于外"，你如果有好谋略好谋划，就入朝告知你的君主在内庭商讨，这样你就能顺畅地在外朝执行这些谋略谋划，也就是向君主陈述自己的谋略后等待君主和朝臣商量定夺。"静而正之"是说顺承发扬君主美德而匡正挽救其恶行，通常都在美德或恶行尚未形成的萌芽阶段，所以说"上弗知也"，也就是君主甚至没有知觉。"静而正之"潜移默化，"粗而翘之"则是明确告诫。"静而正之"的办法如果不奏效，再采取"粗而翘之"的办法，但也注意舒缓而有节制，所以说"不急为也"，也就是不急于求成。儒者德行高尚应该是自然

① （元）陈澔，注.金晓东，点校.礼记[B].上海：上海古籍出版社，2016：665.

而然的质朴品质，而不是靠临近罪恶深渊做比较才显得品德高尚。关于他文饰美化众多，但都是平素自然形成的，不是自己把各种小的美德加在一起进行过多的美化，所以说"不加少而为多"。在治理良好的时代，他的美德总是受人重视，所以说"世治不轻"，也就是赶上治理良好的时代不会被轻视。如果身处乱世，他也一如既往地坚持自己的志行，所以说"乱世不沮"。与合适的人共事，而不必要求他和自己相同；不与不合适的人共事，而不是因为他和自己不同，所以说"同弗与，异弗非"，与自己相同的人不见得能共事，与自己不同的人不见得不能共事。"世治不轻"或许也可解释为"世治不轻进"，也就是即便在天下大治时也不轻易为官，就像伯夷就不在武王朝廷做官；"世乱不沮"也可解释为"世乱不退沮"，世界混乱也不隐退沮丧，就像孔子周游列国求聘用。儒者非但独处时能独自坚持立身之道，也在出来为官任职时始终独立坚持当行之道。

孙希旦说："人臣之事君，虽功如伊、周，皆分之所当尽，无可以自高而自多也。苟临深为高，加少为多，则是有自满假之心，此齐桓之震矜之所以为假之也。盖澡身浴德，所以事君之本也。'陈言而伏'四句，言其正君之实也。'不临深而为高'二句，言其忠勤匪懈之心也。世治不轻，道可以行之于世也。世乱不沮，节可以守之于己也。同乎己者弗与，则不党同。异乎己者弗非，则不伐异。和而不同，以义理为主，而己不与也。前言'特立'，以行己言；此言'特立独行'，以事君言也。"[①] 人臣侍奉君主，即便如伊尹、周公那样，也都是分内所当尽的职责，不可以自我拔高和自我夸耀。如果和地位低的人比以显示自己高贵，把小的功绩累加起来进行夸耀，那就是有自满和弄假之心，像齐桓公的声威和矜夸就有欺世盗名的弄假成分。像洗澡一样沐浴于美德之中，这是人臣侍奉君主的根本所在。"陈言而伏"之后这四句是讲人臣纠正君主时可能面临的实际情况，"不临深而为高"这两句是强调人臣尽忠职守不松懈的本心。"世治不轻"是说仁道可以实行于当世，"世乱不沮"是说节操可以由自己坚守。和自己相同的人"弗与"就是"党同"，和自己不同的人"弗非"就是不"伐异"。"君子和而不同"，一切以道义和真理为主导，而不以自己为中心搞党同伐异。前文讲"特立"是从自己的行为来说的；此处讲"特立独行"就侍奉君主而言。

---

① （清）孙希旦，编.礼记集解（下）[B].北京：中华书局，1989：1407.

前文"特立"强调的是自立自强，此处"特立独行"是强调不要成为君主的附庸，下文接着要讲"儒有上不臣天子，下不事诸侯"。所以不能简单地说儒家思想是王官之学，说儒者依附于君主。孟子说的"乐其道而忘人之势"；"尊德乐义"；"穷不失义，达不离道"；"得志，泽加于民；不得志，修身见于世"；"穷则独善其身，达则兼济天下"（《孟子·尽心上》），才真正反映了儒者的精神追求。

"儒有上不臣天子，下不事诸侯；慎静而尚宽，强毅以与人，博学以知服；近文章，砥厉廉隅；虽分国，如锱铢；不臣，不仕。其规为有如此者。"儒者上有不愿意称臣的天子，下有不愿意侍奉的诸侯；审慎静待而崇尚宽容，坚强刚毅而与人为善，博学多识而知服礼义；质朴纯真又近乎文雅，砥砺奋进又不露锋芒；虽有裂土封侯那样的厚禄，若不合道义也视如锱铢；不做助纣为虐的大臣，不出仕侍奉诸侯。儒者规范行为就是这样的。

"儒有上不臣天子，下不事诸侯"，是"道不同，不相为谋"的意思，也就是绝不会为了高官厚禄而"助纣为虐"。"慎静而尚宽"是说审慎对待出仕为官，静待明君出现才动，崇尚宽厚仁爱。郑玄注："强毅以与人，彼来辨言行而不正，不苟屈以顺之也。博学以知服，不用己之知，胜于先世贤知之所言也。虽分国如锱铢，言君分国以禄之，视之轻如锱铢矣。"[1] "强毅以与人"，辨明要求自己的人其实言行不端，就不会苟且屈从顺承他。"博学以知服"就是不自以为是，仿佛自己比过去圣贤所言都高明。"虽分国如锱铢"，是说君主把国土分封给功臣作为厚禄，却觉得它轻如锱铢的分量。陈澔注："慎静者，谨饬而不忘动，守身之道也。尚宽者，宽裕以有容，待人之道也。强毅以与人，不苟诡随于人也。知服，知力行之要也。博学以知服，即博文约礼之谓也。远于文，则质胜而野。近文章，则亦不使文掩其质也。砥砺廉隅者，求切磋琢磨之益，不刓方以为圆也。算法十黍为累，十累为铢，二十四铢为两，八两为锱。言人君好贤，虽分其国以禄贤者，视之如锱铢之轻，犹不臣不仕也。其所谋度，其所作为，有如此者。"[2] "慎静"就是谨慎整饬但不忘行动，这是完整的守身之道；"尚宽"就是有容乃大，这是儒者待人之道。"强毅以与人"就是不为苟且偷安而追随他人，"知服"就是知道力行乃是根本要义，"博学以知服"类似

① （汉）郑玄，注.王锷，点校.礼记注（下册）[B].北京：中华书局，2021：781.
② （元）陈澔，注.金晓东，点校.礼记[B].上海：上海古籍出版社，2016：666.

于"博学于文，约之以礼"（《论语·雍也》）。如果"远于文"就是质胜于文则野，"近文章"也就是不使文饰掩盖了实质。"砥砺廉隅"就是追求切磋琢磨的好处，而不是简单地在方形中挖出圆形。古代计量算法，十黍为一累，十累为一铢，二十四铢为一两，八两为一锱。"锱铢"是说人君爱好贤才，即便把国家分封给贤人作为俸禄，也看得像只有八两那么轻，这就像不把贤人当臣下看，而贤人也不是为出仕为官。儒者的谋划揣度和所作所为就是这样。孙希旦说："与人，犹'可者与之'之与。服，行也。君臣之义，无所逃于天地之间，儒者非不臣天子也，枉其道则有所不臣矣。非不事诸侯也，枉其道则有所不事矣。不臣天子，不事诸侯，其心可谓慎静，其操可谓强毅矣。慎静则恐其规模之太狭，而又能贵尚乎宽容；强毅则虑其风裁之太峻，而又能泛爱以与人。所学极其博，然博学则虑其泛滥而失归，而又能知其所当行。多文以为富，然近文章则虑其浮华而无实，而又能砥砺乎廉隅。二十四铢为两，八两为锱。非其道，虽国君分国以禄之，视之如锱铢之轻，而不臣不仕，盖其廉隅之峻饬如此。此皆言其道德周备，而不倚于一偏，所以为儒者之规为也。"[1] "与人"就如子夏曰："可者与之，其不可者拒之"的"与"（《论语·子张》），交往的意思。"服"就是服从或践行。君臣之义，是人生天地间必须履行之义务，儒者并非不做天子的臣子，而是说如果天子违背正道就不能助纣为虐。也不是一概不侍奉诸侯，而是说违背正道时不侍奉。敢于坚持道义，以至于不做天子的大臣，不侍奉诸侯，儒者之心可以说很审慎镇静，其操守堪称坚强刚毅。但是，审慎镇静又担忧格局太小，所以强调崇尚宽容；坚强刚毅则担忧自视过高，所以强调泛爱众人；学问广博则可能泛滥失归，所以强调当行之道；文采斐然则可能浮华无实，所以强调砥砺雕琢。二十四铢为一两，八两为一锱。如果不合正道，即使国君分封国土作为厚禄，也视之如锱铢之轻，坚持不出仕为臣，这就是儒者的刚正不阿。这些都是说儒者道德周全完备，不会偏执一端而忘乎其余，所以成为儒者的行为规范。

"不臣，不仕"，要强调的是"君子谋道不谋食。耕也，馁在其中矣；学也，禄在其中矣。君子忧道不忧贫。"（《论语·卫灵公》）君子谋求的是道而不去谋求衣食。耕种也常常会处于饥饿之中，求学问道却往往能得到俸禄。君子担忧大道不行而不是担忧自己贫穷。孟子曰："说大人，则藐之，勿视其巍巍然。堂高数仞，榱题数

---

[1] （清）孙希旦，编.礼记集解（下）[B].北京：中华书局，1989：1407—1408.

尺，我得志，弗为也。食前方丈，侍妾数百人，我得志，弗为也。般乐饮酒，驱骋田猎，后车千乘，我得志，弗为也。在彼者，皆我所不为也；在我者，皆古之制也。吾何畏彼哉？"游说地位显贵的人，要敢于藐视他，不要把他看得高不可攀。他殿堂高数丈，屋檐几尺宽，但我如果得志，我不会要这些。他吃饭佳肴满桌，侍奉姬妾好几百人，但我如果得志，我不会这么做。他大摆歌舞酒席，纵情驰驱田猎，随从车辆成百上千，我如果得志，并不想这么做。他所拥有的，都是我不想要的；我所拥有的，都是古代的礼制。我为什么要畏惧他呢？孟子曰："今之事君者皆曰：'我能为君辟土地，充府库。'今之所谓良臣，古之所谓民贼也。君不乡道，不志于仁，而求富之，是富桀也。'我能为君约与国，战必克。'今之所谓良臣，古之所谓民贼也。君不乡道，不志于仁，而求为之强战，是辅桀也。由今之道，无变今之俗，虽与之天下，不能一朝居也。"（《孟子·告子下》）今天侍奉君主的人都说："我能为君主开辟土地，充实府库。"今天这种所谓的"良臣"，正是古代所谓的"民贼"。君主不向往道义，无意于实施仁政，还寻求让他强大的能力，这等于让夏桀富足。还有人说："我能够替君主与诸侯国签订盟约，如果要战则每战必胜。"今天这种所谓的"良臣"，正是古代所谓的"民贼"。君主不向往道义，无意于实施仁政，却为他寻求强大的作战能力，这等于辅助夏桀。顺着当今这些人的道路走下去，不改变当今的社会习俗，即便能把整个天下交给他，那也能有一天的安宁。孟子曰："有事君人者，事是君则为容悦者也。有安社稷臣者，以安社稷为悦者也。有天民者，达可行于天下而后行之者也。有大人者，正己而物正者也。"（《孟子·尽心上》）有侍奉君主的人，侍奉一个君主就以获得一个君主的宠幸为乐；有安定江山社稷的大臣，他们总是以安定江山社稷为乐；有可称为"天民"的人，就是说方略能通达于天下且能身体力行的人；有可称作"大人"的人，那是总能端正了自己而使天地万物随之端正的人。

"不臣，不仕"，用今天的话来说就是要保持独立的人格，要坚守精神追求，要立志做大事，不要立志做大官。2019年3月1日，习近平总书记在中央党校（国家行政学院）中青年干部培训班开班式上强调：

> 人格是一个人精神修养的集中体现。光明磊落、坦荡无私，是共产党人的光辉品格，也是干部应该锤炼的品质修养。要坚守精神追求，见贤思齐，见不贤而内自省，处理好公和私、义和利、是和非、正和

邪、苦和乐关系。要立志做大事，不要立志做大官，保持平和心态，看淡个人进退得失，心无旁骛努力工作，为党和人民做事。

儒有合志同方，营道同术；并立则乐，相下不厌；久不相见，闻流言不信；其行本方立义；同而进，不同而退。其交友有如此者。儒者与志同者共进，与道合者为谋；职务并立则快乐共事，上下有别则不厌退让；即便长久不得相见，听闻流言也不轻信；行事以方正为本，而立足于礼义；志同道合则共同，志不同道不合则退离。儒者交友就是这样。

郑玄注："同方同术，等志行也。闻流言不信，不信其友所行如毁谤也。"① "同方"和"同术"意指所立志向和行为方式一样，比如都志于仁道和推崇仁政，而不认同霸道和暴政。"闻流言不信"，就是不相信朋友的行为会像毁谤他的人说的那样，这或许是因为他们都有坚定的理想信念。陈澔注："合志，以所向言；营道，以所习言。方，即术也。并立，爵位相等也。相下，以尊位相让而己处其下也。流言，恶声之传播也。闻之不信，不以为实也。其行本方立义，谓所本者必方正，所立者必得其宜也。同于为义，则进而从之；不同，则退而避之；故曰'同而进，不同而退'。"② "合志"就价值取向而言，"营道"就生活习惯而言，"方"其实就是"术"，"并立"指的是爵位相等，"相下"就是争相把尊位推让而自己处于下位。"流言"就是恶名声的传播，"闻流言不信"就是不相信谣传中的恶名是真实的。"其行本方立义"是说儒者以方正作为行事的根本原则，而出发点、立足点则是每个人各得其宜的道义。对于认同于坚守道义的人，就积极跟随随从；对于不认同的人，则退避远离，所以说"志同道合则共进，志不同道不合则退离"。孙希旦说："所合之志同其方，心意之同也。所营之道同其术，学业之同也。并立，谓聚处也。其并立也，则乐而相下不厌，敬业乐群，以受劝善规过之益也。其不相见也，则闻流言不信，同心断金，而不间于出处语默之异也。其行本乎方，而存于心者无阿谀取容之意；立乎义，而见于外者无便辟善柔之失。同者，益友也，同方、同术者也，则进而交之。不同者，损友也，异方、异术者也，则退而远之。此儒者交友之道也。"③ 志趣相投且方法一

① （汉）郑玄，注.王锷，点校.礼记注（下册）[B].北京：中华书局，2021：781.
② （元）陈澔，注.金晓东，点校.礼记[B].上海：上海古籍出版社，2016：666.
③ （清）孙希旦，编.礼记集解（下）[B].北京：中华书局，1989：1408.

致，这是对于正心和诚意看法完全相同，也就是理想信念相同。所追求的道相同就能相为谋，这是想要学习的知识相同，也就是实现理想信念的道路和方法相同。"并立"是指相聚共处，此时彼此谦让高位而乐于处下，因为都崇敬共同的事业所以乐得相处，彼此享受互相劝导向善而规避过失的好处。即便彼此长久不相见，听闻流言蜚语也不会相信，这是"兄弟同心，其利断金"的表现，一切尽在不言中。行事以方正为本，彼此之间没有阿谀逢迎之心；同时，又立足于道义，表现在外就是没有优柔寡断的过失。这里说的"同"就是所谓的"益友"，也就是志同道合的人，遇到这种人就进一步交往；"不同"就是所谓的"损友"，也就是志不同道不合的人，对这种人就退避远离。这就是儒者交友的方法。

"合志同方，营道同术"，大致说的是共同求学问道和建功立业。子曰："可与共学，未可与适道；可与适道，未可与立；可与立，未可与权。"（《论语·子罕》）有些人可以和他一同学习，但未必可以和他走共同的道路；有些人可以和他走共同的道路，但未必可以和他一起建功立业；有些人可以和他一起建功立业，但未必可以和他一起权衡变通。"可与共学，未可与适道"，指学生时代的益友后来分道扬镳，像萧子升就是没有走上无产阶级革命道路；"可与适道，未可与立"，类似都赞同无产阶级革命道路，但对于建立新的国家政权有不同看法，他们是极"左"路线和右倾路线的代表人物；"可与立，未可与权"，大致相当于新中国成立后，对于社会主义建设有不同的看法，尤其是对于改革开放持有不同见解。"合志同方，营道同术"不是为了"小人得志"，也不是"蝇营狗苟"，而是下文将要讲的，"合志于仁爱，同方于仁德；经营于仁道，同术于仁政"。用今天的话来说就是志同道合的革命友情，这种崇高友情的基础是共同的理想信念和革命目标。毛泽东在为追悼张思德而写的《为人民服务》中说："我们的共产党和共产党所领导的八路军、新四军，是革命的队伍。我们这个队伍完全是为着解放人民的，是彻底地为人民的利益工作的"；"我们都是来自五湖四海，为了一个共同的革命目标，走到一起来了。"[1]

"温良者，仁之本也。敬慎者，仁之地也。宽裕者，仁之作也。孙接者，仁之能也。礼节者，仁之貌也。言谈者，仁之文也。歌乐者，仁之和也。分散者，仁之施也。儒皆兼此而有之，犹且不敢言仁也。其尊让有如此者。"温厚善良是仁爱的本

---

① 毛泽东.毛泽东选集（第3卷）[M].北京：人民出版社，1991：1004—1005.

心，恭敬审慎是仁爱的基础，宽容大度是仁爱的运作，谦逊礼让是仁爱的能力，有礼有节是仁爱的风貌，言谈儒雅是仁爱的文饰，歌咏乐舞是仁爱的和合，分散财货是仁爱的施予。儒者兼而有之以上各方面，但仍然不敢自称为仁者。儒者的尊敬礼让就要像这样。

郑玄注："此兼上十有五儒，盖圣人之儒行也。孔子嫌若斥己，假仁为说。仁，圣之次也。"①这条连同前文所述十五条，大概就是圣人的学养德行。但是，孔子嫌它像自我夸耀，所以假借仁人来阐述陈说。然而，仁人，其修养其实次于圣人。也就是说这里的"仁"说的其实就是"儒行"，而且是最高尚的"圣人"的儒行。子谓子夏曰："女为君子儒，毋为小人儒。"（《论语·雍也》）你要做个有君子之德的儒者，不要做像个小人的儒者。子曰："圣人，吾不得而见之矣；得见君子者，斯可矣。"子曰："善人，吾不得而见之矣；得见有恒者，斯可矣。亡而为有，虚而为盈，约而为泰，难乎有恒乎？"（《论语·述而》）孔子说："圣人，我是不能看到了；能够看到君子，这也就可以了。"孔子又说："善人，我是看不到的了；能看到有恒心的人也就可以了。没有却装作有，空虚却装作充盈，穷困却装作安泰，这样就很难有恒心。"郑玄认为"仁"仅次于"圣"，所以，这里说的"仁"大概也就是"君子儒"或"有恒者"的"儒行"，孔颖达则称之为"仁儒"。孔颖达说："温良之性，是仁者之儒行之本，言仁者之儒先从温良而起"；"仁者之儒以敬慎为地，地所以居止万物，仁者之儒亦居止敬慎"；"儒者之动作必以宽裕，故云仁之作也"；"孙辞接物是仁儒之技能"；"礼仪撙节是仁儒之外貌"；"言语谈说是仁儒之文章"；"歌舞喜乐是仁儒之和悦"；"分散蓄积而振贫穷是仁儒之恩施"；"儒者既兼有此行犹尚逊让不敢自谓己仁也"；"尊敬于物卑让于人有此之行也"②。温良的性情是仁人儒行的根本，也就是说有仁德的儒者应先从温良做起；有仁德的儒者以恭敬审慎为地，地为天下万物提供居处，有仁德的儒者也应该始终立足于恭敬审慎。儒者待人必定宽容大度，所以也称作仁爱的运作，谦逊辞让则是有仁德的儒者接物的技能。注重礼节是有仁德的儒者的举止，而有仁德的儒者的言谈则表现为温文尔雅。有仁德的儒者喜爱歌舞喜乐的和美，与此同时也乐善好施，喜欢分散财物赈济贫穷的人。儒者虽然兼有以上八条美德，也仍

① （汉）郑玄，注.王锷，点校.礼记注（下册）[B].北京：中华书局，2021：782.
② （唐）孔颖达，撰.礼记正义（下册）[B].北京：北京大学出版社，2014：1595.

然不敢自称为仁人，他就是这样尊重财物而谦让他人。孔颖达从性情心态、待人接物、言谈举止和精神满足四个方面概括了上面所说的八项德行。

陈澔注："仁之本，谓根本于仁也。地，犹践履也。作，充广也。能，能事也。八者皆仁之发见。哀公问儒行，夫子既历数以告之矣。仁包四德百行之原，故于其终也以仁为说焉。兼有此仁之行而不敢自以为仁，是尊仁而让善也。故曰'尊让有如此者'。"①"仁之本"是说根本在仁，也就是说温和善良的根本在仁爱；"地"犹如践行履行，恭敬审慎就是践行履行仁爱。"作"是扩充推广，也就是说仁爱的扩充推广让人宽厚充裕。"能"就是能事，仁爱能使人谦逊交往。此处所说八条都是仁爱发生的作用。哀公问儒者的志行，孔子因此逐条告知。仁爱是包括孝、悌、忠、信四种道德及各种品行、德行的源泉，因此在临近终结时以仁总结儒学。兼有仁这八方面的德行却仍不敢自称为仁者，是因为能够尊崇仁德而乐于推让善名，所以说"尊让有如此者"。孙希旦转引吕氏大临曰："质之温良者可与为仁，故曰'仁之本'。行之敬慎者可与行仁，故曰'仁之地'。其规模宽裕，则称仁之动作。其与人逊接，则习仁之能事。威仪中节，敬于仁者也，故为仁之貌。出言有章，仁之见于外者也，故为仁之文。咏歌之不足，不知手之舞之，足之蹈之，则安于仁而至于和者也。货不为己，则利与人同，与人为善，则善与人同，凡以分散与物，共而不私，则仁术之施不吝也。八者，儒必兼而有之，然后可以尽儒行之实，尤且不敢言'仁'，则圣人之志存焉。有圣人之志存，则可与入圣人之域矣"；又自谓："温良秉乎性，敬慎存乎心；宽裕见乎事，孙接应乎物。本以基之，地以居之，作以发之，能以为之，貌以表之，文以饰之，和以积其顺，施以广其恩。盖道莫大于仁，儒者之为仁，必兼此八者而有之，然犹不敢自以为仁也。夫子曰：'若圣与仁，则吾岂敢！'盖其尊让如此，圣不目圣之心也。"②品质温良的人才可以一起修养仁德，所以说性情温良是仁爱的根本；行事恭敬的人才可以一起行仁道，所以说恭敬审慎是仁爱的沃土。仁者以"万物皆备于我"之心对待外物，所以宽容大度是仁爱的本性；习惯仁爱之后与人交往时也不争夺财物，所以谦逊礼让就成为仁爱的本领。崇敬仁德的人自然体现出威仪和节制，所以说彬彬有礼就成为仁爱的风貌；出口成章，是仁者遵先王之道

① （元）陈澔，注.金晓东，点校.礼记[B].上海：上海古籍出版社，2016：666.
② （清）孙希旦，编.礼记集解（下）[B].北京：中华书局，1989：1408—1409.

的外在表现，所以说温文尔雅是仁爱的文饰。如果用文辞歌咏还不足以表达心中的快乐，那就会不知不觉地手舞足蹈，这是内心安于仁爱所体现出来的和美喜悦，所以说乐节礼乐是仁爱的和美；这样的"乐只君子"不求独占货利而喜与人共同获利，不仅与人为善而且善于引领人从善，所以说乐善好施而毫不吝啬是实施仁爱的方法。品质温良出乎秉性，恭敬审慎存乎内心；宽容大度见于行事，谦逊礼让对待财物。仁爱奠基于温良的本性，居处于敬慎的土地，靠行动去发扬，靠能力去落实，靠风貌来表现，靠文辞来美化，靠和睦来积蓄顺承，靠施予来推广恩情。大概人与人相处之道最重要的就是仁爱，儒者实行仁道必须兼有这八条，但也不能因此就自称有仁德的仁人。就像孔子自己曾说"若圣与仁，则吾岂敢"（《论语·述而》），"如果说是圣人和仁人，那我哪里敢当?"孔子的尊敬和谦让他人之心就是这样，这是圣人不把自己看作圣人的虔敬和谦逊之心。

从上可知，儒者的仁爱德行大致包括性情心态、待人接物、言行举止、精神满足四个方面的修养，体现为性情温和、心地善良、待人宽容、谦让好处、言谈文雅、举止有礼、乐观积极、乐善好施八个特点。子禽问于子贡曰："夫子至于是邦也，必闻其政，求之与? 抑与之与?"子贡曰："夫子温、良、恭、俭、让以得之。夫子之求之也，其诸异乎人之求之与!"（《论语·学而》）温和、良善、恭敬、节制、谦让，是儒家道德修养的突出特点，如果还想进一步概括，那就是"温文儒雅"或"文雅"，甚至是"文"或"雅"。儒家崇尚文化而不是武斗、雅致而不是暴力。习近平总书记认为，在五千多年漫长文明发展史中，"讲仁爱"发展成为中华文明重要的精神特质。

在五千多年漫长文明发展史中，中国人民创造了璀璨夺目的中华文明，为人类文明进步事业作出了重大贡献。要把中华文明起源研究同中华文明特质和形态等重大问题研究紧密结合起来，深入研究阐释中华文明起源所昭示的中华民族共同体发展路向和中华民族多元一体演进格局，研究阐释中华文明讲仁爱、重民本、守诚信、崇正义、尚和合、求大同的精神特质和发展形态，阐明中国道路的深厚文化底蕴。对中华传统文化，要坚持古为今用、推陈出新，继承和弘扬其中的优秀成分。要建立中国特色、中国风格、中国气派的文明研究学科体系、学术体系、话语体系，为人类文明新形态实

践提供有力理论支撑①。

确实，"讲仁爱"是中华文明区别于西方文明"求自由"的最突出特点。西方文明从个人出发，以自我为中心，以实现个人自由为目标。中华文明从人与人之间的关系出发，以处理人际关系为中心，以实现和睦共处为目标。"仁爱"是要建立人与人之间的关爱，"自由"则是要挣脱人与人之间的关系。西方以"自由"两个字让世界了解西方文明，中国应该像西方宣传"自由"一样宣传"仁爱"，尤其是要让西方简洁明了地认识中华文明。

"儒有不陨获于贫贱，不充诎于富贵，不慁君王，不累长上，不闵有司，故曰儒。今众人之命儒也妄，常以儒相诟病。"儒者不因贫穷卑贱而失魂落魄，也不因富裕高贵而趾高气扬，不受辱于君王，不依附于权贵，不获罪于小吏。当今众人中号称为儒者是妄称，因此世人常以"儒"互相嘲讽。

郑玄注："陨获，困迫失志之貌也。充诎，喜失节之貌。慁，犹辱也。累，犹系也。闵，病也。言不为天子、诸侯、卿大夫、群吏所困迫而违道，孔子之自谓也。妄之言无也，言今世名儒，无有常人，遭人名为儒，而以儒靳，故相戏。此哀公轻儒之所由也。诟病，犹耻辱也。"②"陨获"就是困顿窘迫失魂落魄的样子，"充诎"则是小人得志喜形于色的样子。"慁"就是受屈辱，"累"如同用绳子捆系，"闵"就是诟病。这是说不因为天子、诸侯、卿大夫和各种官吏的权势所迫而违背道义，这是孔子在说自己作为一个儒者的道德情操。"妄"的意思相当于"无"，也就是今世被称为儒的人，都不是常人，而且以儒为戏辱，所以儒成为人们互相奚落的称呼。这也是哀公轻视儒者的缘由。"诟病"，就如耻辱，也就是用称人为儒者来羞辱人。陈澔注："陨者，如有所坠失。获者，如有所割刈。充者，骄气之盈。诎者，吝气之歉"；又转引方氏曰："无儒者之行而为儒者之服，无儒者之实而盗儒者之名，故曰'今众人之命儒也妄'。以其妄，故常为人所诟病。"③"陨"是失魂落魄的样子，"获"是好像被剜心割肉的样子，"充"是趾高气扬的样子，"诎"则是吝啬小气体现的歉意。

---

① 习近平主持中共中央政治局第三十九次集体学习并发表重要讲话.http://www.gov.cn/xinwen/2022—05/28/content_5692807.htm?type=bgxz.

② （汉）郑玄，注.王锷，点校.礼记注（下册）[B].北京：中华书局，2021：783.

③ （元）陈澔，注.金晓东，点校.礼记[B].上海：上海古籍出版社，2016：667.

但有些人没有儒者的志向却想打扮得像个儒者，没有儒者的内在实质却盗取儒者的外在虚名，所以说当今众人自命为儒者是妄称，因为妄称所以常遭人所诟病。孙希旦说："陷获者，困于贫贱，若草之陷落、斩艾，而失其生意也。充诎者，淫于富贵，志意充满，而不能自强于义理也。命，名也。妄，无实也。言今众人之命为儒者，本未尝有儒之实，故为人所轻，常以儒相诟病。若有儒行之实者，不可得而诟病也。"① "陷获"就是受困扰于贫贱之中，就像草木陷落、衰败失去生机；"充诎"就是沉迷于富贵之中，志得意满而不能坚持义理。"命"就是"名"，"妄"就是虚妄不实，也就是今天众人称作儒者的人缺乏儒者的内在实质，所以被人所轻视，"儒"因此常被用来羞辱人。如果一个人能践行以上所说"儒行"，也就不可能被人奚落诟病了。

"不陷获于贫贱，不充诎于富贵"，代表着人类高贵的精神追求。孟子曰："舜之饭糗茹草也，若将终身焉；及其为天子也，被袗衣，鼓琴，二女果，若固有之。"（《孟子·尽心下》）舜吃干粮啃野菜的时候，似乎准备一辈子就这么过。等他做了天子，穿着麻葛单衣，弹着琴，尧的两个女儿侍候着，又好像这一切本来就应拥有似的。舜对于贫贱和富贵的这种态度，大概就符合儒者的最高理想。但是，能达到这种境界的人又有几个呢？所以怀有这种理想的人容易被人称为"腐儒"。孔子是儒者的典范，但是，他自己的学生子路就曾说他"迂"。子路曰："卫君待子而为政，子将奚先？"子曰："必也正名乎！"子路曰："有是哉，子之迂也！奚其正？"子曰："野哉由也！君子于其所不知，盖阙如也。名不正，则言不顺；言不顺，则事不成；事不成，则礼乐不兴；礼乐不兴，则刑罚不中；刑罚不中，则民无所措手足。故君子名之必可言也，言之必可行也。君子于其言，无所苟而已矣。"（《论语·子路》）子路说："卫国国君期待您去治理国家，您将从哪些事情做起呢？"孔子说："必须先端正名分。"子路说："是这样呀，您这样太迂腐了吧。这名怎么正呢？"孔子说："粗野啊，仲由！君子对于他所不知道的事情，大概总该采取存疑的态度。名分不端正说话就不顺当，说话不顺当事情就办不成，事情办不成礼乐也就不兴盛，礼乐不兴盛刑罚就不得当，刑罚不得当百姓就手足无措。所以，君子必须使名分能够说得明白，说出来就一定能够行得通。君子对于自己的言论，不能有任何苟且将就。"儒

---

① （清）孙希旦，编.礼记集解（下）[B].北京：中华书局，1989：1410.

家推崇的"大同"就是一个"名"，类似是共产党人追求的"共产主义"，孔子说的"正名"有点像邓小平在改革开放之初说的"什么叫社会主义，什么叫马克思主义？我们过去对这个问题的认识不是完全清醒的"，"什么是社会主义，如何建设社会主义。我们的经验教训有许多条，最重要的一条，就是要搞清楚这个问题"。不先对"社会主义""共产主义""马克思主义"进行"正名"，改革开放就说不通，盲目坚持"两个凡是"，这就是"名不正则言不顺"。很显然，改革开放如果"言不顺"，改革开放当然也就必然"事不成"。儒家思想毫无疑问不是实用主义或功利主义，而且明确反对片面的实用主义和功利主义，所以，在诸侯纷争的春秋战国时期被认为是迂腐的，不像墨家、法家、兵家、纵横家等受人重视。但是，中国几千年的历史已经为儒家"正名"，儒家的过人之处就是超越了"实"，是理想主义或道义主义和实用主义或功利主义的统一。推崇西方民主和科学的新文化运动领导者胡适，曾因为墨家包括"科学的和逻辑的墨家"[1]，而且"墨家与功利主义和实用主义又有很多共同之处"[2]，推崇过墨家思想而"打倒孔家店"，要使中国人"从儒学的道德伦理和理性的枷锁中得到解放"[3]。"打倒孔家店"，对于破除思想僵化，在当时有伟大历史意义，但是，今天我们或许更需要儒学的道德伦理和理性给我们新的启发。

"儒有不陨获于贫贱，不充诎于富贵，不愿君王，不累长上，不闵有司"，不仅教我们摆脱西方实用主义或功利主义，也教我们摆脱东方专制主义和官僚主义，提出了人类真正自由解放的前进方向。"今众人之命儒也妄，常以儒相诟病"，今天诟病儒家的人通常也是妄人，他们对儒学知其"名"而不知其"实"。2014年9月24日，习近平总书记在纪念孔子诞辰2565周年国际学术研讨会暨国际儒学联合会第五届会员大会开幕会上的讲话中明确指出：

> 孔子创立的儒家学说以及在此基础上发展起来的儒家思想，对中华文明产生了深刻影响，是中国传统文化的重要组成部分。儒家思想同中华民族形成和发展过程中所产生的其他思想文化一道，记

---

① 胡适.先秦名学史[M].合肥：安徽教育出版社，1999：82.
② 胡适.先秦名学史[M].合肥：安徽教育出版社，1999：80.
③ 胡适.先秦名学史[M].合肥：安徽教育出版社，1999：12.

载了中华民族自古以来在建设家园的奋斗中开展的精神活动、进行的理性思维、创造的文化成果，反映了中华民族的精神追求，是中华民族生生不息、发展壮大的重要滋养……

当今世界，人类文明无论在物质还是精神方面都取得了巨大进步，特别是物质的极大丰富是古代世界完全不能想象的。同时，当代人类也面临着许多突出的难题，比如，贫富差距持续扩大，物欲追求奢华无度，个人主义恶性膨胀，社会诚信不断消减，伦理道德每况愈下，人与自然关系日趋紧张，等等。要解决这些难题，不仅需要运用人类今天发现和发展的智慧和力量，而且需要运用人类历史上积累和储存的智慧和力量。

世界上一些有识之士认为，包括儒家思想在内的中国优秀传统文化中蕴藏着解决当代人类面临的难题的重要启示[1]。

"孔子至舍，哀公馆之，闻此言也，言加信，行加义：'终没吾世，不敢以儒为戏。'"孔子到了住所，哀公招待他，听了他这番话，言语更加忠信，行事更合礼义，并表示："直到我此生终了，也不敢拿儒者来戏谑。"

郑玄注："儒行之作，盖孔子自卫初反鲁时也。孔子归至其舍，哀公就而以礼馆之，问儒服，而遂问儒行，乃始觉焉。言没世不敢以儒为戏，当时服。"[2]《儒行》的写作，大概是在孔子从卫国刚返回鲁国时。孔子回国来到自己的住处，鲁哀公来见并依礼款待他。先问儒者之服，而后又问儒者之行，于是开始觉悟儒学。哀公说到死也不敢拿儒者来戏谑，意味着当时服膺儒学。孔颖达说："此经明孔子自卫反鲁，归至其家，哀公就而馆之，问孔子之言，遂敬于儒也。言加信，行加义，是记者所录也。终没吾世，不敢以儒为戏，是哀公之言，记者述而录之。哀公终竟不能用孔子，是当时暂服，非久也。按《左传·哀十一年冬》：'卫孔文子将攻大叔疾，访于仲尼。仲尼曰："胡簋之事，则尝学之矣。甲兵之事，未之闻也。"退，命驾而行。文子遽止之，将止之，鲁人以币召之，孔子乃归。'以《传》文无馆事，故郑称盖以

---

[1] 习近平.在纪念孔子诞辰2565周年国际学术研讨会暨国际儒学联合会第五届会员大会开幕会上的讲话[M].北京：人民出版社，2014：4—6.

[2] （汉）郑玄，注.王锷，点校.礼记注（下册）[B].北京：中华书局，2021：783.

疑之也。云'不敢以儒为戏'，当时暂服。以哀公终竟不能用孔子，故孔子卒，哀公诔之，《传》云：'生不能用，死而诔之，非礼也。'是终竟轻儒。此云'不敢以儒为戏'，是当时暂服，非久也。"①这段经文表明孔子从卫国返回鲁国，当他回到自己家中后，哀公驾临并款待他，询问孔子有关儒者的言论，于是开始敬服儒家学说。"言加信，行加义"，是记事的人用以记录的话。"终没吾世，不敢以儒为戏"，才是鲁哀公本人的话，记事的人转述并记录了下来。鲁哀公终究不能任用孔子，所以他只是当时敬服儒学，而非长久服膺儒学。据《左传·哀公十一年冬》记载："卫国的孔文子将要攻打大叔疾，到孔子那里去拜访问计。孔子回答说：'礼乐之事，我曾学过。作战之事，不曾听闻。'孔文子退出后，孔子并让弟子驾车离开卫国。孔文子赶忙劝阻，正要成功阻止之际，鲁国人送来币礼召唤孔子，所以孔子就回到了鲁国。"因为《左传》原文并无记载鲁哀公款待孔子的事迹，所以郑玄以"盖"表示猜测怀疑的意思。《儒行》此处说"不敢以儒为戏"，郑玄认为是当时暂且敬服儒学。因为鲁哀公终究不能任用孔子，所以孔子去世后，鲁哀公有表示哀悼诔文。《左传》说："生的时候不能任用，死了之后作文哀悼，这样不符合礼义。"这就是说鲁哀公终究是轻慢儒者。由此也证明了鲁哀公此处说的"不敢以儒为戏"，只是当时暂服，而非长久服膺。

陈澔转方氏曰："既至舍矣，又曰馆之者，具食以致其养，具官以治其事也。言加信，则不以儒相诟矣。行加义，则不以儒相病矣"；又转引李氏曰："《儒行》非孔子之言也，盖战国时豪士所以高世之节耳。其条十有五，然旨意重复。要其归，不过三，数涂而已。一篇之内，虽时与圣人合，而称说多过。或曰哀公轻儒，孔子有为而言，故多自夸大以摇其君，此岂所谓孔子者哉？"②已经到了住处，又说要饮食招待，意味着提供食禄对他加以供养，提供官职让他来治理政事。"言加信"意味着不再以"儒者"互相嘲笑，"行加义"意味着不再以"儒者"互相指责。也就是说，哀公听了孔子的话后，接受了儒家学说，并准备任用孔子。不过，《儒行》所记应该不是孔子本人的话，大概是战国时期豪杰之士用以表示高风亮节的话。全文共有十五条，然后主旨大意相互有重复。要义归根结底不过三条，此外就是几种

---

① （唐）孔颖达，撰.礼记正义（下册）[B].北京：北京大学出版社，2014：1597.

② （元）陈澔，注.金晓东，点校.礼记[B].上海：上海古籍出版社，2016：667.

修养途径而已。篇内所述要义虽不时与孔圣人相合，但其表述很多都太过头。或许因为当时鲁哀公轻慢儒者，这些是用来表明孔子奋发有为的言论，所以往往夸大其词试图打动君主的心，这岂是所谓孔子的门徒呢？孙希旦说："舍，居也。孔子至舍，谓自卫反鲁，归至其家也。哀公馆之，谓哀公馆礼孔子。此二句追述前事，明哀公就见孔子，而得闻儒行之由也。此篇不类圣人气象，先儒多疑之。而哀公为人多妄，卒为三桓所逐。其于孔子，则生不能用，没而诔之，所谓'言加信，行加义，终吾没世，不敢以儒为戏'者，亦夸大之辞尔。盖战国时儒者见轻于世，故为孔子之学者讬为此言，以重其道。其辞虽不粹，然其正大刚毅之意，恐亦非荀卿以下之所能及也。"① "舍"就是居所，"孔子至舍"指孔子从卫国返回鲁国后回到自己家里，"哀公馆之"是说哀公以君臣之礼款待孔子。"孔子至舍，哀公馆之"这两句追述开头的事，表明《儒行》全篇记载鲁哀公到孔子住处来见孔子，由此才听闻了儒者的行为准则。《儒行》这篇不像是圣人的气象，所以过去的儒者多有怀疑其真伪。鲁哀公为人轻妄，最终被三桓所驱逐。他对于孔子，生时则不能重用，死后则空哀悼，自称"言加信，行加义，终吾没世，不敢以儒为戏"，也不过是夸大其词。《儒行》大概反映了战国时期儒者被世人所轻视，所以追随孔子学说的人假托孔子说了这些话，试图使孔子的学说得到重视。《儒行》的言辞虽然不似纯粹的儒学，然而其表达的光明正大和刚强坚毅之意，也绝非荀子以后的儒者所能企及。

本篇最终表明儒者言行举止能够打动人，让人信任并委以重任。不过，也要看是否有慧眼识珠的统治者，像鲁哀公其实就不是一个知人善任的人。子曰："莫我知也夫！"子贡曰："何为其莫知子也？"子曰："不怨天，不尤人。下学而上达。知我者其天乎！"（《论语·宪问》）孔子说："没有人了解我啊！"子贡说："没有人了解您应该怎么做呢？"孔子说："不埋怨天，不责备人，下学人事而上达天命。了解我的大概只有天吧！"这就是常言所谓的"尽人事，知天命"，尽自己所能做事，最终能成就的结果就听天由命吧。孟子曰："求则得之，舍则失之，是求有益于得也，求在我者也。求之有道，得之有命，是求无益于得也，求在外者也。"（《孟子·尽心上》）追求就有可能得到，放弃就必定会失掉，因此说追求有益于获得，而且追求与否取决

---

① （清）孙希旦，编.礼记集解（下）[B].北京：中华书局，1989：1410.

于我自己。追求当行之道，但得到与否受偶然因素影响，因此也可以说追求无益于获得，因为追求的目标终究是外在的因素。这或许就是常言说的"得之我幸，失之我命"，能得到要感到幸福，失去了就认命吧。儒者是积极上进的人，儒者又是乐天知命的人。